Main Idea로 푸는 출애굽기 · 레위기 · 민수기

HOLMAN Old Testament Commentary

Exodus · Leviticus · Numbers

General Editor Max Anders | Author Glen S. Martin

Main Idea 로 푸는

출애굽기 · 레위기 · 민수기

맥스 앤더스(Max Anders) 책임 편집 | 글렌 S. 마틴 (Glen S. Martin) 지음 | 김진선 옮김

디모데

주 예수 그리스도께 이 책을 드립니다.
주님은 제게 당신의 종이라 불리는 특권을 주셨고
저를 당신의 자녀로 늘 사랑해주십니다.
생명의 호흡을 주시고, 사랑할 능력을 주시며,
주님의 말씀을 이해할 수 있는 능력을 주셔서 감사합니다.
그리고 사람들이 주님을 위해 자신을
불태우는 모습을 보고 싶은 열정을 주셔서 감사합니다.
주님, 사랑합니다.

추천의 글

요즘, 여러 사람들에게 읽히며 회자되는 목사님들의 설교나 글을 읽어보며 많은 생각을 하게 됩니다. 그 글들의 대부분은 성경보다는 성경 이후의 얘기나 성경보다 더 멋지게 말하려는 흔적들로 가득 차 있습니다. 그러한 글들이 처음에 쓰여질 때는 물론 성경에 근거를 두었겠지만 그 글에 영향을 입은 사람들은 성경은 없고 텍스트가 된, 성경과는 전혀 다른 모습의 인간상들을 만들어낼 가능성이 높아집니다.

변하지 않는 것이 있습니다. 사람은 변하지 않습니다. 그리고 하나님은 변하지 않습니다. 그러나 주위를 보면 변화되는 것들을 센스 있게 기록해놓은 것들로만 가득해서 변하지 않는 인간의 영혼, 그 깊숙한 곳의 문제들이 전혀 해결되지 않은 채 남아 있습니다.

영혼을 찔러 쪼개는 유일한 도구는 하나님의 말씀입니다. 그러므로 교회가 다시 성경의 근거를 마련하고 그 토대 위에 말씀을 세우는 작업을 놓쳐서는 안 됩니다. 이것은 이미 했다고 해서 무관심할 것이 아닌, 중단없이 계속되어져야 하는 것입니다. 제 이야기를 하자면, 제 속에 변하지 않는 모습을 봅니다. 하나님 말씀에 불순종하는 데 익숙한 제 모습입니다. 신앙 생활을 시작할 때 말씀 공부를 충분히 하면 어느 날엔가는 하나님의 말씀으로 풍성한 삶을 살 것이라 기대하며 오늘까지 달려왔습니다. 그러나 요즘 하나님 말씀에 불순종하는 변하지 않는 제 모습을 보며 경악합니다. 이런 제게 오직 주의 말씀이 은혜로 임할 때, 제가 그 말씀 앞에 순종하는 모습을 봅니다.

우리는 다시 성경을 보아야 합니다. 그 말씀이 무엇을 말하고 있는지 깊이 추적해야 합니다. 이 책, 「Main Idea 시리즈」는 하나님의 말씀에 순종하고자 하는 사람들에게 바른 길잡이이자, 말씀을 깊이 사랑하는 사람들에게 좋은 영향을 줄 책이라고 생각합니다. 또한 성경을 자신의 생각과 형편에 맞추어 해석하려는 것이 아니라 성경이 말하는 진정한 뜻을 찾는 사람들에게 큰 도움이 될 것입니다.

홍정길(남서울은혜교회)

추천의 글

우리 시대는 정보의 홍수 시대라고 할 만합니다.
문제는 이 홍수 속에서 우리가 향방 없이 떠밀려 내려가고 있다는 것입니다.
정보의 부재가 문제가 아니라 정보의 향방이 문제입니다.
우리 시대의 설교와 성경 공부가 동일한 위기에 직면해 있습니다.
이 책은 이런 위기를 돌파하는 예지를 제공합니다.
성경 텍스트의 메인 아이디어는 바로 메시지의 향방이어야 합니다.
저는 그래서 이 책이 모든 진지한 성경학도들과 설교자들을 위한
다윗의 물맷돌이기를 기도하며 추천하는 바입니다.

이 책은 명료한 요약, 명료한 주석, 명료한 적용, 명료한 결론이 명료하게 나타나 있습니다.
거기에 명료한 예문은 설교자의 구미를 돋구기에 가히 매력적입니다.
이 책의 매력에 중독되는 것이 오히려 한국교회 강단의 축복일 것을 예언하고 싶습니다.

감사와 기대를 담아
***이동원**(지구촌교회)*

이동원

Contents
차 례

Main Idea로 푸는 출애굽기 · 레위기 · 민수기

하나님의 말씀과 하나님의 백성들과의 관계는 물과 물고기의 관계만큼이나 절실하고 심각한 관계다. 하나님을 사랑하는 사람들은 성경을 통해 말씀하시는 하나님의 음성을 듣기를 갈망한다. 그 이름이 목사든, 전도사든, 선교사든, 교사든 하나님의 말씀을 가르치는 모든 일꾼들 또한 영적으로 굶주린 사람들에게 하나님의 말씀으로 풍성한 양식을 공급함으로 그들이 영적인 활력을 갖게 되기를 갈망한다. 그래서 하나님의 말씀을 보다 쉽게, 보다 재미있게, 보다 분명하게 가르칠 수 있도록 인도해줄 자료를 구하지만 쉽게 찾아볼 수 없는 것이 현실이다. 성경을 가르치는 사람에게는 책임이 있다. 누구를 가르치든, 어느 본문을 가르치든 성경

본문 구성

들어가는 글_ 대표적인 크리스천 저술가들이 쓴 주옥같은 글을 인용함으로 각 개인과 그룹 모임을 하나님의 말씀으로 끌어들이는 토론으로 유도한다.

본문 이해_ 한 절 한 절을 쉽고 명쾌하게 해설한다.

Main Idea

메인 아이디어_ 각 장의 내용과 가르침을 요약하여 한눈에 파악하도록 돕는다.

결론_ 성경의 원리를 요약하고 그것이 삶과 연결되도록 다리를 놓는다.

에 대한 흥미를 자극하고, 성경에 대한 지식을 확대하며, 구체적으로 순종할 수 있는 성경의 원리를 발견하고, 발견한 진리를 삶에 적용함으로 그들의 삶에 변화가 일어나도록 해야 한다.

본서는 구약 성경을 공부해가는 동안 이러한 역동적인 결과를 얻어낼 목적을 가지고 특별한 틀로 구성하였다.

이 작은 도구가 성경을 보다 더 쉽게, 더 분명하게, 더 정확하게 배우고 가르치기를 원하는 모든 하나님의 종들의 손에 들려짐으로 성경에서 막 튀어나온 듯한 건강한 하나님의 백성들을 세우는 성령의 도구로 쓰여지길 기도한다.

발행인 고종율

삶의 적용_ 현재의 삶과 성경의 진리를 연결하도록 돕는다.

기도_ 각 장에서 발견한 원리와 적용의 실행을 위해 기도할 수 있도록 돕는다.

티칭 가이드

티칭 가이드_ 성경 교사들을 돕기 위한 성경 교수 계획을 제시한다.

심층 연구_ 더 깊은 지식을 원하는 사람들을 위해 낱말과 어구와 주제에 대한 보다 깊은 연구로 인도한다.

출애굽기 서문

출애굽기는 성경의 주제인 구원에 대한 전편 역할을 한다. 성경 독자들은 속박, 구원, 감사, 예배라는 이 책의 강조점을 쉽게 떠올릴 수 있다. 아마 칠십인역의 헬라어 번역자들이 처음 사용했을 용어 엑소더스(Exodus)는 '나감' 혹은 '떠남'이라는 뜻을 갖고 있다. 출애굽기는 이스라엘이 노예 생활을 했던 애굽을 떠나 약속의 땅으로 향하는 여정을 연대순으로 기록한다.

출애굽기의 사건들은 이스라엘의 역사와 영적 발전의 전환점을 알린다. 하나님의 언약 백성인 이스라엘은 애굽에서 강성한 민족으로 성장했다. 이제 하나님은 그들을 애굽에서 떠나도록 부르시고 그들에게 주실 땅으로 그들을 인도하셨다. 애굽을 떠나 약속의 땅으로 가는 노정에서 하나님은 그들에게 예배의 참된 형태(하나님이 기뻐하실 유일한 예배)에 대해 규정해주셨고, 제사 제도와 관련된 모든 특별한 규정에 대해 세세한 내용까지 제공해주셨다. 물론 그 제도는 때가 되면 계시될 더 위대한 실체를 가리킨다.

출애굽기의 특징

출애굽기는 연속적인 긴 내러티브(narrative, 인과관계로 엮인 실제적인 이야기)를 형성하고, 이스라엘의 구원과 구속에 관련된 핵심 사건들과 사람들을 강조한다. 출애굽기는 크게 세 단원으로 구분할 수 있다. (1) 애굽의 이스라엘(1-12장). 야곱이 처음 애굽으로 내려간 때부터 모세가 태어나 소명을 받기까지 상당히 긴 기간이지만 모세는 이스라엘 자손이 강성하게 성장했다는 짧은 언급(1:7)으로 이 시기를 간략히 다룬다. 이 첫 단원은 애굽에서 이스라엘이 당하는 괴로움, 입법자인 모세의 출생과 소명, 잇따른 기적들과 바로의 반응, 그리고 첫 유월절을 강조한다. (2) 애굽에서 시내산으로 향하는 이스라엘(13-18장). 이 단원에서는 홍해를 통한 기적적인 구원 사건, 감사의 노래, 종교와 의식에 관한 규정, 쓴 물과 만나, 바위에서 물이 나온 사건, 이드로의 방문이 두드러진다. (3) 시내산의 이스라엘(19-40장). 마지막 단원은 하나님의 율법(모세의 율법이라고도 부름), 그와 관련된 언약적 조건들, 보완적인 시민법과 의식법, 성막과 부속 기구의 디자인과 치수, 변절과 언약 갱신, 성막 건축을 소개한다.

출애굽기에서 하나님은 자신을 야훼, 인격적으로 함께하시는 하나님, 자기 백성들과 함께하시는 이로 계시하신다. 그분은 불타는 떨기나무에서 모세에게 신적 현현의 형태로 자신을 계시하신다. 그리고 이스라엘을 속박에서 인도하는 두려운 사명을 감당할 모세와 함께하겠다고 약속하신다. 하나님은 출애굽기 전반에서 구원자, 인도자, 입법자, 지고한 예배의 대상으로 자신의 임재를 밝히 드러내신다. 그러나 더 중요한 것은 하나님이 이스라엘 민족과 그 백성에게 피의 제사를 통한 죄 용서를 제공하셨다는 점이다. 이것은 레위기에서 더 집중하여 전개될 주제다.

하나님은 일상 생활, 예배, 윤리에 대한 지도 원리를 제공하심으로 언약 공동체에 대한 사랑과 관심을 증명하셨다. 홍해에서 이스라엘 백성을 보호하셨고 하늘 양식으로 그들을 먹이셨다. 그분은 백성들에게 가까이 가기를 원하시며 그들과 영원히 친밀하기 원하신다는 모든 표현을 하셨다.

저작권

토라(혹은 성경의 첫 다섯 권인 오경)는 저자 불명이지만 성경은 모세가 이 책들의 주된 저자임을 암시한다. 하나님은 그에게 몇 가지 사실들과 사건(출 17:14, 민 33:2), 율법(출 24:4, 34:27-28), 심지어 노래(신 31:22)까지 충실하게 기록하라고 명령하셨다. 다른 구약 저자들과 책들은 모세가 저자임을 확인해준다(수 1:7, 8:31-35, 왕상 2:3, 왕하 14:6, 21:8, 스 6:18, 단 9:13, 말 4:4). 신약 역시 이 책들이 모세의 저작임을 밝힌다(막 12:26, 눅 2:22, 16:29, 24:27, 요 5:46-47, 7:19, 행 3:23, 13:39, 롬 10:5).

확실히 저자는 기록된 사건들을 목격하고 교육을 받은 지식인임이 분명하다. 저자는 샘(열두 개)과 종려 나무(칠십 그루, 출 15:27를 참고하라)의 개수를 정확히 아는 사람이었다. 그리고 애굽과 시나이 반도에서만 자라고 팔레스타인에서는 자라지 않는 아카시아와 같은 나무들뿐 아니라 애굽식 이름과 지표를 아는 사람이었다. 이 사실들을 모세의 조건과 비교해보면 모세 저작권이 더욱 설득력을 얻는다. 그는 애굽의 정예 교육을 받았다. 그래서 오경을 저술하는 데 도움이 될 필수적인 지적 기술과 문학적 기술을 습득했을 것이다.

사실상 고대의 모든 문서는 모세를 오경의 저자로 인용한다. 율리우스 벨하우젠(Julius Wellhausen)과 19세기의 역사 · 비평 학파 이전에는 모세 저작권은 전혀 의심받지 않았다.

저작 연대

출애굽기의 저작 연대는 자연스럽게 출애굽 시기에 대한 논의와 연결된다. 전통적인 학자들은 여러 가지 이유로 그 시기를 B.C. 1445년경으로 추정해왔다. 이 중 세 가지를 소개한다.

열왕기상 6:1. "이스라엘 자손이 애굽 땅에서 나온 지 사백팔십 년이요 솔로몬이 이스라엘 왕이 된 지 사 년 시브월 곧 이월에 솔로몬이 여호와를 위하여 전 건축하기를 시작하였더라." 솔로몬이 왕위에 올라 통치한 지 4년째가 B.C. 966년경이라면 전통적인 저작 연대가 설득력이 있다.

사사기 11:26. 하나님은 암몬 족속의 잔혹한 압제에서 이스라엘 백성을 구원하시기 위해 입다를 사사로 세우셨다. 입다는 이스라엘이 3백 년 동안 헤스본 성읍에서 살았다고 암몬 왕에게 말한다. 성경 학자들은 입다가 사사로 통치한 시기를 B.C. 1100년경으로 추정한다. 이 날짜에서 입다가 말한 대로 이스라엘이 그 땅에 산 기간(3백 년)을 빼면 여호수아의 가나안 정복 시기는 B.C. 1400-1405년경이다. 이스라엘이 광야에서 방황한 40년의 기간을 감안한다면, 전통적인 출애굽 시기와 근접한다. 모세가 시내산에 체류할 때 이 책을 저술했다고 인정한다면 출애굽기의 연대는 출애굽 이후 몇 개월 뒤라고 추정할 수 있을 것이다(출 19:1-2를 참고하라).

사도행전 13:19-20. 바울은 하나님이 가나안의 일곱 민족을 파멸시키고 그 땅을 이스라엘에게 주셨다고 언급한다. 출애굽에서 다윗이 예루살렘을 함락하기까지 약 450년의 세월이 흘렀다. 그러므로 이 시간 구조 속에 출애굽에서 다윗까지를 포함시키면(B.C. 1445-995년) 바울이 말한 수치가 도출된다. 이것은 출애굽이 더 빠른 시기에 있어야만 가능하다.

출애굽기의 주제

속박. 독자들이 이스라엘의 구세주에 대해 알기 전에 모세는 먼저 이스라엘 백성들이 바로의 통치 아래서 당하는 끔찍한 고난을 소개한다. 그들의 무서운 곤경은 현현을 통한 하나님의 특별한 계시(출 3:2-22)와 구원의 약속에 대한 무대를 마련한다.

구원자. 출애굽기는 하나님과 그분의 종 모세라는 두 구원자를 강조한다. 하나님은 모세를 일으켜 세우셔서 지도자의 역할을 감당하도록 인도하신다. 고통당하는 무기력한 백성은 아브라함과 이삭과 야곱의 하나님을 만났다고 이야기하는 하나님의 사람 모세의 말에 귀기울이지 않을 수 없었다. 이스라엘과 하나님의 관계는 다음과 같다. 이스라엘이 하나님을 온전히 신뢰하지 않지만 하나님은 계속해서 이스라엘을 용서하시려는 은혜를 드러내신다.

율법. 율법의 모습이 공식적으로 드러난 것은 19장과 20장이지만 실제로 출애굽기 전체가 하나님의 말씀과 명령을 통해 그분의 성품을 계시한다. 율법은 이스라엘에게 법전이나 헌법 이상의 것이 되었다. 완전함에 대한 신적 기준을 가리켰다. 이 기준은 완전하고 거룩하시며 죄와 분리되신 하나님의 본성 그 자체의 중요한 부분을 드러내는 것이었다. 시내산의 율법 계시는 참으로 두려운 현상이 동반되었기 때문에 지켜보던 사람들은 목숨을 잃을까 두려워 떨었다(20:18-19). 하나님의 거룩함과 신적 속성에 대한 현현은 사람들이 자기 내면에 있는 필요를 바라보고 해결책을 갈구하도록 몰아갈 수 있다.

희생 제사. 모세는 레위기처럼 이 책에서 전체 제사 제도를 소개하지 않고 그 제도의 토대만 놓는다. 하나님은 유월절을 준비하고 지키는 법에 대해 자세한 규정을 알려주신다. 이스라엘 백성들은 유월절에는 집 문설주에 피를 뿌리고 발라야 했다. 그들은 그날에 복수의 천사와 구세주를 모두 볼 수 있었다. 복수의 천사는 유월절 양의 피로 가리움을 입지 않아 하나님으로부터 떠난 자들이 받아 마땅한 심판을 행했다. 하지만 구세주는 은혜로운 구원의 베푸심을 신뢰하는 자들을 보호하고 구원하셨다. 구세주는 그들을 인도하기 위해 함께하셨다. 레위기에 세밀히 소개된 정교한 제사 제도가 중요한 의미를 지니듯이, 희생 제사 기구와 도구들, 즉 성막 역시 중요한 의미를 지닌다.

성막. 출애굽기의 독자들은 하나님이 정확한 수치에서 휘장의 색상에 이르기까지 이 구조물의 아주 사소한 부분까지 관심을 가지신다는 것에 매료된다. 그러나 그 의미에 대해서는 상세히 설명하지 않는다. 후에 하나님은 히브리서 저자를 통해 모든 느슨한 결론들을 하나로 묶고 랍비적 전통에 묶인 매듭들을 풀 것이다. 그러나 바로 이 첫 순간에도 독자는 하나님의 존전에 이르는 길을 어느 정도 안다. 규례를 따라 복장을 갖추고 기름부음을 입고 오직 거룩함을 입은 제사장들만이 거룩한 장소에 들어갈 수 있었다. 하나님은 그들에게 성막에서 제사와 기도를 돕고 빛을 밝혀줄 특수한 기구들을 만들라고 명령하셨다. 오직 제사장들만이 이 직무를 위해 기름부음을 받고 성별될 수 있었다. 그러나 하나님 임재의 이 대리자들을 통해 모든 회중이 동참했다.

임재. 하나님은 히브리인들에게 여러 방식으로 자신을 계시하셨다. 초반에는 자신의 거룩한 이름인 야훼, "나는 스스로 있는 자"(3:14)라고 계시하셨다. 이 현현과 함께 이 백성의 조상들, 즉 아브라함과 이삭과 야곱과 맺은 언약에 근거한 놀라운 구원에 대한 약속을 주셨다(3:7-8). 애굽의 손아귀에서 이스라엘을 기적적으로 구원하신 하나님은 이스라엘이 광야 생활을 할 때 구름 기둥과 불 기둥으로 자신을 계시하셨다. 그분은 시내산에서 율법을 주시며 자신을 드러내셨다(20:1-18). 그리고 바로 이어지는 율법에 대한 마무리 설명에서 자신을 드러내셨다. 하나님은 거룩하게 선택된 대변자들과 지도자들을 통해 자신의 뜻을 백성에게 전달하며 자기 백성과 함께 하셨다. 성막이 완성되자 하나님은 성막에 거처를 정하셨다(40:34-38).

그러므로 현현이나 구원을 통해서든, 언약적 율법 혹은 예배를 통해서든 여호와는 자기 백성들과 함께하겠다는 뜻을 드러내셨다. 시간이 흐르면, 하나님은 백성들과 더 영구적으로 함께하시겠다는 소원을 그들이 알게 하실 것이다.

반응. 하나님은 자기 백성에게 먼저 손을 내밀고 다가가시며 그들도 동일하게 반응하기를 기대하셨다. 그들이 언약의 조항들을 자원하여 수용하고 즐겁게 그 요구를 따르기를 기대하셨다. 백성들은 홍해에서 구원받은 후 하나님께 노래를 부르거나(15:1-18), 성막 건축을 위해 예물을 드리는 것처럼(35:20-29) 때로 하나님께 반응했다. 하지만 불신앙으로 반응할 때가 훨씬 더 많았다. 그들은 하나님이 때를 따라 공급해주심을 믿지 못했고(15:23-25, 16:1-3, 17:1-3), 지도자가 없을 때 하나님이 그들을 돌보실 것을 믿지 못했다(32:1-8). 그들은 두려움 없는 지도자 모세의 믿음으로 인도함을 받았다. 하지만 모세는 의심에서 완전히 자유롭지 못했고 때로는 절망하기도 했다(4:1, 10-17, 6:12). 그러나 하나님이 늘 함께하겠다는 확신을 주시자 그는 온전한 믿음으로 행했다(33:12-23).

지속. 창세기에 나타난 주요 주제들이 출애굽기에서는 훨씬 더 명확하게 드러난다. 우주를 만드신 하나님은 오직 한 분이시다. 그분은 소위 신들이라는 다른 모든 신들보다 더 위대하시다. 그리고 애굽의 신들을 심판하실 것이다. 하나님은 이스라엘 백성을 약속의 땅으로 인도하시고 그 노정에서 원수들과 자연과 굶주림에서 보호하심으로써 족장들에게 하신 약속을 이루실 것이다. 그들의 육적인 필요뿐 아니라 영적인 필요도 채워주실 것이다. 그들에게 회막과 성막을 주시고, 그곳에서 그들을 만나주시며, 피의 대속을 통해 그들의 죄를 용서해주실 것이다. 그들을 하나님의 원리로 가르치심으로써 자신을 더 깊이 계시하셨다.

기대. 출애굽기의 상징들과 숫자들은 성경이 기대하며 바라는 신약의 주요 주제들을 예표한다. 불타는 가시덤불 속에서 자신을 부분적으로 계시하신 하나님은 언젠가 자기 백성들과 함께 거하실 것이다. 정교한 예배와 제사 제도는 완전하고 최종적인 구원을 이루실 위대한 실체를 가리켰다. 제사장, 짐승의 희생 제사, 성막 그리고 그에 관련된 의식들은 모두 더 나은 해결책을 기대하게 했고, 고대의 사람들에게 의문을 불러일으켰을 것이다.

정교하고 아름다운 이 모든 특징들은 하나님의 모든 소망과 기대를 구체화하신 그리스도를 가리킨다. 그리스도는 유월절의 희생 제물이며 대제사장이 되신다(고전 5:7, 히 8:1-2). 마지막으로, 영원한 거처(이스라엘이 향해 나아간)에 대한 약속은 완전하고 영원한 안식의 영구적 장소를 가리켰다.

출애굽기 1-2장

여행을 위한 준비

"어떤 섭리들은 히브리 문자처럼 거꾸로 읽어야 한다."

- 존 플라벨(John Flavel)

한 민족이 앞에 놓인 여행을 위해 준비하고, 한 지도자가 초라한 백성의 무리를 그들이 오랫동안 염원하던 젖과 꿀이 흐르는 땅으로 인도하는 사명을 위해 준비하는 것을 보면서 구원, 인도, 헌신의 조심스러운 균형이 출애굽기에서 펼쳐짐을 본다.

들어가는 글

인생의 균형

영국 선원들을 왜 '라이미(limeys)' 라고 부르는지 아는가? 수백년 전 현대 의학은 여전히 걸음마 단계를 벗어나지 못하고 있었다. 장기간 항해를 하던 선원들은 괴혈병으로 약 먹은 파리처럼 속절없이 쓰러지곤 했다. 하지만 영국 선원들은 수천 명의 건강과 삶에 영향을 미칠 사실을 우연히 발견하게 되었다. 식단에 라임 주스를 추가하면 그 무서운 괴혈병이 중단될 수 있음을 발견했다. 그들이 그 당시에는 알지 못했지만, 이 과일은 비타민 C를 함유하고 있었다. 생명과 죽음의 차이가 보잘것없는 라임 하나로 결정될 수 있다는 것을 누가 상상이나 했겠는가! 그래서 영국 선원들은 라임 열매를 빨아 먹었다. 그로 인해 그들은 '라이미' 로 알려지게 되었다.

생명은 정교한 균형을 이루고 있다. 그것은 아주 사소한 결핍이나 과잉으로 부정적인 영향을 받을 수 있고 심지어 끝장이 날 수도 있다. 산소에 여분의 탄소 분자를 추가해보라. 그러면 이산화탄소가 발생된다. 그것을 지나치게 마시면 치명적일 수 있다. 비타민 C처럼 이산화탄소는 눈에 보이지 않지만 아주 강력하다.

영적 영역에서도 이와 유사한 사례를 발견할 수 있다. 우리는 구원과 인도, 헌신의 정교한 균형을 보여줄 여행을 막 시작하려고 한다. 출애굽기는 신중한 학생들을 위해 세 가지 그림을 그려준다. 첫 번째 그림은 이스라엘 백성을 애굽의 속박에서 건지시는 하나님의 구원에 대한 것이다. 두 번째 그림은 이스라엘 백성을 광야를 거쳐 약속의 땅으로 이끌어가시는 하나님의 신실한 인도하심에 대한 아름다운 묘사이다. 세 번째 그림은 이스라엘 백성이 하나님의 인도하심을 신뢰하고 그분의 거룩한 거처인 성막을 봉헌할 때 하나님의 영광을 보여준다.

본문 이해

여행을 위한 준비

Main Idea	하나님은 자기 백성이 압제당하는 것을 보시고 그들을 위해 구원자를 예비하셨다.

A. 압제당하는 민족(1:1-22)

Supporting Idea	하나님께 선택받은 백성이 이국 땅에서 박해를 받고 있다.

1:1. 모세는 이스라엘 지파들에 대한 목록으로 이 책을 시작한다. 지파들은 야곱의 아들들을 대표하며 야곱은 아들들의 장래를 예언했다(창 49장을 참고하라). 이 지파들에게서 이스라엘의 독특한 역사를 만드는 데 일조할 선지자들, 제사장들, 왕들과 그 외 다른 두드러진 인물들이 나올 것이다. 물론 이스라엘의 가장 위대한 공헌은 메시아를 배출한 일일 것이다(계 12:5). 모세는 요셉을 마지막으로 언급한다. 이는 그가 창세기에서 차지하는 독특한 위치와 여기에서는 언급되지 않은 두 지파(에브라임과 므낫세)로 나누어지기 때문이다.

1:2-14. 하나님은 이 지파들에게 풍성한 복을 베푸셔서 그들의 생육이 중다하고 번식하게 하셨다. 하지만 그들의 성장은 애굽의 통치자 바로에게 위협으로 인식되었다. 바로의 두려움은 이중적이었다. 애굽에서 성장 중인 이 부족이 애굽의 적국과 동맹 관계를 맺을 수도 있고, 혹은 강성하여 애굽 땅에서 탈출할 수도 있다고 생각했다. 어느 경우이든, 그 결과는 애굽에게 재앙일 것이다. 애굽의 국익을 보호하기 위해 바로는 이스라엘 백성을 압제하기 시작했다. 바로는 인정을 봐주지 않는 감독들을 그들 위에 세우고 그를 위해 국고성을 짓게 했다. 하지만 바로의 계획은 역효과를 낳았다. 이스라엘 백성은 학대를 받을수록 수적으로 더욱 강성해졌다. 그러자 바로는 더 가혹한 조치를 취하게 된다.

1:15-22. 역사 학자들은 한 나라가 그 사회의 한 계층에게 공포 정치를 시행하면 결코 소기의 결과를 얻지 못한다고 알려준다. 사실상 그러한 조치는 더 심각한 좌절로 이어지고 가해자들은 더 가혹하고 잔인한 행위를 자행하게 된다. 공존해서는 안 된다고 생각한 민족들을 말살하려고 무서운 악행을 자행한 20세기의 파시스트 정권들이 그 증거다. 폭발적인 이스라엘의 인구 성장을 막으려 한 시도들이 실패했음을 깨달은 바로는 악마적이라고밖에 할 수 없는 간계로 히브리 산파들에게 접근한다. 그는 산파들에게 히브리의 여자 아기들은 살리고 남자 아기들은 모두 죽이라고 명령한다.

그러나 산파들이 하나님을 두려워하여 바로의 피비린내 나는 계획에 복종하지 않았다. 오히려 그들은 남자 아기들을 살려주었다. 히브리 여자들이 산파의 도움을 기다릴 새도 없이 혼자서 아기를 출산했다고 바로에게 보고했다. 히브리 산파들의 담대한 행동은 하나님의 눈에서 벗어나지 않았다. 산파들의 신실함에 보상하기 위해 하나님이 그들의 집을 왕성케 해주셨다. 그러자 바로는 필사적으로 발악하기 시작했다. 그는 부하들을 보내어 남자 아기를 적발해 말살하는 임무를 수행하게 했다. 히브리 남자 아기를 찾아내는 즉시 하수(나일강)에 던지라고 명령했다. 바로의 뜻대로 될 것인가? 폴 포트(Pol Pot), 스탈린(Stalin), 히틀러(Hitler)는 그들의 뜻을 이루었는가?

B. 입양과 미디안에서의 생활(2:1-25)

Supporting Idea	하나님은 치밀하게 자기 종을 준비시키신다.

2:1-10. 출애굽기의 저자이며 이스라엘 백성을 애굽의 속박에서 인도해낼 하나님의 중요한 도구인 모세는 이제 자신의 출생에 대해 언급한다. 야곱과 레아의 셋째 아들인 레위(창 29:34)의 후손인 모세는 아므람과 요게벳의 둘째 아들이다. 아므람과 요게벳은 이미 아론과 미리암을 두고 있었다(민 26:59). 아기 모세는 강건하고 든든하여 히브리 아기들 중에 단연 돋보였을 것이며(히 11:23) 바로의 말살 계획의 일차적 목표물이었을 것이다.

바로의 명령으로 끊임없는 감시의 눈길이 있음(출 1:22)을 잘 아는 모세의 어머니는 그를 석달을 숨겼다. 그러다가 더 이상 숨길 수 없게 되자 아마 필사적인 마음에(그렇지만 또한 믿음으로, 히 11:23) 그를 갈 상자에 담아 하숫가 갈대 사이에 두고 나일강으로 떠내려가지 않게 했다. 요게벳은 또한 모세의 누이 미리암에게 그를 지켜보도록 했다.

바로의 딸이 목욕하러 하수로 내려왔다가 갈대 사이의 상자를 보고 시녀를 보내어 가져오게 했다. 공주는 그 아기가 위험에 처한 히브리 아기들 중 하나라고 즉시 단정했다. 그리고 영민하고 꾀많은 미리암의 재촉으로 아기를 돌봐줄 히브리 유모를 찾아오게 했다. 물론 미리암은 다름 아닌 모세의 어미를 불러왔다. 바로의 딸은 그 '유모'로 그 아기를 먹이고 돌보도록 했다. 아이가 자라자 공주는 자기 아들로 삼고 모세라고 이름지었다. 모세는 '건져내다'라는 뜻이다.

2:11-14. 모세는 비록 애굽인으로 양육되고 교육받았지만 자기 동족과 친밀한 관계를 유지하고 그들과 일체감을 가졌다. 해가 흐르면서 모세는 자신을 입양한 나라가 자기 동족을 잔인하게 학대하는 사건들을 수없이 목격했다. 이러한 경험은 모세의 정신세계에 누적 효과를 미쳤다. 곧 하나님이 주신 유산에 대한 그의 열정은 극적이면서도 인생이 달라지는 방식으로 표현될 것이다. 성인이 된 모세는 어느 날, 자기 형제들에게 나가서 그들이 고역에 시달리는 것을 보았다. 하지만 이 날은 보통때와 완전히 달랐다. 걷잡을 수 없이 사건이 커져버린 것이다.

모세는 어떤 애굽 사람이 어떤 히브리 사람 곧 자기 형제를 치는 것을 보았다. 그것을 보고 격분한 모세는 자기 손으로 정의를 수행하여 그 애굽인을 죽이고 말았다. 그는 자신이 한 일을 아무도 모를 거라고 생각했다. 하지만 적어도 한 사람이 자신의 행위를 알고 있음을 깨닫게 되었다. 히브리 사람 둘이 싸우는 것을 모세가 말리려고 하자, 그 중 한 사람이 전날 애굽 사람을 죽인 모세의 죄를 들추어내며 그의 간섭을 비난했다.

2:15-25. 이 사실을 알게 된 바로가 모세를 죽이고자 하여 찾았다. 그래서 모세는 미디안 사막으로 도망쳤다. 하나님이 돌보고 인도하시는 모세는 도망자의 신분으로 우물곁에서 처음으로 휴식을 취했다. 여기서 그는 미디안의 제사장인 르우엘(18:1의 이드로를 참고하라)의 딸들을 만났다. 그들은 물을 길어 아비의 양무리에게 먹이려고 우물로 왔다. '강자의 지배'라는 유목민 속담만 인정했음이 분명한 어떤 목자들이 그 우물에서 그들을 쫓아내려 했다. 그러자 모세가 이 여자들을 도와주었다. 이 딸들은 감사한 마음으로 아버지에게 모세가 도와준 일을 이야기했다. 그는 모세에게 자신들과 함께 머물자고 초청했다. 이 기간이 상당히 지속된 후 모세는 르우엘의 딸 십보라와 결혼했다. 그

들은 곧 아들을 낳았는데 모세는 게르솜이라고 이름을 지어주었다. 그것은 모세의 인생과 소명과 운명을 요약한 이름으로 '쫓겨난 자 혹은 떠밀려난 자' 를 뜻하는 '추방' 의 의미를 지닌다(Durham, 23).

모세는 동족들이 당하고 있는 애굽인의 위협에서 멀리 벗어나 있어 상당히 운이 따르는 것 같았다. 하지만 그는 이방 땅의 객이었고 동족들로부터 소외되어 있었다. 이 감정은 그의 영혼 깊은 곳에서 소명 의식과 하나님의 뜻에 대한 자각이 싹트게 했을 것이다. 그 시간에 억압에서 구원받기를 바라는 히브리인들의 부르짖음이 하나님께 상달되었다. 하나님은 이 백성을 사랑하셨고, 그들의 조상 아브라함과 이삭과 야곱과 되돌릴 수 없는 언약을 맺으셨다. 하나님은 그들의 부르짖음을 들으시고 곧 그들을 위해 행동하실 것이다.

하지만 이 모든 일이 어떤 식으로 일어날 것이며, 이 목적을 이루기 위해 하나님은 누구를 사용하실 것인가? 만약 그 사람이 순종하려 하지 않는다면 어떻게 될 것인가?

Main Idea 복습	하나님은 자기 백성이 압제당하는 것을 보시고 그들을 위해 구원자를 예비하셨다.

결론

신중한 균형의 이해

영국 선원들이 식단에서 차지하는 비타민 C의 중요성을 발견하고 '라이미' 라 불리었듯이 이스라엘 백성은 인내와 신뢰의 균형을 배워야 했다. 그들은 중대한 과업을 위해 준비되어야 했고, 이 감당하기 벅찬 사명을 성취하기 위해 한 지도자도 비슷한 준비를 해야 했다. 하나님이 야곱에게 하셨던 약속의 성취로 이스라엘 민족은 강대해지고 번성해왔다. "나는 하나님이라 네 아비의 하나님이니 애굽으로 내려가기를 두려워 말라 내가 거기서 너로 큰 민족을 이루게 하리라 내가 너와 함께 애굽으로 내려가겠고 정녕 너를 인도하여 다시 올라올 것이며"(창 46:3-4). 이 민족이 박해에도 불구하고 성장했다는 사실은 하나님의 인도하심과 주권성의 증거이다. 구원과 인도하심과 헌신의 철저한 균형에 대한 이해가 이제 시작되었다.

▣ 진리 알기

- 하나님은 항상 역사 속에서 일해오셨다.
- 하나님은 축복을 구하는 자들에게 신실함을 요구하신다.
- 고난은 하나님의 계획 가운데 일부이다.

▣ 적용하기

- 하나님께 대적하는 자는 어느 누구도 형통할 수 없다. 그러므로 그분께 더 순종할 수 있는 길이 있는지 당신의 생활을 분석해보라.
- 신실함은 보상받는다. 그러므로 하나님이 당신에게 포기하라고 요구하시는 것들로 인해 괴로워하지 말라.
- 하나님이 과거에 행하신 일을 기억하라. 지혜를 위해 그분의 성품을 의지하고, 미래를 위해 그분의 힘을 의지하라.

삶의 적용

한 인디언의 통찰

살아오면서, 땅에 귀를 대고 납작 엎드려 있는 인디언을 만난 서부 변경 지역의 카우보이 같은 입장이 되어본 적이 있는가? 그 인디언은 말을 타고 있는 카우보이를 올려다보며 이렇게 말했다. "마차, 말은 네 마리, 마차에 탄 사람은 둘, 옥양목 드레스를 입은 여자와 마차를 모는 큰 몸집의 남자, 30분 거리에 있군요." 카우보이는 입을 딱 벌리며 감탄을 금치 못했다. "정말 놀랍군요. 땅바닥에 귀만 대도 그 모든 것을 알 수 있습니까?" 인디언은 이렇게 대답했다. "아니오. 그들이 30분 전에 나를 치고 갔소."

삶의 어느 순간에, 우리는 모두 그 인디언과 같은 기분을 느낄 때가 있다. 아마 사람들이 고의적으로 당신을 치고 갔을 수도 있다. 당신의 친구, 혹은 배우자나 동료일 수도 있다. 당신을 때려눕히고 당신에게 깊은 상처를 남긴 채 방치했을 수도 있다. 혹은 환경이 당신을 완전히 기진맥진하게 만들어버렸을지도 모른다. 건강에 이상이 생기거나 집에 화재가 날 수도 있다. 재정적인 위기를 무릅쓰고 한 일이 뜻대로 되지 않을 수도 있다. 가장 격려가 필요할 때, 사람들이 당신의 상처에 대해 망각해버린 것 같고 혹은 당신의 행동을 오해하고 "왜 그렇게 맥없이 있어요?"라고 물어볼 수도 있다. 모든 사람에게는 격려가 필요하고 때로 위로가 필요하다. 그때 이것을 기억하라. 당신이 지금 어떤 속박에 매여 있든 하나님은 알고 계신다는 것을. 당신을 옭아매고 있는 고통이 무엇이든 하나님이 돌보신다는 것을. 당신이 하나님의 인도하심에 늘 신실하게 반응하고 역경을 인내하려고 애쓸 때 하나님은 역사하신다는 것을. 이것이 바로 출애굽기의 균형에 대한 놀라운 소식이다. 그것은 구원과 인도하심과 헌신의 균형이다.

기도

하나님 아버지, 제가 고난과 고통으로 인해 모든 세대를 향한 주님의 신실하심을 잊지 않게 해주소서. 구원을 얻기 전에 반드시 준비 기간이 필요함을 기억하게 하소서. 주님이 저를 위해 준비하고 계신 길에 대해 미리 감사드립니다. 그리고 그 여정 가운데 늘 주님께 신실하기로 결단합니다. 아멘.

심층 연구

A. 히브리 산파의 시민 불복종

바로가 산파들에게 히브리 남자 아기들이 태어나면 죽이라고 명령하자 그들은 '하나님을 두려워하여' 그의 명령에 순종하지 않았다. 여기서 우리는 성경에 나타난 고대의 시민 불복종에 대한 한 예를 본다. 프란시스 쉐퍼(Francis Schaeffer)는 「기독교인의 선언(Christian Manifesto)」에서 그리스도인이 시민 불복종을 전혀 실행할 수 없다면 국가가 숭배 대상이 된 것이라고 말했다. 성경은 때로 신자들이 상위의 법인 하나님의 법에 순종하기 위해 국가법에 불순종해야 함을 명백히 가르친다. 사도들은 초대 교회에 대한 그들의 믿음을 공공연히 말하지 말라는 명령에 불순종했다(행 4:18-20, 5:40-42). 그리고 그 대가로 형벌을 받았다.

그렇다면 하나님의 자녀는 언제 국가에 불순종해야 하는가? 분명히 우리는 그러한 문제들에 대해 기도하고 성경을 연구해야 한다. 어떤 문제든 하나님께 불순종하는 것을 의미한다면 국가에 복종해서는 안 된다. 수많은 신실한 그리스도인들이 2차 세계대전 때 아돌프 히틀러의 통치에 협력하기를 거부한다는 이유로 독일에서 고난을 받았다. 오늘날 그리스도인들은 태아의 생명을 보호할 때 수많은 접근 방식을 취한다고 한다. 그러나 성경이 명백히 가르치는 대로 살아야 할 권리에 대한 입장은 결코 타협하면 안 된다. 우리는 이 위대한 대의에 동참할 방식을 결정할 때 하나님의 뜻을 구해야 한다.

B. 미디안

르우엘의 땅 미디안은 북서쪽으로 에돔과 국경을 이루는 아라비아 사막의 한 지역이었다. 이 지역은 북쪽에서 남쪽까지 약 280킬로미터가 되었다. 모세 시대에 미디안은 호렙 근처 지역과 시나이 반도를 통치했다. 그들의 역사에서 후대에 일어난 사건들은 기드온과의 사건을 포함하며(삿 6-8장) 다윗 시대에 이따금 언급되고 있다(왕상 11:17-18). 그들은 모압 족속과 함께 이스라엘을 저주하기 위해 발람을 고용했지만 성공하지 못했다. 후에 그들은 이스라엘을 유혹해 음행과 우상숭배를 하게 했다(민 25:1-9).

고안

A. 들어가는 글

1. '인생의 균형' 이야기로 시작하라.
2. 배경 설명: 하나님은 기근이 들었을 때 야곱과 그의 아들들을 애굽으로 보내셨다. 애굽에서 사는 동안 이 가족은 번창했고 한 민족을 이루었다. 애굽인들은 그들이 애굽의 적국과 연대를 형성할까 두려워하여 그들을 노예로 삼았다. 히브리인들은 압제당할수록 더욱 번성했다.
3. 적용: 1-2장은 애굽인들이 히브리인들에게 행한 가혹한 학대와 애굽 왕의 정책이 한 가정에 어떤 영향을 미쳤는지 기술하고 있다. 이 어려운 환경 속에서 아브라함과 이삭과 야곱의 하나님은 한 가족을 통해 역사하셔서 결국 압제자들에게서 히브리인들을 해방시키실 것이다.

B. 본문 이해

1. 압제당하는 민족(1:1-22)
2. 입양과 미디안에서의 생활(2:1-25)

C. 결론: '한 인디언의 통찰' 을 읽어주라.

토의 질문

1. 출애굽 이야기는 그 자체로만 읽으면 안 된다. 시간을 내어 창세기 45장 8-11절과 46장 1-4절을 읽으라. 출애굽 사건과 요셉의 고난 그리고 애굽에서의 요셉의 지도력은 어떻게 관련되어 있는가?

2. 우리는 산파들이 '하나님을 두려워했다' 는 이야기를 듣는다. 하나님에 대한 두려움이, 옳은 일을 하거나 잘못된 일을 하고 또한 당신의 책무를 끝까지 완성하는 것과 어떻게 관련이 있는가?

3. 산파들의 불순종은 위험을 감수한 것이었는가? 하나님의 뜻에 충실할 때 위험이 뒤따르지는 않는가? 그 이유는 무엇인가?

출애굽기 3-4장

하나님의 소명

“복음을 선포하도록 부르심을 받는 사람이 있다면, 하나님은 그의 눈빛과 생명력과 마음의 야망이 모두 하나님께 고정될 때까지 그를 누르실 것이다. 복음 선포는 쉽게 되는 일이 아니다. 그것은 거룩함의 문제가 아니다. 하나님의 소명과 관련이 있다.”

- 오스왈드 챔버스(Oswald Chambers)

모세가 장인의 양 떼를 돌볼 때, 불이 붙었지만 타지 않는 떨기나무 속에서 하나님이 나타나셨다. 하나님은 모세에게 애굽으로 되돌아가 이스라엘 백성을 종살이에서 인도해내라고 부르신다. 그리고 이 사명을 감당할 수 있도록 하나님이 힘을 주시겠다는 증거를 모두 주신다. 하나님과 논쟁을 마친 모세는 애굽을 향해 출발한다.

들어가는 글

나의 소명

사역에 헌신하기 전에, 나는 중학교에서 10년 동안 과학을 가르쳤다. 교사로서 나는 그 시간을 매우 즐겁게 감당했다. 하지만 마지막 2년 동안 내 마음속에 커져가던 불안함을 아직도 생생히 기억한다. 나는 하나님을 알고 싶어 하는 학생들과 함께 점심 시간에 성경 공부를 하기 시작했다. 하나님은 내 인생에 곧 변화가 있을 것임을 마음속에 확인시켜주셨다. 그러다가 나의 '불타는 떨기나무' 의 만남이라고 할 수 있는 사건을 경험했다.

우리 집으로 가려면, 남부 캘리포니아의 10번 주간 고속도로 바로 옆에 있는 포레스트 홈 영안실과 묘지를 지나가야 했다. 하지만 그날은 집으로 가기 전에, 잠시 묘지로 가서 혼자 있고 싶었다. 자동차 주행로 끝에서 나는 곧장 주의 만찬 모자이크 작품 앞으로 갔다. 그리고 거대한 그 모자이크 작품 앞에 놓인 철제 의자들 가운데 하나에 앉아 기도하기 시작했다. 그러자 영혼 깊은 곳에서 말씀하시는 하나님의 음성을 명확하게 느낄 수 있었다. "때가 되었다. 나는 네가 교직을 떠나 내 말을 전하기 원한다." 내 얼굴에 눈물이 쏟아져내렸고 나는 사역에 대한 하나님의 부르심을 받았다. 나는 그 부르심을 때로 의심하며 씨름해왔다. 하지만 그럼에도 불구하고 그것은 하나님을 섬기라는 소명이었다.

나의 소명은 내 앞에 있는 종들의 긴 계보들을 따라간다. 역사를 살펴보면, 하나님은 사람들의 관심을 집중시키시고 그들을 사역으로 부르셨다. 수세기 전에 모세는 그의 소명을 받았다. 그는 자신의 부족함을 인식했다. 그러나 하나님은 그분의 인도와 보호와 지원에 대한 보장을 모세에게 확인시켜주셨다. 그리자 모세는 하나님을 섬기라는 소명을 수용했다.

본문 이해

하나님의 소명

Main Idea	하나님은 자기 종 모세를 부르고 빚으시며 준비를 갖추어주신다.

A. 불타는 떨기나무 속의 여호와(3:1-6)

Supporting Idea	하나님은 예측할 수 없지만 도무지 부정할 수 없는 방법으로 모세에게 나타나셨다.

3:1. 모세의 이야기가 전개되면서, 우리는 하나님을 섬기는 우리의 삶이 얼마나 갑작스럽고 예측할 수 없는 것일 수 있는지 다시 한 번 배운다. 그러나 우리 삶의 장면 뒤에는 정교한 디자인으로 직물을 짜는 보이지 않는 손이 있다. 아마 애굽 생활에 대한 기억과 여전히 압제 아래 있는 동족들에 대한 생각이 모세의 의식을 기웃거리고 있었을 것이다.

이유는 알 수 없지만, 모세는 장인의 양떼를 광야 서편으로 이끌어 하나님의 산 호렙에 이르렀다. 호렙은 시나이 반도에 위치해 있다. 거기서 나중에 하나님은 이스라엘에게 율법을 주실 것이다(18:5). 호렙과 시내는 동일한 산을 가리킨다(33:6과 19:11을 비교하라). 하지만 동일한 근교의 여러 산들을 가리키는 명칭일 수도 있다.

3:2-6. 여기서 여호와의 사자가 떨기나무 불꽃 가운데서 모세에게 나타났다. 하나님이 여호와의 사자 모습으로 모세에게 나타났다고 말할 수도 있다(KD, 437, '여호와의 사자'에 대해서는 '심층 연구'를 참고하라). 여호와의 사자의 등장과, 이어지는 내러티브를 통해 저자는 우리에게 야훼 혹은 여호와('여호와/ 야훼'에 대해서는 '심층 연구'를 참고하라)라는 이름 이면의 의미, 즉 자기 백성을 돌보시는 언약의 하나님이심을 알려준다. 자신의 언약을 기억하시는 하나님(6:5)은 자신의 임재, 혹은 '적극적 실재'(Moyter, 260)를 통해 자기 백성을 인도하고 구원하며 축복하실 것이다. 하나님은 단순

히 지상에서 자기 힘으로 살게 하려고 한 민족을 창조하고 두신 것이 아니다. 하나님을 사랑하고 섬길 한 민족을 창조하신 것이다.

하나님은 질투하시는 사랑으로 이 백성들을 보호하시고 약속의 땅으로 인도하실 것이다. 이 언약의 하나님이 자신을 야훼로, 자비와 심판으로 자신을 계시하는 자존하신 하나님으로 스스로를 계시하는 가운데, 인간의 역사는 이제 구속의 역사가 된다. 그분은 자기 백성을 속박에서 건지시고 구속하실 준비를 갖추신다. 이 속박은 애굽의 정치적 속박과 더불어 시작되지만 하나님의 구속 역사는 그 이상으로 펼쳐질 것이다. 하나님이 야훼로 계시된 것과 더불어 한 특별한 민족에 대해 그분이 가지신 계시에 대한 가르침이 펼쳐진다. 구약과 신약의 모든 저자들은 하나님의 눈동자인 한 나라와 한 민족에 대한 하나님의 은혜로운 선택이라는 이 주제를 발전시킬 것이다.

더 나아가, 불이 붙었지만 타지 않는 떨기나무 속에서 말씀하시는 모습에서 보듯이, 하나님은 여러 가지 방식으로 자기 백성들에게 말씀하신다(히 1:1). 이 기이한 장면은 모세의 눈길을 사로잡았다. 그는 왜 떨기나무가 타지 않는지 알아보려고 가까이 다가간다. 그리고 그곳에서 모세야 모세야 하고 부르시는 음성을 듣는다. 하나님은 모세가 다가오는 것을 금하시고 신발을 벗으라고 명령하신다. 모세는 거룩한 땅에 서 있었다. 하나님은 자신을 족장 아브라함과 이삭과 야곱(이들은 모세가 잘 알고 있는 이름들이었다)의 하나님이라고 밝히신다. 하나님의 말씀을 듣고서 모세가 처음에 느꼈던 두려움이 다소 누그러졌을 수도 있다. 하지만 잠깐이었을 것이다. 곧 모세는 떨기나무 속의 하나님의 모습을 똑바로 보기가 두려워 얼굴을 가렸다.

B. 하나님은 모세에게 함께하겠다고 약속하신다(3:7-12)

Supporting Idea	하나님은 자기 백성을 돌보시고 그들의 구원을 준비하신다.

3:7-9. 하나님은 애굽 땅에서 자기 백성들이 비참한 고통을 당하는 것을 보셨다. 이제 압제자들에게서 그들을 구원하시고 현재 다른 민족들이 차지하고 있는 광활한 땅으로 인도하시기 위해 내려오셨다. 젖과 꿀이 흐르는 땅이란 표현은 가나안의 비옥하고 아름다운 땅을 묘사한 것이다.

3:10-12. 그러나 모세는 먼저 자신을 변호하기 위해 애굽의 바로 왕에게 나아가야 함을 알았다. 그것은 모세가 원하는 일이 아니었다. 애굽에 있을 때 모세는 자기 힘으로 잔인한 압제자에게서 어떤 사람을 건져내려고 했다. 하지만 광야 생활을 통해 그는 겸손함과 자기 능력에 대한 건강한 불신을 배웠다(KD, 440). 하나님은 모세 혼자 애굽으로 가는 것이 아니며, 바로의 궁전과 그 이외의 모든 곳에 항상 함께하겠다고 약속하셨다. 그리고 또 다른 약속으로 모세를 격려하셨다. 이스라엘 백성이 하나님을 예배하기 위해 바로 이 산으로 돌아올 것이라고 약속하셨다.

C. 여호와는 자기 종의 반대를 극복하신다(3:13-22)

Supporting Idea	인간의 연약함은 하나님의 기회이다.

3:13-18. 모세는 이 엄청난 사명에 대해 연속해서 거부 의사를 밝힌다. 이스라엘 백성이 모세를 보낸 하나님의 이름을 묻는다면 어떻게 할 것인가? 하나님은 모세에게 스스로 계시는 여호와, 이스라엘 조상의 하나님이 보내셨음을 그들에게 알리라고 말씀하신다. 하나님은 모세와 함께하겠다고 약속하신다. 모세와 이스라엘 백성과 늘 함께하겠다고 분명히 약속하신다. 야훼의 이름, 야훼의 얼굴, 야훼의 사자, 그리고 구름 기둥과 불 기둥은 일시적이고 짧은 하나님의 현현이라는 이전 족장들과 하나님과의 관계의 특징과 반대되는 것으로서 자기 백성 가운데 하나님의 임재가 영원함을 표현한 것이다(Vos, 106). 모세와 더불어 하나님의 임재는 더욱 지속성을 지닐 것이다. 이것은 미래에 이루어질 일에 대한 암시이다.

하나님은 모세에게 이스라엘의 장로들을 모으라고 명령하셨다. 그리고 가나안 땅에서 그들의 조상에게 나타나신 하나님이 그에게 나타나서서 애굽의 감독들에게서 그들을 구원하겠다고 약속하셨음을 알리라고 명령하셨다. 나아가 하나님은 지금은 다른 민족들이 살고 있지만 "아름답고 광대한 땅, 젖과 꿀이 흐르는 땅"(8절)으로 그들을 인도하겠다고 약속하셨다. 이 장로들은 모세가 바로 앞에 나설 때 그의 지도력을 따라야 할 것이다.

모세는 먼저 바로에게 히브리 사람의 하나님 여호와께서 자기 백성들에게 임하셨다고 밝힐 것이다. 그 후에 그는 하나님께 제사를 드리기 위해 광야로 사흘간의 여행을 하게 해줄 것을 요구할 것이다.

3:19-22. 하나님은 모세에게 바로가 저항할 것이라고 경고하셨다. 하지만 하나님은 애굽 중에 여러 가지 이적을 베풀어 그 나라를 치심으로 모세를 지원하실 것이다. 하나님의 강한 손이 도우심으로 이스라엘은 애굽을 떠나도록 허락을 받을 것이며 빈 손으로 가지 아니할 것이다.

D. 자기 종을 위한 하나님의 공급하심(4:1-17)

Supporting Idea	하나님은 자연 상태의 인간에게 부족한 것을 초자연적으로 제공해 주실 것이다.

4:1-5. 모세의 항의는 표면상 당연한 것 같다. 모세는 믿었다. 그리고 불타는 떨기나무를 통해 하나님을 경험했다. 하지만 애굽에 있는 그의 동족들은 어떤가? 모세가 목격한 일에 대한 설명이 그들에게 설득력을 갖겠는가? 하나님은 모세보다 이 백성을 더 잘 아셨다. 그분은 모세가 자신의 대변인임을 확신시키기 위해 필요한 일을 하실 준비가 되셨다.

목자인 모세에게 중요한 도구 가운데 하나는 지팡이였다. 하나님은 그것을 땅에 던지라고 명령하셨다. 그러자 그 지팡이가 뱀으로 변했다. 뱀은 대적 사단으로 표현되는 악마적인 악을 상징한다. 사단은 에덴 동산에 모습을 드러냈고, 이제 도망가는 히브리인들을 뒤쫓는 바로와 그의 군대와 연합할 것이다. 하나님이 보여주신 대로 그 대적을 무너뜨리거나 심지어 맞설 수단이 모세에게는 아무것도 없었다. 하나님은 그에게 손을 뻗어 그 뱀의 꼬리를 잡으라고 지시하셨다. 모세가 하나님의 말씀대로 뱀의 꼬리를 잡자 뱀은 즉시 지팡이로 변했다. 하나님은 이 표적으로 아브라함의 하나님, 이삭의 하나님, 야곱의 하나님이 모세에게 나타나셨음을 히브리인들이 믿게 될 것이라고 말씀하셨다.

4:6-7. 마찬가지로, 하나님은 모세에게 손을 옷 속으로 넣어보라고 말씀하셨다. 모세가 옷에서 손을 빼자 손이 나병(문둥병)으로 뒤덮여 있었다. 하지만 하나님의 명령에 따라 다시 옷 속에 넣었다가 꺼내자 손이 여상하였고 몸의 다른 부위처럼 정상이 되었다. 이 표적들을 통해 하나님은 모세에게 필요한 모든 것을 공급해주심으로 그의 소명

을 이루게 하겠다고 말씀하셨다.

4:8-17. 하나님은 불신의 위력을 간파하신다. 그래서 모세에게 첫 두 표적이 애굽인들을 설득하는 데 실패할 경우, 의지할 수 있는 한 가지 표적을 더 주셨다. 모세가 나일강에서 물을 떠와 땅에 쏟으면 그 물이 피로 변할 것이다.

이 모든 지원에도 불구하고, 모세는 여전히 이의를 제기하며 계속 순종하지 않았다. 그는 하나님의 명령을 순종할 수 없는 이유로 항상 서툰 자신의 언변을 들었다. 하나님과 개인적인 만남을 가졌음에도 불구하고 그것은 바뀌지 않았다. 하나님은 모세에게 그의 입과 감각을 창조하신 이가 자신임을 일깨워주셨다. 또한 할 말을 그에게 주실 것이며 그것들을 효과적으로 표현할 수 있게 하겠다고 약속하셨다.

하나님이 모세의 반대와 변명을 하나씩 차례로 반박하시자 모세는 자신의 진정한 동기를 드러낸다. 그는 단순히 이 사명을 감당하고 싶지 않은 것이었다. 하나님은 모세에게 화가 나셨다. 그리고 모세의 형 아론이 그의 대변자가 될 것이라고 말씀하셨다. 하나님은 모세와 아론 두 사람에게 무엇을 말하고 행할지 보여주실 것이다. 마음 내켜하지 않는 종 때문에 사명이 좌절되지 않을 것이다. 하나님이 그의 권능의 날에 그들로 자원하여 순종하게 하실 것이다.

E. 가족에게 작별 인사를 하는 모세(4:18-31)

Supporting Idea	때로 하나님을 섬기기 위해 익숙한 환경과 철저히 결별해야 한다.

4:18-23. 모세는 장인 르우엘에게 돌아가 작별 인사를 한다. 하지만 당분간 떠나야 하는 실제적인 이유가 무엇인지는 말하지 않는다. 르우엘은 모세를 축복하고 떠남을 허락한다.

하나님은 모세의 목숨을 노리던 사람들이 죽었음을 알려주심으로 다시 그를 격려하신다. 이에 모세는 미디안 땅을 떠나 아내와 아들들과 함께 애굽으로 되돌아가는 긴 여행을 시작한다. 하나님은 처음에는 바로의 마음을 강퍅하게 하셔서 이스라엘 백성이 떠나도록 허락하지 않겠지만 결국 궁극적으로는 성공할 것을 모세에게 확신시켜주신다. 모세는 바로에게 여호와의 말씀에 이스라엘은 내 아들 내 장자라고 대답할 것이다.

애굽은 하나님이 애굽과 이스라엘을 구별하셨음을 알게 될 것이다. 애굽은 이스라엘로 가서 제사하게 하라는 하나님의 명령에 순종해야만 할 것이다. 애굽의 완악함은 엄청난 대가만 치를 것이다. 하나님이 그들의 장자들을 죽이실 것이기 때문이다.

4:24-31. 24절은 하나님이 모세를 죽이려 하신 당혹스럽고 이해하기 힘든 이야기를 담고 있다. 틀림없이 모세는 아들에게 할례 행하기를 거부했을 것이다. 마침내 십보라가 아들에게 할례를 행하자 하나님은 그로 가게 하셨다. 이것이야말로 하나님이 모세를 죽이려고 하신 이유에 대한 가장 최선의 설명인 것 같다. 일부 주석가들은 위협적인 형벌의 가혹함에 반대한다. 하지만 이스라엘은 하나님이 아브라함과 맺으신 언약적 표징을 가볍게 여겨서는 안 되었다. 실제로 하나님은 이 신성한 의식을 위반한 자들을 언약 파기자로 단정하시고 죽음을 선언하신 적이 있다(창 17:14).

하나님은 또한 아론에게 광야로 가서 동생을 만나라고 지시하신다. 모세는 하나님이 행하신 모든 내용과 그들이 할 일을 아론에게 이야기한다. 애굽에 도착한 모세와 아론은 이스라엘의 장로들을 모으고 하나님이 모세에게 하신 모든 말씀을 전달했다. 모세와 아론이 이적을 행하자 장로들이 그들의 말을 믿었다. 그들은 자신들이 말하던 하나님이 비인격적인 하나님이 아니라 곤고한 그들을 돌보시는 하나님임을 알았다. 그분은 그들의 조상들과 언약을 맺으신 하나님이며, 그들의 구원자시고, 그들이 예배할 대상이셨다.

Main Idea 복습	하나님은 자기 종 모세를 부르고 빚으시며 준비를 갖추어주신다.

결론

"나는 물 속으로 내던져졌다"

조지 W. 트루엣(George W. Truett)은 서른 살에 텍사스 달라스의 제일침례교회 목사가 되었다. 그는 열아홉 살에 회심했다. 트루엣의 인생을 주시한 사람들은 하나님이 그에게 특별한 사명을 맡기실 것을 확신했다. 그는 교사가 될 준비를 하고 있었고 법과 대학에 진학할 계획을 갖고 있었다. 어느 토요일 밤, 트루엣이 출석하는 교회에서 사무 총회가 열렸다. 트루엣은 도착하자마자 이 총회의 1차 안건이 그를 사역자로 임명하기 위해 교회가 투표하는 건이라는 것을 깨달았다. 당시 스물세 살이던 트루엣은 이의를 제기하려고 일어났지만 교회는 그의 말을 들으려고 하지 않았다. 이 사건을 회고하면서 트루엣은 이렇게 말한다. "그곳에서 나는 온 교회에 맞섰다. 깊이 감동받은 교회와 맞섰다. 교회당에 있는 사람들의 눈은 홍건히 젖어 있었다. … 한 교회의 역사에서 가장 엄숙한 시간 중 하나였다. 나는 물 속으로 내던져졌고 헤엄을 치지 않을 수 없었다."

소명에 저항한 사람은 조지 트루엣이 처음이 아니었다. 모세도 소명에 저항했다. 그러나 하나님의 새로운 계시와 그의 인생을 인도하는 새로운 가치관 때문에 그는 더 이상 항거할 수 없었다. 40년 전에는 이것이 모세의 꿈이었음을 기억할 것이다. 그러나 하나님은 새로운 가치관으로 모세의 마음이 변화되고 미래의 두려운 사명에 대비해 그를 준비시키시기 위해 배움의 학교에 그를 두셔야 했다. 목회자들은 우리가 인정하기 원하는 것보다 훨씬 더 모세와 연관성이 있다. 섬김에 대한 부르심은 놀라운 소명이지만 쉽지 않은 사명이다. 현재 내가 알고 있는 것처럼 사역에 대해 모든 것을 알았더라면, 사역에 대한 하나님의 인도하심에 개방적이지 않았을지도 모른다. 나 자신의 경험을 통해 나는 모세에 대해 더 깊이 이해하게 되었다. 40년의 광야 생활은 모세가 하나님의 백성의 전달자와 지도자로서 자신 앞에 놓인 사역을 더욱 자각하게 만들었다.

■ **진리 알기**

- 우리가 예민하게 귀기울이면, 하나님은 여러 방법으로 말씀하신다.
- 우리가 하나님을 섬기는 일에 헌신하면, 그분은 우리 앞에서 굳어진 토양과 마음들을 부드럽게 깨뜨려주신다.
- 하나님은 당신과 함께하시며 당신을 인도하고 보호하시지 않고서는 당신에게 뭔가를 하도록 요구하지 않으신다.
- 하나님은 우리가 사명을 감당할 수 있도록 필요한 자원을 예비하고 공급하신다.

▣ 적용하기

- 하나님이 당신에게 원하신다고 생각하는 것들은 반드시 끝까지 감당하라.
- 의심이 생길 때는 하나님만이 신실하신 분임을 기억하라.
- 주위 사람들의 고통에 대해 민감하라.

삶의 적용

착수하라

"예수님이 오실 것이다. … 바쁜 척하라!"는 문구가 한 스티커에 적혀 있었다. 깜찍한 글이다. 하지만 엉터리 신학이다! 하나님은 당신의 삶이 어떻게 될지 알고 계신다. 당신이 무시해버린 모든 기회와 당신이 행한 모든 섬김의 행위를 알고 계신다. 당신의 관심을 돌리려고 했지만 거부해버린 모든 시도들을 알고 계신다. 성경은 예수 그리스도가 다시 오실 것이라고 말한다. 우리는 주위의 모든 사람들을 기만하려 하면서 인생을 살면 안 된다. 적극적으로 섬기라는 그분의 부르심을 받아들여야 한다. 당신은 섬기는 척하는 속임으로 하나님을 우롱할 수 없다. 그분은 당신의 가족과 공동체와 교회에서 당신이 할 일을 준비해두신다. 당신은 그분의 부르심에 귀 기울이고 있는가?

기도

주님, 때로 제가 너무 분주하게 살고 있는 것을 고백합니다. 주님이 제게 하시는 말씀을 들을 수 있을 정도로 느린 삶을 살지 않습니다. 이번 주에도 상충하는 우선순위들 때문에 주님이 제게 행하도록 요구하신 것을 순종하지 못한 것은 아닌지 염려가 됩니다. 주님, 저를 용서해주소서. 이제 잠시 앉아 당신의 말씀에 귀 기울이겠습니다. 오늘 제가 무엇을 하기 원하십니까? 말씀해주십시오. 아멘.

심층 연구

A. 여호와/ 야훼

여호와 혹은 야훼라는 이름이 모세 이전에도 알려져 있었지만(창 15:2) 모세와 그 이후의 저자들은 이 이름을 더 자주 사용한다. '야훼' 는 히브리어 동사 '존재하다' 에서 파생한 단어이다. 이 이름은 자존하시는 언약의 하나님으로 외부적인 영향에 좌우되지 않고 존재하며 행하시는 분이라는 의미를 내포한다. 이 이름을 통해 하나님은 모든 은총의 신실하신 하나님(Berkhof, 49)으로, 자기 백성에게 맹세하시는 하나님으로 자신을 계시하신다. 신실하신 언약의 하나님은 자신이 구속한 자기 백성과의 관계에서 자신의 존재나 뜻을 바꾸시지 않는다. 하나님의 또 다른 이름들로는 만군(아마 천사들의 무리나 군대를 가리킴)의 주, 엘로힘(하나님), 엘 엘리온(지극히 높으신 하나님), 아도나이(주 혹은 주인), 엘 샤다이(전능하신 하나님) 등이 있다.

하나님은 성품과 말씀, 심지어 이름으로 자신을 우리에게 계시하신다. 오늘날 사람들은 이름에 그다지 의미를 부여하지 않는다. 하지만 고대 중동에서 "이름은 종종 놀라운 역사적 사건이나 종교적 사건을 기념하는 수단이었고, 자녀에 대한 부모의 소망이나 자녀의 인격에 대한 부모의 생각이 반영되었다"(Reymond, 153). 마찬가지로 하나님은 이름들을 통해 그분의 속성과 백성에 대한 관계를 계시하신다.

B. 여호와의 사자(3:2)

'여호와의 사자' 라는 특별한 호칭은 일반적인 천사들을 가리키지 않는다. 창세기 18장과 사사기 6장에서 이 단어는 하나님 자신과 서로 맞바꾸어 사용되고 있다. 모세는 불이 붙었지만 타지 않는 떨기나무를 보고(출 3:2) 하나님의 음성을 들었다(3:4). 하지만 예술 작품에서 종종 그려지는 '천사' 의 모습은 전혀 보지 못했다. 여호와의 사자는 후에 이스라엘 백성들을 인도했고(14:19), 선지자 발람(민 22:22)과 '여호와의 군대장관'으로 여호수아에게 나타났으며(수 5:14-15), 삼손의 부모에게 특별한 당부와 함께 현현하셨다(삿 13장). 위의 인용 구절들로 인해, 학자들은 이 여호와의 사자를 삼위의 제2위 되시며 후에 주 예수 그리스도로 성육신하실 분이라는 결론을 내렸다.

C. 장로들(3:16)

성경의 지도자들 가운데 장로는 매우 두드러지는 직책이다. 성경 어디에도, 장로의 직책에 대한 개념을 왕이나 제사장과 같이 공식적으로 소개한 내용은 없다. 이 직책은 성경 초기에 아무 설명 없이 등장한다. 이스라엘의 장로들은 국가를 이끄는 이스라엘의 다른 임명직 지도자들을 보좌했다(출 4:29, 신 5:23, 수 7:6, 겔 8:1). 이것은 예수님이 대제사장들과 함께 그들 앞에 서셨던 누가복음 22장 66절에서 알 수 있듯이 신약 시대에도 지속된 관습이다. 신약은 처음부터 장로들을 등장시켰고(행 14:23, 벧전 5:1-2) 바울은 새롭게 형성된 교회들에 이 직책을 포함시켰다(딛 1:5-9). 그들은 개인이 아니라 팀으로서 공식적인 기능을 담당한다. 원래 이 용어는 자연스럽게 백성의 대표 역할을 하는 지혜로운 노인들을 가리키는 말이었다.

성경은 하나님이 구체적인 질서를 따라 경건한 대표들을 통해 자기 백성을 인도하고 이끄신다고 가르친다. 오늘날 교회는 어떤 사람들을 지도자로 선택해야 할지 신중해야 하며, 항상 경건한 지도자들을 준비하고 훈련해야 하는 필요성을 명심해야 한다.

D. 바로의 마음의 강퍅함(4:21)

하나님이 바로의 마음을 강퍅하게 하셨다는 이 어려운 문제를 다루려면, 바로가 처음 하나님을 만날 때 이미 죄인의 마음을 가지고 있었다는 사실을 기억해야 한다. 성경 본문은 때로 바로가 자신의 마음을 강퍅하게 했음을 명확히 언급한다. 하지만 다른 본문들은 표적과 이적을 보이시고 자기 백성들을 바로의 폭정에서 해방시키시기 위해 그 폭군의 마음을 강퍅하게 만드실 의도가 계셨다고 확실히 지적하고 있다. 더 나아가, 바로가 스스로 마음을 강퍅하게 했고 그후에 하나님이 그의 마음을 강퍅하게 하셨다고 믿는 자들에게도 여전히 한 가지 의문이 남는다. "하나님이 일반적으로 회개의 시간을 허락하실 수 있는 상황에서 그의 마음을 강퍅하게 하신 이유는 무엇인가?"

로마서 9장에서 바울은 토기장이가 자기의 뜻대로 질그릇을 빚는 것처럼 바로의 마음을 강퍅하게 하실 수 있는 하나님의 주권적 권리에 호소한다(롬 9:17-21). 출애굽기는 바로를 최고의 자리에 세우신 하나님의 목적을 밝힌다. 그것은 하나님의 능력을 드러내고 온 천하에 그분의 이름을 전파하기 위해서이다(출 9:16, 롬 9:17, Reymond, 359-360을 참고하라). 하나님이 불의하신가? 하나님은 불의를 허용치 않으신다. 성경을 배우는 사람들이라면 하나님은 주권자인 동시에 자비로우신 분임을 안다. 그분은 인내하시고 친절하시며 노하기를 더디 하신다(나 1:3). 성경에는 이해하기 어려운 개념들이 나온다. 그럴 때 우리가 성경을 액면 그대로 받아들이고 이해할 수 없는 구절들을 신비의 영역에 맡긴다면 더 안전한 땅을 여행하게 될 것이다.

교안

A. 들어가는 글

1. '나의 소명' 이야기로 시작하라.
2. 배경 설명: 모세는 두 문화권을 모두 경험한 사람이었다. 그는 히브리인으로 태어났지만 애굽인으로 교육받았다. 그가 히브리 노예를 때리는 애굽인을 죽였을 때 자기 정체성을 히브리인으로 인식하고 있음이 명확히 드러났다. 자신의 행위가 들키자 모세는 미디안 땅으로 도망갔다. 그곳에서 결혼을 하고 40년간 장인 르우엘을 위해 일했다. 이러한 배경에서 그에게 나타나신 하나님은 출생할 때부터 예비된 사명을 위해 그를 부르셨다.
3. 적용: 이 장들은 모세가 광야에서 양을 치는 내용으로 시작하여 모세와 아론이 이스라엘의 장로들 앞에 서서 하나님이 그들에게 맡기신 사명을 설명하는 것으로 끝난다.

B. 본문 이해

1. 불타는 떨기나무 속의 여호와(3:1-6)
2. 하나님은 모세에게 함께하겠다고 약속하신다(3:7-12)
3. 여호와는 자기 종의 반대를 극복하신다(3:13-22)
4. 자기 종을 위한 하나님의 공급하심(4:1-17)
5. 가족에게 작별 인사를 하는 모세(4:18-31)

C. 결론: '착수하라' 를 읽어주라.

토의 질문

1. 하나님이 당신의 관심을 끌어내려면 무엇이 필요한가? 당신이 안전 지대를 벗어나도록 하나님이 사용하셨다고 생각되는 '불타는 떨기나무' 의 경험이 있는가?

2. 모든 성도를 향한 하나님의 뜻은 참여이다. 당신은 현재 교회에서 어떤 것에 동참하고 있는가? 하나님이 당신에게 하기를 원하셨지만 그분의 소명에 귀 기울이지 않은 것이 있는가?

3. 출애굽기 3장 1-6절을 다시 읽으라. 하나님이 모세와 맺기 원하셨던 관계를 설명해 보라. 하나님은 당신과 어떤 관계를 맺기 원하시는가?

출애굽기 5-7장

시련에서 하나님이 구원하심

"개인적인 고난을 당하지 않는 사람은 누구든지 다른 사람들의 고통을 덜어주는 일을 돕도록 자신이 부름받았음을 깨달아야 한다. 우리는 모두 세상에 드리워진 비참함에 대한 자기 몫을 감당해야 한다."

- 알버트 슈바이처(Albert Schweitzer)

모세는 바로 앞에 서서 이스라엘 백성의 자유를 요구한다. 하지만 바로가 강퍅하고 하나님의 뜻에 반항하는 것만 확인한다. 바로가 요구에 응하지 않자 모세는 실패자처럼 느끼고 하나님께 의문을 갖기 시작한다. 하나님은 여러 약속을 통해 그분을 의지할 것과 그분의 약속을 끝까지 지키실 것을 분명하게 알려주신다.

들어가는 글

메시지를 들으면

선박 통신사를 구한다는 구인 광고를 낸 어느 선박 회사의 면접 대기실은 지원자들로 북적거렸다. 그들은 자기 이름이 호명되기를 기다리면서 확성기 소리에 묻힐까봐 서로 큰소리로 이야기를 하고 있었다. 또 한 사람의 지원자가 붐비는 대기실로 들어와 지원 서류를 작성하고 잠시 동안 조용히 앉아 있었다. 그러다가 갑자기 일어서더니 사무실로 들어갔다. 몇 분 후에 만면에 미소를 띤 그 사람이 사무실에서 나왔다. 그가 고용된 것이다. 그 일자리는 그에게 돌아갔다. 대기실에 있던 한 사람이 항의하기 시작했다. "이봐요. 우리는 당신보다 더 오래 기다리고 있었소. 그런데 왜 당신이 우리보다 먼저 들어간 거요?"

그 신입 통신사는 대답했다. "이곳에 계신 어느 분이라도 이 일자리를 얻을 수 있었습니다. 하지만 여러분 가운데 확성기의 모르스 암호에 귀 기울이는 분은 없었습니다. 모르스 암호의 내용은 '우리는 항상 준비되어 있는 사람이 이 자리에 오기를 원합니다. 이 내용을 들으신 분은 즉시 사무실로 들어오십시오' 였습니다."

바로가 이런 대기실에 있었더라면, 그 역시 암호의 내용을 듣지 못했을 것이다. 그는 잘 듣지 않는 사람이었다. 실제로 우리는 재앙에 대해 살펴볼 몇 장에서 하나님이 그에게 들을 기회를 최대한으로 주셨음을 보게 될 것이다. 그러나 현재로서는 바로가 해독할 암호는 전혀 없었다. "하나님은 내 백성으로 가게 하라고 말씀하신다"라는 단순한 내용뿐이었다. 그러나 하나님과 그분의 말씀에 귀 기울이지 않는 것은 문제를 자초하는 것이다. 바로는 싸우기로 결정했기 때문에 그것을 깨닫지 못했다. 유일한 문제가 있다면, 바로가 제대로 듣지 않는다고 해서 그에게 손해가 가지 않았다는 점이다. 오히려 히브리 사람들의 안전이 더욱 악화되었다. 그들은 이제 더 가중된 강제 노역을 하게 될 것이다.

본문 이해

시련에서 하나님이 구원하심

Main Idea	모세는 바로 앞에서 시험을 받는다.

A. 이스라엘의 고난(5:1-23)

Supporting Idea	애굽의 압제자들은 더욱 강도를 높인다.

5:1. 하나님은 히브리인들이 하나님께 희생 제사를 드리기 위해 광야로 여행할 수 있도록 허용해주심으로써 하나님께 순종할 수 있는 모든 기회를 바로에게 주셨다. 먼저 심판이 임하지 않고 대신 하나님의 대변자인 모세와 아론을 통해 설득하는 일이 이루어진다. 그들은 바로 앞에 나아가 광야로 가서 하나님께 희생 제사를 드리도록 허락해달라고 요청한다. 모세와 아론이 어떻게 바로의 궁에 입궁 허락을 받았는지는 확실히 알 수 없다. 아마 바로는 아브라함과 이삭과 야곱의 하나님이 또다시 자기 백성을 찾아오셔서 정해진 방식에 따라 그분을 예배하라는 엄격한 명령을 내리셨다는 일반적인 정서, 즉 이제 피지배 민족 가운데 널리 퍼진 이 정서를 알게 되었을 가능성이 있다. 하나님을 예배하기 위해 이스라엘 백성의 이동을 허가해달라는 요청은 바로에게 생소하지 않은 요청으로 받아들여져야 했다. 히브리 민족이 행하는 특이한 의식들은 지배국 애굽 사람들에게 종교적 혐오감을 불러일으킬 수 있었다.

5:2-5. 바로는 순수한 논리에 근거해 반대한 것이 아니었다. 적어도 처음에는 그랬다. 오히려 그는 여호와가 누구관대 내가 그 말을 듣고 이스라엘을 보내겠느냐고 반문함으로써 자신의 의중을 드러낸다. 정체성과 권위에 대한 문제는 신앙의 핵심을 형성한다. 확실히 영적인 영역의 경우 그렇다. 하나님은 누구시며 내게 무엇을 요구하시는가? 바로는 모세와 아론이 말하는 하나님이 누구신지 모르기 때문에 그 요청을 허락할 수

없었다. 따라서 그는 아무리 짧은 시간이라 해도 이스라엘 백성이 광야로 이동하는 것을 허락하지 않을 것이다. 모세와 아론은 하나님이 특별히 그들을 만나주신 것과 애굽과 멀리 떨어진 곳으로 가서 제사 드릴 것을 명하셨다고 대답했다. 이스라엘은 하나님의 은혜를 상실하지 않기 위해 이 명령에 순종해야 했다. 그렇지 않으면 그분은 역병이나 외부의 침략군으로 그들을 치실 것이다.

하지만 바로는 이 호소를 받아들이지 않았다. 그는 그들에게 돌아가 벽돌 만드는 일을 계속하라고 명령했다. 아마 자문관들은 반역이 임박했으므로 그 반란의 수괴인 모세와 아론을 좌절시킴으로써 그것을 막아야 한다고 바로에게 속삭였을 것이다. 엄청난 수의 히브리인들은 바로에게 경제적 재앙 아니면 기회였다. 히브리인들은 그들의 지배국을 위해 엄청난 노동력을 제공했다. 만약 그들의 노동력을 잃게 되면 그 손해 역시 막심할 수 있었다.

5:6-9. 바로는 최근에 히브리인들에게 자유에 대한 자각이 나타난 것은 단순히 시간이 남아 돌아 생각할 여유가 많아졌기 때문이라고 진단했다. 그래서 히브리인들에게 더 가혹한 조치를 행하라고 신하들에게 명령했다. 이제부터 그들은 정해진 생산량을 채워야 할 뿐 아니라 직접 짚을 조달하여 할당량을 채워야 했다. 벽돌은 땅에서 흙을 파내어 그것을 반죽해 짚과 섞은 후 벽돌 판에 찍어내는 과정으로 만들어졌다. 짚은 아마 벽돌의 강도를 높이기 위한 것보다는 수명을 길게 하려고 사용했을 것이다(Hannah, 116). 바로가 히브리인들에게 스스로 짚을 조달하도록 강요했기 때문에 그들의 노역은 이제 이중적이 될 것이다(Rowlinson, 124). 히브리인들이 게으르다고 바로가 생각했는지는 잘 모르지만, 그는 노예 감독관들이 그렇게 믿기를 원했다.

5:10-18. 노예 감독들은 이스라엘 백성에게 바로의 명령을 그대로 하달했다. 이스라엘 백성들은 짚을 구하기 위해 애굽 전역으로 황급히 흩어졌다. 짚을 얻을 수 있는 유일한 장소는 옥수수 밭이었다. 그들은 짚을 작은 입자로 갈아 벽돌에 적절히 섞이도록 만들어야 했다. 바로의 전략은 부분적으로 생산량을 채우지 못하는 히브리 노예들을 개별적으로 벌 주어 그들을 분열시키고 통제하는 것이었을 수도 있다. 그들의 일체감에 균열을 가하여 서로 이간질하고 배척하게 하는 효과가 있었을 것이다. 하지만 바로의 새로운 강압 정책은 필연적인 실패를 초래했다. 히브리인들은 이전과 같은 속도로 벽돌을 생산해낼 수 없었다. 그래서 임명된 히브리 패장들은 매를 맞고 취조를 당했다.

이스라엘 자손의 패장들이 가서 바로에게 호소하여 그의 요구가 비합리적일 뿐 아니라 불가능하다고 했다. 바로가 그들 스스로 짚을 구해야 한다는 조건을 거두지 않으면, 그들은 벽돌을 생산할 수 없고 그 잘못은 그들에게 돌아갈 것이다. 바로는 그 노예들에게 게으르다고 대답하며 즉시 노역장으로 되돌아가도록 했다.

5:19-23. 바로의 무감각에 골치가 아픈데다 곧 들이닥칠 일들에 불안해진 패장들은 좌절감과 두려움을 그들의 보고를 기다리고 있던 모세와 아론에게 분풀이하며 쏟아냈다. 패장들은 이제 헛된 기대만 부풀려놓았던 그들의 요구가 바로에게 멸시당했다며 두 형제를 비난했다. 분명히 바로와 그의 각료들은 히브리인들이 반역을 시작했다고 의심하고 있을 것이며, 바로는 필요하다면 무지막지한 무력으로 그들을 진압할 것이 분명했다.

모세는 패장들에게 즉시 반응하지 않았다. 그는 다시 하나님 앞에 나아갔다. 이제 하나님에 대한 의문은 없었다. 그의 유일한 지지자들(그의 동족이며 하나님이 구원하도록 보내신 바로 그 사람들)이 지금 그를 매도하고 있었다. 이제 하나님은 모세를 기도의 학교로 데려가 하나님이 개입하시면 단기적 실패가 결코 궁극적인 것이 아님을 가르치실 것이다. 하나님은 그의 임무가 쉽게 성공하지 않을 것이지만(3:19) 고난을 통해 하나님이 자기 종과 함께하실 것(3:12)을 예전에 말씀하셨다.

모세는 최근의 어려움과 하나님이 그를 바로에게 보내신 것 사이에 관련이 있다고 주장한다. 또한 그는 하나님의 뜻에 반대되는 것인양 애굽의 손아귀에서 그의 백성을 건지시는 일을 하나님이 지체하신다고 한탄한다. 그러나 하나님은 참된 힘은 연약함 가운데서 완전해지고, 하나님을 따르는 모든 사람들의 지혜는 하나님을 전적으로 의지하는 데 있음을 자기 종에게 곧 보여주실 것이다.

B. 하나님이 자기 종을 격려하심(6:1-30)

Supporting Idea	하나님은 이스라엘에 대한 변하지 않는 그분의 뜻을 자기 종에게 일깨워주신다.

6:1-8. 하나님은 자기 백성을 포로 생활에서 건져내어 가나안 땅으로 인도하겠다는 약속을 재확인하심으로 모세에게 다시 확신을 주신다. 가나안으로 향하는 긴 여정 가

운데 수많은 고난이 모세를 기다리고 있었다. 그래서 야훼라는 강력한 위로의 이름만이 그에게 필요한 전부임을 배워야 했다. 모세는 앞으로 수십 년 동안 수천만 여행자들의 마음을 다독여야 할 힘을 어디서 얻는지 배워야 할 것이다. 또한 자신이 지금 섬기는 하나님에 대해 더욱 더 알아갈 것이다. 이 지식은 부분적으로 하나님의 이름을 아는 데서 나온다. 그 이름은 단순한 속성 이상의 것을 의미했고, 하나님의 성품의 중요한 면을 계시해주었다.

그러나 이제 구원의 때가 가까워지고 있었다. 하나님은 모세에게 이제 내가 바로에게 하는 일을 네가 보리라고 말씀하셨다. 바로는 하나님의 명령에 순종할 뿐 아니라 이스라엘 백성들로 가게 하되 스스로 그들을 몰아낼 것이다. 하나님은 자신이 아브라함과 이삭과 야곱과 맺은 언약을 지적하시며 선지자를 격려하신다. 그들에게는 자신을 온전히 계시하시지 않았다. 하지만 모세에게는 자신을 온전히 계시하셨다.

하나님이 아브라함에게 자신의 언약적 명칭을 밝히기는 하셨다(창 15:7). 하지만 일차적으로 전능하신 하나님으로 그들에게 계시하셨다. 모세로 인해 그분은 스스로 계시는 신실하신 하나님으로서 곤고한 언약 백성들에게 쉼을 주실 분으로 자신의 이름과 성품을 더 온전하게 보여주실 것이다. 족장 아브라함과 이삭과 야곱은 이방인으로 가나안 땅을 떠돌았지만, 모세는 이 백성을 영원한 거처가 될 그 땅 앞까지 인도할 것이다. 스스로 계시는 언약의 하나님은 고난당하는 이스라엘 자손의 신음을 듣고 자기 백성을 돌보셨다.

하나님은 미끄러운 경사나 위험한 구덩이에서 끌어올리기 위해 손을 내미시는 것처럼 그들에게 편 팔을 내미셨다. 하나님이 애굽에서 이스라엘 백성을 이끌어내기 위해 사용하실 기적들은 단순히 경이로운 표적이 아니라 잔인한 압제자들의 나라를 벌하시기 위한 강력한 심판의 행동이었다. 하나님이 이적들을 모두 행하시면 이스라엘 백성은 그분이 참으로 그들의 하나님 여호와이시며, 그들을 구원하신 분임을 알게 될 것이다.

물론 무엇보다 가장 놀라운 약속은 하나님이 자기 백성과 영원히 함께하신다는 것, 그들 가운데 거하시겠다는 약속이다. 성경 저자들은 모두 구원이라는 주제의 진개를 통해 이 실을 엮고 있다. 하나님은 완전하고 영구적인 평화로 자기 백성과 거하기를 원하셨다. 무엇보다도 그들은 그분의 소유된 백성이다. 그분은 그들을 자기 백성으로 삼으실 것이다. 앞으로 수세기 동안 이 신생 국가는 다른 신들과 우상 숭배에 의지하는 불성실한 행동을 반복하여 이 관계를 극한까지 시험할 것이다. 그러나 하나님은 약속에 신실하시기 때문에 결코 그들을 완전히 버리시지 않을 것이다. 흥미로운 언어 유희를 사용하자면, 이스라엘 백성들은 하나님의 소유가 되고 하나님은 다시 그들의 소유로 가나안 땅을 주실 것이다. 이 땅에 대한 그들의 소유는 항상 하나님과 그들의 관계와 연결될 것이다(레 26:3-45, 신 28:1-68을 참고하라).

6:9-12. 강력하고 신속한 구원을 기대했던 이스라엘 백성은 이제 모세의 말을 들을 분위기가 전혀 아니었다. 그들은 모세가 자신들을 한 번 속였다고 생각했다. 그들이 지금 모세의 말을 들을 이유가 어디 있는가? 하나님은 또다시 모세에게 바로를 찾아가 이스라엘 백성이 애굽을 떠나게 허락하라고 말하도록 지시하신다. 하지만 모세는 백성을 설득시킬 언변이 부족하다고 하나님께 불평한다. 모세는 백성들과의 실망스러웠던 지난 대화의 원인이 그의 서투른 언변에 있다고 생각했음이 분명하다.

6:13-27. 내러티브는 이제 모세의 출생과 관련된 중요한 족보를 포함시키고 있다. 이는 이스라엘 역사에서 그가 차지하는 두드러진 역할 때문이다. 이스라엘 민족은 지파 간의 연합을 기반으로 하는 민족이었다. 후에 여호수아는 가나안에서 그들의 지분을 지파에 따라 할당할 것이다. 모세는 야곱의 맏아들이라는 이유로 르우벤과 시므온(창 29:32-33)을 언급한다. 하지만 곧바로 모세가 속한 지파의 대표인 레위로 넘어간다. 레위의 아들들(게르손, 고핫, 므라리)은 레위 계보의 출발이었고 성막과 이후의 성전에서 레위인들의 직무를 대표할 것이다(민 4:1-33). 레위는 137년을 살았다.

모세의 직계 가족은 출애굽기 6장 20-25절에 나온다. 아론과 모세의 아버지는 아므람이다(요셉과 동시대를 살았던 18절의 아므람과는 다른 인물이다). 아므람은 자기 고모 요게벳과 결혼했다. 이러한 근친 결혼은 이때까지 허용되었고 레위기 18장 12절에서 금지되고 있다. 저자는 모세보다는 아론의 가계를 더 많이 언급한다. 이는 아마 모세가 비이스라엘인과 결혼하여, 아론의 직계 아들들이 이스라엘의 제사장직을 맡게 될 것이기 때문인 것으로 보인다.

이 단락의 26절에서 모세와 아론의 소명에 대해 다시 살펴보는 것으로 내러티브는 다시 재개된다. 후에 유대인들은 족보의 뿌리, 특히 지도자들의 족보를 매우 중시할 것이다. 현 이야기의 지도자들은 그들 조상의 뿌리를 민족의 기원까지 거슬러 올라갈 수 있었다.

6:28-30. 선지자인 이들의 주요 자격 요건은 두 가지였다. 주 하나님을 알고, 그분의

말씀을 성실하게 백성들에게 전하는 것이었다. 하나님은 모세를 부르시고 바로 이 일을 위해 그를 구별하셨다. 하나님은 이전 족장들보다 모세에게 자신을 더 온전히 계시하셨다. 모세에게 구원의 메시지를 위탁하고 내가 네게 이르는 바를 너는 애굽 왕 바로에게 다 고하라고 명하셨다. 모세는 이 일에 대해 자신이 아직 준비되어 있지 않고 여전히 언변이 부족하다고 불평했다. 하지만 이제는 자신의 창조 목적인 그 사명을 감당하려 한다.

C. 첫 번째 이적(7:1-25)

Supporting Idea	하나님은 자기 종들과 바로 앞에서 권능을 보이기 시작하신다.

7:1. 모세는 이미 그러한 메시지를 갖고 바로의 궁으로 들어가야 한다는 생각에 위협을 느꼈을 것이다. 하지만 하나님은 모세가 바로를 성공적으로 대면할 뿐 아니라 이후의 표적과 기사를 생각할 때 바로에게 신처럼 보일 것이라고 알려주셨다. 아론은 모세의 말을 바로에게 전하는 대언자가 될 것이다.

7:2-7. 모세는 하나님이 명령하신 것을 바로에게 전해야 했다. 모세가 아론에게 하나님의 말씀을 전하면, 아론이 바로에게 전하는 식으로 대화가 이루어질 것이다. 하지만 우리는 모세가 바로와 직접 대화한 적이 없다는 식으로 추측해서는 안 된다. 하나님은 모세에게 할 수 있으면 직접 말하라고 말씀하셨지만, 결국 바로를 설득할 능력에 대해 모세가 자신없어 했기 때문에 그것을 수용하셨다.

하나님은 바로가 이스라엘 백성이 가도록 허락하지 않을 것을 이미 알고 계셨다. 왕의 마음을 강퍅하게 하여 하나님의 말씀에 반항하게 할 것이다. 바로의 마음을 강퍅하게 하신다는 하나님의 말씀이 오늘날 많은 이들을 혼란스럽게 하지만, 지도자들의 마음은 절대 하나님의 통제권 밖으로 벗어나지 않는다('바로의 마음이 강퍅함'에 대해서는 4장의 '심층 연구'를 참고하라). 하나님이 페르시아 포로 생활에서 해방을 선포하시기 위해 고레스 왕을 움직이신 것처럼, 징계의 도구로 느부갓네살 왕에게 유다를 정복할 마음을 처음 넣으신 것도 하나님이셨다. 이러한 강력한 심판의 결과로 애굽인들이 나를 여호와인 줄 알게 될 것이다. 모세와 아론은 이제 하나님의 말씀을 가지고 바로의 보좌 앞으로 나아갔다.

7:8-13. 하나님은 아론의 지팡이로 기적을 행하셔서 대변자들의 신임장을 즉시 인정해주신다. 아론은 바로 앞에서 지팡이를 던져 표적에 대한 바로의 필연적인 요구에 반응한다. 그 지팡이는 뱀이 된다. 바로는 모세가 행한 이적에 대해 마음의 준비가 되어 있었을 수도 있다. 아론과 모세가 이전에 행한 이적들(4:17, 30을 참고하라)에 대한 소문이 그의 귀에 전해졌을 수도 있기 때문이다. 바로의 궁의 '술객들'은 그들의 지팡이를 던져 뱀이 되게 함으로 이 기적을 그대로 모방했다. 어떤 이들은 애굽의 술객들이 실상은 고대의 사기꾼들이나 뱀을 부리는 마법사로, 뱀을 부리는 능력을 이용해 뱀의 몸을 강직시킨 후 유사한 방법으로 정상 상태로 되돌려놓은 것일 뿐이라고 주장한다. 어떤 이들은 악한 영들이 그 술객들을 도왔다고 믿는다. 결국 아론의 뱀이 다른 뱀들을 삼켜버렸다. 하지만 이 이적을 보는 동안 바로의 마음은 더욱 완강해졌다.

7:14-21. 바로가 이스라엘 백성이 가는 것을 거부하자 하나님은 모세와 아론에게 다음 날 아침 물가로 나오는 바로(아마 나일강에 제사를 드리기 위해)를 만나라고 말씀하신다. 그곳에서 그들은 광야로 가서 하나님께 제사를 드리도록 하라는 하나님의 말씀을 반복하고 또 다른 이적(나일강이 피로 변하는 이적)을 행하게 될 것이다. 애굽인들은 낚시와 관개 수로에 이르기까지 모든 것을 나일강의 자원에 의존했다(사 19:5-10). 그러나 하수의 고기가 죽고 그와 함께 잠시 동안이나마 애굽의 번영도 사라질 것이다.

하나님은 아론으로 하여금 애굽의 강들을 향해 지팡이를 뻗게 하라고 모세에게 명령하신다. 모세와 아론은 하나님의 말씀에 순종했다. 아론은 애굽의 강들을 향해 지팡이를 뻗었다. 여기는 나일강을 따라 난 자연 수로와 인공 수로, 웅덩이, 습지, 심지어 나무 그릇과 돌 그릇까지 해당되었다. 이 심판의 결과, 악취가 진동했고 전국적으로 마실 물을 구하기 어려운 지경이 되었다.

7:22-25. 술객들은 물을 구하는 일에 동참하지 않고 오히려 이 기적을 모방하는 데 정신이 팔려 자기 술법으로 그와 같이 행했다. 24절에서 알 수 있듯이 그들은 아마 깊은 곳을 파서 물을 구했을 것이다. 술객들도 그런 능력을 행할 수 있다는 것에 만족한 바로는 자기 앞에서 일어난 재앙에 아랑곳하지 않고 궁궐로 돌아갔다. 바로는 이것을 심각하게 생각하지 않았고 그의 마음은 더욱 강퍅해졌다. 그는 이스라엘에 대한 명령을 철회하지 않고 그들이 하나님께 희생 제사를 드리도록 광야로 보내려고 하지 않을 것이다. 그는 나일강 주변을 파고 있는 고통당하는 동족을 그대로 두었다. 물이 피가 되는

심판은 지표면 아래 있는 지하수에는 영향을 미치지 않았음이 확실하다. 이 첫 재앙은 7일 동안 계속되었다.

Main Idea 복습	모세는 바로 앞에서 시험을 받는다.

결론

부르심에 대한 의심

모세는 자신이 해야 할 일에 모두 순종했다. 그는 바로 앞에서 당당했다. "내 백성으로 가게 하라!"는 말은 매우 분명한 어조를 드러낸다. 그런데 왜 바로는 하나님의 말씀에 응하지 않았는가? 이 교만한 애굽의 왕은 히브리인들이 노역에서 벗어나려 한다고 빗대어 말했다. 그래서 그는 히브리인들에게 이전보다 훨씬 더 강도 높은 사역을 시켰다. 바로의 부당함을 지적하기 위해 대표단을 보냈지만 아무 효과가 없었다. 그 모든 고통 때문에 히브리인 대표들은 모세와 아론을 배척했다. 모세는 다시 하나님을 바라보았다. 결국 모세에게 이 사명을 주고 보내신 이는 하나님이셨다. 당신은 하나님이 모든 문제를 미리 해결하실 것이라고 생각할지도 모른다. 하지만 그분은 그렇게 하지 않으셨다. 모세는 "왜인가요?"라고 질문하며 자신의 소명에 대해 의심하기 시작한다.

■ 진리 알기

- 당신이 하나님의 메시지를 갖고 있다는 이유만으로 사람들이 당신의 말에 귀 기울이지 않을 것이다.
- 사단은 모든 영적 지도자들이 낙심하기를 원한다.
- 사람들은 고통이 찾아오면 반항한다.

- 하나님은 모든 불순종을 심각하게 여기신다.
- 하나님은 사랑하는 자를 징계하신다.
- 하나님은 질투하시는 분이기 때문에 우리 삶 속의 모든 우상을 다루실 것이다.
- 하나님의 심판은 반드시 임할 것이다. 인내하라.
- 하나님은 자비하셔서 현장에 개입하여 문제를 해결하시기 전에 순종할 시간을 우리에게 주신다.

▣ 적용하기

- 자신의 책임을 끝까지 충실히 행하라. 하나님은 포기하지 않으신다.
- 어떤 사람들은 마음이 완악해지기도 하지만 우리는 그러한 장벽들을 넘기 위해 주님을 의지해야 한다.
- 하나님께 정직하기를 결코 두려워하지 말라. 그분은 이미 당신의 마음을 아신다.
- 의심은 믿음의 과업을 받아들이는 정상적인 일부이다. 하지만 그것들을 극복하고 나아가야 한다.
- 삶 속에서 하나님의 인도하심을 위해 기도하라. 그분의 인도하심 외에 만날 모든 사람과 상황을 위해서도 기도하라.
- 불평을 멈추고 하나님을 신뢰하라.
- 당신이 누구를 따르지에 대해 신중하라. 그 사람의 지도력의 열매를 시험해보라.

삶의 적용

사단의 벼룩시장

사단이 벼룩시장을 열었다. 그는 자신의 모든 도구들에 가격표를 붙여 내놓았다. 증오심, 질투, 시기, 의심, 거짓말, 교만 그리고 욕망을 비롯해 수많은 물건들이 나왔다. 그 도구들과 달리 낡고 무해해 보이는 한 도구에 고가의 가격표가 붙어 있었다.

사단의 고객 가운데 한 명이 높은 가격이 붙은 도구가 무엇인지에 대해 질문했다. 사단은 이렇게 대답했다. "그야 물론, 그건 낙심이지요."

그 고객은 물었다. "왜 그렇게 가격이 높게 책정되었나요?"

사단은 이렇게 대답했다. "그것은 내게 가장 유용한 도구 중 하나입니다. 다른 도구들이 효과가 없을 때 나는 낙심을 사용해 한 사람의 마음을 열고 그 안으로 들어갈 수 있어요. 일단 안으로 들어가면 내가 원하는 대로 할 수 있습니다. 사람들은 이것이 내 것이라는 것을 거의 모르기 때문에 이 도구로 한 사람의 마음속에 들어가기가 쉽지요."

사단이 낙심에 붙인 가격표가 너무 엄청나서 그것을 팔 수 없었다고 한다. 그래서 그는 여전히 그것을 사용하고 있다.

그는 오래된 이 도구를 이렇게 사용한다. "하나님이 정말 그렇게 말씀하셨어?" "그분이 그 일을 하도록 널 부르셨다고 확신하니?" "너는 정말 일을 엉망으로 만드는 데 선수구나. 그렇지?" 이러한 때는 매우 고통스러운 시간으로 하나님께 정직하게 나아감으로써 반드시 다루어야 한다. 고통과 어려움의 시기들을 허락하시는 이유를 하나님께 여쭤보라. 그것들을 은혜 가운데 겸손한 마음으로 극복할 수 있도록 지혜를 구하라. 그리고 분노나 원한의 쓴 뿌리가 결코 마음속에 자라도록 허용하지 말라. 하나님은 아직 당신을 완성하지 않으셨다.

기도

하나님 아버지, 모세의 생애 가운데 이 시기를 돌아보게 하셔서 감사합니다. 저희도 오늘을 위해 필요한 교훈을 얻었습니다. 좋을 때나 나쁠 때나 주님만을 의지하도록 도와주소서. 주님은 아직 저를 완성하지 않으셨습니다. 제가 주님의 말씀에 귀 기울이게 도와주소서. 아멘.

티칭 가이드

심층 연구

벽돌과 벽돌 제조

성경 시대의 벽돌은 우리 시대의 벽돌과 유사했다. 히브리인들이 만든 벽돌은 직사각형으로 주택, 건축물 그리고 여러 건물들을 짓는 데 사용되었다. 벽돌은 가마에 불을 지펴 건조하거나, 뜨거운 태양으로 건조할 수 있었다. 벽돌공은 짚을 벽돌 강화제로 이용할 수 있었다. 우리가 현재 이집트의 언어와 문화에 대해 알고 있는 지식은 부분적으로는 벽돌에 새겨진 글귀를 통해 얻은 것이다.

교안

A. 들어가는 글

1. '메시지를 들으면' 이야기로 시작하라.
2. 배경 설명: 모세는 하나님이 그에게 애굽으로 돌아가 그들을 속박에서 인도해 나오라고 부르셨음을 이스라엘 장로들에게 확신시킨 후 바로를 찾아갔다.
3. 적용: 바로가 모세에게 쉽게 설득되지 않으리라는 것은 처음부터 분명히 드러난다. 바로는 하나님께 반항하며 이스라엘 백성에게 재료를 더 제한하고 더 심한 강제 노역을 시킨다. 이스라엘 백성은 모세를 의심하기 시작하고, 모세는 자신과 하나님에 대해 의문을 갖는다. 하나님은 모세에게 다시 확신을 주시고, 바로에게 여러 심판을 행하기 시작하신다.

B. 본문 이해

1. 이스라엘의 고난(5:1-23)
2. 하나님이 자기 종을 격려하심(6:1-30)
3. 첫 번째 이적(7:1-25)

C. 결론: '사단의 벼룩시장' 을 읽어주라.

토의 질문

1. "세상이 어려워지면 악인들이 득세한다" 는 이야기를 들어보았을 것이다. 인생에서 극복하기 어려웠던 몇 가지 좌절에 대해 이야기해보라. 하나님이 왜 그것들을 허락하셨다고 생각하는가?

2. 5장은 고전적인 권력 투쟁의 그림이다. 이 갈등의 원인이 되는 문제는 무엇이라고 생각하는가? 여기서 화해의 책임은 누구에게 있는가? 누군가와 갈등 중에 있을 때 당신이 해결책을 기대하며 할 수 있는 일은 무엇인가?

3. 이 장에 나오는 이스라엘 백성과 비슷한 태도로 반응한 때는 최근 언제였는가? 당신은 올바른 반응을 했는가? 이 대답을 어떻게 발견했는가?

4. 마음이 어떻게 강퍅해지는가? 하나님이 '강퍅한 마음' 을 여전히 부드럽게 해주실 수 있다고 생각하는가? 그 방법은 무엇인가?

5. 하나님이 불가능해 보이는 과제를 주셨지만 당신이 그것을 수행한 가장 최근의 경험을 이야기해보라. 그러한 상황에서 신자의 삶에 이루어지는 성장에 대해 설명해보라.

출애굽기 8-11장

바로의 이목을 집중시키다

"배의 나무판자들이 뒤틀리며 삐걱거리는 소리를 내고, 돛대는 부서지고, 배가 광풍 앞에서 표류할 때, 굶주린 파도가 입을 벌리고, 지옥으로 내려가는 사람들처럼 배를 산 채로 삼키려고 할 때 얼마나 많은 완악한 반역자들이, 얼마나 많은 완악한 선원들이 눈물을 흘리며 무릎을 꿇고 '제가 범죄하였나이다!' 하며 울부짖었던가. 그러나 그들의 고백이 무슨 소용이 있고 무슨 가치가 있단 말인가? 폭풍 속에서 드려진 회개의 불길은 폭풍이 가라앉자 모두 사그라지고 말았다. 천둥과 번개 속에 잉태된 회개는 만물이 고요하고 잠잠해지는 즉시 사라졌다. 배에서는 경건한 선원이었던 자가 마른 땅에 발을 내딛자 선원들 중 가장 사악하고 혐오스러운 자가 되고 말았다."

- 찰스 해돈 스펄전(Charles Haddon Spurgeon)

출애굽기 8-11장은 땅에 연속적으로 재앙을 내리심으로써 하나님이 애굽의 우상 숭배를 다루시는 내용을 기록한 단원이다. 하나님은 이러한 권능을 나타내시지 않고 쉽게 히브리인들을 구원하실 수 있었다. 하지만 그분의 의도는 사람들을 교육하는 데 있었다. 이제 온 세상은 바로의 강퍅함과 반항에도 불구하고 그분이 하나님이심을 눈으로 보고 알게 될 것이다.

들어가는 글

자세계

'자세계' 는 비행기의 중요한 계기판이다. 자세계는 수평선을 기준으로 한 비행기의 자세를 알려준다. 비행기가 상승할 때는 '앞부분을 치켜든다.' 이것은 비행기 기수 부분이 수평선보다 위에 있다는 뜻이다. 필요 이상으로 긴 시간 동안 비행기 앞부분이 숙여진 상태라면 비행기가 곧 추락한다는 뜻이다. 비행기의 자세를 감시하는 일은 중요하다. 그리고 때로 임무를 전환하기 위해 비행기 자세를 바꾸는 것은 필수적인 일이다.

우리는 출애굽기에서 바로가 추락하려고 하는 이야기의 핵심에 이르고 있다. 계속 '고개를 쳐박은' 태도는 그의 마음을 더욱 강퍅하게 만들었지만, 하나님은 교육적인 목적으로 여러 재앙들을 내리시며 애굽의 권력자들과 우상 숭배에 대한 공격을 계속하신다.

본문 이해

바로의 이목을 집중시키다

Main Idea 필요하다면, 하나님은 심판으로 자신의 계획을 이루신다.

A. 개구리 재앙(8:1-15)

Supporting Idea	하나님은 애굽 땅에 개구리를 보내신다.

8:1-5. 정확한 기간은 모르지만 어느 정도 시간이 흐른 후에, 하나님은 또다시 모세에게 하나님의 백성들이 그분을 예배하러 가게 해달라는 요청을 가지고 바로를 찾아가라고 명령하셨다. 바로가 그 요청을 또다시 거절한다면, 하나님은 애굽 땅에 수많은 개구리를 보내셔서 나일강과 바로의 궁과 고관들의 집과 애굽 모든 사람들의 집에 들끓게 하실 것이다. 개구리는 화덕과 침실과 빵을 만드는 그릇을 비롯해 온갖 장소에 닥치는 대로 들어갈 것이다. 이 재앙이 애굽인들에게 특히 괴로웠던 점은 극도로 청결한 그들의 습관 때문이었다. 애굽 온 백성들은 청결했다.

내러티브가 이번에는 바로에게 어떤 호소를 했는지 기록하지 않는다. 하나님은 아마 모세와 아론으로 이 재앙을 시작하라고 명령하시기 전에 바로가 또다시 모세와 아론의 요구를 거절할 때까지 기다리셨을 것이다. 아론은 다시 애굽의 강들을 향해 손을 뻗었다. 그러자 개구리가 올라와서 애굽 땅에 덮였다. 술객들도 아론의 행동을 그대로 따라해서 성공했다. 하지만 그들이 '불러온' 개구리들은 아론이 시작한 이적 때문이었을 수도 있다. 어떤 경우이든, 술객들은 이제 하류로 전락했고 애굽에는 골칫거리가 생겼다.

그러자 바로는 모세와 아론을 불러 개구리를 물리쳐주도록 부탁했다. 그는 이스라엘 백성이 하나님께 희생 제사를 드리러 가게 해주겠다고 약속했다. 모세는 바로에게 날짜를 정하게 했다. 이 날짜가 모세가 개구리를 떠나게 할 날짜인지 혹은 바로가 이스라엘 백성이 광야로 가도록 허락할 날짜인지 본문 상으로는 명확하지 않다.

존 칼빈(John Calvin)은 개구리 때문에 전국이 입은 황폐화의 무서운 속도를 감안할 때 바로가 모세에게 그 다음 날 개구리를 떠나게 해달라고 요청했다는 것은 생각할 수 없다고 믿었다. 바로가 이스라엘 백성이 하나님을 섬기기 위해 가도록 허락할 시간을 그 다음 날로 정했고 개구리 심판은 즉시 해결해달라고 요청했다고 보는 것이 더 설득력이 있다(Calvin, 163). 아마 본문은 이 설명을 수용할 수 있을 것이다. 모세는 바로와의 알현을 마친 후 즉시 개구리가 떠나도록 기도한 것 같다(12절). 바로가 우리가 알 수 없는 이유로 그 다음 날을 개구리가 떠나는 날로 정했을 가능성도 있다. 모세는 바로가 시간을 정하도록 허락하여 그가 우리 하나님 여호와와 같은 이가 없는 줄 알게 하고 재앙이 그치는 것이 절대 우연이 아님을 알게 했다.

모세가 기도하자 하나님은 개구리 재앙을 그치게 하셨다. 곧 개구리들이 죽자 사람들이 모아 무더기로 쌓으니 온 땅에 악취가 진동했다. 또다시 바로는 하나님의 강력한 심판을 목격했다. 하지만 또다시 그 마음을 완강케 하여 이스라엘 백성이 떠나도록 허락하지 않았다.

B. 이 재앙(8:16-19)

Supporting Idea	하나님이 이 떼들을 보내신다.

8:16-19. 바로가 계속 이스라엘 백성이 떠나는 것을 거절하자 하나님은 예고하시지 않고 다음 재앙을 보내셨다. 그분은 아론에게 지팡이로 땅의 흙을 치라고 지시하셨다. 그러면 셀 수 없이 많은 이나 모기가 온 땅을 뒤덮을 것이다. 본문은 땅의 티끌이 실제로 이가 되었다고 말하는 것이 아니라, 이가 온 땅을 뒤덮을 정도로 많았음을 강조하는 것이다. 술객들도 다시 이 이적을 모방하려 했지만 가능하지 않았다. 그들은 이 현상이 하나님의 역사임을 즉시 인정하고 바로가 이번에는 들을 수밖에 없을 것이라고 암시한다. 이들이 온 땅에 있었다. 땅과 가축과 사람들에게 이가 들끓었다. 하지만 바로의 마음이 강퍅케 되어 막대한 이익을 창출하는 노예들에 대한 장악력을 포기하지 않으려 했다.

C. 파리 재앙(8:20-32)

Supporting Idea	하나님은 파리 떼를 보내신다.

8:20-32. 하나님은 이어서 모세에게 물가로 가서(7:14에 대한 주석을 참고하라) 바로를 만나 다음 재앙에 대해 알려주라고 말씀하신다. 이번에는 파리 떼가 애굽 땅을 급습할 것이다. 아마 죽은 개구리 무더기 때문에 이미 수많은 파리들이 꼬여 있었을 것이다. 하지만 이번에는 이 파리 떼들이 이스라엘 백성이 사는 고센 땅을 제외한 애굽 전역을

뒤덮었다. 바로 그 다음 날 하나님은 말씀하신 대로 파리 떼를 보내셔서 온 땅을 덮게 하셨다. 바로와 그의 신하들을 비롯해 그 누구에게도, 그 어느 곳에도 파리가 꼬이지 않는 데가 없었다. 바로는 황급히 모세와 아론을 불러들여 이스라엘 백성에게 이 땅에서 하나님께 희생 제사를 드리라고 말했다. 역시 바로는 이스라엘 백성에 대한 지배력을 완전히 놓으려고 하지 않고 간교한 타협책을 구했다. 모세는 그러한 해결책이 초래할 정치적인 결과를 지적한다. 애굽인들은 애굽 땅에서 다른 종교 의식을 거행하는 것을 용납하지 않을 것이며 심지어 히브리인 예배자들에게 돌을 던질 것이다. 모세는 하나님이 원래 명령하신 대로 이스라엘이 3일 간의 광야 여행을 하게 해달라고 주장한다.

28절에서 바로는 너무 멀리는 가지 않는다면 히브리인들로 가게 하겠다고 말한다. 모세는 바로의 이 통보에 반대하지 않는 것 같다. 그는 다음 날 파리가 애굽 땅에서 물러갈 것이라고 약속한다. 그리고 바로에게 그들을 속이지 말라고 경고한다. 모세가 하나님께 기도하자 파리들이 올 때처럼 흔적도 없이 사라졌다. 그러나 바로는 또다시 약속을 어기고 그 백성들로 가게 하지 않을 것이다.

D. 가축에게 내린 재앙(9:1-7)

Supporting Idea	하나님은 애굽의 가축들을 죽이신다.

9:1-7. 지금까지의 재앙이 애굽인들의 상대적인 안락함을 방해하여 그들을 괴롭게 한 것이었다면, 이제 하나님은 그들의 재산을 시작으로 애굽인들에게로 직접 심판을 겨냥하신다.

하나님이 명하신 대로 모세와 아론은 다음 재앙을 바로에게 알린다. 애굽 땅을 떠나 하나님을 예배하도록 히브리인들을 보내달라는 요청에 이어 이제 하나님은 바로가 이스라엘 백성을 가게 하지 않으면 들에 있는 생축에게 심한 악질이 있을 것이라고 위협하신다. 그 재앙으로 인해 말과 나귀, 약대, 양, 소, 염소를 비롯해 애굽의 가축들이 죽을 것이다. 가축은 식량과 유제품에 사용되는 등 식생활에 큰 부분을 차지하기 때문에 애굽에 미치는 경제적 영향은 재앙 수준일 것이다. 그러므로 바로는 정치적 압력에 직면하고 그 위기를 타개하기 위해 즉시 조치를 취해야 할 것이 분명하다.

그러나 하나님은 히브리인들의 가축에는 재앙을 내리지 않으심으로 그들과 애굽인들을 확실히 구별하실 것이다. 하나님은 바로와 그 백성들에게 임박한 심판을 고려해 들판에서 가축들을 이동할 시간으로 하루를 허락하셨다.

그 다음 날 하나님은 무서운 재앙으로 애굽인들의 가축을 치셨고 들판의 가축들은 모두 즉사했다. 그러나 히브리인들의 가축은 아무 해도 입지 않았다. 바로는 호기심이 발동해 히브리인들의 가축이 어떻게 되었는지, 그들은 이 무서운 재앙을 피했는지 물었다. 히브리인들의 가축은 아무 해를 입지 않았다는 보고를 듣자 바로는 마음이 더욱 완강해져 이스라엘 백성을 보내기를 거절했다.

E. 독종의 재앙(9:8-12)

Supporting Idea	하나님은 애굽인들에게 독종을 보내신다.

9:8-12. 여섯 번째 재앙은 예고없이 찾아왔다. 하지만 이번 재앙은 애굽인들을 직접 가해해서 급소를 찌른 셈이었다. 하나님은 모세와 아론에게 풀무의 재 두 움큼을 가지고 바로 앞에서 공중으로 날리라고 명하셨다. 히브리인들의 하나님은 물과 공기와 땅과 생명의 주가 되시므로 불을 비롯해 모든 자연 원소들의 주인이셨다. 모세가 말씀대로 순종하자 하나님은 애굽인들과 남은 가축들을 독종으로 치셨다. 우리는 이것이 구체적으로 어떤 피부병인지 확인할 수 없고 그것이 심각한 것이라는 점만 알 수 있다. 술객들은 아마 이 이적을 흉내내려고 했을 것이다. 하지만 그들에게도 고통스러운 독종이 생겼다. 하나님은 아직 보여주실 이적과 심판이 더 있었기 때문에 바로의 마음을 다시 강퍅하게 하셨다. 바로는 이스라엘 백성이 떠나도록 하지 않았고, 하나님이 미리 말씀하신 대로 모세와 아론의 말에 귀 기울지 않을 것이다.

F. 우박의 재앙(9:13-35)

Supporting Idea	하나님은 애굽에 우박을 비처럼 내리신다.

9:13-26. 다음 재앙으로 애굽에 유례 없던 최악의 우박이 떨어졌다. 이러한 무서운 심판을 애굽인들에게 내리신 하나님의 목적과 동기가 바로에게 더욱 확실히 드러나고 알려지게 되었다. 실제로 바로는 강도가 더해진 하나님의 무서운 심판의 결정적인 공격을 받을 것이다.

모세는 일찍 일어나 임박한 심판 소식을 가지고 바로를 대면했다. 하나님이 예언하시고 후에 재확인해주신 대로, 이제 애굽인들과 자기 백성들에 대한 그들의 무정한 태도뿐 아니라 그들의 신들(사실 그들은 전혀 신이 아니지만, 고전 8:4-6)도 심판하실 것이다. 하나님은 아주 잠시 동안이지만 온 천하에 나와 같은 자가 없음을 깨닫게 하실 것이다. 그들은 하나님이 상당한 자비를 보이고 인내하신다는 것을 전혀 생각하지 못했다. 그분은 언제라도 지상에서 그들을 다 쓸어버릴 수 있으시다. 하지만 이제 하나님의 숨겨진 목적이 명백히 드러나게 될 것이다. 하나님은 바로 이 시간을 위해 그리고 온 땅에 하나님의 능력과 이름을 나타내시기 위해 바로를 세우셨다.

하나님은 바로에게 그분의 말씀을 주의하여 듣고 살아남은 가축들을 우박의 피해를 쉽게 받는 들판에서 안전한 곳으로 옮기라고 경고하신다. 그리고 처음으로 인간의 생명이 위협을 당하게 된다. 모세의 말을 들을 수 있는 거리에 있던 사람들 가운데 그 조언을 귀담아 들은 이들은 종과 가축을 안으로 대피시켰다. 하지만 다른 이들은 하나님의 말씀에 귀 기울이지 않고 들판에 그들의 종과 가축을 그대로 두었다.

이어서 하나님은 모세에게 하늘을 향해 손을 들라고 지시하셨다. 그러면 천둥과 번개가 동반된 우박이 사람과 가축들 위로 떨어질 것이다. 모세는 하나님의 말씀에 순종했고 엄청난 우박이 떨어져 나무를 비롯해 모든 것을 초토화시켰다. 이 속도로 우박이 내린다면 애굽인들은 죽음을 피할 수 없었다. 하지만 히브리인들이 사는 고센 땅에는 우박이 내리지 않았다.

9:27-35. 이제 공포감에 사로잡힌 바로는 모세와 아론을 불러 히브리인들을 학대한 자신의 잘못을 인정했다. 그는 모세에게 이 무서운 재앙을 멈추도록 기도해달라고 요청하며 그들을 보내주겠다고 말했다. 모세는 자신이 바로 앞을 떠나는 즉시 재앙이 그칠 것이라고 대답했다. 하지만 하나님의 종은 바로의 말이 기만적임을 알았다. 옷을 만드는 데 사용되는 삼과 말들의 먹이인 보리가 우박의 재앙으로 해를 입었다. 하지만 애굽인들의 주식인 밀과 나맥(밀과 이모작 식물로, 빵을 만들 때 사용되었다)은 우박으로

해를 입지 않았다.

바로의 궁에서 나온 모세는 손을 여호와를 향하여 폈다. 그러자 우박이 그쳤다. 하지만 그 기간도 바로의 마음에 영구적인 변화를 주지 못했다. 그와 그의 신하들은 마음이 완강해져서 이스라엘 백성을 보내지 않았다.

G. 메뚜기 재앙(10:1-20)

Supporting Idea	하나님은 메뚜기 재앙을 보내신다.

10:1-20. 바로의 계속된 완악함과 태도는 하나님의 도구로 사용되고 있었다. 하나님은 바로와 이스라엘 앞에서 놀라운 기적들을 보여주실 것이다. 그 다음 재앙인 메뚜기 재앙(욜 2:25에서 '큰 군대' 라 불림)은 애굽의 안녕을 더욱 위협하여 심지어 바로도 그것을 '죽음' 이라고 불렀다(17절).

이 장은 하나님이 모세에게 다시 바로에게로 가서 다음 재앙을 예고하라고 말씀하시는 내용으로 시작한다. 최근의 재앙들이 무서운 것이었지만 바로나 그의 관리들에게는 효과가 없었다. 하나님은 이제 무서운 메뚜기 재앙으로 애굽인들을 치셔서 그분의 권능과 힘을 보여주실 것이다.

모세와 그의 형은 왕의 옥좌 앞으로 가서 바로에게 언제까지 하나님 앞에서 겸손하기를 거부할 것인지 묻는다. 하나님은 소위 애굽의 신들, 하나님의 백성들을 거짓 예배로 미혹하려는 신들을 확실히 심판하고 계셨다. 이제 하나님의 백성들이 광야로 가서 하나님을 예배하도록 할 시간이다. 바로는 치명적인 재앙의 고통으로 인해 즉시 이것을 허락해야 할 것이다. 메뚜기는 가는 곳마다 아무것도 남기지 않고 다 먹어치울 것이다. 그들은 농작물, 채소, 나무, 수풀 그리고 애굽 사람들의 없어질 재산을 먹어버릴 것이다. 바로가 다시 거절한다면 하나님은 바로 다음 날 이 여덟 번째 재앙을 내리실 것이다.

어떤 이들은 재산과 소유의 상실을 특히 서구 세계가 고통스럽게 받아들인다고 생각하지만, 그러한 상실의 고통은 그 범위와 기간에 있어 실제로 보편적이고 무한하다. 이제 바로의 신하들이 '망해버린' 애굽에서 이스라엘 백성을 내보내라고 바로에게 간청한다. 가장 가까운 측근들의 정치적 지지를 잃은 바로는 모세와 아론을 다시 궁으로 불러들여 또다시 조건부로 떠나는 것을 허락했다. 구체적으로 그는 갈 자는 누구 누구뇨? 라고 묻는다. 모세는 그들의 가축과 양 떼들 외에 모든 이스라엘 백성이 하나님께 절기를 지키기 위해 가야 한다고 대답한다. 10절에서 바로는 빈정거리는 투로 대답하며 여자와 아이들도 가게 하라는 모세의 요청을 거부한다. 11절은 바로가 경비나 경호원을 시켜 그들을 쫓아냈음을 암시하고 있다. 바로는 하나님의 두 종을 몰아냈고, 그와 더불어 자기 민족의 안녕에 대한 희망도 몰아냈다. 바로의 망설임은 이제 분노로 변한다.

하나님은 모세에게 손을 애굽 땅 위에 들어 메뚜기로 애굽 땅에 올라와서 우박에 상하지 아니한 밭의 모든 채소를 먹게 하라고 말씀하셨다. 하나님은 동풍을 불게 하셨다. 동풍은 메뚜기들이 먼 곳까지 이동하는 데 의지하는 바람이다. 보통 이 바람을 타고 메뚜기들은 이동한다. 동풍과 함께 닥치는 대로 모든 것을 먹어치우는 메뚜기 떼들이 급습했다. 엄청난 수의 메뚜기들이 애굽 땅을 뒤덮었다. 메뚜기(히. 'arbeh)의 길이는 5센티미터 이상이었고 날개는 넷이었다. 다리가 여섯 개인데 걸을 때는 네 개만 사용하고 높이 뛸 때는 뒷다리를 사용했다. 하나님은 후에 메뚜기를 먹어도 되는 정결한 음식으로 분류하셨고(레 11:21-22) 세례 요한은 메뚜기를 먹고 살았다(마 3:4).

엄청난 메뚜기 떼가 날아와 온 하늘을 뒤덮어 어둡게 했고, 눈에 보이는 모든 것을 먹어 치웠다. 바로는 모세와 아론을 불러 온 나라가 망하기 전에 식욕이 왕성한 곤충을 물러가게 해달라고 호소했다. 그는 나아가 자신의 죄를 고백하며 하나님께 메뚜기를 없애달라고 기도하라며 그들에게 호소했다. 바로는 지금까지 한 말들 가운데 가장 회개하는 말로 반응했다. 모세는 바로 앞을 떠나 하나님께 메뚜기를 물러가게 해주시도록 기도했다. 하나님은 서풍을 불게 하셔서 메뚜기 떼를 홍해로 몰아넣는 은혜를 베푸셨다. 그러나 하나님이 다시 바로의 마음을 강퍅하게 하셨다. 바로는 이스라엘 자손을 보내지 않았다.

H. 흑암의 재앙(10:21-29)

Supporting Idea	하나님은 애굽 온 땅을 흑암으로 덮으셨다.

10:21-29. 아홉 번째 재앙은 세 번째와 여섯 번째 재앙처럼 아무런 경고 없이 위협적

으로 찾아왔다. 강풍으로 모래 바람이 생기면 애굽 온 땅이 어둠으로 덮일 경우도 있었다. 하지만 다음 재앙은 하나님의 신호와 함께 찾아왔으므로 자연 현상으로 오해될 수 없었다.

하나님은 모세에게 하늘을 향하여 손을 들어서 애굽 땅 위에 흑암이 있게 하라고 말씀하셨다. 더듬을 만한(문자적으로 '붙잡다') 짙은 흑암이 찾아올 것이다. 어떤 주석가들은 이 현상을 얼굴 위로 모래 바람이 불었기 때문이라고 설명하지만 캄캄한 하늘의 정확한 성격은 이 표현으로 더 잘 설명될 것이다. 그들은 서로를 볼 수 없기에 자리에서 일어나는 것도 넘어질까봐 두려워할 것이다. 하지만 상대적으로 이스라엘 백성들이 사는 고센 땅에는 빛이 있었고 흑암의 재앙으로 인해 해를 당하지 않았다.

바로는 이 재앙을 당하자 모세에게 여자들과 아이들을 데리고 떠나는 것을 허락했다. 하지만 가축들을 데려가는 것은 허락하려 하지 않았다. 바로가 이 마지막 조건을 요구한 것은 탐욕이나 앙갚음 때문일 수도 있지만, 이스라엘 백성이 영원히 그 나라를 떠나지 않도록 가축들을 볼모로 잡아놓으려고 했다는 것이 더 설득력이 있다. 가축들을 통해 먹을 것을 얻지 못하면 오래 생존할 수 없었다. 하지만 모세는 그들과 함께 모든 가축들도 함께 데려가야 한다는 원래 조건을 재확인하는 것으로 대답했다. 모세는 희생 제사에 얼마나 많은 짐승들이 필요할지, 혹은 정확히 어떤 짐승이 제물로 필요할지 그 당시에는 몰랐다. 그러자 바로는 갑자기 화를 내며 모세를 자기 앞에서 쫓아내고 다시 자기 눈에 보이면 죽여버리겠다고 위협했다.

I. 애굽의 장자들에게 내린 재앙(11:1-10)

Supporting Idea	하나님은 애굽의 모든 장자들을 죽이신다.

11:1-10. 첫 세 절은 삽입구적인 내용으로 이전에 하나님이 모세에게 말씀하신 내용을 언급하고 있다. 한 가지 재앙이 바로와 애굽 전체를 칠 것이다. 이것은 바로가 히브리인들이 그 땅을 떠나도록 허락할 뿐 아니라 실제로 그들을 내쫓는 계기가 될 것이다. 재앙의 강도는 계속 세졌고 하나님은 곧 이스라엘 백성은 이끌어내심으로 그분의 위엄과 권능과 거룩이 찬양받게 될 것이다. 하나님은 그들이 애굽인들에게 호의를 입도록 하

실 것이며 그들은 은과 금 패물(아마 착용할 수 있는 '패물', 3:22를 참고하라)을 애굽인들에게 요청할 것이라고 모세에게 말씀하셨다. 그동안의 수고와 노예 생활을 볼 때, 이스라엘 백성은 이런 것들을 받을 자격이 있었다. 특히 이것 때문에 그들이 애굽 땅을 빨리 떠나준다면 하나님은 애굽인들이 기꺼이 이스라엘 백성에게 패물을 내주도록 하실 것이다. 모세가 이룬 어떤 업적 때문이 아니라, 하나님이 특별한 은혜를 주셔서 그를 통해 놀라운 이적이 이루어지도록 택하셨기 때문에 그는 애굽인들에게 위대한 사람으로 인정을 받았다.

지난 대화에서 모세는 바로에게 하나님의 심판이 애굽인들에게 임해 그들이 모세와 그의 백성들에게 그 땅을 떠나달라고 애걸하게 될 것이라고 말했다. 한밤중에 하나님은 온 애굽 땅을 다니시며 바로의 아이로부터 노예의 자식에 이르기까지 한 명도 남기지 않고 모든 장자들을 치실 것이다. 또한 가축의 처음 난 것들도 죽이실 것이다. 장자는 전 민족을 대표했고(창 49:3, KD, 500을 참고하라) 종종 부모가 가장 크게 기대하는 대상이었다. 죽음은 인간에게 가장 큰 두려움의 대상이다. 인간은 하나님을 두려워하고 존중해야 하지만, 하나님의 뜻에 관심을 두지 않고 세속적인 대상에서 모든 방울이라도 쥐어짜려고 할 것이다. 하지만 궁극적인 운명과 직면하면 아무리 무관심한 사람이라도 지혜로운 말을 몇 마디라도 들으려고 정신을 바짝 차릴 것이다. 이 재앙으로 인한 애굽인들의 울부짖음은 그 어느 때보다 더 처절할 것이다.

그러나 하나님이 선택하신 이스라엘 백성 가운데서는 단 한 명의 아이나 짐승도 죽지 않을 것이다. 이스라엘 자손에게는 사람에게나 짐승에게나 개도 그 혀를 움직이지 않으리니라는 표현은 애굽 전역의 엄청난 소동과 대조적으로 고센 땅은 평온할 것임을 묘사한다. 하나님의 백성과 애굽인들의 구별이 있음을 나타내는 그 대조는 확연할 것이다. 이 치명적인 타격으로 인해 바로 궁의 관리들은 즉각 모세에게 순종하며 그 땅을 떠나달라고 애원할 것이다. 이 선언과 함께 모세는 심히 노하여 바로의 앞을 떠났다. 바로는 이미 모세를 죽이겠다고 위협한 상태였고(10:28) 이제 그 폭군은 하나님의 반복된 경고를 철저히 외면한다. 모세는 격분한 상태로 바로를 떠난다. 하나님은 이제 포로된 이스라엘을 속박의 땅에서 구원하시기 위해 그 땅에서 그분의 능력을 나타내신다는 놀라운 목적을 이루실 것이다.

Main Idea 복 습	필요하다면, 하나님은 심판으로 자신의 계획을 이루신다.

결론

'고개를 떨군' 바로의 태도

이제 모든 사람은 '고개를 떨군(아래로 추락하는)' 바로의 태도를 인식하고 있다. 이런 표적들이 미래 세대들에게 갖게 될 교육적 가치를 하나님이 다시 일깨워주실 때 모세는 그것을 분명히 알았다. 바로의 신하들 역시 바로의 완고함과 이 혼란에서 그들의 국가를 이끌 능력에 대해 의문을 갖기 시작할 때 그것을 알았다. 또 한 번의 대면이 있은 후 우박 때문에 이미 황폐해진 땅에 메뚜기 떼가 급습했다. 그리고 이제 모든 일이 해결될 것이라고 생각하는 그때 바로의 '자세계'는 다시 아래로 추락한다. 그리하여 아홉 번째 재앙(흑암의 재앙)이 임하여 애굽의 태양 신에 대한 하나님의 주권적 권능이 증명되었다. 이것은 아무것도 보이지 않을 정도의 흑암이었고 확연히 느낄 수 있는 흑암이었다. 놀랍게도 히브리인들의 거처에는 빛이 있었고 그들에 대한 하나님의 보호는 지속되었다. 이로 인해 '아래로 추락하는' 바로의 태도는 더욱 악화되었고, 그는 모세의 목숨을 위협했다.

■ **진리 알기**

- 하나님은 우상 숭배자들과 자기 백성들을 다르게 대하신다.
- 하나님은 문제의 결과를 다루시기보다는 문제의 원인을 파헤치신다.
- 하나님은 신실한 종들의 기도를 사용하신다.

• 하나님의 권능은 정밀하여 한 지역이 파멸에 이르더라도 불과 얼마 떨어지지 않은 지역은 안전할 수 있다.
• 하나님은 자신의 영광과 은혜와 자비를 나타내시기 위해 주권적으로 사람들과 장소들과 사건들을 사용하신다.

■ 적용하기

• 당신이 싸우고 있는 우상 숭배의 영역들을 확인하고 그것들을 하나님께 고백하라.
• 우상 숭배에서 당신을 건져주실 하나님의 권세를 신뢰하라.
• 구체적으로 기도하라. 당신이 직면한 위기들에 대해 구체적이고 가시적인 방식으로 개입해주셔서 기도가 응답될 때 하나님이 개입하신 결과임을 의심할 수 없게 해달라고 구하라.
• 행동으로 실천하여 당신의 태도에 변화가 있음을 보이라.
• 시련의 흑암이 당신의 삶에 찾아올 때 신자로서 하나님을 의지하라.

삶의 적용

문제 해결

다른 모든 죄악처럼 우상 숭배를 해결하는 것은 전기 문제를 해결하는 것과 아주 비슷하다. 우리는 문제가 있음을 알지만 구체적으로 어느 곳에 문제가 생긴 것인지 알 수 없다. 무엇이 문제인지 찾기 시작하지만 쉽게 원인을 찾아낼 수 없다. 그래서 우리는 문제의 원인을 찾는 작업을 더 강화하고 전문가의 도움이 필요함을 인정한다. 하지만 결국 문제의 대부분은 아주 작은 노력으로 해결할 수 있음을 알게 된다. 일단 문제가 해결되면 전기는 다시 흐르기 시작한다.

신자로서 당신 역시 문제가 생길 때를 알고 있다. 성령님이 당신에게 그것을 지적해 주실 것이다. 우리는 마음속을 탐색하지만 자기 상태를 인정하지 않는 채로 살기 때문에 어디가 문제인지 쉽게 찾지 못할 수 있다. 당신이 문제를 찾는 작업을 더욱 강화하고 "하나님, 저를 살피시고 제 안에 어떤 악한 태도가 있는지 알게 하소서"라고 기도하면, 하나님은 당신의 교만을 깨뜨리시고 그 죄를 고백하고 앞으로 나아가기 위해 조금만 노력하면 된다는 것을 깨닫게 도와주실 것이다. 그리고 갑자기 하나님의 영이 놀라운 방법으로 인도하시고 격려하기 시작하신다. "구원의 즐거움"(시 51:12)이 회복되고 에너지가 더욱 자유롭게 흐르기 시작한다. 당신 삶의 우상 숭배의 영역들에 대해 하나님이 싸우시도록 하라. 이미 보았듯이, 하나님은 이 일에 전문가시다!

기도

주님, 저를 살피셔서 제 안에 어떤 악함이 있는지 보여주소서. 주님을 섬기기 원하며 주님과의 관계를 더욱 누리기 원합니다. 그리고 어떤 경우든 우상 숭배는 주님과의 친밀한 관계를 방해함을 깨닫습니다. 이제 제가 싸우고 있는 우상 숭배의 영역에서 저를 대신해 싸우시도록 자리를 내어드립니다. 주님 도와주십시오. 아멘.

심층 연구

A. 장자의 죽음

11장은 애굽의 장자들에 대한 죽음의 심판을 알리고 있다. 일부 그리스도인들은 이 심판을 받아들이기 어려울 수도 있다. 우리는 이 사건이 주는 몇 가지 중요한 진실을 기억해야 한다.

첫째, 애굽인들은 거짓 신들을 섬겼고 하나님과 이스라엘 백성과의 관계를 더럽힘으로써 이스라엘을 미혹시키고 있었다. 온 세상을 얻고 온갖 신들을 섬기다가 자신의 영혼을 잃으면 그것이 무슨 소용이 있는가?

둘째, 하나님은 이 사건을 통해 사람들이 참되신 하나님께로 나아올 것을 아시고 혹은 그분의 말씀에 진지하게 귀 기울이게 될 것을 아시고 지혜로 이 사건을 계획하셨다.

셋째, 성경은 하나님만이 인간의 운명을 다스리시고 "죽는 날을 주장"(전 8:8)하시며 "사람으로 그 장래 일을 능히 헤아려 알지 못하게"(7:14) 하신다고 가르친다. 미래는 하나님께 속한 것이며 그분은 우리를 위한 최선이 무엇인지 알고 계신다.

마지막으로, 우리는 하나님이 언젠가는 예수 그리스도를 통한 구원의 은혜로운 초청을 거부한 자들을 그분의 임재가 미치지 않는 영원한 불로 심판하실 것을 기억해야 한다(마 25:46, 롬 2:8-9). 불행하게도 대부분의 사람들은 하나님이 얼마나 거룩하시고 죄를 미워하시는지 제대로 알지 못한다. 많은 사람들이 그것을 깨달을 때가 오겠지만 그 때는 이미 늦을 것이다. 우리는 장자의 심판과 하나님이 죄를 심판하신 또 다른 예들을 통해 교훈을 얻고 그분의 이름에 합당한 삶을 살려고 노력해야 한다.

고안

A. 들어가는 글

1. '자세계' 이야기로 시작하라.
2. 배경 설명: 출애굽기 7-11장을 통해 우리는 애굽에 임한 아홉 가지 재앙을 보고 그 재앙이 장자의 죽음인 열 번째 재앙으로 정점에 이르는 것을 본다.
3. 적용: 하나님의 말씀에 대한 바로의 반응은 우리가 우리의 마음을 들여다보고 시험해볼 수 있는 거울이다. 나의 반응은 바로의 반응과 어떤 면에서 비슷한가? 어떤 면에서 다른가?

B. 본문 이해

1. 개구리 재앙(8:1-15)
2. 이 재앙(8:16-19)
3. 파리 재앙(8:20-32)
4. 가축에게 내린 재앙(9:1-7)
5. 독종의 재앙(9:8-12)
6. 우박의 재앙(9:13-35)
7. 메뚜기 재앙(10:1-20)
8. 흑암의 재앙(10:21-29)
9. 애굽의 장자들에게 내린 재앙(11:1-10)

C. 결론: '문제 해결' 을 읽어주라.

토의 질문

1. 하나님이 애굽 왕을 다소 가혹하게 대하신다고 생각하는가? 온유하고 자비로워 보이시는 하나님이 때때로 이같이 가혹하게 행하시는 이유는 무엇인가?

2. 출애굽기 8장 19절을 다시 살펴보라. 술객들이 당신에게 이렇게 말한다고 생각해 보라. 당신이 하나님의 인도하심에 민감하다면, 그들의 말이 어떤 의미를 던지겠는가? 이것이 중요한 이유는 무엇인가?

3. 바로는 확실히 강퍅한 사람이었다. 인류에게 이 강퍅함의 뿌리의 원인이 된 사건은 무엇인가? 당신의 삶에서 이러한 기질이 어느 곳에서 어떻게 드러났는가?

4. 우상 숭배는 모세가 살던 시대 못지않게 오늘날에도 횡행하고 있다. 하나님이 권능을 드러내시기 위해 문화 속의 일부 우상들을 어떻게 무너뜨리셨는가? 그렇게 행하신 이유가 무엇이라고 생각하는가?

출애굽기 12-13장

유월절

"하나님에 대한 사랑은 그분의 거룩함을 기뻐하는 데서 시작되어야 한다. 그 외의 어떤 속성도 기쁨의 출발점이 되어서는 안 된다. 거룩함이 배제된 다른 모든 속성은 진정으로 아름답지 않기 때문이다."

- 조나단 에드워즈(Jonathan Edwards)

12-13장은 출애굽기의 중요한 변화를 알린다. 모세는 아홉 개의 재앙을 바로 앞으로 불러들였고 바로는 이스라엘 백성을 놓아주겠다는 약속을 계속 어긴다. 애굽인들에게 장자의 죽음이라는 한 가지 재앙이 더 예고된다. 그러나 하나님의 섭리와 사랑을 통해 유월절이 시작된다. 이것은 하나님이 온 인류에게 선사하실 구원의 그림이 될 것이다.

들어가는 글

중요한 희생

캘리포니아에 살면서 특히 해변가에 산다는 것은 특권이다. 나는 한 달에 한 번 정도는 아내 낸시(Nancy)와 함께 해변가를 따라 나 있는 산책로 스트랜드(Strand)를 장시간 산책한다. 캘리포니아에서 살면서 2001년에 한 가지 불편한 점을 겪었다. 그것은 순차적인 단전 조치이다. 우리는 전력 공급의 위기를 겪고 있어서 아무 경고 없이 전기가 나가더라도 준비되어 있어야 한다. 10여 년 전 러시아의 체르노빌 원자력 발전소에도 전력의 위기가 있었다. 이 발전소는 폭발 사고가 일어나 엄청난 비극을 당했다. 아마 텔레비전으로 보도된 것보다 훨씬 더 참혹했을 것이다. 러시아 당국은 이 혼란을 해결하는 최선의 계획은 수백 톤의 모래와 콘크리트를 가동 중인 원자로에 쏟아부어 방사능 유출을 막는 것이라고 결정했다.

한 헬리콥터 조종사가 엄청난 양의 모래와 콘크리트를 투하하기 위해 뜨거운 원자로 위로 10여 차례 넘게 비행하여 훈장을 받았다. 그가 원자로 위로 비행할 때마다 그의 건강은 심각한 위험에 노출되었지만 그 일을 반드시 해야 했다. 그렇지 않으면 원자로에서 수십 년 동안 치명적인 방사선 분진이 계속 새어나오게 될 것이었다. 이 조종사는 수백만의 사람들과 아직 태어나지 않은 수많은 생명을 구하기 위해 치명적인 방사능에 자신을 노출시켰다.

이 한 사람의 희생으로 수많은 사람들이 목숨을 건졌다. 하지만 2천 년 전에 온 인류를 위해 구원을 베푼 또 다른 희생이 있었다. 하나님이 죄를 알지도 못하신 예수 그리스도로 우리를 대신하여 죄를 삼으셨다(고후 5:21)는 것은 그분이 죄로 망가진 세상에 자신을 의도적으로 노출히셨다는 뜻이다. 예수님은 죄 없는 삶을 사셨지만 죄에 의해 잔인한 죽임을 당하셨다. 죄의 힘을 봉인하고 무력화시키기 위해 예수님은 자기 생명을 주셔서 우리가 하나님과 화평을 누리고 생명을 얻도록 하셨다.

그리스도의 희생의 의미는 출애굽 이야기에 뿌리를 두고 있다. 바울은 고린도전서 5장 6절에서 이렇게 말한다. "너희의 자랑하는 것이 옳지 아니하도다 적은 누룩이 온 덩어리에 퍼지는 것을 알지 못하느냐." 이것은 죄의 결과와 그 죄가 모든 사람과 그와 관련된 모든 것에 스며든다는 사실을 보여준다. 이어서 고린도전서 5장 7-8절에서는 이렇게 말한다. "너희는 누룩 없는 자인데 새 덩어리가 되기 위하여 묵은 누룩을 내어버리라 우리의 유월절 양 곧 그리스도께서 희생이 되셨느니라 이러므로 우리가 명절을 지키되 묵은 누룩도 말고 괴악하고 악독한 누룩도 말고 오직 순전함과 진실함의 누룩 없는 떡으로 하자." 바울은 노예로 속박된 이스라엘 백성에게 유월절 어린 양이 갖는 의미와 주 예수님이 우리에게 같은 의미를 지녀야 함을 암시한다. 그러면 유월절 어린 양에 어떤 의미가 있는지 살펴보자.

본문 이해

유월절

Main Idea	하나님은 이스라엘 백성에게 구원을 베푸시고 미래의 구원자를 바라보게 하신다.

A. 유월절(12:1-50)

Supporting Idea	첫 유월절이 시작되고 구속이 이루어진다.

12:1-20. 하나님은 이스라엘 민족의 영적 토대와 자신이 그들을 존재하게 하시고 그들을 강한 손으로 구속하셨음을 기억해야 한다는 사실을 유월절 절기를 통해 일깨워주신다. 유월절 절기는 속박에서 구원하고 건져내시는 하나님의 은혜를 묘사하는 풍성한 상징성을 담고 있다. 이스라엘 백성은 때로 이 유월절과 다른 의식들을 그 배후의 의미는 망각한 채 기계적으로 준수할 것이다. 몇 가지 종교적 기능들을 외적으로 행함으로

서가 아니라 하나님이 그분의 거룩한 요구들을 만족시킬 구원의 수단을 제공하실 때 하나님의 진노에서 보호받을 수 있다.

유월절은 첫 달(바벨론 포로 생활 이전에는 아빕월이라고 불렸고 그후에는 니산월로 불렸다) 10일에 각 가정의 가장이 가족을 위해 어린 양 한 마리를 잡는 것으로 시작될 것이다. 식구 수가 적은 가정은 다른 가정과 함께 한 마리의 양을 잡을 것이다(후대의 관습은 한 마리의 양을 먹는 사람들의 수를 열 명으로 한정했다. KD, 11). 희생 제물로 사용될 양에는 몇 가지 조건이 있었다. 하나님은 그들에게 어린 양은 흠 없고 일 년 된 수컷으로 하되 양이나 염소 중에서 취하라고 말씀하셨다. 어린 숫양은 이스라엘의 장자들을 대신할 것이다. 그 달 14일까지 어린 양을 돌보다가 일몰 때 공개적으로 잡을 것이다.

어린 양을 죽이기 위해 여러 지파들이 모이지는 않았다. 그들은 각자의 집에서 어린 양을 잡았다. 그러나 같은 시각에 어린 양을 죽여야 했다. 그들은 양을 먹을 집 문 좌우 설주와 인방에 죽인 짐승의 피를 바를 것이다. 피는 하나님이 그들에게 파멸의 천사를 보내시지 않고 그들을 '넘어가는' (13절) 표지가 될 것이다. 그날 밤에 그 고기를 불에 구워 무교병과 쓴 나물을 곁들여 먹어야 했다. 쓴 나물(허브)은 양념의 일종이라기보다 애굽에서 그들의 쓰라린 형편을 나타내는 것이었다.

그들이 양을 다 먹을 수 없다면 나머지는 불태워야 했다. 나아가 그들은 허리에 띠를 띠고 발에 신을 신고(보통 집 안에서는 신지 않았음) 손에 지팡이를 잡고 즉시 떠날 채비를 한 후 유월절 음식을 급히 먹어야 했다. 유월절은 하나님께 속한 것이었고, 애굽의 포로 생활에서 이스라엘 백성을 구원하시는 하나님의 사역은 언제라도 실행될 수 있었다.

유월절과 잇따른 애굽 장자들의 죽음은 영적이고 종교적인 의미를 가졌다. 그것을 통해 하나님은 애굽의 모든 신에게 벌을 내리실 것이다. 히브리인들이 하나님께 피하려고 한다면 임박한 심판에서 그들을 지켜주실 것이다. 파멸의 천사는 애굽인들의 장자를 치지만 문설주와 인방에 피를 바른 히브리인들의 집은 넘어갈 것이다.

유월절 절기는 이스라엘에게 영원한 규례가 될 것이다. 유월절은 미래의 희생 제사와 속죄 제물을 예표했고, 유월절 식사는 그들이 하나님과 누릴 교제를 의미했다. 유월절에 이어 무교절이 7일 동안 계속될 것이며 그 기간에는 무교병을 먹을 것이다. 누룩은 반죽을 빠른 속도로 부풀린다. 성경은 누룩이 모든 것을 부패시키는 악의 영향력을 상징할 수 있다고 지적한다(고전 5:6-8). 물론 우리는 효모를 악의 전형으로 동일시하지는 말아야 한다. 하나님은 이 규례를 어긴 자들을 이스라엘에서 끊으심으로(죽음의 형벌에 대한 완곡한 표현, 레 20:2-3을 참고하라) 심판하실 것이다. 7일 째에 그들은 또다시 성회로 모여야 하며 그날에는 아무 노동도 하지 않고 절기를 지켜야 한다.

12:21-30. 모세가 이스라엘 모든 장로를 불러서 유월절 어린 양을 준비하라고 말했다. 그는 어린 양을 죽여 그들 집의 문설주에 바르기 전에 우슬초를 그 피에 적셔야 한다고 지시했다. 우슬초는 성벽에서 자라는 식물로 정화 작용을 한다고 생각되었다. 우슬초는 후에 나병 환자들에 대한 정결 의식(레 14:4-7)과 정결케 하는 물(민 19:1-22)에 사용되었다. 이어서 그들은 약속의 땅에 도착한 후, 애굽의 속박에서 구원하신 하나님의 놀라운 구원 역사를 영원히 기념하기 위해 유월절을 지키라는 명령을 듣는다.

모세의 말에 순종하여 이스라엘 백성이 머리 숙여 경배했다. 그 밤에 하나님은 바로의 장자로부터 옥에 갇힌 사람의 장자까지 애굽의 모든 장자들을 치셨다. 공포와 울부짖음이 온 땅에 가득했다. 도처에 죽음이 있었다.

12:31-42. 바로는 황급히 모세를 불러서 그들의 모든 소유를 가지고 즉시 그 땅을 떠나라고 말했다. 또한 모세에게 자신을 축복해달라고 부탁했다. 애굽 사람들 역시 자신의 생명에 해가 닥칠까 두려워 모세를 내보냈다. 이스라엘 백성은 애굽 땅을 떠날 때 발효되지 않은 반죽을 짊어지고 애굽인들에게 은과 금과 옷을 달라고 부탁했다. 애굽인들은 앞다투어 그것들을 내주었다. 이스라엘 백성은 라암셋에서 발행하여 숙곳에 이르렀다. 그들은 거대한 무리였다(60만의 장정 외에도 여자와 아이들이 있었음으로 200만 명 가량 되었을 것이다.) 다른 이들이 이스라엘 백성을 따랐다. 아마 애굽 본토인들도 일부 있었을 것이다. 이들은 이스라엘 백성과 함께하려고 그 대열에 합류했다. 애굽에서 그들이 지낸 기간은 430년이었다.

12:43-50. 이 단락에 언급된 규례는 유월절에 관한 이전의 지시를 보완한 것이다. 완전한 이방인일 경우, 히브리인들이 돈으로 사서 할례를 받은 종이 아니라면 유월절에 참여할 수 없었다('심층 연구'를 참고하라). 단순한 일꾼으로 고용된 사람들은 유월절 음식을 먹을 수 없었다. 이스라엘 민족과 그들의 하나님과 연합하기 원하는 외국인들은 먼저 할례를 받아야 할 것이다. 그런 후에야 이스라엘 백성과 함께 유월절 음식을 먹을 수 있었다. 유월절은 공동체의 절기로서 모든 백성이 각자의 가정에서 지켰다. 그들

은 희생 제물의 뼈를 하나도 꺾으면 안 되었다. 이것은 예언적인 의미를 지니는 특징이었다(요 19:33-36).

B. 장자의 헌신(13:1-22)

Supporting Idea 하나님은 그분을 위해 장자를 구별하라고 명령하신다.

13:1-16. 하나님은 이스라엘 백성의 장자를 애굽인들의 장자의 운명에서 보호하시면서 그들을 거룩히 구별하셨다(민 3:13, 8:17). 그들은 한 가족의 힘으로 인식되었다. 그래서 각 가정에 베푸신 하나님의 축복의 첫 열매로 하나님께 드려졌다. 모든 짐승들의 첫 태생도 마찬가지였다. 하나님은 무교절을 준수하는 규례를 반복하시고 약속한 땅에 도착한 후 그 규례를 지키라고 명령하셨다.

그들을 애굽에서 이끌어내신 분이 바로 하나님이심을 자녀들에게 가르치는 것도 유월절을 지킬 때 준수해야 할 내용의 일부였다. 하나님은 그들을 자기 소유로 삼으시기 위해 이끌어내신 것이다. 또한 이스라엘 백성은 그들과 하나님 간의 필수적인 연합에는 그분의 거룩한 법을 엄격히 준수하는 것이 포함됨을 기억해야 했다. 후에 하나님은 제사장들과 왕들에게 성실히 다스릴 것과 율법으로 백성들을 가르칠 것을 명령하실 것이다. 율법은 하나님의 뜻의 표현이었고 그분의 본성의 반영이었다. 예수님은 후에 산상 설교에서 마음과 삶과 행위로 실행하는 율법의 진정한 의미를 설명하실 것이다. 시민법과 의식법이 그리스도 안에서 성취되더라도 하나님의 뜻과 본성의 표현으로서 율법 자체는 지구보다 더 영원할 것이다(마 5:18).

약속의 땅에 들어가면, 이스라엘 백성은 일정한 금액으로 장자들을 구속함으로써 하나님께 그들을 바칠 것이다(민수기 3:47에서 5세겔로 고정되었다). 후에 하나님은 장자를 대신해 특별한 직무를 감당할 레위 지파를 따로 구별하실 것이다. 장자들의 성별 이면에 있는 일차적 사상은 히브리인들을 애굽에서 구원하신 하나님의 기적적인 역사를 기념하는 것이었다.

13:17-22. 하나님은 이스라엘 백성을 더 가까운 길로 인도하지 않으셨다. 그 길은 주변 지역 블레셋 땅을 통과해야 하는 길이었다. 또 다른 위기가 닥치면 그들은 두려워 애

굽으로 되돌아가려고 할 가능성이 있었다. 블레셋 족속은 무기와 훈련, 정신적 태도에서 이스라엘 백성보다 군사적으로 우월했다. 그래서 이스라엘 백성은 주변의 위협을 피해 홍해의 광야 길로 갈 것이다. 그들은 또한 요셉의 마지막 유언을 기억했다. 그래서 가나안 땅에 그의 유골을 묻어주기 위해 그 유골을 가져갔다.

이스라엘 백성들은 먼저 에담으로 이동했고 그곳에서 3일 동안 여행했다(민 33:8). 하나님은 낮에는 구름 기둥으로 그들의 길을 인도하시고 밤에는 불 기둥으로 그들을 비추사 그들을 친히 인도하셨다. 불 기둥과 구름 기둥은 항상 그들 앞에서 떠나지 않았다. 그것은 그들 가운데 계신 하나님의 임재의 명확한 상징이었고 신적인 기원을 가진 초자연적 현상이었다. 그들은 약속의 땅으로 가는 여정 내내 이 기둥들의 인도함을 받았다. 그들이 한 민족으로서 살아남으려면, 그 땅에 정착한 후에도 하나님의 인도하심에 복종해야 함을 절대 잊지 말아야 했다.

Main Idea 복습	하나님은 이스라엘 백성에게 구원을 베푸시고 미래의 구원자를 바라보게 하신다.

결론

유월절에서 출애굽까지

유월절이 없었다면, 애굽에서의 탈출도 없었을 것이다. 이 장이 출애굽기 전반에 대한 우리의 이해에 그토록 중요한 이유가 이것이다. 아홉 번째 재앙이 애굽에 임하고 바로가 모든 약속을 어긴 후 하나님은 "한 가지 재앙을 더 내리겠다. 그것은 애굽 장자들의 죽음이다"라고 말씀하셨다. 그러나 하나님은 이스라엘 백성이 진노를 피할 수 있도록 한 가지를 준비하실 것이다. 유월절 어린 양이 죽으면 그 피를 받았다. 우슬초를 이용해 그 피를 인방(문의 가로대)과 양쪽 설주에 발랐다. 이것이 파멸의 천사가 장자들의 목숨을 빼앗으려 찾아올 때, 문에 양의 피를 바른 집들을 하나님이 덮어주셔서 그 집 사람들에게 아무 해가 없도록 하시기 위해 하나님이 명령하신 내용이다. 이 진리가 하나님께 중요하기 때문에 백성들에게도 아주 중요한 의미를 갖게 되었다. 그러므로 모든 세대는 하나님의 구원을 배우고 그것을 받아들여야 할 것이다.

이스라엘 백성이 가족들과 한자리에 앉아 유월절 절기와 무교병의 중요성에 대해 질문하며 주님께 바치는 첫 정결한 짐승의 희생 제사에 대해 의문점을 가질 때 각 가정이 다음 세대에게 전해주어야 할 내용이 있었다. 그것은 첫 유월절과 하나님의 구원하심에 대한 것이었다. 그러면 자녀들은 그들의 믿음을 쌓아올릴 기념거리를 갖게 될 것이다. 하나님은 인류가 반역하여 항상 죽음의 형벌 아래 살고 있으며, 오직 하나님만이 우리 영혼을 구원하실 수 있음을 이스라엘 백성과 성경을 읽을 모든 세대가 기억하기 원하셨다. 그리고 우리를 향한 하나님의 신실하심으로 인해 우리는 그분께 헌신해야 하며, 각자 예속으로 구속된 이들에게 이것을 전해주어야 한다.

▣ 진리 알기

- 진정한 유월절 어린 양은 예수 그리스도이시다.
- 하나님은 우리가 고통 가운데 있을 때에도 신실하신 분이다.
- 하나님은 우리가 그분의 인도하심을 경험하며 그분에 대한 우리의 기억이 더 깊어지기를 원하신다.
- 인간은 죄에 대한 개인적인 예속 아래 갇혀 있다. 오직 하나님만이 구원하실 수 있다.
- 인간은 하나님의 중재가 없이는 무기력하다.
- 하나님의 인도하심을 구하는 사람들에게는 그 인도하심이 명백하게 보인다.

▣ 적용하기

- 구원받은 자와 구원받지 않은 자들의 차이를 이해하려면, 이스라엘 백성과 애굽인들의 차이를 배우라.
- 하나님이 자비가 아니라 정의를 요구하신다면, 당신이 마땅히 받을 것은 무엇인지 생각해 보라.

- 히브리인들이 죽음의 천사를 피하도록 하나님이 제공해주신 것에 대해 감사하라. 예수 그리스도의 희생적인 죽음을 통해 당신이 받은 구원에 대해 감사하라.
- 당신의 삶에 베푸신 하나님의 은혜를 어떻게 보답할 것인가?
- 당신이 고백한 믿음대로 살라.

삶의 적용

구원을 위한 희생

무디 성경 대학의 총장 조지 스위팅(George Sweeting)은 대속의 원리를 설명하기 위해, 동부 오하이오와 펜실베이니아 서부에 막대한 손해를 끼친 토네이도에 대해 말했다. 그 토네이도는 거의 100명의 사람들의 목숨을 빼앗아갔다. 토네이도가 닥치기 전, 데이빗 코스트카(David Kostka)라는 한 남자가 펜실베이니아 휘트랜드에서 어린이 야구 경기의 심판을 보고 있었다. 깔대기 모양의 검은 회오리 바람이 야구장 쪽으로 불어오는 것을 본 그는 관중석으로 달려가 어린 조카를 붙잡았다. 그는 조카를 근처 도랑에 밀어넣고 자기 몸으로 아이의 몸을 덮었다. 그리고 토네이도가 덮쳤다. 어린 조카가 얼굴을 들었을 때 삼촌은 사라지고 없었다. 그는 조카를 구하기 위해 죽음의 폭풍 속에 자기 목숨을 던졌던 것이다.

고대 애굽에서 죽음의 천사가 히브리인들의 집을 넘어갈 수 있도록 수많은 어린 양이 목숨을 내주었다. 수천 년 후에 하나님의 어린 양이 구원의 선물을 믿음으로 받을 모든 자들의 죄를 덮어주시기 위해 자기 목숨을 버리셨다.

우리는 예수님의 희생을 공부하고 묵상할 수 있다. 하지만 한 개인이 믿음으로 그리스도의 피를 자기 마음에 바르지 않으면 천국에서 그분의 존전에 거할 영원한 소망은 없다. 히브리서 기자는 이렇게 선언했다. "믿음으로 유월절과 피 뿌리는 예를 정하였으니 이는 장자를 멸하는 자로 저희를 건드리지 않게 하려 한 것이며"(히 11:28). 모세는 무엇을 믿었는가? 하나님의 말씀과 그분의 계시를 믿었다. 하나님은 말씀하셨고 모세는 그분의 말씀을 믿었다. 믿음이 없이는 하나님을 기쁘시게 하지 못한다. 우리가 하나님의 약속의 진리를 무시하면 이런 종류의 평화와 안전과 소망을 가질 수 없다.

기도

주 예수님, 저의 죄를 위해 십자가에서 죽으시고 장사지낸 바 되었다가 다시 부활하신 참된 유월절 어린 양이 주님이심을 믿습니다. 저의 죄를 위한 용서함이 필요합니다. 저를 정결하게 하시고 제 삶의 구주가 되어주십시오. 믿음으로 하나님의 진노가 저를 넘어가며 주님의 왕국으로 저를 들어가게 해주실 것을 깨닫게 해주시니 감사합니다. 제가 주님 앞에 서는 날까지, 하나님의 유월절 어린 양에게 사람들을 인도할 수 있도록 저를 빚어주소서. 아멘.

티칭 가이드

심층 연구

A. 할례

할례(문자적으로 '베다')는 창세기 17장 10-14절에서 제정되었다. 이 의식은 태어난 지 8일 된 모든 남자 아기에게 실시되었다(레 12:3, 빌 3:5). 이것은 안식일에 특별히 지켜야 하는 의식이 되었다(요 7:23). 후에 유대인들은 이것이 구원에 필요하다고 주장했다(행 15:1). 사도 바울은 이것을 강력히 반대했다(롬 2:25-28, 갈 6:13). 하나님은 그분이 택한 백성들의 특별한 표징으로, 그들이 구별된 존재라는 영원한 상징으로 이 의식을 제정하셨다. 때로 할례 의식은 이스라엘 백성이 광야 생활을 하는 기간에는 무시되거나 소홀히 되었고, 후에 약속의 땅에 들어가기 전 여호수아에 의해 다시 재개되었다(수 5:2-8).

할례는 성결(사 52:1), 정결한 마음(레 26:41)과 같은 일종의 상징적 의미를 지녔다. 현대의 많은 의사들은 이 절차를 반드시 어떤 종교적 의미에서 보지 않더라도 의학적으로 건강상의 이점이 있다고 말한다. 물론 의식법이 더 이상 구속력이 없듯이 어떤 영적인 이유로 그리스도인이 할례를 받을 필요는 없다(골 2:11-12).

교안

A. 들어가는 글

1. '중요한 희생' 이야기로 시작하라.

2. 배경 설명: 우리가 가진 기억은 현재와 미래에 우리가 어떤 존재가 되고 어떻게 사는가에 영향을 미친다. 하나님에 대한 우리의 지식은 과거에 우리가 행해온 것을 기초로 축적된다. 하나님이 두 가지 놀라운 기적(유월절과 홍해를 건넌 사건)을 행하시기 위해 준비하실 때, 자기 백성들이 그분이 하신 일들을 기억하기 원하셨다. 그래서 하나님이 그들을 위해 하신 일을 기억하고, 그분의 아들이 그들을 위해 하실 일을 기대할 수 있도록 한 가지 방법을 제정하셨다.
3. 적용: 하나님은 바로에게 순종하여 심판을 피할 수 있는 수많은 기회를 주셨다. 바로의 마음은 점점 더 강퍅해져만 갔다. 하나님은 이제 자기 백성들을 위해 행동하실 것이다.

B. 본문 이해

1. 유월절(12:1-50)
2. 장자의 헌신(13:1-22)

C. 결론: '구원을 위한 희생' 을 읽어주라.

토의 질문

1. 성경을 연구하는 가장 유익한 도구 중 하나는 누가, 언제, 어디서, 무엇을, 왜, 어떻게 하는가에 답하는 것이다. 이 질문들을 이용해 유월절을 공부할 때 더욱 명확해지는 진리는 무엇인가?

2. 이스라엘 백성이 애굽을 벗어나도록 하기 위해 하나님이 사용하셨을 수 있는 다른 방법이 있다고 생각하는가? 왜 그런 극적인 조치가 필요했는가?

3. 장자의 헌신은 하나님께 매우 중요한 것이다. 출애굽기 4장 22-23절, 12장 12-13절, 13장 2절, 12절, 15절을 복습하라. 하나님이 이 일에 그토록 관심을 가지신 이유는 무엇인가?

4. 후에 모세와 그 백성들이 십계명을 받을 것이다. 십계명을 받을 때 이 장의 사건들과 교훈이 중요한 이유가 무엇인지 설명해보라.

5. 헌신의 중요성을 보여주기 위해 당신이 섬기는 교회에서는 어떤 행사를 하는가? 당신은 그러한 활동에 참여해왔는가?

출애굽기 14-15장

"주여, 우리에게 기적이 필요합니다"

"무신론자를 회심시키기 위해 하나님이 기적을 베푸신 경우는 한 번도 없었다. 이는 그가 자연의 빛을 통해 하나님을 고백할 수도 있기 때문이다. 하지만 우상 숭배자들과 미신을 섬기는 자들을 회심시키기 위해서는 기적을 베풀어주셨다. 이는 하나님의 뜻을 신포하고 하나님에 대한 참된 예배를 신인할 수 있게 할 자연의 빛은 전혀 존재하지 않기 때문이다."

- 프란시스 베이컨(Sir Francis Bacon)

드디어 자유가 왔다. 이스라엘 백성은 이동한 지 얼마 되지 않아 막다른 길에 이른다. 설상가상으로 바로가 다시 마음을 바꾸어 그들을 뒤쫓아 오고 있다. 이 장들은 홍해를 가르고 적을 물리치신 하나님의 승리를 이스라엘 백성이 다시 기뻐하는 내용을 통해 하나님의 권능을 보여준다. 하지만 그들의 앞에는 쓴 물이 기다리고 있다.

들어가는 글

습관은 뿌리뽑기 어렵다

할아버지와 손자가 산책을 하고 있었다. 산책로를 따라 걷던 할아버지가 어린 손자에게 작은 식물을 가리키며 그 뿌리를 뽑아보라고 말했다. 소년은 쉽게 그 식물을 뽑았다. 그들은 약간 더 큰 식물 쪽으로 다가갔고 할아버지는 그것의 뿌리를 뽑아보라고 말했다. 약간 낑낑대기도 하고 시간이 좀 더 걸렸지만 소년은 그 일을 해냈다. 할아버지는 다시 더 큰 잡초를 가리키며 손자에게 뿌리째 뽑으라고 말했다. 그 식물을 본 소년은 눈을 동그랗게 떴지만 할아버지의 말씀에 순종했다. 소년이 힘을 써보았지만 식물은 미동도 하지 않았다. 할아버지는 옆으로 와서 손자가 그 식물을 뽑도록 도와주었다. 두 사람은 마침내 그 식물을 땅에서 뽑아냈다. 그 식물 만큼이나 긴 뿌리가 통째로 뽑혀나왔다.

계속 산책을 하면서 할아버지는 가장 큰 식물은 뿌리 때문에 뽑아내기가 어려웠다고 소년에게 설명했다. 뿌리가 너무 많이 자랐던 것이다. 할아버지는 손자에게 우리의 습관도 마찬가지라고 설명했다. 우리가 이른 시기에 그 습관들을 바로잡는다면 우리 힘으로 그것들을 뽑아낼 수 있다. 하지만 너무 오래 방치해버리면 누군가 다른 사람이 도와주지 않는 한 그 습관들을 뿌리뽑기는 힘들 것이다.

이스라엘 백성은 수백 년 동안 포로(노예) 생활을 해왔다. 그들의 의존하는 습성과 부족한 믿음은 그 뿌리가 깊었다. 열 가지 재앙으로 인해 이러한 습관들이 뿌리내린 흙을 약간 움직여놓았을 것이다. 하지만 이스라엘 백성 앞에는 하나님이 약속하신 땅에 들어갈 준비가 될 때까지 그것들을 비틀어 뽑아내는 중요한 과제가 기다리고 있었다. 이제 그들 앞에 홍해라는 첫 번째 거대한 식물이 놓여 있다.

본문 이해

"주여, 우리에게 기적이 필요합니다"

Main Idea	이스라엘 백성은 홍해에서 구원을 경험하고 찬양을 드린다.

A. 바로의 군대에게서 벗어남(14:1-31)

Supporting Idea	하나님은 홍해를 통해 기적적인 구원을 제공하신다.

14:1-4. 하나님은 이스라엘 백성에게 돌쳐서 바다와 믹돌 사이의 비하히롯 앞 곧 바알스본 맞은편 바닷가에 장막을 치라고 명령하셨다. 이 성들의 위치가 정확히 어디인지 결정할 수 없지만, 이 성들은 홍해 근방의 애굽 외곽 근처에 모여 있었다. 믹돌은 애굽으로 향하는 길목에 있는 군사 주둔지였을 수 있다. 바알스본은 그곳 사람들이 가나안 신 바알을 섬기고 있음을 암시한다. 갑작스러운 동쪽으로의 이동은 바로에게 이스라엘 백성이 길을 잃었고 쉽게 공격할 수 있다는 생각을 갖도록 자극했을 것이다. 하나님은 다시 한 번 이 폭군의 마음을 강퍅하게 하셔서 이스라엘 백성을 추격하도록 하실 것이다. 그러나 하나님이 또다시 영광을 받으실 것이다.

14:5-14. 바로는 이스라엘 백성의 의도를 간파하고 곧 마병들을 준비해 그들을 추격하도록 했을 것이다. 힉소스 왕조(아마 애굽 땅을 일시적으로 정복한 적이 있는 가나안인들이나 다른 외국인들)는 애굽에 말을 들여왔고, 애굽인들은 이 수단을 전쟁에 이용했다. 바로는 최정예 전차부대 6백승과 다른 전차들을 뽑아 이스라엘 백성을 추격했고 해변 그 장막 친데 미쳤다. 이스라엘 백성을 추격한 바로는 거대한 무리가 두려움에 질려 있고 무방비 상태임을 보았다. 그들은 먼저 여호와께 부르짖었고 다시 모세에게 자신들의 처지를 원망하며 불평했다. 애굽에 매장지가 없으므로 당신이 우리를 이끌어 내어 이 광야에서 죽게 하느뇨? 잠시 동안 히브리인들은 그러한 곤경에 처하느니 차라리

애굽에서 그대로 노예 생활을 하는 것이 더 낫다고 생각했다.

그러나 하나님에 대한 모세의 신뢰는 흔들림이 없었다. 그는 하나님의 구원이 곧 임할 것을 다시 한 번 일깨워줌으로써 백성들의 마음에 용기를 불어넣었다. 모세는 단순히 이번만 하나님의 말씀을 믿은 것이 아니었다. 그것은 그의 삶의 태도였다(히 11:24-29). 하나님은 모세에게 그 구원의 성격이 매우 기적적일 것이라고 알리셨다. 인간적인 수단과는 전혀 상관없을 것이다. 이 구원을 통해 모세는 이스라엘 백성에게 너희가 오늘 본 애굽 사람을 또 다시는 영원히 보지 못하리라고 말할 수 있었다.

14:15-25. 그러나 하나님은 모세에게 지금은 하나님께 부르짖을 때가 아니라 이스라엘 백성과 일어나 바다로 이동해야 할 시간이라고 말씀하셨다. 그가 지팡이를 들고 손을 바다 위로 내밀면 하나님이 바다를 가르시어 이스라엘 백성이 무사히 건너게 될 것이다. 애굽의 추격자들이 그들 뒤를 바짝 좇을 것이지만 하나님이 영광을 받으실 것이다. 애굽 군대는 거대하고 강력하여 이스라엘보다 우위에 있는 것 같았다. 하지만 이제 앞으로 수세기를 두고 회자될 사건이 일어날 것이다.

이스라엘 군대 앞에서 인도해가던 하나님의 사자('여호와의 사자' 에 대해서는 4장의 '심층 연구' 를 참고하라)가 옮겨 그 뒤로 행했다. 아마 여기서 인기 있는 '복수의 천사' 라는 용어가 등장하게 되었을 것이다. 하나님이 함께하신다는 증거인 하나님의 사자와 구름 기둥이 이스라엘 백성을 둘러쌌다. 그들에게 더 이상 무엇이 필요하겠는가? 이스라엘 백성을 보호하는 하나님의 사자들은 이스라엘 백성과 그들의 추격자들 사이를 떼어놓았다. 구름은 최대한 속력을 내어 갈라진 홍해 바다로 도망가는 이스라엘 백성에게는 빛을 비추어주고, 이제 접근이 저지된 애굽 마병들에게는 어둠을 주는 이중적 효과가 있는 것 같다. 모세가 바다 위로 손을 내밀자 여호와께서 큰 동풍으로 밤새도록 바닷물을 물러가게 하시니 물이 갈라져 바다가 마른 땅이 되었다. 이스라엘 백성은 양쪽에서 있는 물벽 사이로 밤새도록 강을 건너 도망갔다. 애굽 사람들과 바로의 말들, 병거들과 그 마병들이 다 그 뒤를 쫓아 바다 가운데로 들어왔다.

우리는 그 어느 때보다도 바로와 그의 군사들의 마음이 완악함을 보게 될 것이다. 그들은 이미 엄청난 기적과 표적을 보았고 이제는 구름 때문에 더 이상 이스라엘 백성을 추격하기가 어려웠다. 하지만 기회의 문이 활짝 열리자 이스라엘 백성을 뒤쫓아 앞으로 전진했다. 하지만 새벽 3시와 6시 사이의 어느 시점에 하나님은 애굽의 전 군대를 혼란 속에 몰아넣으셨다. 이것은 말들을 통제하지 못하고 자신들도 정신적인 혹은 심리적인 통제력을 상실했다는 의미일 것이다. 그때 전차의 바퀴들이 벗겨져나갔다. 마침내 하나님이 이스라엘을 위해 싸우고 계시다는 것과 그들이 아무리 미친 듯이 뒤쫓는다 해도 허사라는 것을 깨닫게 되었다. 하지만 이미 때는 늦었다!

14:26-31. 그때 여호와께서 모세에게 손을 바다 위로 내밀어 물이 애굽 사람들과 그 병거들과 마병들 위에 다시 흐르게 하라고 말씀하셨다. 양쪽으로 갈라져 이스라엘 백성에게 구원의 수단이 되었던 물이 이제 하나로 합쳐져서 애굽 군대를 파멸시키는 수단이 되었다. 전 군대가 멸망했다. 그 날의 기적적인 사건들과 히브리인들의 하나님이 하신 일을 전할 단 한 사람의 생존자도 남지 않았다. 이스라엘 백성은 양쪽에 서 있는 물벽의 보호를 받으며 계속 도망갔다. 멀리서 그들은 해변가로 떠밀려간 애굽인들의 시체 무더기를 보았다.

이스라엘 백성에게 이 모든 일이 미친 영향을 보고 우리는 하나님의 원래 계획을 떠올리게 된다. 하나님이 세상에 권능을 나타내시고 수많은 사람들이 그것을 보고 두려워하게 되었다. 이스라엘 백성은 깊은 신뢰 가운데 하나님을 두려워하기 시작했고 그분의 종 모세에게 하나님의 손이 함께하시는 것도 인정하게 되었다. 이제 그는 하나님의 대변인으로 완전한 신뢰를 얻게 되었다.

B. 모세의 노래(15:1-27)

Supporting Idea	모세는 감사의 찬송을 짓는다.

구약의 '노래들'은 일반적으로 짧은 히브리 시의 특징을 지니며 음악에 맞추어 부를 수 있었다(21절). 그 노래는 하나님을 찬양하는 내용일 경우도 있고, 혹은 몇 가지 사례에서 보듯이 인간의 위대한 공적을 기리는 경우도 있다(삼상 18:6-7). 어떤 노래들은 정교한 틀을 따라 지어진 경우도 있지만, 본문의 노래와 드보라의 노래(삿 5장)처럼 다소 즉흥적으로 터져나오는 경우들도 있었다. 후에 다윗 왕은 성전 예배를 체계화시키고 노래를 예배의 중요한 순서로 포함시킬 것이다(대상 15:16-22).

모세는 그들을 추격한 군대를 바다에 수장시키신 영광스러운 하나님을 인정하는 것으로 노래를 시작한다.

15:1-8. 모세는 하나님이 그의 힘이요 노래시며 기쁨의 참된 원천임을 인정한다. 구약의 구원(2절)의 개념은 물리적인 구원과 영적인 구원을 모두 포함할 것이다. 모세가 하나님을 내 아비의 하나님으로 불렀을 때 염두에 둔 이는 아브라함이었을 것이다.

모세는 계속해서 하나님의 백성을 보호하시는 하나님의 역할을 선언한다(3절). 하나님의 백성이 가는 곳마다 원수들이 뒤를 쫓았다. 그들이 때로 무력을 의지한다 해도 출애굽 이야기에서 분명히 보여주듯이 진정한 보호자는 하나님 한 분이시다. 애굽 군대가 홍해 바다에 수장된 이유도 그 때문이다. 하나님의 오른손은 그분의 힘을 상징한다(시 20:6). 심지어 대다수의 경우에 하나님의 손은 특별히 전쟁 중에 역사하시는 손이다. 그분의 능력을 행사하게 하는 것은 애굽의 잔인성과 그분의 백성을 학대하는 데 대한 하나님의 진노였다.

15:9-12. 처음에 애굽인들은 출애굽한 이스라엘 백성을 뒤따라잡자 의기양양했다. 이스라엘 백성을 구원하시려는 하나님의 동기는 그분의 이름을 높이는 것이었지만 애굽인들은 탈취물을 나누는 것에만 관심이 있었다. 사실 무방비 상태의 이스라엘 백성을 본 과격한 공격자들은 훨씬 더 자극받았을 것이다. 그러나 하나님의 명령으로 물이 합쳐져서 마병들을 산 채로 삼켜버렸다. 모세는 하나님의 역사에 드러난 그분의 속성을 보았다. 그는 여호와여 신 중에 주와 같은 자 누구니이까 주와 같이 거룩함에 영광스러우며 찬송할 만한 위엄이 있으며 기이한 일을 행하는 자 누구니이까라고 묻는다. 모세는 하나님의 위대함에 대한 아름다운 생각에 매료되어 "그 주제의 장엄함을 도무지 말로 표현할 수 없었다"(Calvin, 259).

15:13-18. 자기 백성들을 향한 하나님의 사랑의 계시는 성경 계시를 통해 점진적으로 전달된다. 신약 시대에 이르러 자기 백성들을 향한 하나님의 뜻이 더 확실하게 계시되면 우리는 그분의 사랑에 경이로움을 느낀다(요일 3:1). 하나님은 처음부터 사랑으로 자기 백성들을 선택하셨고, 그들을 사랑하기를 포기하신 적이 한 번도 없었다. 모세는 그 사랑을 은혜라고 부른다. 그것은 홍해에서 그들을 구원하심으로 더욱 분명해진 진실이다. 하나님의 백성들은 종종 삶의 고통이 너무 심해서 하나님의 자비가 어디 있는지 의심하며 그분의 사랑을 발견하기를 체념한다. 그러나 하나님이 이스라엘 백성을 기적적으로 구원하신 사건은 그분의 사랑이 단 한 번도 그들을 떠난 적이 없음을 다시 한 번

증명하고 있다.

나아가 자기 백성들을 향한 이 사랑으로 인해 주변 민족들은 하나님이 그분을 아는 자들과 모르는 자들을 구별하신다는 것을 깨닫게 될 것이다. 가나안 국경 근처에 도착한 이스라엘 백성이 여호수아의 명령으로 가나안에 입성할 때 그 민족들은 두려웠을 것이다. 그들의 여행 목표는 하나님의 유업의 산, 가나안의 영광스러운 땅이다. 하지만 여호수아의 지도 아래 이스라엘 백성이 얻은 안식은 최종적인 안식이 아닐 것이다(히 4:8-9). 그들은 미래의 더 나은 시간, 그들 중 가장 지식이 있는 자라도 부분적으로만 아는 것을 기다렸다(벧전 1:10-12). 그런 후에 하나님이 영원무궁히 통치하실 것이다.

15:19-21. 학자들마다 미리암이라는 이름은 '쓴', '완강한' 심지어 '뚱뚱한'의 의미를 지녔다는 여러 주장을 제기했다(Gehman, 623). 그러나 이 절에서 미리암의 짧은 노래는 하나님에 대한 헌신과 그분의 경이로운 구원에 대한 감사를 반영하고 있다. 후에 그녀는 모세가 구스 여인과 결혼한 것에 대해 아론과 함께 모세를 비난했다. 그 때문에 그녀는 일시적으로 나병 환자가 되었다. 그녀는 무언가를 축하를 할 때 여성들이 종종 사용하는 타악기(삿 11:34, 삼상 18:6-7)인 소고(탬버린)를 연주하면서 찬양을 했다.

15:22-27. 홍해에서 애굽인들이 철저히 패배한 후, 모세는 이스라엘 백성을 이끌고 시나이 반도 북서쪽 지역인 수르(문자적으로 '벽', 아마 성의 방어용 성벽에 뿌리를 둔 이름일 것이다) 광야로 들어갔다. 그곳에서 그들은 물을 구했지만 찾지 못했다. 마침내 그들은 마라('쓴')에 도착해서 물을 발견했지만 마시기에 적합하지 않았다. 백성들은 모세를 원망했고 그는 하나님께 부르짖었다. 하나님은 그의 종에게 나뭇가지 하나를 보여주셨다. 아마 하나님의 지시대로(기록에는 나타나 있지 않지만), 모세가 그 나무를 쓴 물에 던지자 물이 달아졌다.

이곳에서 하나님은 이스라엘 백성이 그분의 뜻 안에 거하며 그분의 말씀에 순종한다면, 애굽 사람들에게 내린 모든 질병(아마 열 가지 재앙 중 일부나 전부)의 하나도 내리지 않겠다고 약속하셨다. 그들은 앞으로 하나님이 건강과 힘을 주실 것을 믿어야만 할 것이다. 이 장은 그들이 엘림('큰 나무들')에 도착한 내용으로 끝난다. 그곳에서 그들에게 먹을 것을 주고 위안을 주는 열두 개의 샘과 칠십 그루의 종려 나무를 발견했다.

Main Idea 복습 이스라엘 백성은 홍해에서 구원을 경험하고 찬양을 드린다.

결론

역사하시는 하나님

이스라엘 백성은 막다른 길에 이르렀다. 양쪽에는 산이 버티고 있었고, 앞에는 홍해 바다가 놓여 있었으며, 뒤에는 바로의 군대가 쫓아오고 있었다. 백성들은 원망했다. 하나님은 그들이 무사히 건너갈 것이라고 말씀하셨다. 그 능력은 그분의 종 모세를 통해 바닷물이 갈라지게 하시고 그들의 적을 몰살시키시는 것으로 드러난다. 히브리 백성들은 원망하고 불신하는 나쁜 습관을 뿌리뽑아야 했다. 그날 하나님은 이것을 위한 약간의 훈련을 시키셨다. 그분은 구름 기둥과 불 기둥을 통해 그들을 인도하고 보호하셨다. 하나님은 그분의 신실함을 계속 보여주셨다. 이제 이스라엘 백성이 더 큰 나무를 뽑아야 할 시간이었다.

찰톤 헤스톤(Charlton Heston)이 나온 영화 장면처럼, 이스라엘 백성이 해변가에 앉아 있고 모세가 지팡이를 들자 바닷물이 갈라져서 그들이 조심스럽게 마른 땅을 건너가는 인상을 가지고 이 장을 읽지 말라. 히브리서 11장 29절에 따르면 이것은 이들에게 중요한 믿음의 걸음이었다. "믿음으로 저희가 홍해를 육지같이 건넜으나 애굽 사람들은 이것을 시험하다가 빠져 죽었으며."

이스라엘 백성이 마침내 다 건너자 하나님은 학습 곡선의 속력을 높이셨다. 바다 저편에 있는 애굽 군대는 두려움과 원망으로 가득 차 있었다. 바다 이편에는 예배가 있었다. 모세가 시작하고 곧이어 미리암이 주도한 이 예배의 경험에서 우리는 출애굽기의 핵심 구절들 가운데 하나를 듣는다. "주께서 그 구속하신 백성을 은혜로 인도하시되 주의 힘으로 그들을 주의 성결한 처소에 들어가게 하시나이다" (출 15:13).

첫째, 하나님은 자기 백성을 자비로 인도하신다. 둘째, 하나님은 그 여정에서 끊임없이 전능하심을 나타내신다. 셋째, 그들이 여정에서 교훈을 배우도록 하기 위해 하나님이 그들을 인도하실 때 사용하신 지도는 가장 빠른 길이 아닐 수도 있다. 이 진리들은 각기 자기 백성들을 위한 하나님의 끝없는 자비와 긍휼을 드러낸다. 그리고 하나님은 우리가 단순하게 그분의 말씀을 따르기 원하신다.

잠시 동안 기쁨의 시간을 보낸 후에 하나님은 그들을 마라의 쓴 물로 데려가셨다. 찬양하며 기뻐하던 백성들은 이제 고통 중에 원망한다. 그들은 그 한 주 동안 물 때문에 두 번의 어려움을 겪었다. 홍해에서는 물이 너무 많아 문제였고, 마라에서는 물이 너무 없어서 문제였다. 히브리 백성들은 여전히 배울 것이 아주 많았다.

▣ 진리 알기

- 하나님은 그분이 원하시는 목적지로 가기 위해 언제나 가장 빠른 길로 우리를 인도하지는 않으신다.
- 하나님을 따르는 길은 믿음의 길이다.
- 하나님은 종종 우리가 그분을 기다리기 원하신다.

▣ 적용하기

- 당신 인생을 가로막고 있는 거대한 장애물들의 목록을 작성하라. 그 장애물들을 하나씩 하나님 앞에 가져가라. 자기 백성을 죽음의 천사에게서 구원하시고 그들을 위해 홍해를 가르신 구원자 앞에서 이 장애물들이 어떻게 보이는가?
- 각 장애물들을 하나님이 어떻게 해결하실지 보여달라고 기도하라.
- 다음으로 당신이 무엇을 하기 원하시는지 하나님께 여쭤보라.
- 하나님이 당신의 삶에서 행하신 일들과 앞으로 행하실 일들로 인해 찬양하라.

삶의 적용

짐과 축복

당신이 가장 괴롭게 여기는 짐을 제대로 바라보면 놀라운 축복이 될 수 있다. 미국 중서부 지역의 한 작은 교회의 목사가 과부인 한 교인을 방문하면서 이 사실을 깨달았다. 그 부인과 대화를 하던 목사는 선반에 구슬이 담긴 두 개의 커다란 병이 있는 것을 보았다. 한 병에는 구슬이 거의 다 차 있고 다른 한 병에는 몇 개의 구슬만 있었다. 그 이유를 묻자 그녀는 이렇게 대답했다.

"이제껏 살아오면서 저는 하나님이 수많은 짐들을 저를 위한 축복으로 바꾸시는 일들을 봐왔어요. 구슬이 몇 개밖에 없는 병은 제 짐을 가리키고, 구슬이 거의 다 찬 병은 하나님이 제 짐을 축복으로 바꾸신 것을 가리킵니다. 하나님이 짐을 축복으로 바꾸어 주시면 저는 이 병의 구슬을 저 병으로 옮겨놓는답니다. 상처입을 때 원망하는 것은 아무 도움이 안 됩니다. 세상을 바꾸시는 하나님의 손길을 구하는 것이 도움이 되지요."

인생을 살면서 당신도 이스라엘 백성이 여행 초반에 겪었던 것처럼 막다른 골목에 다다를 수 있다. 그때 하나님의 인도하심을 원망하고 의심할 수도 있고, 아니면 앞으로 이 병의 구슬이 저 병으로 옮겨질 것을 믿고 바랄 수도 있다.

기도

은혜로우신 아버지, 주님의 시각으로 보시면 저는 늘 불평만 하는 자들 가운데 한 사람일 것입니다. 인생의 막다른 길에 이르면 제 앞에서 바다를 가르실 것을 전혀 기대하지 못합니다. 주님의 능력을 망각합니다. 주님의 크심을 기억하지 못합니다. 그리고 짐을 축복으로 바꾸는 일이 주님께 얼마나 쉬운 일인지 기억하지 못합니다. 주님, 지금은 두 개의 병과 구슬들을 구해서 주님의 은혜를 늘 기억하며 더 자주 감사해야 할 시간이라고 생각합니다. 이 사실을 깨닫게 해주셔서 감사합니다. 아멘.

심층 연구

A. 애굽 군대의 파멸

성경 비평가들은 홍해에서 이스라엘 백성이 구원을 받고 애굽 군대가 멸망한 이야기의 두 가지 문제점을 지적해왔다. 첫째, 어떻게 이런 일이 일어날 수 있는가? 둘째, 사랑의 하나님이 어떻게 한 군대를 멸망시킬 수 있는가? 제기된 두 가지 문제는 사실상 서로 연관된다. 초자연적인 사건들이 절대 일어날 수 없다고 믿는 사람들이라면 어떤 설명도 만족스럽게 받아들이지 않을 것이다. 일부 주석가들은 이스라엘 백성이 조수가 낮은 시간에 홍해를 건넜다는 설명으로 이것을 이해하려고 시도했다. 그것이 사실이라면, 바로의 군대가 그런 조류에서 익사한 것은 어떻게 설명할 것인가? 칼빈 시대의 비평가들은 이 기적에 대해 자연적 현상을 들어 설명하려 했다(Calvin, 252-253을 참고하라).

하나님이 하늘과 땅을 창조하신 것(홍해를 가르는 것보다 훨씬 더 놀라운 일)을 인정한다면, 홍해가 갈라진 이 기적을 믿는 데 아무 어려움이 없어야 한다. 마찬가지로, 사랑의 하나님이 전 군대를 멸망시킬 수 있는지 아닌지에 대한 사람들의 믿음을 지배하는 것은 그들의 전제이다. 애굽 민족은 히브리인들을 잔인하게 속박하여 그들을 노예로 삼았을 뿐 아니라 거짓 신들을 이용해 그들을 미혹하기 시작했다. 참된 종교가 지상에서 완전히 사라져버리면 그 누구도 구원을 얻지 못할 것이다. 거룩하신 하나님이 절대적인 의로운 본성을 가진 분이라고 생각하는 사람들은 그분이 무엇을 하시든 사람들의 영적 안녕을 위한 것임을 알기에 그분의 행동에 사사건건 흠을 잡으려고 하지 않는다. 언젠가 하나님은 세상을 의로 심판하실 것이다(롬 3:6, 딤후 4:1). 그분은 완전하고 거룩한 기준으로 그 일을 하실 것이다.

교안

A. 들어가는 글

1. '습관은 뿌리뽑기 어렵다' 이야기로 시작하라.
2. 배경 설명: 열 번째 재앙이 드디어 효력을 발휘했다. 바로는 이스라엘 백성이 떠나는 것에 동의할 뿐 아니라 애굽에서 완전히 나가기를 원했다. 하지만 그의 기억력은 단기적이었다. 그들이 애굽을 나오자마자 바로는 그들을 추격하기로 결정했다. 당신은 그가 이미 충분히 배웠을 것이라고 생각했을 것이다.
3. 적용: 애굽 군대가 이스라엘 백성을 추격할 때 하나님은 이스라엘 백성과 함께하셨다. 승리에 이어 찬양의 노래가 드려진다.

B. 본문 이해

1. 바로의 군대에게서 벗어남(14:1-31)
2. 모세의 노래(15:1-27)

C. 결론: '짐과 축복' 을 읽어주라.

토의 질문

1. 히브리 백성들이 약속의 땅에서 일어날 싸움에 준비되어 있다고 생각하는가? 그렇지 않다면, 하나님이 그들을 준비시킬 방법들로는 어떤 것이 있으며 그들은 어떤 교훈을 깨달아야 하는가?

2. 하나님은 그 백성들을 어떻게 인도하셨는가? 하나님은 오늘날 사람들을 어떻게 인도하시는가?

3. 모세는 그의 지도력에 대한 첫 번째 거대한 시련에 직면했다. 그는 이 사건을 통해 무엇을 배워야 하는가? 이스라엘 백성이 어떤 교훈을 배웠다고 생각하는가?

4. 이스라엘 백성이 홍해를 건너기 전에 하나님에 대해 생각한 것과 홍해에서 구원받은 후에 하나님에 대해 생각한 내용이 어땠을지 설명해보라. 이 과정이 당신의 삶에서 일어나고 있는가?

5. 인생에서 놀라운 성공을 거뒀을 때 당신의 첫 반응은 무엇이었는가? 찬양하며 하나님을 경배한 때가 언제였는가?

출애굽기 16-18장

이스라엘의 원망

"나와 함께 가실 수 있고 내 곁에 항상 계시며, 영원히 어디서나 존재하시는 그분을 신뢰하며 모든 일이 형통할 것이라는 확고한 믿음을 갖자."

- 에이브러햄 링컨(Abraham Lincoln)

이스라엘 백성을 인도하는 것은 결코 쉬운 일이 아니었다. 그들에게는 물 문제와 양식 문제와 고기 문제가 있었다. 이 문제들이 세 장에 걸쳐 기록되어 있다. 하지만 모세는 지도자로서의 성실함을 잃지 않는다. 더 중요한 것은 모세가 아멜렉 족속을 무찔러야 하는 백성들의 중보자가 된다는 것이다. 하지만 모세는 잠시 방문하여 그의 리더십 방식에 변화가 필요함을 지적한 장인에게서 더 많은 것을 배워야 한다.

들어가는 글

보조 바퀴를 떼어내야 할 때

나의 세 아이는 모두 어릴 때 자전거 타기를 매우 좋아했다. 우리는 대부분의 부모들처럼 보조 바퀴를 사용하는 방식으로 자전거 타는 법을 가르쳤다. 세 아이가 보조 바퀴를 떼어낸 시기가 같지는 않았다. 하지만 그들에게 익숙한 안전 바퀴를 떼어내기 위해 그들 옆에서 달려야 하는 날이 왔다. 나는 아이들이 발전시킨 기술과 근육을 실습하는 옆에서 달리기 시작했다. 아이들은 처음에 이 경험을 좋아하지 않았다. 하지만 그것은 모두 그들이 성숙해가는 과정의 일부였다. 그러므로 부모로서 나는 아이들의 두려움 이후를 바라보며 그들에게 나를 믿으라고 말했다.

하나님이 이스라엘의 보조 바퀴를 제거하려 하신다는 이해를 가지고 우리는 출애굽기 16-18장을 접한다. 그들은 거의 여섯 달 동안 광야를 행진해왔지만, 구원과 생존에 대해 철저히 하나님을 의지하는 데 필수적인 믿음의 발걸음을 내디딜 준비가 전혀 되어 있지 않았다. 그러나 하나님은 더 이상의 훈련을 위해 그들 옆에서 기꺼이 달리시며 '하나님과 함께 자전거를 타는 데' 필요한 믿음을 발견하도록 도우신다.

본문 이해

이스라엘의 원망

Main Idea	하나님의 격려와 인간의 격려가 모두 유용하다.

A. 만나와 메추라기를 주심(16:1-36)

Supporting Idea	인간은 양식으로만 사는 것이 아니다. 하지만 하나님은 그것도 준비해주신다.

16:1-3. 이스라엘 백성은 엘림에서 신 광야로 이동했다. 신 광야는 시나이 반도 내의 남서쪽 어느 지점에 위치했다. 이동하는 중에 먹을 음식이 없다고 이스라엘 온 회중이 그 광야에서 모세와 아론을 원망했다. 이스라엘 백성은 하나님을 신뢰하지 않고 그들이 처한 어려움을 과장하는 데 열중했으며, 그들이 애굽에서 얼마나 잘 먹었는지 과장되이 떠벌렸다.

16:4-8. 하나님은 모세에게 하늘에서 '양식'을 비처럼 내리셔서 이스라엘 백성을 기적적으로 먹이실 것과 그것을 정해진 순서를 따라 수거해야 할 것이라고 말씀하셨다. 안식일을 제대로 지키기 위해 여섯째 날에는 두 배로 그것을 거두어야 할 것이다(23절을 참고하라). 하나님은 또한 저녁에는 그들에게 고기를 주실 것이다. 이것은 진을 덮을 정도로 보내주실 메추라기에 대한 암시이다(13절). 모세는 또한 백성들이 원망하며 목소리를 높이는 대상이 모세나 아론이 아니라 바로 하나님이라는 사실을 그들에게 지적했다.

16:9-16. 모세는 아론에게 회중들을 소집해 여호와 앞에 나아오게 하라고 지시했다. 하나님이 그들의 원망을 들으셨던 것이다. 아론이 백성들에게 연설하는 동안 하나님의 영광이 광야의 구름 속에서 나타났다. 이스라엘 백성에게 직접 말씀하시지 않고 모세를 통해 하나님은 내가 이스라엘 자손의 원망함을 들었노라고 말씀하셨다. 이 원망을 들으신 하나님은 저녁에는 고기를 주시고 아침에는 '양식'을 주실 것이다. 자연을 다스리시는 능력과 무에서 창조하시는 능력을 보여주심으로 하나님은 그들의 여호와 하나님으로 다시 자신을 나타내실 것이다.

바로 그날 저녁에는 메추라기가 와서 진에 덮이고 아침에는 이슬이 진 사면에 있었다. 이슬이 마른 후에 광야 지면에 작고 둥글며 서리같이 세미한 것이 있었다. 이스라엘 백성은 그것이 무엇인지 확실히 알 수 없었다. 그들은 이것이 무엇이냐고 물었다. '만나' (히. Man)라고 불리는 그 물체는 색이 희고(31절) 여러 가지 방식으로 요리하거나 준비할 수 있었다. 만나가 그 지역에서 자라는 여러 식물들 중 하나인지 확인하려는 노력(가령

Tamarix gallica manniferat)은 성경의 설명을 만족시킬 수 없다. 그것은 천상의 음식이었다! 모세는 이스라엘 백성에게 그들이 필요한 만큼, 혹은 각 가정의 한 사람당 약 한 오멜(3.5 쿼트)을 거두라고 지시했다.

16:17-20. 이스라엘 백성은 처음에는 순종하여 정해진 양의 만나를 거두었다. 평균적으로 각 사람당 한 오멜 정도였겠지만 어떤 이들은 더 거두고 어떤 이들은 덜 거두었다. 모세는 아무든지 아침까지 그것을 남겨두지 말라고 지시했다. 하나님이 필요한 대로 주실 것이기 때문이다. 이것은 매일의 양식을 위해 그분을 의지하고 신뢰해야 하는 영적 원리를 강조한 것이다. 이러한 태도는 앞으로 그들에게 분명히 필요한 것이었다. 하지만 어떤 사람들은 이 지시대로 순종하지 않았다. 아침까지 만나를 남겨두었더니 벌레가 생기고 냄새가 났다.

16:21-31. 여섯째 날 이스라엘 백성은 안식일을 준비하기 위해 평소보다 두 배의 양을 거두었다. 그러자 아침까지 남겨두어도 냄새가 나지 않았고 벌레가 생기지 않았다. 칠일째인 안식일에 하나님은 만나를 전혀 내려주지 않으셨다. 하지만 어떤 사람들은 불순종하고 만나를 찾아 밖으로 나갔다. 하나님은 안식일이 얼마나 중요한지 모세에게 다시 일러주셨다.

16:32-36. 하나님은 모세에게 이것을 오멜에 채워서 너희 대대 후손을 위하여 간수하라고 명령하셨다. 그래서 하나님의 말씀대로 아론은 만나를 증거판(율법을 기록한 두 석판, 31:18을 참고하라) 앞에 두었다. 후에 유대인들은 언약궤 안에 만나를 넣어 이동했을 것이다(히 9:4). 만나는 그들이 약속의 땅에 이르기까지 광야에서 유리하는 기간에 식량이 될 것이다.

B. 기적의 물과 전투(17:1-16)

Supporting Idea	하나님은 갈증과 전쟁 중에 있는 그들의 필요를 채우신다.

17:1-7. 하나님은 그 거대한 무리들을 그 노정대로 인도하셔서 마침내 르비딤(문자적으로 '평야', '넓은 땅')에 이르렀다. 그곳에서 그들은 물을 전혀 얻지 못해서 모세와 다투었다. 이를 보신 하나님은 모세와 몇 명의 장로들을 호렙산의 한 바위로 인도하셨다.

그곳에서 모세가 하나님의 명령에 따라 바위를 치자 물이 나왔다. 그 물은 아마 언덕을 타고 흘러 이스라엘 백성의 진으로 흘러들어갔을 것이다. 그리고 그들이 그 물을 사용했을 것이다. 모세는 이전에 나일강에서 사용한 지팡이(7:20)로 그 바위를 쳤다. 모세는 그 장소를 맛사 또는 므리바라고 불렀다. 그것은 각기 '시험' 과 '다툼' 이라는 의미다.

17:8-16. 아무 경고 없이 아말렉이 이르러 이스라엘과 르비딤에서 싸웠다. 아말렉 족속은 에서의 후손으로(창 36:12) 가데스 바네아의 대부분 지역에서 거주하고 있었다. 여기서 전사 여호수아가 처음으로 등장한다. 그는 뛰어난 실력을 갖춘 전사였고 그 누구보다도 두드러진 사람이었다. 그리고 전혀 훈련되지 않은 군대의 전투를 지휘할 정도로 지도자의 자질도 갖추고 있었다. 모세는 조금도 주저하지 않고 여호수아에게 적과 싸우도록 명했다. 모세는 홍해를 향해 들었고 반석을 치는 데 사용한 지팡이를 이제 전쟁 중에 들어야 할 것이다.

여호수아가 용감하고 능숙하게 전투를 이끌었겠지만 전쟁은 하나님께 속한 것이었다. 하나님은 그분의 종 모세의 상징적인 몸짓을 통해 그분의 능력을 증명하셨다. 모세가 손을 들면 이스라엘이 이기고 손을 내리면 아말렉이 이겼다. 자연히 그는 피로해졌다. 그래서 몇 명이 그가 앉을 수 있도록 돌을 가져다놓았고 아론과 훌은 모세의 손을 붙들어 올렸다. 훌(아마 히브리어 huru에서 온 단어, '아이')은 아마 아론의 특별한 시종이었을 것이다. 모세는 후에 자신이 자리를 비우는 동안 회중을 이끄는 아론을 돕도록 훌을 임명했다(출 24:14). 유대 역사가 요세푸스(Josephus)는 훌이 모세의 누이 미리암의 남편이라고 주장했지만 구약 성경은 이에 대해 침묵한다. 모세는 이들의 도움을 받아 해가 질 때까지 계속 손을 들고 있었고, 여호수아는 아말렉 족속을 이길 수 있었다.

아말렉과의 전투는 일시적인 중요성뿐 아니라 상징적 의미를 갖는 사건이었다. 하나님은 모세에게 아말렉이 패배한 이 사건을 두루마리에 기록하라고 지시하셨다. 나아가 그는 여호수아에게 이 사건의 온전한 의미를 반드시 알게 해야 했다. 앞으로 이스라엘 백성은 하나님이 승리를 허락하셨음과 미래의 적들에 대해 하나님이 계속 도와주실 것임을 기억해야 할 것이다. 여호수아는 앞으로 절망스러운 시기를 맞게 될 것인데, 적과 싸울 때 예전에 하나님이 주신 구원에 대한 구전과 문헌에 의지해야 할 것이다. 여호수아에게 한 모세의 말은 효과가 있었다. 여호수아는 언젠가 동족 이스라엘 백성에게 하나님의 말씀을 그들의 입에서 떠나게 하지 말라고 명령할 것이다(수 1:8).

이 사건 후에 모세는 단을 쌓고 그 이름을 여호와 닛시(The Lord is my banner)라고 불렀다. 모세는 곧바로 승리를 하나님께 돌려드렸다. 아무 이유 없이 이스라엘을 공격한 아멜렉에게 하나님은 저주를 선언하시고 그분은 대대로 이스라엘의 편에 서서 싸우실 것이라고 선포하셨다.

아말렉 족속의 패배는 이스라엘 백성에게 위기가 닥칠 때 언제라도 그들을 도우시겠다는 하나님의 마음과 권능을 보여주었다. 그러나 하나님은 그러한 승리를 이끄실 때 인간을 도구로 사용하신다. 아말렉과의 싸움도 마찬가지였다. 그분은 모세와 여호수아 같은 지혜롭고 유능한 지도자와 전사들을 사용하기로 선택하셨다. 그들은 자신들을 위해 싸우시는 이가 누구인지 결코 망각하지 않았다. 후에 사도 바울은 하나님이 사람을 통해 일하시는 이 원리를 다음과 같이 기록할 것이다. "항상 복종하여 두렵고 떨림으로 너희 구원을 이루라 너희 안에서 행하시는 이는 하나님이시니 자기의 기쁘신 뜻을 위하여 너희로 소원을 두고 행하게 하시나니"(빌 2:12-13).

많은 사람들이 자기 힘으로 하나님을 섬기려고 노력한다. 그렇게 함으로써 하나님의 영광을 자신에게 돌린다. 일종의 변절자에 해당하는 이들은 그분은 섬기지 않고 대신 "무엇인가 해야 한다면 하나님이 직접 하실 것이다"라는 피곤한 말에 기대려고 한다. 하나님이 아말렉을 패배하게 하신 사건은 하나님이 우리를 위해 싸우시지만, 그분이 우리를 어떤 방식으로 사용하기로 선택하시든 언제든지 그분의 도구로 사용될 자세가 되어 있어야 함을 우리에게 가르쳐준다.

C. 이드로의 방문과 모세에 대한 지혜로운 조언(18:1-27)

Supporting Idea	이드로는 모세에게 교제와 지혜로운 조언을 통해 힘을 준다.

18:1-12. 모세의 장인 이드로(출 2:18에서 '르우엘'이라고 불림)가 하나님이 모세에게와 자기 백성 이스라엘에게 하신 일 곧 여호와께서 이스라엘을 애굽에서 인도하여 내신 모든 일을 들었다. 이전에 모세는 자신이 이스라엘을 대신해 시간이 걸리는 하나님의 사명을 감당하는 동안 자기 아내 십보라와 두 아들, 게르솜과 엘리에셀이 안전하게 거하도록 이드로에게 보냈다. 모세의 아들들의 이름에는 의미가 있다. 큰 아들인 게르솜

은 '이방에서 객이 됨' 이라는 뜻이고, 동생인 엘리에셀은 '하나님이 도우심이 되다' 라는 뜻이다. 하나님은 애굽에서뿐 아니라 그 이후에도 모세를 도우시며 목숨을 노리는 바로의 손에서 그를 구원하셨다. 아마 소문을 들은 이드로가 모세를 만나러 호렙으로 왔을 것이다. 아니면 모세가 예전에 이드로에게 그곳에서 만나자고 말했을 가능성도 있다. 모세는 나가서 엎드리며 그에게 예를 표한 후 장막 안으로 들어갔다. 모세는 하나님이 능력의 팔로 애굽 땅에서 그들을 인도해내신 과정과 하나님이 지금까지의 여정 가운데 그들을 어떻게 붙들어주셨는지를 이드로에게 이야기했다.

이드로는 모세의 이야기를 듣고 기뻐했다. 여호와를 찬송하리로다 너희를 애굽 사람의 손에서와 바로의 손에서 건져내시고라고 고백하는 그의 모습은 이스라엘의 하나님을 자신의 하나님으로 고백하는 듯한 인상을 준다. 다신교 신앙을 가졌을 것으로 추정되는 이드로가 이제 소위 다른 신들보다 하나님이 크심을 인정하며 하나님께만 그 우월성을 돌려드리고 있다. 이어서 이드로는 하나님께 희생 제사를 드리고 모세와 아론과 이스라엘의 장로들과 일종의 교제의 식사를 나눈다.

18-13-27. 모세는 하나님의 대변인으로 섬겼을 뿐 아니라 백성들의 중재자 역할도 했다. 그들은 날마다 모세에게 분쟁거리를 가져왔다. 모세는 인내심을 갖고 그들의 말을 경청한 후 그 문제를 해결했다. 그 흐름은 하루 종일 계속되었고 아마 날마다 계속되었을 것이다. 결국 이드로는 모세에게 왜 이런 식으로 일을 하느냐고 질문한다. 모세는 백성들이 자신의 입을 통해 하나님의 뜻을 얻기를 구한다고 대답한다. 모세가 실제로 하나님과 마주 보고 대화했으므로(민 12:6-8) 백성들이 문제가 있을 때 하나님의 뜻을 달리 어떻게 알 수 있겠는가? 모세는 하나님의 말씀에 정통한 사람이었고 그때까지 하나님의 말씀은 구전 전승(각 세대가 구전으로 다음 세대에게 전달하는 방식으로 하나님의 말씀을 보존함)에 한정되어 있었다. 하지만 위에서 언급한 대로 그는 하나님과 친밀한 관계를 누렸다. 그러나 하나님은 이제 제대로 효력을 보려면 지도력을 공유해야 한다는 중요한 원리를 가르치실 것이다.

이드로는 백성들의 문제를 해결하는 모세의 절차 혹은 무절차가 선하지 못하다고 지적한다. 모세는 시간을 끝없이 요구하는 이 일로 곧 지치고 말 것이다. 이드로는 그에게 다른 방식으로 생각해보라고 조언했다. 이드로는 모세에게 온 백성 가운데서 재덕이 겸전한 자에게 의사 결정의 많은 부분을 맡김으로써 리더십의 기반을 확대할 수 있다고 말했다. 그렇게 함으로써 모세는 자신의 권위를 부정하는 것이 아니라 오히려 강화시킬 것이다. 그는 여전히 백성들에게 가장 중요한 선생의 위치를 유지하면서 많은 율법과 규례로 하나님의 말씀을 정기적으로 가르치게 될 것이다.

이드로는 지도자들을 천부장과 백부장과 오십부장과 십부장으로 체계화하라고 구체적으로 조언한다. 선택된 지도자들은 하나님을 두려워하여 그분을 이스라엘의 유일한 주로 모시는 무흠한 인격을 가진 사람들이어야 한다. 그들은 신뢰할 만한 사람이어야 하며, 자기 자신의 길을 좇는 사람들의 부정직한 유혹에 굴복하지 않는 사람이어야 한다. 간단히 말해, 모세는 하나님을 경외하고 백성들의 진정한 유익을 대표해줄 깨끗한 인격을 가진 사람들을 선택해야 한다. 이드로는 더 중요한 결정은 모세가 다루지만 일상적인 분쟁은 그가 택한 지도자들에게 맡기라고 조언했다. 모세는 장인의 조언을 귀담아 들은 후 백성들 가운데 지혜롭고 뛰어난 지도자들을 신택했다.

이드로의 현명한 조언으로 인해 이스라엘의 초기 지배 구조가 태동했다. 이스라엘의 정치 구조는 제사장, 왕정, 선지자로 구성된 일종의 삼두 정치 구조에서 정점에 달했다. 이들과 더불어 장로들이 있었다. 그들의 공식적 기능은 신약 시대까지 거의 규명되지 않고 있다. 그러한 구조는 다윗 왕 때 훨씬 더 정교한 조직으로 바뀌었다. 그는 레위인들의 제사장 직무와 기능을 확대했다. 하지만 이스라엘 통치 조직의 진정한 정신은 하나님을 합법적인 통치자로 인정하는 신정적 기초였다. 그러나 조직만으로는 이스라엘에 대한 하나님의 축복이 결코 보장되지는 않을 것이다. 그들은 이방인들의 죄악된 영향에 맞서 이 틀들을 보호해야 할 것이다. 하지만 그들은 계속해서 실패했다.

그러고나서 모세는 장인을 배웅했고, 이드로는 자기 고향으로 돌아갔다.

Main Idea 복습	하나님의 격려와 인간의 격려가 모두 유용하다.

결론

믿음의 성장

믿음은 훈련이 필요한 영적 근육이다. 하나님은 이스라엘 백성이 그분을 의지해야 하는 자신들의 필요를 인정하기 원하셨다. 매일 만나를 약 3킬로그램만 거두도록 엄격한 규칙을 세우신 이유가 이 때문이었다. 그들은 불순종했기에 그 결과를 감당해야 했다. 음식에 벌레가 생긴 것이다. 그들은 보조 바퀴 없이 자전거를 타야 하는 출발의 교훈을 배워야 했다.

하나님은 두 가지 이유 때문에 광야를 통과하여 둘러가는 길로 이스라엘 백성을 인도하셨다. 첫째, 블레셋 땅에서 벌어질 전쟁과 이스라엘 백성이 그 전쟁에 맞설 준비가 되어 있지 않음을 알고 계셨기 때문이다. 둘째, 신명기 6장에 따르면 하나님은 자신이 택한 백성들이 기꺼이 복종하며 그분의 인도하심을 따를 준비가 되어 있는지 확인하기 원하셨기 때문이다. 그러나 모든 것을 아시는 하나님은 그들의 마음이 어떤지 이미 알고 계시지 않았을까? 그렇다. 하지만 그들은 자신의 진심을 알지 못했다. 그들은 자신의 상태에 대해 무지했다. 광야 생활의 시련을 통해 그들의 상태가 명확히 드러날 것이다. 그들은 마음 깊은 곳에 흠을 잡고자 하는 영이 자리잡고 있음을 곧 알게 되었다. 그들은 자신의 잘못을 인정하거나 애굽으로 되돌아가면 좋겠다고 소망하며 많은 시간을 보냈다. 하나님이 이들을 속박에서 인도해내신 것으로는 충분하지 않았다. 하나님과 사랑의 관계를 확립하는 것으로는 충분하지 않았다. 그들은 자신들의 모든 어려움이 지금 당장 해결되기를 원했다.

▣ 진리 알기

- 하나님은 우리의 내일에 대해 그분을 의지하며 날마다 최선을 다하라고 요청하신다.
- 당신이 직면하고 있는 시련에 대해 기도하지 않고 하나님의 조언을 구하지 않으면서 원망하고 불평하는 것은 아무런 유익이 없다.

• 믿음의 작은 발걸음은 믿음의 더 큰 행보에 선행한다.
• 순종 안에 안전이 있다.
• 우리가 원하는 대로 일이 풀리지 않을 때, 비현실적인 기대는 항상 원망과 불평으로 이어진다.

▣ 적용하기

• 날마다 "하나님, 좋은 아침입니다"라고 말하며 감사하는 마음으로 잠자리에서 일어나라.
• 당신이 받은 축복의 목록을 작성하고 각 축복에 대해 하나님께 감사하라.
• 원망하는 마음이 생기더라도 원망에 빠지지 않는 '원망 금식' 주간을 보내라.

삶의 적용

믿음으로 사는 삶

순종의 삶은 길게 자전거를 타는 것이다. 그것은 보조 바퀴를 달면 안전하다는 것을 이해하고, 혹은 우리 눈에 보이는 것을 사실로 믿으며 편안하게 자전거를 타는 것을 의미한다. 그것은 또한 믿음으로 사는 것을 의미한다. 슬프게도 이 믿음의 길로 걷는 법을 배우는 많은 사람들이 보조 바퀴의 자세를 결코 배우지 않는다. 모세는 히브리 백성들에게 "만나는 이틀 치를 거두지 말라"고 말할 필요가 없었다. 그들은 이미 이 교훈을 어렵게 배웠을 것이고, 순종하는 것이 더 쉽다는 것을 알았을 것이다. 당신은 삶 속에서 믿음으로 살기 때문에 순종하는가? 아니면 불순종의 순간마다 생긴 혹과 멍으로 배운 슬픈 교훈 때문에 순종하는가? 그렇게 해서 교훈을 배울 수 있다 해도 하나님이 원하시는 것은 믿음의 걸음이다.

기도

제 삶에 좋은 것을 주신 하나님, 오늘도 제게 일용할 양식을 주소서. "이번 달에 월급을 받게 해주세요." 혹은 "노년을 보내는 제게 노후 자금을 주세요"라고 기도하는 데 너무 익숙해서 이러한 기도를 드리기가 약간 어렵고 내키지 않음을 고백합니다. 하지만 이스라엘 백성은 그것을 배워야 했고 저 역시 그렇습니다. 그러므로 주님, 저의 보조 바퀴를 제거해주세요. 제가 한번 달려보겠습니다. 아멘.

심층 연구

A. 여호와의 영광(16:7)

영광이라는 단어는 때로 특별히 인간에게 적용될 때 아름다움과 고귀함을 가리킨다. 그러나 하나님의 영광은 그분의 권능과 위엄을 가리킨다(대상 29:11). 모세가 후에 경험한 것처럼(출 33:18-23) 때로 이 영광은 물리적 형태와 유사한 모습으로 나타날 것이다. 하나님은 때로 성전 봉헌식 때(왕상 8:10-11)와 에스겔 선지자에게처럼(겔 1장) 영광 가운데 강림하시거나 나타나신다. 하나님은 인간과 영광을 공유하시지는 않지만 어떤 의미에서 인간이 그 영광을 반영하도록 허락하실 것이다(시 84:11). 이 영광을 보고 인식한 사람에게 나타나는 중요한 변화는 거룩한 삶과 거룩한 모습(레 11:44-45)일 것이다. 이스라엘 백성이 하나님에게서 시선을 돌려 만족을 얻을 수 없는 것을 바라보는 즉시, 하나님은 그들 중에서 영광을 거두어가셨다(겔 10:1-19). 물론 하나님이 가시는 곳마다 그분의 영광이 임한다. 그런 의미에서 그분의 영광은 곧 그분의 현존이다. 인간은 죄로 인해 하나님의 임재에서 소외되었고 하나님의 영광에 이르지 못하게 되었다(롬 3:23).

교안

A. 들어가는 글

1. '보조 바퀴를 떼어내야 할 때' 이야기로 시작하라.
2. 배경 설명: 애굽에서 약속의 땅까지 이동하려면 긴 시간이 걸리지 않는다. 하나님

은 40년이 아니라 수십 일 내에 이스라엘을 약속의 땅으로 인도하실 수 있었다. 하지만 백성들은 그 땅을 차지할 준비가 되어 있지 않았다. 그들은 노예로 살았던 사람들이다. 그들이 가나안 땅을 차지할 준비가 되기 전에 교육과 시험의 기간이 필요했다. 믿음 안에서 성장한다는 것은 하나님의 지혜와 힘으로 장애물과 싸우고 그것을 극복할 역량이 성장한다는 것을 의미한다.

3. 적용: 이 단원에서 이스라엘 백성이 직면한 장애는 물 부족과 적의 공격이다. 세 번째 장애는 이 규모의 공동체에서 불가피하게 발생할 수밖에 없는 수많은 분쟁거리였을 것이다.

B. 본문 이해

1. 만나와 메추라기를 주심(16:1-36)
2. 기적의 물과 전투(17:1-16)
3. 이드로의 방문과 모세에 대한 지혜로운 조언(18:1-27)

C. 결론: '믿음으로 사는 삶'을 읽어주라.

토의 질문

1. 고통의 시간에 대한 당신의 기억은 얼마나 아름다운가? 삶에 함께하신 하나님의 손길을 기억하는가? 기억한다면 그 이유는 무엇이며, 그렇지 않다면 그 이유는 무엇인가?

2. 이스라엘 백성이 긴 여행에 대비해 필요한 물품을 충분히 휴대했을 것이라 생각하는가? 오직 하나님만이 제공하실 수 있는 자원 중에 그들에게 결핍된 것은 무엇이

었는가? 육체적, 정서적, 지적, 영적으로 나누어 생각해보라.

3. 하나님이 애굽의 속박에서 이스라엘 백성을 탈출시키기 위해 제공하신 기적적인 개입을 생각해보라. 이스라엘 백성이 하나님을 원망했던 이유가 무엇이라고 생각하는가?

4. 하나님의 공급하심을 철저히 신뢰하기 위해 필요한 믿음에 대해 설명해보라. 당신에게는 이러한 믿음의 깊이가 있는가? 이러한 영적 근육을 키우도록 하기 위해 하나님은 당신의 삶에서 무엇을 해주실 수 있는가?

5. 굶주리고 불만족스러운 사람들의 한 무리 외에 이 장에서 더 심층적으로 다룬 문제는 무엇인가?

6. 당신은 스트레스를 어떻게 처리하는가? 더 바람직한 방식으로 스트레스를 다루기 위해 이 본문에서 얻을 수 있는 교훈은 무엇인가?

7. 아말렉 족속의 패배를 통해 리더십 과정에서 배울 수 있는 많은 교훈이 있다. 교회나 직장 그리고 가정에서 지도자로서 당신에게 도움이 될 세 가지 원리를 설명해보라.

8. 모세의 리더십 방식이 어떻게 변하고 있는가? 이것이 미래에 왜 중요한 것인가?

출애굽기 19-20장

십계명

"교리는 생명의 틀이다. 즉, 거룩한 삶의 살아 있는 은혜로 입히고 완성되어야 하는 진리의 골격이다."

- 아도니람 J. 고든(Adoniram J. Gordon)

아마 그 영화를 본 적이 있을 것이다. 그 영화에서 찰톤 헤스톤은 하나님께 십계명을 받기 위해 시내산으로 올라간다. 애굽에서 벗어나 거룩한 산에 도착한 지 불과 3개월이 흘렀다. 모세는 하나님과 마주 보고 대화를 해왔다. 이제 우주적인 빛과 음악이 울리는 가운데 자기 백성들을 위해 하나님의 '십계명(top ten list)'이 돌판에 새겨지고 있다.

들어가는 글

하나님이 오셨다고 적으세요

미국 남부의 한 목사님이 어느 주일 아침에 성령의 특별한 바람이 교회에 어떻게 휘몰아쳤는지 설명해주었다. 그 주에 그 사건이 일어날 것을 암시하는 특이한 일은 전혀 없었다. 사실 지난 주의 예배가 다소 감동적이기는 했어도, 그 다음 주의 예배가 잊지 못할 예배가 될 것이라는 어떤 징조도 없었다. 처음에 그 예배는 평소처럼 순서에 따라 진행되었다. 주일학교 예배를 시작할 때 불렀던 '나의 구세주' 라는 찬송은 수백 번이나 불렀던 찬송이었다. 대부분의 교인이 찬송가 없이 그 찬송을 부를 수 있을 정도였다. 주일학교 사역자는 뛰어난 웅변가가 아니었다. 그리고 그날 아침에 사회를 매끄럽게 본 것도 아니었다. 그는 보통 때처럼 더듬거리며 예배 시작을 알렸다. 그러고나서 평범한 기도를 하고 사람들에게 주일학교 모임을 가지라며 해산시켰다. 모두 한 번에. 그러나 아무도 일어나려고 하지 않았다. 그는 제대로 전달하지 못했다고 생각했다. 그래서 기도를 다시 드리고 주일학교 모임을 가지라고 다시 말했다. 이번에는 마지막 해산 광고를 할 때 손으로 커다란 몸짓을 취했기에 사람들이 그것을 놓칠 수가 없었을 것이다. 하지만 여전히 아무도 움직이지 않았다.

약간 혼란스러웠지만 깊은 자각을 한 뒤에 그는 다시 강대상의 자리로 돌아갔다. 그가 자리에 앉자마자, 이혼으로 최근 깊이 상심해 있는 붉은 머리의 한 남자가 일어서서 손을 들었다. "하나님께서 제게 얼마나 좋은 분이신지 정말 감사드리고 싶었습니다." 그는 이렇게 말하고 자리에 앉았다.

그 목사님은 후에 이렇게 말했다. "그 남자 성도가 간증을 할 때 마치 하늘에서 향수병 뚜껑이 열린 것 같았습니다. 거룩한 향수처럼 성령의 향기가 가득했습니다. 두 시간 동안 성도들은 간증을 하며 기도하고 찬송하며 눈물을 흘렸습니다. 백 명이 넘는 사람이 자원해서 제단 앞으로 나왔습니다. 그날은 제 마음과 기억 속에 영원히 살아 숨 쉴 것입니다."

하지만 언제나 그렇듯이, 모든 좋은 일에는 어두운 구름이 끼는 법이다. 예배가 끝난 후에 지하층에서 헌금 계수를 하고 있어서 그 능력의 현장을 놓쳤던 주일 학교 총무가 당황하여 계단으로 뛰어올라왔다. "목사님, 출석 인원이 얼마나 되는지 알 수 없어요. 아무도 분반 공부를 하지 않았습니다. 출석 집계가 안 된 것 같습니다. 어떻게 할까요? 게시판에 몇 명이라고 써야 할까요?"

목사님은 이렇게 말했다. "출석 집계는 신경쓰지 마세요. 오늘은 몇 명이 출석했는지가 중요하지 않습니다. '하나님이 오셨다' 라고 적으세요."

이스라엘 백성이 출애굽한 지 3개월이 흘렀고 이제 시내 광야에서 잠시 멈추었다. 그때 모세는 산으로 부르심을 받고 백성들을 위한 좋은 소식을 듣는다. "하나님이 오셨다." 하나님이 주신 메시지가 무엇인지 이제 알아보자.

본문 이해

십계명

Main Idea 모세를 통해 하나님의 율법이 계시된다.

A. 율법을 위한 준비(19:1-25)

Supporting Idea 하나님은 교훈과 현상들을 통해 모세가 율법을 받도록 준비시키신다.

19:1-15. 애굽에서 기적적으로 나온 지 3개월째 접어들자 이스라엘 백성은 시내 광야에 이르렀고 시내 산 앞에서 진을 쳤다. 호렙이라고도 하는 시내산은 시나이 반도의 산줄기에 속한 산으로 세일산으로 난 길을 이용하면 가데스 바네아에서 약 11일 정도 걸리는 거리에 위치했다(신 1:2). 학자들이 이 산의 정확한 위치를 확인할 수 없음을 인

정하지만 전통적으로 주장되는 장소는 예벨 무사(Jebel Musa)이며 약 23미터의 높이다.

모세가 하나님 앞에 올라가니 여호와께서 산에서 그를 불러 이스라엘 백성에게 고할 말씀을 일러주셨다. 그들은 자신들을 독수리 날개에 태워 어떤 위협도 미치지 않는 높은 곳으로 솟아 올라 하나님께 이끌어준 하나님의 전능하신 손을 직접 목격했다. 하나님은 모세에게 이스라엘 민족이 그분의 언약을 지키고('언약' 에 대해서는 '심층 연구'를 참고하라) 그분의 말씀에 온전히 순종하면 그들을 다른 민족보다 더 높이시고 특별한 복을 베푸시겠다는 말씀을 전하라고 하셨다. 그들은 하나님의 특별한 소유이며 그분의 임재를 누릴 것이다. 하나님은 온 세상이 그분의 소유라고 선언하신다. 하지만 이스라엘은 하나님의 특별한 백성이 될 것이다.

모세는 이스라엘 진으로 돌아와 장로들을 불러 하나님이 하신 말씀을 모두 전했다. 이스라엘 백성은 다시 하나님의 말씀에 순종하겠다고 약속했다. 그들이 형통하기를 원한다면, 하나님과 이스라엘 민족의 관계는 처음부터 믿음 위에 구축되어야 한다. 하나님은 그들이 그분을 기리는 몇 가지 의식을 준수한다는 이유만으로 그들을 축복하시지 않을 것이다. 하나님이 규례로 정하신 희생 제사들은 믿음으로 드려져야 했다.

하나님은 모세에게 그 백성들을 성별하게 하고 그들이 하나님을 만날 수 있도록 준비시키라고 말씀하신다. 모세는 그들에게 옷을 빨고(그리고 틀림없이 몸을 씻고, '성결케 하다' 의 의미 중 하나일 것임, 창 35:2, KD, 101) 성관계를 금하라고 명함으로 하나님의 지시를 이행할 것이다. 제 삼일에 하나님은 시내산에 강림하셔서 그들과 만나실 것이다. 하지만 그들은 목숨이 위태로울 수 있으므로 산에는 가지 말아야 한다. 산에 접근하는 자들에 대한 형벌은 돌로 쳐 죽이거나 화살로 쏴 죽이는 것이었다. 이 명령에는 모든 짐승들도 포함되었다. 그들이 산을 올라오도록 하나님이 허락하신 때는 오직 양의 뿔로 부는 긴 나팔 소리를 들을 때뿐이었다.

모세는 하나님의 말씀에 순종하여 하나님이 지시하신 대로 백성들을 성별하게 했다. 그는 제 삼일 동안 스스로를 준비하라고 지시했다. 아마 그는 백성들이 산으로 가까이 오지 않도록 예방하기 위해 산 앞 둘레에 일종의 울타리를 만들라고 지시했을 것이다(12, 23절을 참고하라).

19:16-25. 제 삼일 아침에 산 위에 빽빽한 구름과 함께 천둥과 번개가 치고 심히 큰 나팔 소리가 울렸다. 이스라엘 백성은 천둥(문자적으로 '목소리들')과 그에 수반된 현

상과 하나님이 모세에게 이미 말씀하셨던 큰 나팔 소리에 두려워 떨었다. 이 모든 일은 여호와의 임재를 알리는 것이었다. 하나님은 자연적인 수단이나 초자연적인 수단을 통해 나팔 소리를 울릴 수 있었을 것이다. 어떤 이들은 천사들에게 나팔을 불게 하셨다고 추측하기도 한다.

하나님은 불 가운데 연기로 가득한 산에 강림하셔서 위엄과 거룩을 보여주셨다. 모세가 백성들을 산 기슭으로 인도하자 그들은 두려움에 떨었다. 나팔 소리가 점점 더 커지는 가운데 산이 격렬하게 흔들리기 시작했다. 하나님이 이들을 특별한 백성으로 선택하셨다 해도 인간과 창조주 사이에는 죄로 인해 여전히 장벽이 존재했다. 그들은 정교하게 규정된 수단을 통해서만 그분께 나아갈 수 있었다.

모세가 하나님께 말씀드렸다. 아마 그분의 명령에 대한 질문을 했을 것이다. 그러나 하나님은 시내산 꼭대기로 물러가시며 모세를 산 정상에서 만나자고 호출하셨다. 그곳에서 그분은 백성들이 여호와를 보기 위해 경계선을 넘는 일이 없도록 명하라고 모세에게 경고하셨다. 그 선을 넘는 자는 죽음을 면치 못할 것이다. 제사장들은 특별한 지위 때문에 백성들처럼 자신을 성별하지 않아도 된다고 생각했을 수도 있다. 그래서 하나님은 22절에서 그분이 그들에게 돌격하시지 않도록 스스로를 철저히 성별하라고 특별히 경고하신다. 이어서 하나님은 모세에게 그의 형 아론을 데리고 같이 올라고 명령하신다. 하지만 제사장들이나 백성들 중 누구라도 함께 올라오는 것은 허락하지 않으셨다. 모세는 백성들에게 이 말씀을 충실하게 전달했다.

B. 모세의 율법(20:1-26)

Supporting Idea	하나님은 이스라엘에게 십계명을 주신다.

20:1-17. 하나님이 다음으로 하신 말씀은 십계명으로 알려진 것이었다. 십계명은 언약의 공식 법전이 되었다. 하지만 그 이상의 의미를 가지고 있다. 그것은 인간을 향한 하나님의 뜻을 명확하게 반영한 것이었다. 예수 그리스도가 후에 산상 설교를 통해 율법을 외적으로뿐 아니라 마음으로 지켜야 할 것을 설명하시며 율법에 대한 날카로운 해석을 제시하실 것이다. 하지만 이 십계명은 이스라엘의 중요한 도덕적 법전이 될 것이

다. 모세는 신명기 5장 6-21절에서 이 계명을 반복해 기록한다.

하나님은 이스라엘을 애굽 땅, 종되었던 집에서 인도하여낸 그들의 하나님 여호와로 자신을 밝히시며 십계명을 시작하신다. 이렇게 하나님은 이스라엘에 대한 주권자로서 자신의 권한을 세우신다. 첫 번째 명령은 이스라엘 백성들이 나 외에는 다른 신들을 네게 있게 말찌니라는 것이었다. 이 명령 자체는 아주 포괄적인 명령으로 다신론을 금지할 뿐 아니라 모든 우상 숭배와 하나님에 대한 모든 거짓된 묘사도 금지할 것이다.

두 번째 명령은 순서와 의미 면에서 첫 번째 명령의 뒤를 바로 잇는다. 여기서 하나님은 올바른 예배를 정의하신다. 하나님은 영이시므로(요 4:24) 인간이 만든 다른 형상이나 자연 현상에 비유하여 그분의 형상을 표현하려는 모든 시도를 금하신다. 아마 이 명령은 특별히 숭배의 목적으로 형상을 만드는 것을 금하시는 것 같다.

하나님은 이 명령을 어기는 자들에게 무서운 진노를 내리셔서 그들의 후손들로 삼사대까지 그 죄로 인한 결과를 당하게 하실 질투하는 하나님으로 자신을 묘사하시며 이 명령에 경고를 추가하신다. 반대로, 하나님은 그분을 사랑하고 순종하는 자들의 후손들에게는 축복과 은혜를 베푸실 것이다.

세 번째 명령은 이스라엘 백성에게 너의 하나님 여호와의 이름을 망령되이 일컫지 말라고 지시한다. 우리는 이 명령을 가능한 포괄적으로 적용해야 한다. 이 명령은 사소한 문제들을 두고 맹세를 하는 경우든, 감정적으로 불쑥 내뱉는 경우든, 하나님의 이름을 경솔히 일컫는 것을 금한다. 하나님의 백성들은 그분의 이름을 오직 존경하는 태도로 사용해야 하며 결코 의심스러운 예배에 사용해서는 안 된다.

네 번째 명령은 제 칠 일을 안식일(히. '그치다', '쉬다')로 구분하고 있다. 안식일은 여기서 공식적으로 제정되지만 안식일의 시작은 만나를 주실 때 시작되었다(출 16:23). 인간은 육 일 동안 일을 하고 칠 일째에는 쉬어야 한다. 하나님이 창조 제 칠 일에 상징적으로 '안식하셔서' 그날을 거룩하게 하셨다. 이 명령은 "인간과 짐승에게 모두 예외없이" 적용되었다(KD, 119). 하나님은 쉬지 않는 육체 노동이 신체뿐 아니라 인간 영혼에도 영향을 미친다는 것을 아셨다. 후에 히브리 저자들은 안식일 위반을 반복해서 경고할 것이다(느 13:15-18, 렘 17:19-23). 현대 작가들은 안식일의 현재적 연관성에 대해 계속 논쟁하며 하나님이 그것을 주의 날인 일요일로 바꾸셨는지에 대해 논의를 벌인다. 히브리서 저자는 안식일을 하나님의 모든 백성들이 언젠가 누릴 최종적 안식과 연결시킨다(히 4:3-11).

가족을 비롯해 공식적인 제도는 하나님의 율법과 개입을 절대 벗어나지 않는다. 다섯 번째 계명은 부모와 자녀의 관계를 자녀가 부모에게 순종하는 관계로 강조한다. 부모는 자녀에게 하나님을 대표한다. 자녀들은 모든 일에 하나님을 공경해야 하듯이 자기 부모들을 공경해야 한다. 이 명령에 부가된 약속은 이스라엘 민족뿐 아니라 개인들에게도 적용된다. 부모에게 순종하는 자녀들은 정상적인 환경에서 장수할 것이라고 기대해도 된다. 그리고 순종하는 자녀들의 민족은 민족적 장수라는 일반적인 약속을 결실로 거두게 될 하나님을 두려워하는 세대들을 키우게 될 것이다(레 26:1-13, 신 28:1-14).

이후의 다섯 명령은 이웃에 대한 우리의 태도와 관계를 다루고 있다. 살인을 금하는 명령은 인간 안에 있는 하나님의 형상으로 거슬러 올라가는 명령이다(창 9:6). 인간을 죽이는 것은 하나님의 피조물의 절정을 말살하는 것이다. 우리가 이웃을 사랑해야 할 것을 하나님이 그토록 자주 강조하시는 이유가 무엇인지 의아해할 필요가 없다(레 19:18, 눅 10:27). 사랑의 반대는 증오이며 증오는 살인으로 이어질 수 있다(요일 3:15).

간음에 빠질 때 인간은 이웃과 결혼 제도를 향해 증오심을 드러낸다. 하나님은 고대 이스라엘에서 이 명령을 어기면 죽음의 형벌을 받게 하셨다(레 20:10). 결혼을 통한 유대는 단순히 간음이라는 육체적 행위를 금지할 뿐 아니라, 배우자와 하나님과의 관계에서 시작되는 내적인 신뢰와 성결한 정절이라는 가장 엄격한 법을 소중히 여기게 한다. 어떤 경쟁자도 허용하지 않는 절대적 성실성을 특징으로 하는 '한 몸' 되는 연합은 하나님과의 올바른 관계에 기초를 두어야 한다.

도둑질하지 말라는 명령은 다른 사람의 재산을 직접 훔치는 것뿐 아니라 다른 사람의 소유에 손상을 입히는 것과 속이는 모든 행위를 포함했다. 바울은 도적질하는 자는 다시 도적질하지 말고 돌이켜 궁핍한 자들을 구제하기 위해 일을 하라고 지시한다(엡 4:28). 이 명령은 하나님이 사유 재산권을 인정하심을 가르치고 있다.

나머지 명령은 이웃에 대하여 거짓 증거하는 것과 모든 종류의 탐심에 대해 경계한다. 거짓 증언하지 말라는 명령은 공식적이든, 비공식적이든 모든 증언에 적용될 것이다. 후에 예수님은 사단을 거짓의 원조와 "거짓의 아비"(요 8:44)이며 노골적인 '거짓말장이'라고 인용하실 것이다. 그러므로 모든 진리의 하나님은 "중심에 진실함"(시 51:6)을 원하신다. 현대 사회는 진실과 거짓의 경계를 무너뜨리며 모든 것을 개인적인 선택의 영역으로 밀어버린다.

마지막 명령은 하나님이 우리에게 금하시는 어떤 것도 탐내지 말라고 경고한다. 예를 들어, 하나님은 우리 소유가 아닌 것을 우리가 가지는 것을 금하신다. 또한 재물이든, 생활 방식이든, 다른 이에게 허락하신 것을 우리가 누리는 것을 금하실 것이다. 마지막 명령은 신약, 특히 산상 설교에서 명확히 설명하신 불의한 욕망의 예고편이다. 욕심에 눈이 먼 아간의 경우처럼 생각이 행동에 선행한다. 그는 "보고 탐내어" 마침내 자기 것으로 "취했다"(수 7:21). 방종과 전혀 무관하지 않은 솔로몬은 우리에게 "네 마음을 지키라 생명의 근원이 이에서 남이니라"(잠 4:23)고 교훈한다.

20:18-21. 백성들은 산에서 천둥과 그와 관련된 현상을 보며 두려움에 떨었다. 그들은 멀리서 지켜보며 모세를 통해 하나님의 말씀을 전해들었다. 하지만 모세는 하나님이 그들의 파멸을 바라시는 것이 아니라, 그들의 본심을 확인하시고 그들이 범죄하지 않도록 하기 위해 그들을 시험하고 계심을 재확인시켜주었다.

20:22-26. 이 기념비적인 장은 은과 금으로 만든 신상을 비롯해 다른 신들을 섬기지 말라고 경고하는 것으로 마무리된다. 나아가 하나님은 자신이 창조하신 흙이나 인간의 손으로 가공하지 않은 돌로 제단을 만들라고 명령하셨다. 하나님이 정하신 제단을 통해 하나님은 그들의 번제와 화목제를 받으실 것이다(레 1-6장을 참고하라).

Main Idea 복습	모세를 통해 하나님의 율법이 계시된다.

결론

설명서를 꼼꼼히 살피라

새로운 물건을 구입하면, 나는 그 물건을 훑어본 후 그것을 사용하는 법과 작동하는 법을 결정하고 나서 실제로 사용해본다. 그것을 작동시킬 수 없다는 것을 알았을 때만 설명서를 읽어본다. 전자 레인지가 처음 나왔을 때 나는 빨리 요리해보고 싶어서 아무 것이나 손에 잡히는 대로 레인지에 집어넣고 시간을 3분으로 맞추었다. 그리고 그 안을 살펴보았다. 그런데 온통 전기 불꽃이 튀고 있었다! 작은 화재가 난 것이다. 도대체 왜 그랬을까? 알루미늄 호일을 벗기지 않은 채로 레인지에 넣었던 것이다. 나는 알루미늄 호일을 넣고 렌지를 가열해서는 안 된다고 경고한 설명서를 읽지 않았던 것이다. 그래서 그때 나는 전자 레인지를 다시 사용하기 전에 설명서를 집어들고 정확한 사용법을 배웠다.

우리의 삶도 마찬가지다. 하나님은 십계명을 엄격한 규칙 체계로 만들어 우리 인생이 비참해지도록 계획하신 것이 아니다. 그 목록은 그분의 성품을 반영했다. 하나님은 우리가 하는 모든 일과 생각으로 그분의 성품을 나타내는 삶을 산다면, 인생을 최대한 영위하며 가장 깊은 기쁨을 누리게 된다는 것을 알고 계셨다. 그리고 사람들이 어떻게 생각하고 여러 상황에서 어떻게 반응하며 하나님과 또한 서로와 가장 건강한 관계를 누리기 위해 무엇이 필요한지 아신다. 그래서 그분은 전자 레인지 설명서의 주의사항과 유사한 경고를 주셨다. 이 경고는 건강한 규칙이다. 사람들이 그분의 길을 따를 때 그들이 잘 살고 있고 '사용 설명서' 대로 하고 있다는 사실을 삶이 반영한다.

하나님의 사랑과 능력이 믿을 수 없을 정도로 드러나고 있다. 이 십계명은 여러 가지 이유로 인간에게 주신 것이다. 주 예수님이 세상에 다시 오실 때까지는 그 누구도 모든 계명을 다 지킬 수 없을 것이다. 하나님은 우리 삶에 대한 하나님의 기준에 우리가 미치지 못하는 존재임을 보여주시기 위해 그 계명들을 주셨다. 바울은 로마서 3장 19-20절에서 다음과 같이 기록하고 있다.

> "우리가 알거니와 무릇 율법이 말하는 바는 율법 아래 있는 자들에게 말하는 것이니 이는 모든 입을 막고 온 세상으로 하나님의 심판 아래 있게 하려 함이니라 그러므로 율법의 행위로 그의 앞에 의롭다 하심을 얻을 육체가 없나니 율법으로는 죄를 깨달음이니라."

그 누구도 다른 사람 앞에 서서 자신의 개인적인 의를 선언할 수 없을 것이다. 하나님은 우리에게 율법을 가르쳐야 하셨다. 죄에 대한 자각을 통해 사람들은 구원에 대한 자신의 절박한 필요를 깨닫기 시작한다. 우리 문화가 하나님의 십계명에서 떠나 표류하는 곳마다 죄가 더욱 넘쳐난다. 하지만 두려워하지 말라. 로마서 5장 20절은 이렇게 말한다. "율법이 가입한 것은 범죄를 더하게 하려 함이라 그러나 죄가 더한 곳에 은혜가 더욱 넘쳤나니."

■ 진리 알기

- 하나님의 기준은 일반 사람이 이해하는 것보다 훨씬 더 높다.
- 십계명은 인간의 연약함과 하나님을 온전하게 따를 수 없는 인간의 무능력을 보여준다.
- 십계명 중 하나를 어기면 전체 율법을 어긴 것이 된다.
- 십계명은 일차적으로 관계적이다. 처음 네 계명은 하나님과 우리의 관계를 다루고, 마지막 여섯 계명은 이 땅에서 우리가 사람들과 맺는 관계를 다룬다.
- 우리 하나님은 우리의 충성을 원하는 질투하시는 하나님이다.

■ 적용하기

- 하나님의 용납하심을 얻기 위해 자신의 자제력을 신뢰하지 말라.
- 당신을 구원하시기 위해 하나님이 어떤 일을 하셨는지 생각하고 당신을 향한 그분의 사랑을 기뻐하라.
- 당신의 안녕을 위해 십계명을 주셨음을 믿으라.
- 그리스도는 십자가에서 율법의 의로운 요구를 성취하셨다. 주님의 사랑과 당신을 위한 희생에 날마다 감사하라.

삶의 적용

열 가지 명령인가, 열 가지 제안인가?

십계명은 결코 무시해도 되는 제안이나 의견으로 주신 것이 아니다. 십계명은 하나님으로부터 직접 온 것이며 반드시 순종해야 하는 것이다. 현대를 사는 우리는 더 쉽게 여행하고, 놀라운 의료 혜택을 누리며, 손가락 끝으로 편리하게 정보를 얻는다. 하지만 이 혜택들이 영적인 안녕으로 바뀌지는 않는다. 미국 전역을 대상으로 한 여론 조사에 응답한 사람들의 약 65-95퍼센트가 십계명 가운데 자신이 순종할 계명을 선택한다고 대답했다. 로저 로젠블라트(Roger Rosenblatt)는 이렇게 말했다.

> 오직 15퍼센트의 국민들만이 미국인들의 대다수가 신성모독적인 표현을 사용하고 욕설을 한다고 생각한다. 대다수의 국민이 정기적으로 예배당에 출석하고 다른 사람의 물건을 탐내지 않는다고 생각한 이는 22퍼센트였다. 조사에 응답한 사람들 중 전체 미국인들이 참되신 하나님을 섬긴다고 생각한 이는 49퍼센트에 불과했다(Family Circle, 1993년 12월 21일, 30페이지).

진정한 문제는 전적으로 순종하고 개인적 성결에 힘쓰기를 우리가 주저한다는 것이다. 모든 스포츠 경기처럼, 경기를 끝까지 마치고 마지막까지 싸우며 이기려는 끈기와 열정을 가진 사람이 인생의 성공과 승리를 얻을 것이다. 더 쉽게 살 길이 있다고 생각하며 하나님의 십계명을 외면하면 안 된다. 이스라엘 백성은 이 진리를 배워야 했고 우리도 마찬가지다.

기도

주님, 끝무렵에 나오는 맛있는 요리를 먹지 못할 수도 있기에 처음에는 배불리 먹으려 하지 않는 사람의 시각으로 주님의 말씀을 볼 때가 많습니다. 하지만 십계명은 맛있는 요리입니다. 성결한 삶에 대한 이 지침은 제 마음이 어느 순간에 어떤 상태인지 비추어줍니다. 그리고 율법을 성취하시고 제게 구원을 베푸신 것에 대해 예수님께 얼마나 감사해야 하는지를 일깨우시려고 주신 것임을 압니다. 주님이 정말로 옳습니다. 그때의 구름과 번개는 볼 수 없지만 주님의 마음을 보았습니다. 제가 이 계명들을 진지하게 받아들이게 도와주소서. 아멘.

심층 연구

A. 언약

일반적인 용어로 언약(문자적으로 '계약')은 두 사람 이상 간의 협정이다. 성경은 이러한 협정에 대해 기록하고 있다(창 21:27, 32, 삼상 18:3). 때로 하나님은 언약의 한 당사자로 자신을 낮추시며 인간과 언약을 맺으셨다. '언약'의 구약적 개념은 "내가 내 언약을 세우리니"(창 6:18)와 같은 하나님의 일방적인 선언으로 시작한다. 하나님은 그 언약을 통해 인간에게 자신의 뜻을 알리신다. 하나님은 그 언약에 충실하기로 약속하신다. 하나님은 인간과 맺은 그 언약의 성격을 홀로 결정하시지만 그것을 이루실 때는 인간과 공동으로 하신다.

그러므로 인간과 맺은 하나님의 언약은 인간이 이루어야 할 일정한 조건들을 기본으로 은혜에 근거한 약속이다. 하나님은 구약에서 인간과 여러 조건을 맺으신다. 어떤 이들은 이러한 언약들이 다른 언약들이라고 말하는 반면, 다른 이들은 동일한 조건의 여러 특징들이라고 주장한다. 하나님이 인간과 맺으신 언약이 인간에 의해 폐기되는 것은 불가능하지만, 인간이 불순종함으로써 그 언약의 축복을 누릴 자격을 상실할 수는 있다.

물론, 이 모든 것 뒤에는 자신을 위해 한 민족을 자비롭게 선택하신 하나님이 계신다. 하나님이 그들의 삶에서 그분을 따르도록 역사하실 것이기 때문에 그들은 하나님을 따를 것이다. 그 민족이 불순종함으로 반역하면 하나님은 그들이 회개할 때만 다시 용납하실 것이다(대하 15:12, 느 9:38). 이 언약의 완전한 전개는 하나님과 인간이 조화와 완전한 교제 가운데 살 때를 예고한다(사 42:6, 렘 31:31-32, 히 8:8-9). 성경이 라틴어로 번역될 때 계약이라는 단어의 대부분이 언약으로 대체되었다.

B. 이스라엘과 세계의 민족들

하나님이 이스라엘에게 주신 한 가지 약속 때문에 이스라엘은 세상의 다른 민족들 중에서 독특한 지위를 갖게 되었다. 출애굽기 19장 5-6절에서 하나님은 그들이 그분의 계명을 지키고 그분을 신뢰하는 한 '특권 민족'의 권리를 주겠다고 약속하셨다. 그러나 하나님은 결코 '세상의 지배자'의 지위를 약속하지 않으셨고 세상을 식민지화하라고 명령하지도 않으셨다. 물론, 장차 신뢰의 관계를 유지하는 자들은 하나님의 왕국에 동참할 것이다. 그 왕국은 세상의 나머지 왕국들을 지배하고 심지어 무너뜨릴 것이다(단 2:44). 그때까지 이스라엘은 그들의 하나님께 순종해야 하고, 열국과 화친하거나 주변 세상의 우상들을 섬겨서는 안 된다.

이 조건이 성취되면 하나님은 이스라엘에게 다음과 같이 해주실 것이다. 하나님은 그들에게 땅에서 안전하고 형통한 생활 조건을 허락하실 것이며(레 26:5-6), 그들의 원수들을 지배하고(레 26:7-8, 신 28:7), 열국 중에 영광을 받는 지위를 얻으며(신 28:1), 군사적으로(신 28:7), 경제적으로(신 28:12) 우월한 지위를 누리게 하실 것이다. 그러나 하나님은 이스라엘이 순종하더라도 그들에게 직접적인 세계 통치자의 권한을 약속하지는 않으셨다. 온전히 실현된 하나님의 나라(때로 '종말론적 왕국'이라 불림)는 인간의 손으로 깎지 않은 돌판일 것이며, 하나님의 때에 하나님이 이루실 것이다.

교안

A. 들어가는 글

1. '하나님이 오셨다고 적으세요' 이야기로 시작하라.
2. 배경 설명: 이스라엘은 하나님의 백성이 되기 위해 하나님을 알아야 했다. 시내산은 하나님이 '열 가지 말씀' 혹은 '열 가지 율법'의 형식으로 이스라엘에게 그분의 성품을 계시하신 곳이다. 다신론적 문화에서 성장한 이들은 하나님의 거룩하심과 거룩하라는 그들에 대한 하나님의 소명을 경험하기 시작한다.

3. 적용: 이 단원에서 우리는 하나님에 대한 두려움을 경험하며 “여호와를 경외하는 것이 지식의 근본”(잠 1:7)임을 알게 된다.

B. 본문 이해

1. 율법을 위한 준비(19:1-25)
2. 모세의 율법(20:1-26)

C. 결론: ‘열 가지 명령인가, 열 가지 제안인가?’를 읽어주라.

토의 질문

1. 19장은 지도자들에게 중요한 장이다. 4-6절을 다시 읽고 하나님이 지도자들에게 무엇을 기대하시는지 알아보라.

2. ‘거룩한 나라’가 되기 위해 어떻게 해야 하는가? 이 장의 중간 부분에 있는 특별한 현상들의 이유는 무엇인가?

3. 하나님을 대면하고 싶은가? 그렇다면 그 이유는 무엇이며, 그렇지 않다면 그 이유는 무엇인가? 거룩한 땅에서 행한다는 것은 무엇을 의미하는가?

4. 십계명은 오늘날 우리와도 상관이 있는가? 그렇다면 그 이유는 무엇이며, 그렇지 않다면 그 이유는 무엇인가?

5. 십계명 중에서 당신이 씨름하고 있는 계명은 어느 것인가? 이 부분에서 성장하려면 이번 주에 어떤 발걸음을 내디뎌야 하는가?

6. 이 계명들을 읽기 쉬운 말로 표현해보라.

출애굽기 21-24장

시민법과 종교법

"하나님이 인간에게 주신 최초의 법은 순종의 법이었다. … 모든 죄가 자기 생각과 자기 고집에서 나오듯이 모든 덕목은 순종과 복종에서 나온다."

- 몽테뉴(Michel Eyquem de Montaigne)

십계명을 주신 후 하나님은 율법에 대한 구체적인 설명과 적용을 알려주심으로 모세와 그 백성들을 위한 교육 과정을 계속하신다. 이 단원에서 하나님은 종과 재산에 대한 개인의 책임, 사회 문제, 사회 정의에 대한 책임의 지침을 제공하신다. 그러고나서 하나님은 백성들에게 하셨던 약속을 다시 한 번 상기시키신다.

들어가는 글

땅의 법

1787년 5월 중순, 새로운 정부 체제의 고안에 대해 논의하려고 55명의 사람들이 필라델피아에 모였다. 이들은 각기 대영 제국과의 독립 전쟁에서 승리한 식민지 대표들이었다. 식민지를 통치하는 임시 지침으로서 연합 헌장이 이미 작성되어 있는 상태였지만 이 헌장은 식민지의 필요를 충족시키지 못했다. 그래서 이들은 통치의 근거가 될 영속적인 문서를 만들기로 결심했다.

대표들은 4개월 동안 비공개 모임을 가졌다. 1787년 9월 17일 마지막 모임을 가졌고 그들이 만든 문서에 서명했다. 이 문서는 여러 식민지에 제출되어 승인을 받았다. 그들이 승인한 문서는 미국 연방 헌법이었다. 그것은 미국 정부의 근간이 되는 일반 원리를 담고 있는 다소 짧은 문서이며, 미국인들의 모든 생활에 관한 지도 원리를 제공하는 기초 문서이다.

헌법은 우리의 법 체계에 초석이 되는 문서이다. 구체적인 상황에서 그 원리들을 적용하는 수백만 개가 넘는 법률의 기초가 된다. 구체적인 상황은 소위 판례에 따라 지배된다. 또한 이 법들은 어떤 특정한 행위를 했을 경우, 그에 합당한 특정법에 지배될 수 있다고 선언한다. 다시 말해서, 판례법은 헌법에 명시된 광범위한 원리들을 실제로 적용한다.

성경은 십계명을 기록하고 있다. 우리는 십계명을 하나님이 자기 백성들에게 주신 기본 원리라고 판단했다. 어떤 의미에서 십계명은 우리의 헌법과 유사하다. 헌법이 우리 정부에 대해 갖는 기능처럼 십계명은 하나님과 우리의 관계에 대해 유사한 목적으로 기여한다. 그러나 구약은 그 원리들을 구체적인 상황에 적용하는 판례나 규례 또한 담고 있다. 도덕법은 출애굽기 20장에 제시되어 있고, 시민법은 출애굽기 21-23장에 제시되어 있으며, 종교법은 출애굽기 23장 뒷부분부터 24장에 걸쳐 소개되어 있다.

본문 이해

시민법과 종교법

Main Idea	하나님은 자녀들에게 새로운 공동체에서 의롭게 살 것을 요구하신다.

A. 유대인 종에 관한 규례(21:1-11)

Supporting Idea	하나님은 양쪽 주인의 권리를 보호하신다.

21:1. 거대한 무리가 공동체 생활을 시작하면서 수많은 새로운 도전을 경험했다. 우리는 히브리법이 그 공동체의 종교 생활, 시민 생활, 도덕 생활을 모두 지배했음을 기억해야 한다. 이 세 개의 생활 영역은 모두 개별적으로 다루어지기는 했지만 하나로 통합되어 있었다. 하나님은 이스라엘 공동체의 생활이 그 자신의 의와 이웃, 특별히 스스로 자신을 방어할 능력이 없는 자들에 대한 관심을 반영하기를 기대하셨다. 그래서 하나님은 이제 주인과 종의 관계, 이웃들(넓은 의미에서의 '동족')과의 관계를 구체적으로 다루신다.

21:2-6. 우리는 유대 민족이 노예들이었음을 기억해야 한다. 하나님은 노예 제도라는 형태를 즉각적으로 금하지 않으시고('히브리 노예 제도'에 대해서는 '심층 연구'를 참고하라), 대신 개인에 대한 비인간적인 대우를 금지하는 방향으로 노예 제도를 신중하게 조정하셨다. 첫 번째 규례는 주인과 종 관계의 지속 기간을 다루고 있다. 하나님은 그 기간을 육 년으로 제한하셨다. 7년(즉, 안식년인 7년째가 아니라 그가 종이 된 지 7년째)이 되면 그 종은 주인에 대해 어떤 의무도 지지 않고 해방될 수 있었다. 그가 미혼일 때 종의 관계가 성립되었다면, 주인은 그를 미혼 상태로 내보낼 것이다. 하지만 그가 결혼한 상태에서 종이 되었다면, 그는 아내와 함께 나갈 것이다. 하지만 그가 종이 된 후에 주인이 아내를 구해주었다면, 그 아내와 그 부부에게 태어난 자녀들은 주인의 소유

이며 그는 자유의 몸이 될 것이다.

때로 종은 자신의 능력으로 생계를 꾸려나갈 자신이 없어서 평생 종으로 살기를 원할 수 있다. 혹은 4절에 명시된 이유 때문에 자유의 몸이 될 수 없는 가족들과 함께하기를 원할 수도 있다. 그런 경우, 주인은 그것을 '단순히 받아들일 수 없고' 재판관들 앞에서 공식적인 인가를 받아야 했다. 그러면 그는 영속성의 상징적 행위로서 문이나 문설주로 가서 송곳으로 종의 귀를 뚫는 '영원한 종' 의식에 참여해야 한다. 그 이후로 종과 주인의 관계가 평생 지속될 것이다.

21:7-11. 하나님은 여종에 대해서는 약간 다르게 규례를 제정하셨다. 부친이 딸을 누군가에게 종으로 팔 경우, 7년째 자유의 신분이 되는 규례는 그녀에게 적용되지 않았다. 종종 이런 종류의 거래는 주인이 그 여종과 결혼을 하거나 혹은 이미 아내가 있는데도 첩으로 삼거나 새 아내로 삼는 경우가 포함되었다(10절을 참고하라). 일이 잘못되어 주인이 그녀를 더 이상 원하지 않으면, 그는 다른 히브리인에게 자신의 권리를 팔아 그를 속신케 할 것이며, 그녀를 자기 아들에게 주거나, 혹은 어떤 환불도 요구하지 않고 그녀의 부친에게 돌려주어야 한다. 어떤 경우라도 주인은 그녀의 물리적인 필요를 박탈하지 않고 채워주어야 했다. 주인이 이런 규정을 하나라도 지킬 수 없다면, 그 여종은 어떤 제약도 받지 않고 해방될 수 있었다.

B. 개인적 상해에 관한 규례(21:12-36)

Supporting Idea	하나님은 범죄 행위를 처벌하시고 무고한 자들의 권리를 보호하심으로 인간 행위를 규제하신다.

21:12-17. 공동체의 질서는 처벌 규정에 의해 유지되었다. 첫 규정은 살인과 관련된 것이다. 의도적인 살인은 어떤 이유로든 용서받을 수 없었다. 가해자가 거룩한 장소로 피해 목숨을 살려달라고 호소한다 해도 죽음으로 처벌받아야 했다. 하지만 사고로 인한 살인은 사형에 처해지지 않았다. 어떤 사람이 사고로 다른 사람을 죽게 만들었다면 그는 특별히 이 목적으로 지정된 곳(후에 '도피성'으로 불려짐, 수 20:1-9를 참고하라)으로 피할 수 있었다. 또한 부친 살해, 모친 살해, 납치, 부모를 저주하고 욕하는 죄는 사형에 처해졌다. 현대적인 사고로 보면, 가혹하게 보일 수 있지만 유대 율법은 시민적인

요소와 종교적인 요소를 결합시킨 법이라는 것을 명심해야 한다. 오늘날 대부분의 나라에서는 이것이 거의 사라졌다.

21:18-36. 율법은 개인적인 언쟁이 상해와 살인으로 이어진 경우에 대한 규정을 명시했다. 싸움을 하다가 한 사람이 돌이나 주먹으로 상대방을 때려서 상해를 입히면 가해자는 피해자가 손해본 시간을 보상해야 했다. 어떤 사람이 남종이나 여종을 때려 그 종이 죽었다면 그는 처벌을 받아야 했다(구체적으로 어떤 벌을 받았는지는 알 수 없다). 그럴 경우, 고의적으로 죽였는지 아닌지를 확인해야 할 것이다. 그러나 종이 며칠 내로 회복된다면 그 규정은 적용되지 않았다.

두 사람이 싸우다가 사고로 임신한 여자(아마 싸우는 두 사람 중 한 사람의 아내)를 때려 그녀가 조산을 하게 될 경우가 있다. 그녀나 태아가 모두 영구적인 상해를 입지 않았다면, 법정과 그 여자의 남편은 소송으로 해결책을 찾을 수 있었다. 모든 사건에 율법은 동해보복을 요구했다. 눈은 눈으로, 이는 이로, 손은 손으로, 발은 발로. 주인이 종을 때려 한쪽 눈을 영원히 실명하거나 이를 빠지게 하면 종은 자유의 신분이 될 수 있었다.

황소가 누군가를 들이받아 죽이면 그 황소를 돌로 쳐 죽여야 했다. 그 주인이 공격적인 황소를 방치하여 사람에게 해를 가하도록 풀어둔 것이 아니라면 주인은 책임을 지지 않을 것이다. 하지만 들이받는 버릇이 있음을 알고도 소를 방치했을 경우에는 소와 그 주인이 죽임을 당할 것이다. 소가 종을 죽였을 경우, 그 소의 주인은 종의 주인에게 은 30세겔을 보상해주어야 했다. 어떤 사람이 구덩이를 팠는데 짐승이 거기에 빠져 죽었을 경우에도 그는 짐승의 주인에게 돈으로 보상해야 했다.

마지막으로, 주인이 다른 두 황소가 서로 싸우다가 한 소가 죽었을 경우, 소 주인들은 산 소를 팔아 그 돈을 나누어 가지고 죽은 소도 나누어 가졌다. 하지만 특별히 공격적인 소가 다른 소를 죽였을 경우, 이 규정은 적용되지 않을 것이다. 그럴 경우, 공격적인 소의 주인은 상대방에게 소로 손실을 보충해주어야 했다.

C. 재산권과 사회적 관계(22:1-31)

Supporting Idea	하나님의 뜻을 따른다는 것은 공동체에 충실하고 책임에 관한 도덕법을 준수하는 것을 포함한다.

22:1-6. 물건 분실이나 절도에 관한 보상과 관련된 율법은 신약의 용서의 원리와 상충되지 않는다. 나아가 이러한 법들은 세 가지 목적에 기여한다. (1) 그 땅의 정의를 지킨다. (2) 희생자에게 공의와 보상을 보장한다. (3) 도둑에게 범죄는 자신이 훔친 것만 배상하는 것이 아님을 가르친다. 도둑은 더 큰 손실을 감당해야만 할 것이다.

소나 양을 훔쳐 팔 경우, 소는 도둑에게 다섯 배로 되갚고 양은 네 배로 되갚도록 규정했다. 희생자에 대한 이러한 보호는 희생자들이 밤에 도둑을 죽일 수밖에 없는 상황을 참작하는 데까지 확대되었다. 하지만 집주인이 낮에 훔친 도둑을 죽일 경우, 그는 책임을 져야 할 것이다. 구체적으로 언급되지는 않았지만, 밤에 남의 집을 침입한 도둑보다 낮에 도둑질한 사람을 더 쉽게 붙잡을 수 있고, 집주인은 밤에 남의 집을 터는 도둑들은 사람을 해칠 악의적인 의도를 가졌는지 아닌지를 결정할 수 없었을 것이다. 어떤 경우든, 도둑은 두 배로 배상을 해야 했다. 사정이 허락되지 않는 사람은 일정 기간 종살이를 해서 그것을 배상해야 했다.

가축들에게 풀을 먹이다가 자신의 울타리를 넘어 다른 사람의 밭에서 풀을 뜯어 먹도록 허용했을 경우, 그 가축의 주인은 자신의 농작물이나 포도로 배상을 해야 한다. 고의적으로 그런 행위를 하지 않았다면 단순한 배상으로 충분했다. 마찬가지로, 다른 사람의 밭 경계에 있는 타기 쉬운 가시덤불로 불이 옮겨 붙는 것을 막지 못해 남의 농작물에 불을 붙게 하거나 부주의로 인한 유사한 사례들이 있다면 상대방이 입은 손해만큼 배상을 해주어야 했다.

22:7-15. 어떤 경우는 다른 경우들보다 더 복잡했다. 예를 들어, 누군가가 다른 사람의 귀중품을 안전하게 보관하고 있다가 그 물건을 도둑맞았을 경우, 당연히 그 도둑이 책임을 지고 율법에 따라 배상을 해야 한다(위를 참고하라). 하지만 도둑을 잡지 못하면 그 사건은 재판관에게로 넘어갔다. 재판관은 '물건 보관자' 가 그 범죄에 가담했는지의 여부를 결정했다. 두 사람이 한 물건을 두고 서로 소유권을 주장하는 사건이 생기면, 재판관이 공식적으로 재판을 해야 했다. 재판관이 그들 중 한 사람을 주인으로 확인하면, 나머지 사람은 물건을 훔친 경우처럼 두 배로 갚아야 했다. 이러한 법은 비방이 확산되지 않도록 하는 효과가 있었을 것이다.

이웃 사람에게 짐승을 맡겼는데 그가 돌보다가 짐승이 죽었을 경우, 그는 자신이 손을 대지 아니했다고 여호와로(하나님을 대신해 다스리는 재판관들) 맹세를 해야 한다.

그럴 경우, 주인은 이웃의 맹세를 인정하는 것으로 만족해야 한다. 하지만 짐승을 훔친 경우라면, 죄를 지은 그 이웃이 배상을 해주어야 한다. 그러나 그 짐승이 다른 짐승에게 찢겨 죽었을 경우, 그 이웃은 아무 책임도 지지 않을 것이다. 그러나 이 조항은 짐승을 빌렸는데 주인이 없는 상황에서 그 짐승이 죽었을 경우에는 적용되지 않았다(주인이 그 자리에 있었다면 그 짐승을 돌보아야 했기 때문이다). 누군가가 이웃에게서 짐승을 '빌렸을' 경우, 빌린 값을 주는 것만으로 그 요구는 충족될 것이다.

22:16-17. 어떤 남자가 다른 사람과 정혼하지 않은 처녀를 유혹했을 경우, 여자의 아버지가 그녀를 신부로 주기를 거부한다 해도 그는 신부의 몸값을 지불해야 했다. (남자가 정혼한 여자를 유혹한 경우에 대해서는 신명기 22:23-24를 참고하라.)

22:18-31. 마술을 행하는 자는 누구든지 목숨을 그 대가로 치러야 한다. 우리는 대다수의 이방 민족들과 달리 이스라엘에는 시민 생활과 종교 생활이 밀접하게 연관되어 있었음을 기억해야 한다. 하나님은 이스라엘 백성이 악령에게서 힘을 얻으려 하거나 미래에 대해 알려 하는 것을 방지하는 처벌을 규정하셨다. 그러한 공격에 동반하는 우상숭배와 악마적 행위는 종종 성적 일탈과 다른 추잡한 어둠의 행위들을 포함했다. 따라서 하나님은 수간(19절), 우상을 위한 희생 제사(20절), 하나님에 대한 신성 모독이나 통치자를 저주하고 욕하는 행위(28절)를 모두 불법으로 규정하셨다.

한 민족이 영적으로 타락하면 생활 면에서도 타락한다. 그러한 이유로 하나님은 외국인들이나 나그네를 학대로부터 보호하셨다. 또한 과부와 고아들(자기 힘으로 자신을 방어할 힘이 없는 사람들)을 강한 자들의 압제에서 보호하셨다. 그들을 압제한 것에 대한 형벌은 강경했다(24절). 가난한 이웃이 부유한 사람들에게 돈을 차용할 경우, 부자는 가난한 사람들을 존귀하게 대해야 했고 이자를 강요하면 안 되었다('차용'에 대해서는 '심층 연구'를 참고하라). 그들이 돈을 꾼 사람의 옷을 담보로 잡았다면 해가 지기 전에 그 옷을 돌려주어야 했다. 중동 사람들은 종종 자신의 겉옷을 담요처럼 덮고 잠을 잤다. 또한 가난한 사람들은 부자들이 거의 사용하지 않는 무기를 사용했다. 즉, 그들은 하나님께 자주 기도를 드렸다. 하나님은 자비한 분이시므로 그들을 위해 일하실 것이다.

때로 사람들은 다른 사람들에게 쉽게 발각되지 않는 죄를 지으려는 유혹을 받을 수 있다. 예를 들어, 많은 곡식을 가진 사람이 제대로 십일조를 드리는지 확인하기란 어려울 것이다. 그러나 하나님은 사람들이 그러한 문제를 순종하는 태도에 따라 땅에 복을 주시거나 저주하실 것이다. 물론 가장 놀라운 십일조는 정해진 금액을 내고 첫 아들을 구속함으로써 그들을 드리며(13:15를 참고하라) 어미로부터 이유기가 끝난 소나 양과 염소를 희생 제물로 바치는 것이다(레 22:27-28을 참고하라). 하나님이 이스라엘을 선택하신 것은 그들을 거룩한 백성으로 삼기 위해서였다. 이것은 심지어 그들의 식단에도 영향을 미쳤다. 이 주제는 오경의 다음 책인 레위기에서 더 자세히 전개될 것이다. 현재 그들에게 요구되는 것은 들짐승에 의해 찢겨진 짐승은 먹지 말라는 것이다.

D. 정의, 영적 준수의 성실성, 하나님의 보호(23:1-33)

Supporting Idea	이스라엘이 정의의 율법을 성실하게 지키고 의식에 관한 규례를 지킬 때 하나님이 보호하신다.

23:1-5. 모세는 이제 제 9계명을 자세히 다루며 비방을 금지한다. 비방은 거짓 소문을 퍼뜨리거나 거짓 증언을 위해 악한 사람에게 매수되어 '전문' 증인으로 증언하는 것을 포함할 것이다. 다수가 누군가에게 그러한 소문을 유포하거나 거짓 증언을 하도록 자극하거나 선동한다 해도 그것에 굴복해서는 안 된다. 다수가 항상 진리의 편에 서는 것은 아니며, 성경(특별히 오경)에서 하나님은 분명히 소수의 권리를 보호하신다. 자비로우신 하나님이 사람들에게 자비를 베푸시므로 이스라엘 백성도 다른 사람들에게 동일한 자비를 베풀어야 한다. 원수의 나귀나 소가 길을 잃고 헤매거나 무거운 짐 때문에 넘어지는 것을 본다면 가능한 모든 방법으로 도와주어야 한다. 여기서 우리는 신약의 초기 주제들(마 5:43-48)이 이미 작용하고 있는 것을 본다.

23:6-9. 하나님은 사회 정의와 관련해, 특별히 부자들이 가난한 자들과 스스로를 방어할 수 없는 약자들을 학대할 가능성이 있는 곳을 집중적으로 주시하실 것이다. 재판관들은 가난한 자보다 부자들을 옹호하지 않고 공정하게 재판을 진행해야 할 것이다. 그들은 거짓 고소에 가담하거나 폭민 통치에 동참하지 않아야 한다. 특별히 사람의 목숨이 달린 재판일 경우 더욱 그렇다. 종종 그런 사건을 맡은 재판관들 중 일부는 뇌물의 유혹을 받지만, 하나님은 그 땅과 그 판관들의 행동을 주시하시며 그러한 죄악을 결코 간과하지 않으실 것이다. 마지막으로, 하나님은 지배국인이 된 이스라엘에게 애굽에서의 비천한 지위를 잊지 말고 기억하며 그 땅의 이방인들이나 나그네들의 권리를 존중하

라고 명령하신다.

23:10-11. 하나님은 이스라엘에게 '젖과 꿀이 흐르는 땅'을 주셨지만 그 땅을 혹사시키는 것은 금하셨다. 혹사의 한 가지 예는 땅을 과도하게 사용하는 것이었다. 땅 자체뿐 아니라 짐승들과 일꾼들에게도 안식이 필요했다. 하나님은 7년째인 땅의 안식년이 깊은 영적 묵상(신 31:10-13)의 시간과 가난한 사람들이 휴경지에 떨어진 이삭을 얻을 수 있는 기회가 되기를 원하셨다.

23:12-13. 일반적인 안식일 준수는 6일 간의 노동을 전제한 것이다. 이 안식일은 일꾼들과 짐승들에게 모두 안식과 쉼을 허락할 것이다. 하나님은 자신이 제정하신 모든 것들을 지배 방식이나 의식에서도 꼼꼼하게 지키도록 요구하셨다. 하나님은 그 땅에서 그분이 축복을 베푸시고 함께하실 수 있는 조건을 제시하셨다. 그분은 그들의 하나님이셨고 그들은 그분의 백성이었다. 그러므로 그들이 다른 신들의 이름으로 기도하거나 그 신들을 인정하면 안 되었다.

23:14. 이스라엘 백성은 그들 가운데 함께하시는 하나님의 임재를 감사하며 그 은혜를 기리기 위해 1년에 세 번 규례대로 정해진 기간을 성별해야 했다. 그 절기들을 통해 그들은 한 분이신 유일한 하나님 아래에서 민족적인 일체감을 다지고, 집단적이고 개인적인 헌신을 강화하며, 한 민족으로서 하나님이 축복하실 길을 닦았다.

23:15-17. 세 번의 절기는 무교병의 절기, 맥추절, 추수를 마친 후 연말에 지키는 수장절이었다. 첫 번째 절기는 유월절과 함께 시작되어 7일 동안 계속되었다(레 23:4-8을 참고하라). 두 번째 절기인 '오순절' 혹은 초실절은 단 하루만 지켰고 유월절이 지난 후 50일째 되는 날이다. 밀 추수를 축하하는 절기였다(레 23:10-14). 마지막으로 수장절은 전체 추수를 축하하는 절기로 초막절이라고도 불렸다(레 23:33-36).

23:18-19. 절기의 기름은 아마 어린 양의 'best'나 유월절에서 정상적으로 먹던 부위(다른 희생 제물의 기름과는 다른, 출 34:25를 참고하라)를 가리킬 것이다. 기름은 다음 날 아침까지 남겨두면 안 되고 그날 밤에 다 먹어야 했다. 규정에 따라 피는 버려야 했고 무교병을 먹어야 했다. 19절에 언급된 마지막 규정은 염소 새끼를 그 어미의 젖으로 요리하는 것을 금했다. 어떤 사람들은 염소 새끼는 어미의 젖으로 삶아 요리하면 가장 맛있게 먹을 수 있다고 주장했다. 이러한 제한 규정은 인간적인 차원의 배려인가? 아니면 의식적인 규정에 불과한 것이었는가? 아마 전자가 그 답일 것이다.

23:20-26. 인간의 본능은 무엇이든지 선한 것을 망가뜨리는 경향이 있다. 현재 가나안 땅을 차지하고 있는 부족들을 정복하는 일은 하나님이 명하신 모든 일에 순종하는 것에 비하면 그다지 어려운 일이 아님을 알게 될 것이다. 그러나 하나님이 명하신 일에 순종하는 일은 이스라엘 백성이 그 땅에서 성공하고 장수할 수 있는 열쇠였다. 하나님은 사자를 보내셔서 그 백성들을 직접 보호하실 것이다. 여기서 하나님의 사자는 그들을 앞서 갈 하나님의 천사를 가리키는 표현일 것이다. 사자는 그들에게 하나님의 뜻을 알리고 그들은 사자가 말한 모든 것을 순종해야 할 것이다. 사자는 그들의 원수들을 내쫓고 그들을 가나안 땅으로 안전하게 인도함으로 그들의 순종에 보상할 것이다. 하지만 이스라엘 백성이 그 땅 민족들의 행위를 배우고 그들의 신들에게 예배한다면, 그들은 곧 보호를 박탈당하고 온갖 형태의 질병과 다른 저주에 굴복하게 될 것이다.

그들은 그 주상을 타파하고 가나안 토착 종교의 모든 흔적을 지워버려야 할 것이다. 고대 이스라엘에서 다원주의와 관용은 권장되는 덕목이 아니었다.

23:27-33. 하나님은 이스라엘 백성을 격려하시기 위해 그 땅에서 그들의 원수들을 어떻게 대하실지 구체적으로 말씀하신다. 그분은 그들 속에 두려움을 불어넣고 왕벌처럼 뒤쫓으실 것이다. 하지만 야생의 육식 동물들이 번성할 수 있는 위험성 때문에 그 일을 점진적으로 이루실 것이다. 이스라엘 백성이 그 땅에서 온전하고 완전한 안식을 얻을 때까지 원수들을 완전히 몰아내실 것이다. 그러나 그들은 하나님께 순종해야 한다. 이스라엘의 구체적인 국경은 홍해에서(남동쪽으로) 블레셋 바다(서쪽으로 지중해)까지, 북쪽으로는 유프라테스 강에 이르는 모든 지역(왕상 4:21을 참고하라)이 될 것이다. 이 국경을 무너뜨리는 유일한 위협은 내부에서 올 것이다. 그 땅에서 우상 숭배를 몰아냄으로써 그들의 하나님을 섬기는 데 인색한 이스라엘의 모습이 바로 그 위협이다.

E. 언약의 체결(24:1-18)

Supporting Idea	하나님과 인간 사이의 언약은 신뢰와 영적 교제에 기초한다.

24:1-2. 하나님은 언약을 공식적으로 확정하기 위해 산에서 그분께 나아올 핵심 지도자들을 선택하셨다. 모세, 아론, 나답, 아비후, 이스라엘의 장로 70인이 산으로 올라

와야 했다. 하지만 오직 모세만이 하나님께 가까이 나아갈 수 있었다.

24:3-6. 이스라엘 백성은 언약의 말씀을 들었을 뿐 아니라 그 말씀대로 기꺼이 순종하겠다고 말했다. 그 다음 날 모세는 이른 아침에 일어나 산 아래 단을 쌓고 이스라엘 열두 지파대로 열두 기둥(일종의 지계석)을 세웠다. 그리고 젊은이들을 모아 하나님께 번제와 화목제를 드리게 했다. 이 사건이 제사장 제도가 공식적으로 제정되기 이전에 일어났기 때문에 젊은이들은 레위인의 기능을 행하도록 허락되었다. 젊은이들이 뽑힌 것은 아마 그들의 체력 때문이었을 것이다. 이어서 모세는 제물의 피를 취해 제단에 뿌리고 약간의 피를 그릇에 담았다. 이런 의미에서 모세는 언약의 중재자였다.

24:7-8. 백성들은 언약의 말씀을 지키겠다는 자신들의 헌신을 재확인했다. 그러자 모세는 그들에게 피를 뿌림으로써 하나님을 위해 그들을 성별했다. 이렇게 하지 않으면 그들은 하나님 보시기에 정결할 수 없었다(히 9:22). 이것을 '은혜가 없는' 것이라고 잘못 판단하는 이들도 있지만 이 언약은 은혜의 모든 특징을 기록하고 있다. 모세는 그 피를 하나님이 그들과 맺으신 언약의 피라고 확인함으로써 그 언약을 엄격히 규정하고 있다.

24:9-12. 모세, 아론, 나답, 아비후, 이스라엘의 장로 70인은 산에 올라가 이스라엘의 하나님을 뵈었다('하나님의 속성'에 대해서는 '심층 연구'를 참고하라). 그들이 무엇을 보았는지 정확히 알 수 없지만 그들은 일종의 발을 보았다. 그 발 아래는 청옥을 편듯하고 하늘같이 청명하였다. 그들은 하나님을 보았지만 죽지 않았다. 하나님이 이 사건에 대해 그들을 거룩하게 하셨기 때문이다. 유대인들은 하나님을 보면 반드시 죽는다고 생각했다. 그래서 심지어 그분의 이름을 발음하는 것조차 못하게 했다. 하나님은 모세에게 산으로 더 높이 올라와서 율법을 돌판에 담아 공식적으로 줄 수 있도록 머무르라고 명령하셨다.

24:13-18. 모세는 그의 조력자이자 그를 계승할 여호수아와 함께 하나님을 만나려고 산으로 올라갔다. 그들의 부재시에 아론과 그의 조력자 훌이 회중을 감독할 것이다. 그들이 산에 올라가자마자 구름이 6일 동안 산을 덮었다. 여호수아가 계속 모세와 동행했는지 우리는 알 수 없다. 32장 17절에서 우리는 그가 모세와 함께 산에 있었지만 아마 하나님이 임재하신 곳에는 가지 않았을 것이라는 사실을 알 수 있다(24:2를 참고하라). 산 아래 진 중에 있는 사람들이 보기에 그 광경은 산에 불이 타고 있는 것처럼 보였다. 모세는 구름 속으로 들어가 40일 밤낮을 머물렀다.

Main Idea 복습	하나님은 자녀들에게 새로운 공동체에서 의롭게 살 것을 요구하신다.

결론

시간은 변하지 않는다

북애리조나 대학의 호텔 레스토랑 경영학과 회보 〈Hospitality Trends〉에 실린 기사는 오늘날 미국의 윤리에 대해 몇 가지 충격적인 사실들을 알려준다. 다양한 배경과 연령대의 미국인 5천 명을 대상으로 한 최근의 연구 결과는 충격적이었다.

- 응답자 중 93퍼센트가 선과 악에 대한 자신들의 판단이 오직 개인적인 신념에만 근거하고 있다고 대답했다. 그들은 법이나 공권력의 위협, 종교 혹은 가족적 가치에 대해 아무 영향력을 느끼지 않는다.
- 응답자의 74퍼센트가 잡힐 위험이 없는 사람의 물건을 훔치겠다고 대답했다.
- 대학생들의 50퍼센트 가량이 시험을 볼 때 부정 행위를 한다.
- 모든 이력서의 24퍼센트 이상이 거짓 정보를 담고 있다.
- 이 연구를 통해 장학금 지원 양식에 거짓 정보를 담을 용의가 있다는 수치가 증가하고 있음을 발견했다.
- 실제적인 손해를 초래하지 않을 경우 자신에게 이익이 된다면 거짓말을 하겠다고 응답한 이는 64퍼센트였다.

밥 딜런(Bob Dylan)이 오래 전에 묘사했음에도 불구하고, 시간은 많은 것을 바꾸어 놓지 못했다. 우리가 우리 삶에 대한 하나님의 뜻을 따라 살려고 희망한다면 우리는 하나님의 도덕법과 시민법이 필요한 타락하고 죄악된 사람일 뿐이다.

▣ 진리 알기

- 하나님은 모든 사람을 위한 뜻과 계획을 갖고 계신다.
- 성경은 인생의 전 영역과 모든 문화 영역에 적용되는 보편적인 책이다.
- 하나님은 자기 백성들이 손을 내밀어 가난한 이웃의 필요를 돌봐주기를 바라신다.

▣ 적용하기

- 율법의 이 부분을 읽을 때 하나님이 당신에게 고백하도록 일깨워주신 죄는 없는가?
- 당신이 배상해주어야 할 사람들은 없는가?
- 하나님이 당신을 한 개인과 집단으로서 얼마나 소중히 여기시며 당신의 최선을 바라시는지에 대해 시간을 내어 생각해보라.

삶의 적용

격려의 힘

심리학자들이 고통을 견디는 인간의 능력을 확인하는 실험을 했다. 그들은 차가운 얼음물에 맨발로 얼마나 오랫동안 서 있을 수 있는지 알아보았다. 그러다가 다른 사람들에 비해 두 배 이상 오래 얼음물을 견디게 하는 한 가지 요인을 발견했다. 그것은 격려였다. 다른 사람의 격려와 지지를 받는 사람은 격려를 받지 못한 사람들에 비해 두 배 정도 고통을 견딜 수 있었다.

이 단원에서 하나님이 우리에게 일깨워주시는 것도 그렇지 않은가? 하나님께 순종하고 사람들을 사랑함으로 영향력을 발휘하는 사람이 되라. 주위 사람들에게 관심을 갖고 당신의 선택이 그들의 삶에 어떤 영향을 미치는지 항상 기억하라. 하나님의 손길이 절대적으로 필요한 불행한 사람들의 필요에 반응하라.

기도

주님은 우주를 돌보실 뿐 아니라 한 개인도 돌보는 분이십니다. 저도 그러한 사람이 되기 원합니다. 제가 다른 사람들의 삶에 나타난 주님의 인도하심에 민감하도록 도와주소서. 제가 누군가에게 피해를 입힌 것이 있다면 배상할 수 있도록 떠올려주소서. 어려움에 처한 사람들에게 반응하도록 제게 힘을 주소서. 다른 사람들의 삶에서 저를 주님의 자비의 천사로 사용해주소서. 아멘.

심층 연구

A. 히브리 노예 제도

노예 제도는 근동 지역에서 흔한 관습이었다. 사람들은 전쟁이 일어나거나(민 31:9), 돈을 주고 사거나(창 37:28), 종인 부모에게서 태어나거나(창 17:12), 빚을 갚거나(출 22:3), 혹은 가난 때문에(레 25:39) 종이 될 수 있었다. 물론 상황에 따라 노예의 몸값은 달라졌을 것이다. 하지만 히브리 노예(이렇게 부를 수 있다면 어떤 이들은 '노예 신분'이라고 부르길 선호한다)는 완전히 달랐다. 히브리 노예는 6년 간의 노역 기간이 끝나면 자유의 몸이 될 수 있었고 주인은 그를 학대할 수 없었다. 비이스라엘 노예들은 채찍질을 해도 되지만 절대 죽일 수는 없었다(출 21:20-27). 히브리 노예 제도에 대해 우리가 현재 갖고 있는 단편적인 지식들은 히브리 노예 제도가 이방의 관습들보다 더 인간적이었음을 보여준다. 고대 세계의 대부분의 나라에서 노예들은 야만적인 취급을 받았으며 인간 이하의 존재로 간주되었다. 고대와 현대의 노예 시장이 박애주의 원칙을 전혀 따르지 않음은 말할 필요가 없다. 노예 시장의 동기는 이윤이었다. 신약의 빌레몬서에서 우리는 하나님의 마음을 엿볼 수 있다. 하나님은 모든 남자와 여자를 동등한 존재로 바라보시며 모든 사람을 존중할 것을 요구하신다. 기독교가 올바르고 자비롭게 적용되었을 때, 역사상 수많은 노예 폐지 운동이 성공적으로 완수되었다.

B. 하나님의 속성

하나님은 영이시다(요 4:24). 실제로 "너무나 순결한 영이시며 눈에 보이지 않고 육체나 몸이나 정욕이 없는 분이시다"(웨스터민스터 신앙 고백). 그렇다면, 모세와 그의 동료들이 산에서 하나님을 만났을 때 무엇을 보았는가? 케일(Keil)의 설명을 들어보자. "동시에 우리는 그것을 인간의 눈으로 신적 속성을 식별할 수 있게 하는 일종의 현현의 형태로 나타나신 하나님에 대한 환상으로 간주해야 한다. 하나님이 자신을 현현하신 형태에 대해서는 아무것도 말하지 않는다" (159). 그 형태가 언급되지 않은 것은 아마 백성들이 하나님의 형상을 만들려고 시도하지 않게 하시기 위한 것으로 보인다.

C. 차용

히브리 민족 초기에 대부 행위는 자본을 확보하거나 사업에 투자하기 위해서가 아니라 오직 생활 필수품을 얻기 위해 이루어졌다. 이스라엘 백성은 어려움에 처한 형제들을 긍휼히 여기라는 명령을 받았다(신 15:7-11). 동족 히브리인에게 돈을 빌려준 사람은 이자를 부과할 수 없었다(출 22:25). 하지만 이방인들에게는 이자를 부과할 수 있었다(신 23:20). 돈을 빌려주는 사람은 차용인에게 담보를 요구할 수 있었지만 그것을 확보하기 위해 그 집으로 들어갈 수는 없었다. 차입금에 대한 담보가 옷이라면 돈을 빌려준 사람은 해가 지기 전에 그것을 돌려주어야 했다(출 22:26-27). 그리고 음식을 만드는 데 필요한 물건(신 24:6)이나 과부의 옷(신 24:17)은 담보로 가져갈 수 없었다. 매 7년 끝에 모든 빚은 면제를 받았다(신 15:1-11).

교안

A. 들어가는 글

1. '땅의 법' 이야기로 시작하라.
2. 배경 설명: 하나님은 공의로우시다. 그래서 그분은 자기 백성들에게 의롭게 살라고 요구하신다. 십계명 중 마지막 여섯 계명은 정의에 관한 광범위한 원리들을 담고 있다. 이 장들은 구체적인 상황에서 십계명이 어떻게 적용되어야 하는지를 상세하게 기록하고 있다.
3. 적용: 인간은 하나님을 떠나려고 하는 경향이 있다. 예배를 드리고 찬양하는 시간은 하나님을 기억하고 하나님이 우리를 위해 무엇을 하셨고 또한 우리가 날마다

어떻게 살기 원하시는지를 기억하도록 제정되었다.

B. 본문 이해

1. 유대인 종에 관한 규례(21:1-11)
2. 개인적 상해에 관한 규례(21:12-36)
3. 재산권과 사회적 관계(22:1-31)
4. 정의, 영적 준수의 성실성, 하나님의 보호(23:1-33)
5. 언약의 체결(24:1-18)

C. 결론: '격려의 힘' 을 읽어주라.

토의 질문

1. 히브리인들이 애굽인들을 섬기는 것과 관련된 이전의 법과 서로를 섬기는 것에 대한 법을 비교할 수 있는 통찰력이 있었다면 어떤 깨달음을 얻었겠는가?

2. 이 장들에서 가치의 위계가 있음을 알 수 있는가? 이 장들은 어떤 식으로 십계명을 전개시키고 있는가?

3. 출애굽기 22장에서 이스라엘 백성들이 소유한 재산의 목록을 살펴보라. 이 백성들이 누린 생활 방식을 설명해보라. 그들의 생활 방식을 당신의 생활 방식과 비교해보라.

4. 23장에 세 개의 절기가 간략히 소개되어 있다. 이 절기들은 기독교 신앙에서 누려야 할 축하에 대해 우리에게 무엇을 시사하고 있는가?

출애굽기 25-28장

하나님의 집을 위한 청사진

"주님은 인간이 계획하고 세운 이 성전들에 거하지 않으시고 사람들의 마음속에 거하고 계심을 내가 분명히 알도록 보여주셨다. … 그분의 백성들이 그분의 성전이며 그분은 그들 안에 거하신다."

- 조지 폭스(George Fox)

우리는 이제 성막으로 알려진 일시적인 예배 중심지의 청사진과 설계도를 보여주는 장들을 읽게 될 것이다. 하나님은 성막에 대해 지시하시면서 지성소와 언약궤에 대해 먼저 말씀하시고 이어서 바깥 뜰에 대한 식양을 말씀하신다. 피흘림이 없이는 죄 사함이 없다(히 9:22). 그러므로 수많은 상징적인 기구들이 갖추어질 이 구조물은 미래의 구원과 구원자에 대한 그림을 제공한다.

들어가는 글

하나님의 마음

「믿음, 희망, 그리고 환희(Faith, Hope, and Hilarity)」라는 자신의 저서에서 딕 반 다이크(Dick Van Dyke)는 어느 주일학교 선생님의 이야기를 들려준다. 선생님은 학생들에게 그들이 다니는 교회에 대해 어떻게 생각하는지 말해보라고 했다. 학생들은 언제나 그렇듯이 일반적인 반응을 보였다. 어떤 아이들은 시덥잖은 내용으로 반 아이들을 웃겼고, 어떤 아이들은 진지하게 그 질문에 답하려고 했다. 그 아이들 가운데 한 소녀는 주일학교에 참석한 지 얼마 안 되었고 토론에 끼어드는 것이 불편하게 생각되어 한 번도 손을 들거나 자발적으로 말을 하지 않았다. 그러나 그 주일에 소녀는 주일학교 선생님이 꼭 들어야 할 대답을 했다. 그것은 참으로 잊기 어려운 말이었다. 소녀는 이렇게 대답했다. "교회에 가는 것은 하나님의 마음속으로 걸어 들어가는 것과 같아요."

우리는 성막에 대한 공부를 시작함으로써 하나님의 마음속으로 걸어 들어가게 될 것이다. 출애굽기 25-31장에서 우리는 하나님이 시내산에서 모세에게 보여주실 성막에 대한 청사진을 살펴보게 될 것이다. 이어서 출애굽기 35-40장에서 이 놀라운 걸작품이 실제 구조물로 만들어지는 것을 지켜볼 것이다. 출애굽기 32-34장의 삽입구적인 단원에 대해서는 약간 뒤에서 더 살펴볼 것이다. 성막은 하나님이 자기 백성들과 만나기 위한 실제 구조물이었을 뿐 아니라, 제사장이 백성들의 죄를 위해 희생 제사를 드림으로써 하나님과 온전한 교제를 나누는 장소였다.

출애굽기 1-15장에서 우리는 하나님이 모세와 이스라엘 백성을 애굽의 속박에서 인도해내신 것을 보았다. 출애굽기 16-24장에서 우리는 광야와 그들이 꿈으로만 그리던 땅의 경계까지 오합지졸의 방랑자 무리를 인도하시는 하나님의 주권성을 보았다. 이제 우리는 하나님이 자신의 거룩한 성소로 삼으시고 인간에게 말씀하실 성막에 대해 배우게 될 것이다. 성막에 대한 연구는 성경을 배우려는 사람들의 성숙에 필수적이다. 성경의 50장이 성막에 대한 논의에 할애되어 있기 때문이다.

본문 이해

하나님의 집을 위한 청사진

Main Idea	하나님은 올바른 예배 장소와 예배 행위에 대해 자세한 규정을 제공하신다.

A. 첫 예물과 성막의 기구(25:1-40)

Supporting Idea	예배의 마음은 자원하여 드리는 자, 희생 제사를 위한 예물, 하나님에 대한 영광으로 이어지는 정해진 예배 순서와 함께 시작한다.

25:1-2. 예배가 항상 먼저이다. 하나님은 올바른 예배에 대해 가르치는 일을 이스라엘이 가나안에 정착할 때까지 기다리지 않으셨다. 예배를 특별한 우선순위로 생각하셨고 처음부터 그것에 대한 계획을 세우셨다. 이것은 이스라엘 백성에게 하나님을 삶의 최우선순위로 삼아야 한다는 사실을 가르쳤다. 그리고 어떤 불편함도 그들이 하나님을 예배하는 것을 막을 수 없음을 가르쳤다. 그들이 애굽인들에게서 각종 좋은 것을 '약탈한' 목적은 개인이나 국가적 풍요를 위한 것이 아니라 살아 계신 하나님을 위한 예배를 준비하기 위해서였다. 그래서 하나님은 모세에게 백성들이 자발적인 예물을 드리게 하라고 지시하셨다. 성경에서 하나님은 자원하는 예배자들로부터 예물을 얻기 원하신다. 이것은 모순적인 듯 보이지만 사실이다(고후 8-9장을 참고하라).

25:3-7. 그들은 가지고 있는 보석 중에 금과 은과 놋을 바쳐야 할 것이다. 장인들은 그 물건들을 이용해 나무판에 씌우고 접시를 만들며 성막을 위한 다른 유사한 물품들을 만들 것이다. 다음으로 그들은 청색, 자색, 홍색의 천을 바쳐야 할 것이다(아마 애굽의 천연 재료를 일부 이용한 것들로 애굽에서 가져온 남색, 조개로 만든 자주색). 그 외 다른 물품으로는 염소털, 수양의 가죽, 해달의 가죽이다. 이것들은 모두 천과 여러 덮개를 만드는 데 사용할 것이다. 그들은 성막 기구를 위해 나무를 준비하고 등잔에 필요한 올리브 기름, 향이 나는 기름과 향을 위해 향료(몰약, 육계, 계피, 30:23-25를 참고하라)를

준비해야 할 것이다. 보석들은 에봇과 흉패에 사용될 것이다.

25:8-9. 이 재료들을 사용해 그들은 하나님이 거하실 성소를 만들 것이다. 하나님이 보여주신 모양대로 모든 것을 만든다면 하나님이 거하기를 기뻐하실 것이다. 하나님은 그들에게 알려주신 정확한 식양에서 조금이라도 벗어나는 것을 허용하지 않으셨다.

25:10-16. 성막 기구의 가장 중요한 특징은 언약궤일 것이다('언약궤' 에 대해서는 '심층 연구' 를 참고하라). 이스라엘 백성은 시내 광야 지역에서 많이 자라는 싯딤 나무 조각목으로 언약궤를 만들어야 할 것이다. 이 나무는 매우 단단하고 결이 촘촘했다(Gehman, 874). 언약궤의 길이는 2규빗 반(1규빗은 약 46센티미터)이며 넓이는 1규빗 반이 될 것이다. 높이는 1규빗 반이 될 것이다. 언약궤는 안팎으로 금을 입히고 금테를 두를 것이다. 언약궤를 옮길 때는 채를 사용할 것이다. 그 채는 금을 입힌 나무로 만들고 또한 순금으로 만든 고리에 끼어 이동하기 쉽게 할 것이다.

25:17-22. 다음으로 그들은 정금으로 속죄소를 만들고 양 끝에 두 개의 그룹('그룹' 에 대해서는 '심층 연구' 를 참고하라)을 놓아야 했다. 이것은 자비소('가리다' 라는 의미를 지닌 히브리 어근 kaphar에서 나온 말)로 일종의 언약궤 뚜껑이었다. 그룹은 날개를 위로 마주하게 만들고 그들의 얼굴은 서로 마주하지만, 고개를 숙인 모양으로 만들어야 할 것이다. 언약궤 안에는 증거판(틀림없이 십계명)이 들어갈 것이다. 하나님은 거기서 내가 너와 만나고 내가 이스라엘 자손을 위하여 네게 명할 모든 일을 네게 이르리라고 말씀하셨다.

25:23-30. 종종 '진설병' 이라고도 하는 임재의 떡을 놓는 상 역시 금으로 입힌 조각목으로 만들 것이다. 그 길이는 2규빗, 넓이는 1규빗, 높이는 1규빗 반이 될 것이다. 금테 혹은 금장식으로 둘레를 두르고 채를 끼우기 위해 상의 네 모퉁이에 고리를 달아야 할 것이다. 채 역시 조각목으로 만들어 금을 입히고 그 채를 이용해 상을 이동할 것이다. 상에서 사용될 도구들은 접시와 대접과 병과 잔이며 모두 불순물이 섞이지 않은 순금으로 만들어야 했다. 이 상 위에 임재의 떡을 놓았다('임재의 떡' 에 대해서는 '심층 연구' 를 참고하라). 이 상 위에는 항상 진설병이 있어야 했다.

25:31-40. 등잔대 혹은 '등대' 는 제사장들이 여러 직무를 이행하도록 빛을 밝혔을 것이다. 등대는 매우 섬세하고 아름다운 정교한 구조물이었다. 장인들은 그룹을 만들 때처럼(18절) 이것도 손으로 모양을 빚었을 것이다. 그리고 금으로 밑판과 줄기를 만들

고 등잔대 옆으로 여섯 개의 가지가 나오게 만들되 한쪽으로 세 개, 다른 한쪽으로 세 개씩 나오게 만들어야 했다. 각 가지에는 살구꽃 모양의 장식용 잔을 세 개 만들어야 할 것이다. 등대에는 등잔 일곱이 있어야 했다. 등잔대는 정확히 금 한 달란트의 무게가 나갔을 것이다(달란트는 보석의 가치를 결정하는 데 사용된 약 34킬로그램의 지정된 무게). 성막의 경우처럼 그들은 하나님이 모세에게 계시하신 식양대로 모든 것을 만들어야 했다.

B. 성막(26:1-37)

Supporting Idea	하나님은 성막의 독특한 디자인에 대해 계시하신다.

26:1-6. 하나님은 다음으로 모세에게 앞으로의 여행 기간 동안 그분의 거룩한 임재를 모실 정교한 구조물을 보여주신다. 성막은 미래의 더 영구적인 구조물의 초기 형태가 될 것이다. 서로 고정시켜 하나의 커다란 휘장으로 사용될 앙장 열 폭은 꼰 베실과 청색, 자색, 홍색실로 만들어야 할 것이다. 꼰 베실은 애굽에서 했던 대로 여러 개의 정교한 실 가닥들을 하나로 꼬아 만들었다. 그러면 장인이 그룹의 모양을 수놓아야 할 것이다. 매 폭은 길이 28규빗, 넓이 4규빗이 될 것이며 다섯 폭씩 서로 연결하게 될 것이다. 휘장들은 청색 재료로 만든 50개의 '고리'를 통해 하나로 고정되고 금으로 만든 갈고리로 각기 고정되었다.

26:7-14. 하나님은 모세에게 염소털로 그 성막을 덮을 장막을 만들라고 지시하셨다. 이 장막은 비바람에서 보호하기 위해 성막 바깥을 덮는 가리개 역할을 할 것이다. 그는 이 앙장을 열한 개를 만들되 각기 길이 30규빗, 넓이 4규빗이 되게 할 것이다. 이 앙장들은 각기 다섯 폭을 하나로 연결하고 또 여섯 폭을 하나로 연결한 두 단위로 나눌 것이다(아마 더 쉽게 이동하기 위해서일 것이다). 여섯 번째 폭은 반으로 접어 성막 앞에 늘어뜨릴 것이다. 이 앙장들 역시 50개의 고리와 갈고리를 이용해 하나로 고정해야 할 것이다. 그리고 나머지 반 폭은 성막 뒤로 늘어뜨려야 할 것이다. 모세는 성막의 지붕을 보호하기 위해 마지막 덮개를 만들어야 했다. 덮개의 크기에 대해서는 아무 언급이 없지만 성막을 덮을 정도로 길었을 것이다. 덮개는 수양의 가죽과 해달의 가죽으로 만들어

야 했다.

26:15-25. 다음으로 하나님은 성막의 구조물에 사용될 널빤지에 대해 지시하셨다. 그 널빤지들 혹은 널판은 길이 10규빗, 넓이 1규빗 반으로 각 널판은 서로 평행하는 말뚝을 만들어 넣어야 했다. 유능한 장인은 남쪽으로 스무 개의 널판을 만들고 북쪽으로 스무 개의 널판을 만들 것이다. 널판 아래에는 은으로 만든 두 개의 구멍 혹은 받침이 달릴 것이다. 그 받침은 각기 말뚝을 받치게 될 것이다. 성막의 뒤(서쪽)에는 널판을 열여덟 개만 놓을 것이고 받침은 열여섯 개(각 널판당 두 개의 받침)가 될 것이다.

26:26-29. 빗장은 성막에 안정감을 부여하고 특별히 성막을 이동할 때 널판이 빠지지 않게 해주었다. 그들은 뒷면을 비롯해 회막의 각 면에 다섯 개의 빗장을 만들어야 했다. 빗장은 이들을 고정시킬 고리로 연결되어 있었다. 가운데 빗장은 한쪽면 끝까지 이르고 두 널판은 한쪽면의 절반 크기로 되어 있으며 빗장 아래 위에 있었다. 가운데 빗장만으로도 한쪽면 전체에 이른다는 것으로 보아 후자의 크기를 가늠할 수 있다. 널판과 빗장은 금으로 입혀야 했다.

26:30. 하나님은 모세에게 알려준 이 원안을 절대 변경하지 말라고 당부하셨다. 하나님은 각 기구의 부품들뿐 아니라 수치들도 산에서 보인 식양대로 정확히 만들어지고 배열되기를 원하셨다. 하나님은 이스라엘 백성의 생명선이었다. 그리고 올바른 예배를 이스라엘 민족의 가장 일차적이고 지속적인 우선순위로 제정하셨다. 이스라엘이 예배에 대한 하나님의 구체적인 규례를 버릴 경우 축복을 박탈당할 것이다.

26:31-37. 하나님은 다음으로 지성소를 덮을 장을 만드는 법을 설명하셨다. 이 장은 청색, 자색, 홍색실과 가늘게 꼰 베실(위를 참고하라)로 만들 것이며 그 위에 그룹 모양을 수놓을 것이다. 이 장은 네 개의 기둥에 부착된 네 개의 걸쇠와 갈고리로 매달아 늘어뜨릴 것이다. 기둥은 금으로 입혀 은받침대 위에 세웠다. 장이 성소와 지성소를 구별해줄 것이다. 장 안(즉 지성소 안)에는 이제 자비소(속죄소)로 닫은 증거궤가 배치될 것이다. 장 밖에는 북쪽 벽을 맞대고 상(진설병 혹은 임재의 떡을 놓는 상)이 놓일 것이다. 등대는 상 근처의 남쪽 편에 놓일 것이다. 마지막 장은 회막 입구를 가리는 데 쓰일 것이다. 금으로 입힌 조각목으로 만든 다섯 개의 기둥이 다섯 개의 청동 받침 위에 세워지게 될 것이다.

C. 제단, 뜰, 거룩한 기름(27:1-21)

Supporting Idea	하나님은 성막을 완성하고 예배를 준비하기 위해 자세한 지침을 주신다.

27:1. 하나님이 모세에게 만들라고 지시하신 다음 기구는 번제단이었다. 번제단은 순수한 조각목으로 만들어질 것이며, 높이 3규빗, 넓이 5규빗, 길이는 5규빗에 이를 것이다. 이 제단은 성막 문 바로 앞의 바깥 뜰에 설치할 것이다.

27:2-8. 정사각형 제단은 속이 움푹 꺼지고 황소 뿔처럼 생겼을 것으로 보이는 뿔이라고 하는 네 개의 돌출부가 있었다. 뿔은 탈부착이 가능한 상태로 제단에 끼운 것이 아니라 제단 구조물로 포함되도록 만들어야 했다. 장인들은 제단을 놋으로 씌워야 했다(그래서 때로 제단은 놋 제단이라고 불리기도 했다). 제단은 원목으로 만든 채를 끼울 수 있는 고리를 갖추어야 했는데 이동할 수 있게 하기 위함이었다. 사용하기 편리하도록 장인들은 재를 담아 버리는 데 사용하는 통과 부삽, 피를 뿌리는 데 사용하는 대야와 고기 갈고리, 불 옮기는 그릇을 포함해 여러 가지 도구를 만들어야 할 것이다. 다른 모든 것들과 마찬가지로 제단은 산에서 모세에게 계시된 양식대로 만들어야 했다.

27:9-11. 이어서 하나님은 모세에게 장인들을 시켜 성막 주위의 경계가 될 뜰을 만들라고 명령하셨다. 뜰은 100규빗의 긴 면들과 50규빗의 짧은 면으로 된 직사각형 모양으로 만들어질 것이다. 뜰의 재료는 세마포이며 이 휘장은 양쪽으로 놋 받침에 세운 스무 개의 기둥이 받치게 될 것이다. 기둥은 은으로 된 갈고리와 가름대를 달아 하나로 연결되게 했다.

27:12-15. 성막의 서쪽 끝과 동쪽 끝은 둘 다 길이 50규빗이 될 것이며, 또한 받침(열 개)과 포장이 있는 기둥(열 개)이 있을 것이다. 입구는 두 개의 포장을 치고 각기 길이 15규빗이 되게 하며, 각기 세 개의 기둥과 밑받침으로 포장을 늘어뜨리게 했다.

27:16-19. 뜰 입구의 장은 길이 20규빗이 될 것이며 네 개의 받침에 세운 네 기둥 위에 늘어뜨렸다. 장은 청색, 자색, 홍색실로 만들어질 것이다. 이 디자인대로 만들기 위해 장인(혹은 수놓는 사람)이 동원될 것이다. 뜰을 지탱하는 기둥은 은으로 만든 가름대(구조물을 연결시키기 위해)가 있을 것이다. 은 갈고리를 단 기둥은 놋 받침대 위에 세울 것이다. 성막과 그 외 다른 기구들을 설치하고 내리는 데 사용된 도구들은 놋으로

만들어야 했다.

뜰은 인간이 하나님께 나아오는 것을 제한시키는 죄의 영향력을 보여주고 있다. 뜰의 가장 첫 기구는 희생 제단으로 보통 이스라엘 백성은 그 이상 들어갈 수 없었다. 이스라엘 백성은 오직 하나님이 정하신 중재자들을 통해서만 하나님께 나아갈 수 있었다. 그들은 하나님이 직접 규정해주신 예배 의식을 집전했다. 희생 제사와 의식의 체제는 이스라엘 민족의 내면에 죄 문제에 대해 더 영구적인 해결책에 대한 갈망을 일깨워주어야 했다.

27:20-21. 하나님은 이제 성막의 실제적인 기능에 앞서 이스라엘 백성을 준비시키기 시작하신다. 그분은 모세에게 이스라엘 백성에게 명하여 성막 안을 밝힐 수 있도록 감람으로 찧어낸 순결한 기름을 가져오게 하라고 지시하신다. 그 기름은 인간이 만든 압착기로 짠 올리브 기름이 아니라 찧어서 만든 기름이어야 했다(바구니에 짓이기고 눌러 걸러낸 기름).

아론과 그의 아들들이 성막 안의 등불을 준비한다. 하지만 등불을 놓는 곳은 지성소 밖이었다. 등불은 밤새도록 빛을 밝혀줄 것이다. 불이 '켜진' 성막은 미래 세대들을 위한 이스라엘 자손의 대대로 영원한 규례였다.

D. 제사장의 복장(28:1-43)

Supporting Idea	제사장은 거룩하고 아름다운 옷으로 차려입을 것이다.

28:1-5. 이 단락은 제사장으로 섬길 사람들(아론과 그의 직계 후손들)이 입을 특별한 복식을 소개하고 있다. 하나님은 모세에게 아론과 그의 네 아들, 나답과 아비후와 엘르아살과 이다말을 불러 제사장 직무를 위해 그들을 준비시키는 절차를 시작하라고 지시하셨다. 성막에 필요한 것들을 거의 만들었던 직공들은 이제 제사장들이 입을 특별한 의복을 만들게 될 것이다. 그들은 하나님이 이 일을 맡기기 위해 뽑으신 장인들이었다. 하나님은 그들에게 하나님이 지시하신 대로 이 품목들을 만들 수 있는 특별한 기술을 주셨다.

제사장의 의복은 흉패, 에봇, 겉옷, 반포 속옷, 관, 띠를 포함했다. 나아가 하나님은 이

의복들을 금실, 청색실, 자색실, 홍색실 그리고 앞 장에서 언급된 가늘게 꼰 베실로 만들라고 지시하셨다.

28:6-8. 에봇은 아마 엉덩이 바로 아래까지 내려오는 소매 없는 조끼로 몸에 꼭 맞게 만들어졌을 것이다. 에봇을 만드는 재료는 아주 비싼 것으로(위를 참고하라) 그 직책의 고귀함을 알려주었다. 에봇에는 버클로 고정된 두 개의 견대(어깨 멜빵)가 있었다. 또한 매는 띠 혹은 허리 띠가 있었다. 이 띠 역시 금실, 청색실, 자색실, 홍색실과 가늘게 꼰 베실로 만들었다.

28:9-14. 모세는 호마노 두 개를 취해 그 위에 이스라엘 백성의 지파 이름을 새겨야 했다(출생 순서대로). 이어서 그 보석들을 에봇의 견대에 매달았다. 이런 의미에서 아론은 여호와 앞에서 그들의 이름을 그 두 어깨에 메어서 지파들을 대표한다는 증거로 삼을 것이다. 유능한 장인들은 다음으로 금으로 된 세공줄(장식물, 일종의 단추나 끼우는 구멍)을 만들어 에봇에 고정시켰고, 그 위에 금으로 노끈처럼 꼰 두 사슬을 매달았다.

28:15-21. 흉패에 해당하는 히브리어는 '장식물' 이라는 뜻을 가지며, 이 특이한 물건은 아마 제사장의 복식들 중 단연코 눈에 두드러졌을 것이다. 재주가 뛰어난 장인이 에봇과 동일한 재료로 이 물건을 만들 것이다. 그는 그것을 정사각형 모양으로 만들었고 두 겹으로 접었다. 이것은 아마 우림과 둠밈(혹자들은 흉배를 두 겹으로 접은 것은 지지할 힘을 얻기 위한 것이라고 생각한다)을 넣기 위한 일종의 주머니 기능 때문이었을 것이다. 흉패 위에는 값비싼 보석을 네 줄로 박았다. 첫 줄에는 홍보석, 황옥, 녹주옥을 달았다. 둘째 줄에는 석류석, 남보석, 홍마노를 달았다. 셋째 줄에는 호박, 백마노, 자수정을 달았다. 마지막 줄에는 녹보석, 호마노, 벽옥을 달았다. 이 열두 개의 보석에 각기 이스라엘 지파의 이름을 새겨넣었다.

28:22-28. 순금으로 만들어 고리를 이용해 붙인 사슬이 흉패에 달려 있었다. 청색 끈으로 흉패 고리와 에봇 고리에 꿰어 흉패로 에봇 띠와 연결시켜 에봇에 튼튼하게 고정되도록 했다.

28:29-30. 하나님은 이 절에서 아론의 가슴과 흉패를 중요하게 구분하고 계신다. 아론은 이스라엘 지파의 이름을 단순히 흉패에만 지닐 것이 아니라 가슴에도 지녀야 했다. 그와 그의 아들들은 하나님 앞에서 사람을 대표하는 제사장들이었다(히 5:1). 우림과 둠밈(문자적으로 '빛' 과 '완전함')이 흉패에 달려 있었다('우림과 둠밈' 에 대해서

는 '심층 연구'를 참고하라).

28:31-35. 겉옷은 청색으로 만들 것이며 머리를 넣을 수 있도록 깃이 있는 구멍을 내어야 했다. 겉옷의 가장자리는 청색, 자색, 홍색실로 석류를 수놓아 달았다. 이 석류 사이사이에는 제사장이 하나님을 섬길 때 백성들이 들을 수 있도록 금방울을 달 것이다(그리하여 제사장이 그들을 위해 중재한다는 것을 확인할 수 있었을 것이다).

28:36-43. 제사장의 관에는 여호와께 성결이라는 글귀가 새겨진 금패를 청색 끈으로 고정시켜 달았다. 이 패와 글귀 없이 아론이 그들을 위해 중재하는 것은 불완전하며 아무 효력이 없을 것이다. 다음으로 뛰어난 장인들은 가는 베실로 반포 속옷(긴 상의)을 짜고 허리에는 띠를 수놓아 만들었다. 이 마지막 물품들은 허리에서 넓적다리까지 내려오는 옷으로 맨살에 직접 입는 속옷이었다. 제사장들은 제사장의 직무를 행할 동안 항상 이 복식을 착용했다.

Main Idea 복습	하나님은 올바른 예배 장소와 예배 행위에 대해 자세한 규정을 제공하신다.

결론

성막 건축

성막은 중요한 상징성을 지닌 구조물이었다. 성막에 대해 하나님이 지시하신 내용에는 두 개의 방(하나는 지성소라 불리고, 다른 하나는 성소라 불림)에 나누어 배치될 여섯 기구가 포함되었다. 이 임시 구조물의 목적은 단순히 백성들을 위한 만남의 장소만은 아니었다. 제사장이 안으로 들어가 백성들의 죄를 위해 희생 제사를 드려서 일시적이나마 하나님과 교제를 회복시키는 동안 백성들은 성막 밖에 모여 있었다.

성막 안의 세 가지 기구가 이 장에 묘사되어 있다. 언약궤는 궤 모양을 한 구조물로 두 그룹이 둘러싼 속죄소가 덮고 있었다. 언약궤는 하나님의 임재를 의미하는 것으로 인식되었으므로 오직 1년에 한 번 대속죄일에 입실이 허용되는 지성소에 배치되었다. 언약궤 안에 들어 있는 세 물건은 율법을 기록한 두 돌판과 아론의 싹난 지팡이와 만나를 담은 황금 단지였다. 이 물건들은 모두 증거의 역할을 했기 때문에 언약궤는 증거궤라 불리기도 한다. 진설병 상에는 각기 이스라엘 열두 지파를 상징하는 무교병 열두 덩어리가 차려져 있었다. 늘 불을 켜놓은 등대는 궁극적으로 "세상의 빛"(요 8:21)이신 예수 그리스도를 가리킨다.

■ 진리 알기

- 우리 하나님은 섬세하시다.
- 하나님은 영적 진리들을 예표하기 위한 목적으로 물리적인 그림을 우리에게 제공하신다.
- 하나님은 언약궤와 같이 그분의 신실하심, 인도하심, 구원하심의 증거를 주신다.

■ 적용하기

- 개인과 공동체가 어떻게 예배를 준비해야 하는가?
- 예배의 행위로서 당신은 하나님께 무엇을 드리는가?
- 우리가 읽은 출애굽기의 내용과 비교할 때, 예수님의 죽음과 부활과 승천이 하나님께 드리는 우리의 예배를 어떻게 변화시켰는가?

삶의 적용

다각적 시각

캘리포니아 맨허튼 비치에 있는 커뮤니티 침례교회(Community Baptist Church)에 부임한 10주년 기념으로 우리 가족은 고국인 영국으로 여행을 갔다. 우리는 가고 싶은 곳을 알아보고 그곳에 어떻게 갈지 조사하기 시작했다. 영국에서 관광을 할 수 있는 가장 좋은 방법은 지하철을 이용하는 것이다. 하지만 지하철 지도와 고속도로 지도, 그리고 거리의 지도를 서로 연결시키는 작업은 무척 까다로웠다. 웨스터민스터 사원(Westminster Abby)이나 리드 캐슬(Leeds Castle)을 방문하려면 세 가지 지도를 모두 사용해야 했다. 영국에는 이 세 가지 지도가 한번에 표시된 삼차원적인 지도가 없다. 그래서 교통 수단의 혜택을 누리려면 한 번에 하나씩 꼼꼼히 지도를 살펴보아야 했다.

당신이 지금 성막에 대해 느끼고 있을 감정이 이런 기분일 것이다. 성막에 대해 공부하면서 우리는 신앙 생활의 영적인 차원에 대한 묘사뿐 아니라 실제 구조물에 대한 설명을 듣게 된다. 우리는 이해의 목적지에 이르게 해줄 다양한 차원들을 꼼꼼히 살펴보아야 할 것이다. 성경은 "말씀이 육신이 되어 우리 가운데 거하시매… 은혜와 진리가 충만하더라"(요 1:14)고 말한다. 갑자기 우리를 위한 하나님의 십자가 희생에 대한 그림이 더욱 뚜렷해진다. 하나님은 언약궤를 통해 증명하신 대로 우리 가까이에서 함께하신다. 진설병에서 알 수 있듯이, 하나님은 우리를 붙드시며 우리의 모든 필요를 공급하실 것이다. 그리고 등대를 통해 묘사된 대로, 그리스도는 우리의 빛이 되셔서 우리가 하나님과 함께 걷게 하신다. 세 가지 기구에 대해서는 어떤 것도 구체적인 수치를 알려주지 않은 것을 주의해보라. 그 이유는 무엇인가? 우리 구세주의 영광과 위엄과 신성을 측량할 자가 아무도 없기 때문이다. 그분은 진실로 만왕의 왕이시며 만주의 주이시다.

기도

하나님 아버지, 성경 전체가 어떻게 하나로 연결되어 있는지를 알고, 출애굽기 25-28장과 같은 구절들의 중요성을 제가 잊지 말아야 함을 알게 하시니 감사합니다. 이 단원에서 저는 한 면에 불과하지만 구세주이신 주님에 대한 그림을 볼 수 있었습니다. 하나님, 당신의 세밀함에 감사드립니다. 아멘.

심층 연구

A. 언약궤

성막의 가장 중요한 물건인 증거궤(혹은 언약궤)는 항상 호기심과 추측의 대상이었다. 심지어 할리우드도 언약궤의 이런저런 면을 부각시킨 영화를 제작해왔다. 레위 가문의 고핫 자손들이 언약궤를 돌볼 책임을 맡았다. 언약궤는 가나안 땅으로 가는 여정에 이스라엘과 함께 이동했고(민 10:33), 요단강에 도착하자 그들보다 앞서 나아갔다(수 4:9-11). 사무엘 시대에는 실로로 옮겨졌고(삼상 3:3, 비교 1:24), 후에 블레셋 족속이 훔쳐갔지만 벧세메스로 결국 돌아왔다(삼상 6:10-15). 다윗은 언약궤를 예루살렘으로 가져와 임시 장막에 보관했다(대상 16:1-6). 마지막으로 솔로몬은 그것을 새 성전의 지성소에 모셨다(왕상 8:1-9). 후대의 성경 저자들은 그것을 거의 언급하지 않으며 느부갓네살의 유다 침공 이후 언약궤는 사라져버렸다. 많은 이들이 대부분 외경에 기록된 여러 이야기들을 유포했다. 하지만 아마 느부갓네살이 언약궤의 종교적 의미보다 금에 더 가치를 부여해 그것을 녹여버렸을 가능성이 있다.

B. 그룹

언약궤 위에서 서로 마주하고 있는 천사들을 그룹이라 불렀다. 그룹에 대해서는 에덴 동산까지 거슬러 올라가 낙원에 출입하지 못하게 막던 자로 언급되어 있다(창 3:24). 그들은 하나님의 거룩하심을 상징한다. 솔로몬은 성전을 장식하려고 커다란 두 그룹을 만들었다(왕상 6:29). 에스겔은 그발 강가에서 자신이 본 생물들을 그룹이라고 불렀다. 이 생물들은 에스겔서의 두드러진 특징이다. 성경은 이 존재들을 구체적인 용어로 한 번도 밝힌 적이 없지만 그들은 하나님의 뜻을 수행하고 그 곁에서 수종 드는 자들과 연관되고 있다.

C. 임재의 떡(진설병)

때로 '진설병(원래 루터의 독일어 번역에서 파생된 표현)' 이라고 불리기도 하는 이 떡은 제사장들이 사용하도록 상에 놓는 열두 개의 떡을 가리킨다. 제사장들은 항상 이 상에 떡을 떨어뜨리지 말아야 했고 안식일마다 떡을 갈아야 했다. 제사장들은 거룩한 장소에서 이 떡을 먹을 수 있었다(레 24:5-9). 예수님은 요한복음 6장의 강화에서 떡과 생명의 상징성에 대해 설명하셨다. 이를 통해 우리는 고대의 이 진설병이 하나님 없이 살 수 없는 인간에게 반드시 필요한 하나님과의 특별한 교제를 표현한 것이라고 생각할 수 있다.

D. 우림과 둠밈

이 두 물건의 참된 의미와 중요성을 둘러싸고 학자들의 의견이 분분하다. 우리는 이 물건들이 어떤 영적인 수단이라는 것을 알고 있다. 그것으로 하나님은 대제사장들을 통해 이스라엘에게 인도하심을 알려주셨다. 우리는 정확히 어떤 방법으로 하나님이 자신의 뜻을 알리셨는지 알 수 없다. 우림과 둠밈은 분명히 흉패와 별개의 물건이다. 나머지 보석들을 흉패 안에 넣은 후에 우림과 둠밈을 넣었다. 우림과 둠밈은 일종의 형상이나 문장 혹은 돌이었을 수 있다(호 3:4). 대제사장은 이것으로 하나님의 메시지를 받거나 전할 수 있었다. 느부갓네살의 침공으로 이것이 분실되었을 것이다.

교안

A. 들어가는 글

1. '하나님의 마음' 이야기로 시작하라.
2. 배경 설명: 이스라엘은 애굽에서 노예 생활을 할 때도 하나님의 백성이었다. 하나님은 그들을 구속하시고 노예 생활에서 건져내셔서 좋은 땅으로 인도해가셨다. 하나님은 그들의 하나님이셨고, 그들은 그분의 백성이 되어야 했다. 하나님과의 교

제는 그들이 그분의 백성이 되는 데 필수적이었다. 하나님은 그들에게 하나님이 받으시는 예배와 교제의 방식을 알려주셨다. 하나님이 그들에게 보여주신 것의 중심에는 성막이 있었다.

3. 적용: 출애굽기 25-28장은 하나님을 예배하는 것에 대해 하나님이 이스라엘에게 주신 지시 사항을 자세히 알려준다. 성막과 성전이 더 이상 우리 예배의 일부는 아니지만, 이 장들은 하나님의 백성이 그분을 사랑하고 그분의 거룩한 이름을 높이기 위해 알아야 하는 원리들을 담고 있다.

B. 본문 이해

1. 첫 예물과 성막의 기구(25:1-40)
2. 성막(26:1-37)
3. 제단, 뜰, 거룩한 기름(27:1-21)
4. 제사장의 복장(28:1-43)

C. 결론: '다각적 시각' 을 읽어주라.

토의 질문

1. 이 백성들이 자원해 아낌없이 예물을 드렸던 동기는 무엇인가? 당신에게 이러한 동기를 주는 것은 무엇인가?

2. 하나님이 성막에 진설병을 차리는 상을 두신 이유는 무엇이라고 생각하는가?

3. 성막이 이스라엘 백성에게 중요해진 이유는 무엇이라고 생각하는가?

4. 출애굽기 26장과 27장을 비교해볼 때, 하나님의 보좌와 번제단 사이에 어떤 차이가 있는지 알 수 있는가?

5. 제사장이 입는 특별한 복장의 의미는 무엇인가? 하나님이 제사장의 복장을 상세히 설명하신 이유는 무엇인가?

출애굽기 29-31장

섬김을 위해 성별하라

"우리 자신만을 위해 한 것들은 우리와 함께 사라진다. 다른 사람들과 세상을 위해 한 일들은 그대로 남아서 불멸한다."

- 알버트 파인(Albert Pine)

이 세 장은 구약의 제사장 제도에 대한 스냅 사진을 제공한다. 제사장의 의복, 그들의 기름부음, 그들의 희생 제사는 이스라엘 백성의 미래와 수천 년 후 그리스도를 통해 우리가 누릴 구원의 자유에 아주 중요한 의미를 지닌 것이었다. 우리는 또한 성막 기술자를 다시 만나며, 하나님께 선택받은 자들에 대한 섬김의 부르심을 다시 본다.

들어가는 글

우리 자신 넘어서기

전 축구 감독이며 '약속을 지키는 사람들(Promise Keepers)' 의 설립자인 빌 맥카트니(Bill McCartney)는 1991년 콜로라도 대학의 축구 팀 코치로 있었다. 그 시절에 그는 선수들에게 자신의 일반적인 능력 이상을 발휘하여 경기를 하도록 도전했던 이야기를 들려주었다. 그는 우리 시간의 84퍼센트를 자신에 대해 생각하고 14퍼센트를 다른 사람들에 대해 생각하는 데 보낸다는 말을 들은 적이 있었다. 그는 선수들이 자신에 대해 생각하는 일을 그치고 다른 사람들에 대해 생각한다면 완전히 새로운 에너지 자원을 얻게 될 것이라고 확신했다. 그래서 선수들에게 자신들이 존경하고 사랑하는 사람을 불러 그 사람에게 그 경기를 바치겠다고 고백하도록 도전했다. 선수들은 자신의 모든 경기를 그 사람이 관심을 갖고 지켜보도록 권해야 했다. 이는 그 경기가 특별한 그 사람에게 바쳐진 것이기 때문이었다. 맥카트니는 60개의 축구공을 나눠주어, 각 선수가 최종 점수를 그 위에 적고 자신이 선택한 사람에게 축구공을 하나씩 보내게 했다.

콜로라도 팀과 경기할 팀은 그들의 최대 라이벌인 네브래스카 콘 허스커스였다. 그들의 홈 그라운드인 네브래스카의 링컨에서 경기가 열릴 예정이었다. 콜로라도 팀은 23년 동안 그곳에서 열린 경기 가운데 한 번도 이긴 적이 없었다. 하지만 맥카트니 코치는 선수들에게 자신을 위해서가 아니라 사랑을 위해 경기하라고 도전한 터였다. 콜로라도 버팔로는 그 경기를 이겼다. 60개의 축구공에 쓰인 점수는 27대 12였다(What makes a man?, 12-13쪽에서 발췌).

사랑은 강력한 동기를 부여한다. 사랑은 아이를 구하기 위해 어머니가 수많은 차들이 달리는 차도로 뛰어들 힘을 준다. 사랑은 죽어가는 아내를 위해 남편이 목숨을 바칠 수 있는 용기를 준다. 사랑은 당신이 생계를 위해 직장에서 일할 때 당신이 좋아하는 일을 하도록 힘이 나게 한다. 하지만 사랑이 섬김과 순종을 하게 하는 동기를 부여한다는 사실에 대해 생각해본 적이 있는가? 하나님은 이스라엘 백성의 삶에서 중요한 역할을 할 제사장으로 선택된 사람들을 부르셨다. 이들은 부르심을 받은 사람들었다. 그뿐 아니라 하나님에 대한 사랑이 너무 커서 그들의 동기가 오직 섬김과 순종으로 그분을 기쁘시게 해드리는 것밖에 없는 사람들이어야 했다.

본문 이해

섬김을 위해 성별하라

Main Idea 하나님은 제사장들을 성별하신다. 그들은 특별한 제단에서 기도의 향을 올릴 사람들이다.

A. 제사장 봉헌식(29:1-46)

Supporting Idea 하나님은 제사장들을 구별하여 세우신다.

29:1-4. 하나님은 모세에게 아론과 그의 아들들에게 제사장직을 맡도록 준비시키라고 말씀하셨다. 모세는 수송아지 한 마리와 흠 없는 수양 두 마리를 준비하고 누룩을 넣지 않은 가루를 준비하여 무교병과 무교 전병과 무교 과자를 만들어야 했다. 음식들은 광주리에 담아 희생 제물로 드릴 짐승들과 함께 바쳐야 했다. 아론과 그의 아들들 역시 회막 입구에 서서 물로 씻어야 할 것이다.

29:5-9. 다음으로 모세는 아론과 그의 아들들에게 특별한 의복을 차려 입혀야 한다(이전 장을 참고하라). 의식법이 계속 효력을 지니는 한 제사장직은 아론과 그의 후손들에게 영원히 속할 것이다.

29:10-14. 하나님은 다음으로 수송아지를 회막 입구로 가져오게 하셔서 아론과 그의 아들들이 그것을 죽이고 그 피를 희생 제단의 뿔에 바르라고 지시하셨다. 나머지 피는 제단 아래에 쏟아버려야 했다. 수송아지의 내장 역시 제단에서 불태우지만 가죽과

희생 제물에서 잘라낸 다른 모든 부위는 진 밖에서 불태워야 했다. 속죄제는 제사장이 자신의 죄를 깨끗하게 씻기 위해 필요한 것이었다. 제사장이라고 해서 하나님께 공로를 인정받는 특별한 은혜가 보장되는 것은 아니었다. 반대로, 제사장 역시 피를 통한 정결함이 필요했다는 사실은 하나님 앞에서 그들의 부족함을 보여준다.

29:15-21. 모세는 아론과 그의 아들들에게 수양 한 마리의 머리에 안수하고 그것을 죽이라고 지시했다. 그러고나서 그들은 그 피를 희생 제단의 주위에 뿌릴 것이다. 아론은 그 양의 각을 뜨고 내장을 씻어 제단 위에 올렸다. 그리고 레위기 1장에 설명된 대로 제단에서 그것을 불살라야 했다. 이어서 그들은 나머지 수양을 죽이고 그 피를 취해 아론과 그의 아들들의 오른쪽 귀와 오른쪽 엄지 손가락과 오른쪽 엄지 발가락에 발랐다. 오른팔은 사람의 힘을 상징했다. 아론과 그의 아들들은 힘을 다해 하나님을 섬겨야 한다. 하지만 그것은 그들 자신의 힘이 아니었다. 하나님의 은혜와 무관한 그들의 노력은 형식주의 외에 아무것도 아닐 것이다. 마지막으로 그(아마 이제 모세가 집전을 하고 있을 것이다)는 새로운 복장을 한 제사장들에게 피와 관유를 뿌릴 것이다.

29:22-28. 모세는 죽인 수양의 내장 부위를 취하여 아론과 그의 아들들이 여호와 앞에서 광주리에 담긴 떡과 과자와 함께 흔들게 했다. 그리고 그들의 손에서 그것들을 받아 모세가 제단에 바쳤다. 그들은 또한 수양의 가슴 부위를 여호와 앞에서 흔들었다. 그 후에 제사장들(그리고 아론과 그의 아들들의 뒤를 이을 제사장들)이 그것을 먹을 수 있었다.

29:29-30. 제사장이 입도록 특별히 구별된 의복은 이후로 아론의 자손들이 입게 될 것이다. 의식을 집전하는 제사장들은 항상 그 예복을 입어야만 했다.

29:31-34. 아론과 그의 아들들은 위임식에 사용한 수양의 고기 중 정해진 부위를 먹을 수 있었다. 하지만 오직 회막 입구에서만 먹어야 했다. 의식을 돕는 레위인들을 비롯해 어떤 이스라엘 백성도 그것들을 먹을 수 없었다. 이 직무를 위해 성별된 제사장들만 먹을 수 있는 음식이었다. 아침까지 고기나 떡이 조금이라도 남는다면 모두 불태워야 했다.

29:35-41. 제사장들의 위임식은 7일 동안 거행될 것이다. 위임식 주간에 매일 제단을 거룩하게 하기 위해 그들은 속죄 제물을 바쳐야 했다. 또한 제사장들은 매일 1년 된 어린 양 두 마리를 바쳤는데, 아침과 저녁에 한 마리씩 바쳤다. 이때 소제와 전제를 함

께 드렸다.

29:42-46. 규례대로 치밀하게 거행되는 이 의식에 하나님의 영광이 함께할 것이다. 그분은 회중의 희생 제사와 예배에 함께하시며 그들의 죄를 용서해주실 것이다. 하나님은 그들을 자기 백성으로 삼으시고 그들의 하나님이 되실 것이다.

B. 제단과 분향을 위한 준비(30:1-38)

Supporting Idea	분향단과 다른 기구들이 특별한 용도로 성별된다. 이 기구들은 특별한 의미를 지닌다.

30:1-6. 하나님은 나아가 그 앞에서 쉬지 않고 향을 올려야 할 것을 명령하셨다(8절). 이 목적을 위해 모세에게 조각목으로 제단을 만들라고 명령하셨다. 제단의 크기는 길이 1규빗, 넓이 1규빗, 높이 2규빗이 되어야 했다. 그리고 제단에 완전히 연결된 뿔을 만들어야 했다(탈부착이 가능하도록 뿔을 만들어 끼운 것이 아니라). 뿔을 비롯해 단의 윗면 전체와 옆면을 금으로 입히고, 또한 단 위의 것이 떨어지지 않도록 윗판에 금테를 둘러야 했다. 단은 조각목으로 만들어 금을 입힌 채를 금고리에 끼어 이동이 수월하도록 했다. 이 단은 증거궤 앞에 있는 장 밖에 두어야 할 것이다.

30:7-10. 향을 분향하는 순서와 관련해, 아론은 매일 아침 등잔불을 끄고 정리하면서 향을 태우는 것으로 그 절차를 시작할 것이다. 또한 등잔을 밝힐 때 향을 피워야 할 것이다. 다시 말해, 하나님은 제사장들이 그 앞에서 쉬지 않고 향을 피우도록 명령하셨다. 그러나 이 분향단에서 정해진 향 외에 어떤 향도 피울 수 없었다. 이 단은 여기에 구체적으로 규정되어 있는 용도 외에 다른 용도로 사용될 수 없었다. 제단은 아론(그리고 그 이후에는 정당하게 기름부음을 받은 그의 후손들)에 의해 매년 거룩하게 성별될 것이다. 아론은 이 단을 위해 속죄제를 드릴 것이다. 레위기 16장 18-19절에 의하면, 이 일은 대속죄일에 실시되었다.

30:11-16. 성막의 전체 봉사가 갖는 한 가지 분명한 특징은, 성막을 지을 때 소요될 비용일 것이다. 그래서 하나님은 그 비용을 마련할 방법에 대해 모세에게 구체적으로 지시하셨다. 전체 인구 조사를 할 때 모세는 각 이스라엘 백성에게 반 세겔을 징수할 것이다. 이 세금을 징수하지 못하거나 혹은 순응하지 않는다면 백성에게 역병이 퍼질 것

이다. 어떤 주석가들은 다윗이 백성의 인구 조사를 할 때 범한 죄는 이 돈을 거두지 않고 인구 조사를 한 데 원인이 있다고 주장하지만(삼하 24:15) 이것은 추측에 불과할 뿐이다.

30:17-21. 제사장들은 놋으로 만들어 성막과 희생 제단 사이에 둔 대야 혹은 **물두멍**에서 손발을 씻어야 했다. 제사장들은 풍부한 양의 물을 준비하여 제사를 주관하는 제사장들이 거룩한 회막에 들어가기 전 손발을 씻도록 해야 했다. 이 절차는 아론과 그의 직계 아들들 이후에도 계속되는 영원한 규례가 될 것이다.

30:22-29. 하나님이 일반적인 내용에서 구체적인 내용으로 지시를 바꾸시는 것을 보는 것은 흥미롭다. 하나님이 여기서 모세에게 하신 지시들은 향료의 종류와 양까지 정해주실 정도로 매우 구체적이다. 모세는 몰약 500세겔과 그 절반의 향기로운 육계 250세겔과 향기로운 창포 250세겔과 계피 500세겔을 모아야 했다. 그리고 여기에 기름 한 힌을 추가로 모아야 했다. 그런 후에 그는(혹은 이 일에 재능이 뛰어난 사람) 제사장들에게 바를 때 사용하는 거룩한 기름을 만들어야 한다. 이어서 그는 거룩한 직무에 사용되는 나머지 물품들에 기름을 바를 것이다.

30:30-33. 모세는 그 기름을 가지고 아론과 그의 아들들에게 바르고 백성들에게 **이것은 너희 대대로 내게 거룩한 관유니라**고 말해야 했다. 하나님은 이 명령에 이어 그 기름을 다른 용도로 사용해서는 안 된다는 명령을 추가하셨다. 이 명령을 어기는 자들은 죽임을 당할 것이다.

30:34-38. 여호와 앞에서 계속 피워야 하는 거룩한 향은 **향품**들을 사용해 만들어야 한다. 소합향과 나감향과 풍자향과 순수한 유향을 섞을 때 **동일한 중수**로 했다. 제사장은 섞어 만든 향에 소금을 섞고 그것을 가루로 갈아야 했다. 마지막으로, 그것을 회막 안 증거궤 앞에 놓아야 했다. 향은 매우 향기로웠을 것이며 그것을 모방하고 싶은 유혹이 분명히 있었을 것이다. 그러나 하나님은 죽음의 경고와 함께 그것을 엄금하셨다.

C. 특별한 소명과 안식일에 대한 상기(31:1-18)

Supporting Idea	하나님은 자신의 역사를 이루시기 위해 재능이 뛰어난 사람들을 준비하시며 안식일에는 일하지 말라는 사실을 일깨워주신다.

31:1-11. 하나님은 모세에게 성막에서 사용될 기구에 대한 정확한 지시와 디자인과 재료들을 알려주셨다. 하지만 이것들을 모세가 직접 만들기를 원치 않으셨다. 하나님은 재능 있는 일꾼들을 세우시고 이 정교한 기구들을 만들 기술을 그들에게 주셨다.

하나님이 부르신 첫 번째 사람은 우리의 아들 브살렐이다. 그는 유다 지파 출신이었다. 브살렐에게 이미 탁월한 예술적 재능이 있었겠지만, 하나님은 기술과 예술적 감각에 있어 특별한 지식과 지혜로 그를 충만하게 하셨다. 하나님의 백성들은 항상 다른 은사들을 희생하고 보통 눈에 두드러지는 몇 가지 은사들을 선택하고 높이는 경향이 있다. 하지만 그러한 태도는 사역에 대한 하나님의 계획과 어긋난다(고전 12:23-25). 또한 우리는 예술적 재능을 이기적인 이유만을 위해서가 아니라 하나님의 영광을 위해 사용해야 함을 알고 있다. 이는 그분이 아름답고 영광스러운 하나님이시기 때문이다.

하나님은 또한 브살렐의 조력자로 단 지파 사람인 오홀리압을 부르시고 구별하신 후 지혜를 주셨다. 하나님은 성막 재료를 만들기 위해 이 두 일꾼에게 다른 장인들을 붙여 주셨다.

그 장인들이 일차적으로 만들어야 할 기구들은 회막, 증거궤와 그 위의 속죄소, 진설병의 상, 분향단, 등대 그리고 여러 휘장과 관련된 비품들을 포함했다. 그들은 또한 제사장의 의복과 제사장들의 거룩한 위임식을 위해 향료를 만들 책임도 맡았다.

31:12-13. 하나님은 모세에게 안식일의 엄격한 시행을 맡기셨다('이스라엘의 안식일'에 대해서는 '심층 연구'를 참고하라). 이는 안식일이 하나님과 이스라엘 백성들 간의 특별한 표징이기 때문이었다. 나머지 또 하나의 표징은 할례의 언약이었다. 안식일은 이스라엘의 독특한 절기였다. 하나님은 이스라엘 민족이 거룩하도록 다른 나라들과 구별하셨다.

31:14-18. 안식일을 위반한 데 대한 형벌과 함께 안식일의 구체적인 조건은 다음과 같았다. 안식일을 지키지 않거나 금지 규정을 순종하지 않으므로 안식일을 어긴 사람들은 그 생명이 끊쳐질 것이다. 하나님은 안식일을 사람과 짐승을 위한 쉼의 날로 정하셨다. 이 규례를 어긴 자들은 하나님과 그들의 관계가 끊어지고 언약 관계가 끊어질 것이다. 언약적 관계는 신정(하나님이 그 나라의 종교 제도와 생활을 통치하시는 것)의 한 요소이기 때문에 그러한 자들은 죽을 것이다. 안식일을 범한 자들은 이 신정에 충성하지 않음을 드러낸 것이다.

쉬는 날인 안식일은 또 다른 의무, 즉 인간이 매주 6일 간 일해야 한다는 하나님의 요구를 알려준다.

하나님은 거룩한 산에서 모세에게 이르시기를 마치신 때에 하나님의 명령이 새겨진 두 돌판을 주셨다(24:12에 약속된 대로). 또한 이 명령들을 새길 때 하나님이 친히 쓰신 것도 알려주셨다. 하나님은 이 명령들을 초자연적으로 돌판에 새기셔서 그 명령의 기원이 하나님이시며 이스라엘에게 그것을 지킬 의무가 있음을 알려주셨다.

Main Idea 복습	하나님은 제사장들을 성별하신다. 그들은 특별한 제단에서 기도의 향을 올릴 사람들이다.

결론

우리가 지금 할 수 있는 유일한 것

엘머 벤디너(Elmer Bendiner)는 자신의 저서 「요새의 함락(The Fall of Fortress)」에서 카셀 시에 폭탄이 투하된 사건을 기술한다.

> 아군의 B-17(톤델라요, Tondelayo)은 나치의 대공 포화로부터 집중 공격을 받고 있었다. 이런 일이 흔히 있었지만 이번 경우에는 특별히 연료 탱크들이 포격을 당했다. 20밀리미터 포탄이 연료 탱크를 뚫었지만 폭발하지 않았던 기적적인 사건을 내가 회상하자 아군 조종사였던 본 포크스(Bohn Fawkes)는 그렇게 단순한 사건이 아니었다고 설명해주었다. 공습 다음 날 본은 부대장에게 그 행운의 포탄을 기념품으로 달라고 부탁하러 갔다. 부대장은 하나가 아니라 열한 개나 되는 포탄이 연료 탱크에서 발견되었다고 말했다. 단 하나의 폭탄으로도 우리를 공중에서 날려버릴 수 있는데 열한 개나 발견되었던 것이다. 그것은 마치 우리를 위해 홍

해가 갈라진 것과 같은 기적이었다.

35년이 지난 후에도, 그 놀라운 사건은 나를 전율하게 만든다. 특히 본으로부터 그 뒷이야기를 들었을 때는 더욱 그랬다. 그는 뇌관을 제거하기 위해 포탄들을 병기과로 옮겼다는 말을 들었다고 했다. 병기과 부대원들은 정보부에서 그것들을 가져갔다고 말했다. 당시에는 그 이유를 말할 수 없었다. 그러나 결국 본은 그 이유를 알아냈다. 병기과에서 그 포탄들을 하나하나 열어 보았을 때 그 속에는 화약이 들어 있지 않았다. 포탄들은 호각처럼 비어 있었고 아무 파괴력이 없었다. 비어 있었다고? 전부는 아니었다. 그 중 하나에 조심스럽게 말린 종이조각이 들어 있었는데 체코 말로 휘갈겨 쓴 글귀가 적혀 있었다. 정보부는 부대에서 체코 말을 할 수 있는 사람을 급히 찾았다. 마침내 해독된 내용을 본 우리는 놀라움을 금치 못했다. 그 글귀는 이런 내용이었다. "이것이 지금 우리가 당신들을 위해 할 수 있는 전부입니다."

이 얼마나 놀라운 희생과 섬김의 이야기인가! "이것이 우리가 할 수 있는 전부입니다. 더 해드릴 수 있으면 좋겠지만요." 이들이야말로 하나님이 축복하시는 백성들이다. 하나님과 다른 사람들을 섬기기 위해 자신이 가진 모든 것으로 무엇이든 할 사람들이다.

하나님은 계속하여 성령 충만한 일꾼들을 찾으신다. 하나님은 이런 사람들을 부르셔서 성령으로 충만하게 채우실 뿐만 아니라 섬김의 목록을 제공하신다. 그들은 하나님의 사랑으로 움직인다. 이 프로젝트를 위한 기금은 자발적인 마음으로 모금되었다. 성막은 자발적인 마음으로 세워졌다. 제사장들은 자발적인 마음으로 섬겼다.

■ **진리 알기**

- 피는 하나님이 주신 정결함의 상징이다.
- 하나님은 끊임없는 찬양이라는 우리의 희생 제사를 원하신다.
- 하나님은 일부 사람들에게는 사역 지도자로서의 은사를 주시고 어떤 이들에게는 사역으로 그들을 돕게 하신다.

■ 적용하기

- 하나님은 어떤 종류의 섬김을 감당하도록 당신을 구별해 세우셨는가?
- 성도들이 하나님의 소명을 발견하도록 돕기 위해 하나님이 당신에게 요청하시는 것은 무엇인가?
- 사역자들이 하나님을 섬길 때 당신은 그들을 어떻게 격려할 수 있는가?
- 하나님과 당신을 위한 그분의 뜻에 집중하기 위해 일상에서 시간을 따로 내는 당신의 습관에 대해 평가하라. 쉼의 시간에 대해 하나님이 당신에게 어떤 변화를 요청하신다고 생각하는가?

삶의 적용

작전 회의를 하자!

당신이 좋아하는 미식축구 팀이 이제 막 득점을 하려고 한다. 경기장의 팬들은 자리에서 일어날 것이다. 그들은 다음 플레이가 매우 중요하다는 것을 안다. 그러나 팀은 스크럼 선 뒤에 모여 대화를 하고 있다. 결국 심판은 호루라기를 불고, 노란 깃발을 흔들어 경기를 지연시켰다고 5야드(약 4.6미터) 벌칙을 선언한다. 그러나 팀은 그 다음에 무슨 일이 일어날지 분명히 아는 것 같았다. 계속하여 손을 잡고 대화를 한다. 결국 그들은 스크럼을 짜서 사기를 북돋우고는 흩어져 운동장 바깥으로 나가 집으로 가버린다.

모든 팬들은 이런 행동에 절망하고 분노할 것이다. 왜냐하면 스크럼은 그 자체가 목표가 아니기 때문이다. 그 목적은 다음 플레이를 위한 전략을 짜고 함께한 선수들을 격려하는 것이기 때문이다. 팀이 스크럼만 짜다가 집으로 달려가는 일은 결코 일어나지 않을 것이다. 아니면 이런 일이 일어날 수 있을까?

때때로 이것은 교회에서 벌어지는 광경을 정확히 묘사하는 것이기도 하다. 세상을 향한 영적 전투가 있고, 우리는 교회에 모인다. 예배는 매일의 삶을 위한 영감과 전략을 위한 시간이다. 그러나 문제는 우리가 이 모임을 목적 자체로만 보는 데 있다. 우리는 교회의 효용 가치를 거룩한 스크럼 선에 모이는 교인의 수로, 그 시간의 영감으로 가늠하고는 흩어져 다음 주까지 사라진다. 예배는 영감을 받고 우리가 세상에서 예수님과 어떻게 대면할 것인가에 대한 가르침을 받는 시간이다. 우리는 주님을 제사장으로 섬겨야 한다.

당신이 왕 같은 제사장의 일원이라는 것을 알고 있는가? 당신은 신자로서, 그 왕을 섬기며 찬양과 섬김의 제사를 날마다 드리도록 기름부음 받았다. 그리고 하나님은 당신을 지켜보고 계시며 앞으로 행할 당신의 능력과 섬김을 판단하실 것임을 명심하라. 신자들은 죄 때문에 심판을 받지 않을 것이나 섬김으로 판단을 받을 것이다. 언젠가 나는 전능하신 하나님 앞에 서서 내가 교회를 위해 섬긴 것을 설명해야 할 것이다. 이 땅에서 섬기도록 주어진 시간들을 진지하게 받아들여라. 결국 당신은 세상의 소금과 빛이다. 그 제사장의 의복을 갖추고 일하러 가라.

기도

주님이 친히 모범을 보여주심으로 하나님의 모든 종들에게 멋진 그림이 되어주셨습니다. 주님께 온전히 헌신된 사람이 되기 원합니다. 자원하는 민감한 마음으로 주님을 섬기기 원합니다. 모든 죄에서 저를 깨끗하게 하시려고 피를 흘리신 주님의 희생을 날마다 기억하기 원합니다. 직장이나 학교, 그리고 저를 인도하시는 모든 곳에서 날마다 주님께 희생 제사를 드리게 하소서. 피곤하고 지칠 때면 또다시 희생 제사를 드리기 위해 재충전할 수 있도록 그날을 쉬어야 함을 깨우쳐주소서. 아멘.

심층 연구

A. 히브리인의 돈

물물 교환이 고대의 거래 방식이었지만, 일종의 돈 혹은 주화가 B. C. 8세기경에 소아시아에서 사용되기 시작했다. 후에 동전들에 가치가 새겨지게 되었다. 히브리인의 돈에 대한 가장 최초의 언급은 무게를 강조한 것으로 이것은 오늘날 우리가 이해하는 표준화된 크기의 동전과는 대조적이다(창 23:16, 43:21). 사실상 고대의 세겔은 가치가 아니라 일종의 은에 대한 무게를 의미했다. 세겔 다음의 무게들은 여러 이름으로 불렸고 가치도 달랐다. 달란트, 미나, 세겔, 게라, 베라(반 세겔)가 이에 해당한다.

페르시아 통치기에 유대인들은 주화에 익숙하게 되었다. 주님의 시대에는 유대인의 돈과 함께 헬라 주화와 로마 주화가 통용되었다.

B. 이스라엘의 안식일

'안식일' 에 해당하는 히브리어는 shabbath('그치다' 혹은 '쉬다')이다. 우리는 인간이 죄를 알지 못하던 순결한 상태였던 창세기 2장 2절에서 안식일의 원리를 처음으로 접한다. 이것은 광야에서 이스라엘 백성에게 주신 만나라는 선물과 연관되어 언급되고 있다(출 16:23). 또한 시내산에서 하나님이 율법을 주시며 "안식일을 기억하여 거룩히 지키라" (출 20:8)고 이스라엘 백성에게 명령하실 때 언급되고 있다. 모세의 율법은 안식일 준수에 대해 임격한 규례를 제시하고 있다(출 35:2-3, 레 23:3, 26:34). 유대 역사에서 안식일의 거룩함에 대한 언급은 빈번하다(사 56:2-7, 58:13, 렘 17:20-22, 느 13:15-22). 구약 역시 7년마다 지키는 안식년과 희년(출 23:10-11, 레 25장을 참고하라)을 비롯해 여러 종류의 안식 절기에 관해 언급한다. 마카비(Maccabees) 시절과 우리 주님의 시대가 되면 안식일은 전반적으로 율법적으로 변질되고 본질에서 멀어진다. 예수님은 여러 차례 안식일의 목적에 대해 새롭게 강조하셨다(마 12:9-13, 막 2:23-27, 눅 13:10-17). 사도 바울 역시 골로새 교인들에게 안식일의 율법주의적 해석을 강조함으로써 그리스도 안에 있는 그들의 자유를 타인들이 판단하는 일을 용납하지 못하게 하라고 가르쳤다(골 2:16-17). 안식일 개념은 육체적 쉼, 영적 재충전, 반성을 비롯해 수많은 유익을 인간에게 제공한다.

안식일이 오늘날에도 있는가? 구약 시대의 안식일이 주의 날(The Lord's Day)로 바뀌었는가? 더 구체적으로 말해, 주의 날이 그리스도인의 안식일인가? 신약에서 주의 날에 대한 유일한 언급은 요한계시록 1장 10절에 나온다. 아마 이것은 한 주간의 첫날인 일요일을 지칭했을 것이다. 이 날에 주님은 죽은 자들 가운데서 부활하셨고 일요일은 그리스도인들에게 전통적인 예배의 날이 되었다(행 20:7, 고전 16:1-2). 신약적 안식일을 반대하는 자들은 신약 성경 어디에도 그리고 위에 언급된 바울의 짧은 논의(골 2:16-17) 어디에도 안식일이 공식적으로 주의 날로 바뀌었다는 언급이 없음을 지적한다.

하지만 안식일의 영구성을 주장하는 자들은 주님이 이 원리를 타락 이전에 생긴 창조 규례라고 확정해주셨다는 것(창 2:2-3)과 십계명이 안식일에 대한 계명을 포함하고 있으므로 안식일은 영원히 지속되는 하나님의 도덕법의 일부(마 5:17-18)라고 우리에게 상기시킨다.

교안

A. 들어가는 글

1. '우리 자신 넘어서기' 이야기로 시작하라.
2. 배경 설명: "모든 사람의 책임은 그 누구의 책임도 아니다"라는 말이 있다. 하나님은 우리가 그런 존재라는 것을 아시고 하나님과 그분의 백성들 사이에서 중재자로 섬길 특별한 책무를 맡기셨다.
3. 적용: 하나님은 백성들에게 하나님을 대표하고 하나님께 백성들을 대표할 제사장

들을 구별하여 세우도록 모세에게 명령하셨다. 제사장들을 위한 특별한 위임식은 그들이 직무에 대비해 정결하게 할 뿐 아니라 그 의식을 지켜보는 모든 사람들에게 하나님의 거룩하심을 각인시켜주었다. 안식일은 쉼의 시간이다. 집중적으로 하나님께 나아가는 시간이다.

B. 본문 이해

1. 제사장 봉헌식(29:1-46)
2. 제단과 분향을 위한 준비(30:1-38)
3. 특별한 소명과 안식일에 대한 상기(31:1-18)

C. 결론: '작전 회의를 하자!' 를 읽어주라.

토의 질문

1. 희생과 섬김이 요구된다고 알고 있음에도 불구하고, 당신이 기쁨으로 누린 경험은 무엇인가? 그것들이 즐거웠던 이유는 무엇인가?

2. 봉헌 과정에서 피가 큰 역할을 하는 이유에 대해 생각할 수 있는가?

3. 구약 시대의 제사장 위임식이 21세기의 목회자 위임식보다 더 중요한 이유가 무엇이라고 생각하는가?

4. 섬김과 헌신을 다룬 단원에 하나님이 안식일에 대한 규례를 포함시키신 이유는 무엇인가? 이 원리가 당신의 삶에 어떤 관계가 있는가?

출애굽기 32-34장

아론의 죄

"죄가 가볍다고 말하는 것은, 그것을 금하는 십계명이 중요하지 않다거나 혹은 죄를 미워하시는 하나님을 경홀히 여기거나 죄를 벌하는 지옥을 무시하는 것처럼 매우 어리석은 일이다."

- 찰스 시모어 로빈슨(Charles Seymour Robinson)

출애굽기 32-34장은 성막의 청사진과 성막 건축 과정 중간에 생긴 일을 기록한다. 모세의 형 아론은 우상 숭배에 빠져 애굽의 오래된 이방신의 형상인 금송아지를 만들라고 명령한다. 이것은 하나님의 명령에 대한 극악한 위반이다. 이 사실을 알게 된 모세는 십계명이 기록된 돌판을 땅에 내던지고 거짓 신을 불태운다. 이제 모세는 백성들에게 하나님의 대변자 이상의 존재가 된다. 모세는 백성들을 대신해 하나님께 그들을 대변한다.

들어가는 글

하나님은 듣고 계시는가?

하나님이 당신의 기도를 듣고 계시는지에 대한 의문을 가져본 적이 있는가? 때로 기도하는 것은 시간 낭비이며, 하늘이 당신의 간구에 완전히 귀를 막고 있는 것처럼 생각한 적이 있는가? 다음의 일화를 생각해보라. 프랭클린 루즈벨트(Franklin Roosevelt) 대통령은 재임 시절에 종종 백악관에서 길게 줄을 선 손님을 맞이해야 했다. 루즈벨트는 자신이 말하는 내용에 관심을 갖는 사람은 아무도 없다고 불평했다. 어느 날 환영 만찬에서 한 가지 실험을 해보기로 결정했다. 줄을 서서 그에게 다가와 악수를 하는 사람들마다 그는 "오늘 제가 할머니를 죽였습니다"라고 속삭이듯 말했다. 손님들은 "대단하십니다!", "훌륭한 그 일을 끝까지 하시기 바랍니다", "당신이 자랑스럽습니다", "하나님의 축복이 함께하시길 바랍니다"라는 말로 대답했다. 그의 말을 귀담아들은 사람은 줄의 맨 끝에서 인사를 한 볼리비아 대사밖에 없었다. 당황한 대사는 그에게로 바짝 얼굴을 대고 속삭였다. "할머니가 그런 일을 자초하셨으리라 생각합니다."

하늘을 올려다보며 '주님, 제게 신경을 쓰고 계십니까? 너무 바쁘셔서 제게는 관심을 기울이실 수 없나요? 지금 주님이 바쁘실 것 같다는 생각이 드는 건 왜일까요?' 라고 되뇌인 때가 얼마나 많았는지 궁금하다. 당신이 어떻게 느끼든, 무슨 생각을 하든, 하나님이 정말로 들으신다는 것을 의심하지 말라. 모세는 이 진리를 알고 깊이 의지했다. 기억하라. 출애굽기 25-31장에서 하나님은 모세에게 성막에 대한 계획을 제시하심으로 우리가 그 청사진을 살펴볼 수 있게 하셨다. 출애굽기 35-40장에서 우리는 성막의 건축 과정에 대한 연구를 하게 될 것이다. 하지만 지금 우리는 일종의 삽입구적인 단원(32-34장)을 살펴볼 것이다. 여기에는 이스라엘 역사에서 가장 슬픈 순간들이 일부 기록되어 있다. 이 비극적 상황에서 모세는 지도자 이상의 존재가 되었다. 그는 하나님이 들으실 것을 확신하고 백성들을 위한 중보자가 되었다.

본문 이해

아론의 죄

Main Idea	하나님은 범죄한 백성들에게 다시 한 번 율법을 주심으로 그분 앞으로 나아올 수 있는 길을 알려주신다.

A. 신상을 만든 이스라엘(32:1-35)

Supporting Idea	이스라엘 백성은 그들을 이끌어줄 눈에 보이는 신을 만들려고 시도한다.

32:1. 모세는 예상보다 더 오랜 시간을 산에서 머물렀다. 그러자 이스라엘 백성은 조급해졌다. 그들에게 아론이 있기는 했지만, 그들은 익숙한 환경에서 멀리 이동해왔고 지도자도 없는 상태였다. 모세는 자신이 자리를 비운 사이에 아론에게 그들을 인도하도록 임명했다. 하지만 아론은 민중 반란에 맞설 도덕적 강인함이나 의지력이 없는 사람이었다. 백성들은 아론의 그 약점을 직감했을 것이다. 그래서 그들을 이끌어줄 신들을 자신의 힘으로 만들기로 모의했다.

32:2-6. 아론은 백성들의 타락한 욕망을 수용하는 선에서만 가담한 것으로 보인다. 그들이 바라는 것이 무엇인지 간파한 아론은 그들이 가진 물건들(애굽을 나올 때 애굽인들로부터 얻은 금 귀고리)을 이용해 신상을 만들자고 제안했다. 케일은 아론이 실제로는 여성들의 허영심에 호소해 그 반란을 저지하려 했다고 믿었다(Keil, 221). 하지만 이것이 사실이라면 그 시도는 역효과를 낳은 셈이다. 백성들은 주변 국가들과 마찬가지로 눈에 보이는 신의 모습을 원했다. 아론은 나무로 신상을 만든 후 금으로 입혔을 것이다. 이것을 본 백성들은 이스라엘아 이는 너희를 애굽 땅에서 인도하여 낸 너희 신이로다라고 말했다. 우리는 이 표현을 통해 그들이 일종의 애굽 신을 만들려 했다고 추론해서는 안 된다. 그들은 자신들을 애굽 땅에서 인도해내신 분이라고 인정하는 하나님을 가시적인 신상으로 표현하려 했던 것이다.

그러고나서 아론은 제단을 쌓았다. 그 다음 날 백성들은 희생 제사를 드리고 뛰놀기 시작했다.

32:7-14. 이 소동을 보신 하나님은 모세에게 산을 내려가 백성들이 그가 없는 틈을 타 무슨 짓을 하고 있는지 보라고 말씀하셨다. 그들은 타락만 한 것이 아니었다. 그들의 타락이 매우 신속하여 그들이 가진 믿음의 피상적 성격이 고스란히 드러나고 있었다. 하나님은 그들을 목이 곧은 백성이라고 정죄하시며 그들을 멸망시키신 후 모세의 혈통으로 큰 나라를 만들겠다고 하셨다. 하지만 모세는 하나님의 그러한 심판의 뜻을 알고 백성들을 위해 간구하게 된다. 이 사건은 모세의 믿음의 중요한 일면을 보여주었다. 그는 하나님께 논리적으로 간구했다. 하나님이 친히 애굽에서 구원하신 민족을 멸망시키셨다는 소문이 애굽인들의 귀에 들어간다면 하나님의 명예에 흠이 생기므로 그것을 보호하려고 했다. 그러고나서 모세는 하나님의 이전 약속들과 옛날 족장들과 맺으신 그분의 언약에 호소했다. 하나님께 이 백성을 크고 영원한 나라로 만드시고 그들 앞의 땅을 유업으로 주겠다고 하신 약속을 상기시켜드렸다. 이로 인해 하나님은 분노를 누그러뜨리시고('하나님이 후회하시는가?' 에 대해서는 '심층 연구' 를 참고하라) 자신의 심판을 취소하셨다.

32:15-18. 하나님이 산에서 주신 돌판으로 무장한 모세는 산을 내려와 소동이 벌어지는 곳으로 향했다. 산 아래에서 모세를 기다리던 여호수아는 전쟁이 일어난 것이 아닌지 두려워했다(이스라엘 백성들 사이에서나 혹은 적의 기습 공격으로). 하지만 모세는 노래하고 춤추는 소리를 들었다.

32:19-29. 그들 가까이 다가간 모세는 역겨움과 분노로 인해 돌판을 바닥에 내던졌다. 이스라엘 백성은 하나님과 맺은 언약을 멸시했다. 철저한 몰살이라는 하나님의 심판을 받아 마땅했다. 모세는 송아지 우상을 불에 집어던져 녹이고 그 재를 물 위에 뿌렸다. 그리고 이스라엘 백성에게 그 남은 찌꺼기들을 마시게 함으로 죄의 쓴 맛을 보게 했다. 그 행동은 죄의 삯을 상징적으로 표현했다(롬 6:23).

이어서 모세는 자신의 형 아론에게 이 백성이 네게 어떻게 하였기에 네가 그들로 중죄에 빠지게 하였느냐라고 물었다. 모세의 이 말은 핵심을 건드리고 있다. 아론은 자신의 행동으로 혐오스러운 비겁성을 드러냈고 연약한 성격을 여실히 보여주었다. 그는 이스라엘 백성의 타락을 저지해야 했다. 그러므로 그는 비난받아 마땅했다.

아론은 자기 성격대로 변명을 했다. 아마 모세가 사소한 거짓말보다는 큰 거짓말을 믿는 것이 나을 것이라고 생각했을지도 모른다. 그는 이스라엘 백성에게서 금 귀고리를 받아 불 속에 던져넣었음을 인정했다. 그리고 그 불 속에서 신상이 저절로 만들어졌다고 했다. 모세는 이 거짓말에 대해 아무 반응도 보이지 않았다.

모세는 즉시 이스라엘 백성에게 결단을 촉구했다(왕상 18:21). 참되신 하나님의 편에 선 사람은 모두 그에게로 나오라고 명했다. 레위인들이 즉시 그 명령에 순종해 모세에게로 나왔다. 그러자 모세는 각 레위인들에게 **그 형제를, 그 친구를, 그 이웃을 도륙하라**고 명령했다. 그의 명령은 가혹한 것 같다. 모세는 세부적인 내용을 생략했을지도 모른다. 어떤 이들은 주동자들이 이미 확인되어 나머지 백성들과 분리되어 있었을 것이라고 주장했다. 레위인들은 모세의 명령을 따라 약 3천 명의 사람들을 죽였다.

32:30-35. 이어서 모세는 이스라엘 백성의 변절을 꾸짖고 그들을 중재하기 위해 하나님과 만나기를 청한다. 그는 하나님께 그들을 대신해 간구하며 심지어 그들의 생명의 속전으로 자기 생명을 드리겠다고 말한다. 그는 하나님이 가지고 계신 책('하나님의 책' 에 대해서는 '심층 연구' 를 참고하라)에서 그의 이름을 제해달라고 기도한다. 모세는 양을 위해 자기 목숨을 내놓은 참된 목자였다. 하지만 하나님은 이 기도를 들어주지 않겠다고 말씀하신다. 하나님은 모세에게 모든 개인의 운명이 그 자신의 믿음에 달려 있음을 가르치신다. 이 흥미진진한 장은 하나님이 모세에게 앞으로 나아가 그분이 약속하신 땅으로 그 백성들을 인도하도록 재위임하시는 내용으로 마무리된다. 하나님은 그들에게서 그분의 사자를 거두지 않으실 것이다. 마지막 절에 언급된 역병은 조금 뒤에 일어날 것이다.

B. 하나님의 영광(33:1-23)

Supporting Idea	하나님의 임재를 당연하게 생각하면 안 된다. 우리는 겸손하고 간절하게 하나님의 임재를 구해야 한다.

33:1-6. 여기에 기록된 내용을 이해하기란 쉽지 않다. 하지만 우리가 전체 그림을 이해하면 이 내용을 쉽게 이해할 수 있다. 처음에 하나님은 이스라엘 백성과 단순히 언약을 갱신하시는 것처럼 보였고 그들을 그 땅으로 무사히 인도하겠다고 약속하셨다. 심

지어 그들 앞에 사자를 보내셔서 그들이 무사히 그 땅에 당도하게 하겠다고 하셨다. 아브라함과 이삭과 야곱에게 맺으신 동일한 언약이 그들과 그의 후손들에 이르러 갱신될 것이다. 하지만 한 가지 핵심 요소는 생략될 것이다. 그것은 바로 하나님의 임재였다. 여호와의 사자가 그들 앞서 인도할 것이지만 하나님의 임재는 함께하지 않을 것이다. 이스라엘은 범죄함으로 하나님의 친밀한 임재를 잃어버렸다. 하나님의 자녀에게 가장 중요한 우선순위는 항상 하나님과 함께함으로 성령이 근심하시게 하지 않는 것이다(엡 4:30).

하나님의 말씀을 듣고 그들은 두려움에 떨었다. 그들은 애통하며 관습적으로 착용해 온 단장품을 몸에서 떼어냈다. 모세가 하나님의 말씀을 그대로 전달하자 그들의 슬픔은 고조되었다. 하나님이 그들과 함께 가시면 그들의 교만한 태도 때문에 그들을 말살해버리실 수도 있었다. 그러고나서 하나님은 참된 회개의 증거로, 그들이 이미 시작한 단장품을 떼내는 일(아마 영구히)을 시행하게 하셨다. 그들은 호렙산에서 단장품을 스스로 제거했다.

33:7-11. 성막 건축에 들어가기 전 모세는 항상 장막을 취하여 진 밖에 쳐서 진과 멀리 떠나게 했다. 그 장막은 회막으로 하나님의 임재를 구하는 곳이었다. 모세가 회막에 들어가면 백성들은 그가 하나님과 독특한 관계를 누린다는 것을 알기 때문에 조심스럽게 주시했다. 하나님은 모세와 대면하여 말씀하셨다. 이후에는 어떤 하나님의 사람이라도 하나님과 이런 관계를 누리지 못할 것이다. 모세가 회막에 들어가면 구름 기둥이 회막 입구에 내려 임했다. 이 시간에 하나님은 모세와 이야기하셨고, 백성들은 멀리서 이것을 보며 하나님을 경배했다. 모세가 진으로 돌아올 때는 충실한 조력자인 여호수아에게 회막을 지키도록 했다.

33:12-17. 모세는 하나님께 그와 그분의 백성들과 하나님의 관계를 명확히 해달라고 간구했다. 그분이 친히 그들과 함께 올라가실 것인가? 그렇지 않으실 것인가? 모세는 하나님을 더 알기 원했다. 이것은 모세의 역동적 신앙의 면모를 보여준다. 모세는 온갖 역경을 겪으면서 믿음이 성장했다. 그리고 영적인 갈증은 더 깊어졌다. 모세는 하나님의 길을 더욱 더 알아서 하나님의 은혜가 자신뿐 아니라 백성들에게도 임하기를 원했다. 하나님은 모세에게 그분의 임재가 그와 함께할 것이라고 재확인해주셨다.

33:18-23. 모세가 하나님의 영광을 보여달라고 구하자 하나님은 그의 기도를 들어

주기로 하시지만 몇 가지 제한을 두셨다. 하나님은 모세 옆을 지나가시며 그분의 개인적인 이름인 야훼를 선언하실 것이다. 하지만 모세는 하나님의 임재의 핵심을 보지 못할 것이다. 모세가 하나님을 본다는 것은 그분의 인격과 성품을 아는 것이었다. 하나님은 인간이 아니시기에 거짓말하지 않으시며 사람의 아들이 아니시기에 마음이 변개치도 않으신다(민 23:19). 하나님은 주권자시다. 누구에게도 해명할 필요가 없으시며 선택한 그릇들에게만 자비와 긍휼을 베푸신다.

하나님은 모세 앞에서 그분의 영광을 보이기로 결정하셨다. 모세는 그 광경을 보기 위해 바위 위에 서야 할 것이다. 하나님이 지나실 때 모세를 바위 틈에 숨기시고 그를 덮어주실 것이다. 그래서 모세는 하나님의 얼굴은 보지 못하고 등만 보았다. 이것은 '신인동형론적(anthropomorphic)' 표현이다. 이는 모세가 하나님과 만난 사건이 세부적인 내용에서 정확하게 전달된 것은 아니지만 하나님이 모세가 이해할 수 있는 언어를 사용하셨음을 의미한다.

C. 언약 갱신(34:1-35)

Supporting Idea	긍휼하신 하나님은 범죄한 민족과 언약을 갱신하신다.

34:1-3. 하나님은 모세에게 그와 함께하신다는 사실을 확인해주신 직후 이스라엘 민족과 언약을 갱신하신다. 직접적인 첫 번째 문제는 하나님의 율법에 담긴 언약 조건을 갱신하는 것이었다. 하나님은 모세에게 돌판 둘을 처음 것과 같이 깎아 만들라고 명령하셨다. 그러면 하나님이 첫 돌판에 기록된 내용을 그 위에 써주실 것이다.

34:4-9. 모세는 하나님의 명령에 순종해 새로운 돌판을 깎아 만들어 산으로 올라갔다. 그곳에서 하나님의 명령을 또다시 받을 것이다. 그리고 하나님은 다시 모세 옆을 지나시며 자신의 이름 여호와를 선포하셨다. 자신의 이름을 선포하시면서 하나님은 자기 종에게 그분의 속성에 대해 설명하셨다. 모세는 예전에 하나님께 그분의 길을 더 깊이 가르쳐달라고 구했다(33:12-13). 이제 하나님이 그 요청을 들어주셨다. 언약의 하나님은 자비롭고 은혜롭고 노하기를 더디하고 인자와 진실이 많은 하나님이시며 인자를 천 대까지 베풀며 악과 과실과 죄를 용서하는 분이시다.

모세는 하나님과 얼굴을 맞대고 이야기하는 것만으로도 용기를 얻었을 것이다. 그러다가 자신이 어떤 하나님을 섬기고 있는지 깨달았을 때 얼마나 더 큰 격려를 받았겠는가. 그분은 주변 민족들의 비인격적인 신들과 달리 이스라엘을 사랑하시는 인격적인 하나님이셨다. 하지만 하나님은 자신의 본성을 거스르는 식으로 이스라엘 백성을 사랑하지 않으셨다. 이스라엘 백성이 금송아지 사건으로 깨달았듯이, 그분은 여전히 그들의 죄를 심판하시는 공의의 하나님이셨다(출 32장을 참고하라). 하나님에 대한 새로운 지식으로 무장한 모세는 급히 땅에 엎드리어 경배했다. 모세는 언약의 하나님이 함께하시는 가운데 앞으로 나아가기를 원했다. 하나님은 그들의 죄를 용서하심으로 사랑을 증명하시고 그들을 유업으로 선택하셨다. 모세는 오직 자신에게 필요한 것은 하나님의 함께하심뿐이라고 생각했다.

34:10-15. 하나님이 이스라엘을 위해 일하시려면 그들이 언약 조건을 꼼꼼히 지켜야 한다. 즉, 하나님의 법을 지켜야 한다. 하나님은 가나안 땅을 차지한 적들을 몰아내실 것이다. 그들은 이스라엘이 절대 조약을 맺으면 안 되는 적들이었다. 이스라엘은 이방 신들의 모든 흔적을 철저히 제거함으로써 야훼 하나님에 대한 그들의 충성심을 증명해야 했다. 질투라 이름하는 하나님은 이스라엘 백성에게 완전한 충성을 요구하셨다.

34:16-28. 하나님은 다음으로 이스라엘에게 주는 계명을 요약 형태로 다시 주신다. 그리고 원주민들과 지나치게 가까워질 위험성을 다시 상기시키셨다. 이스라엘이 이방인들의 영향을 막는 것에 실패한다면 그들은 한 민족으로서 이스라엘을 무너뜨릴 것이다. 이스라엘은 이들과 절대 결혼하면 안 되었다. 이방인들과 결혼하면 이스라엘은 곧 그들의 신들과 영적으로 타협할 것이다. 이스라엘은 신상들을 부어 만들면 안 되었다.

하나님은 이스라엘에게 그들이 애굽을 떠난 달인 아빕월에 지켜야 할 무교절과 칠칠절과 수장절을 비롯해 절기들을 우선순위로 지킬 것을 요구하셨다. 나아가 가축의 초태생들뿐 아니라 장자들은 대속을 받아야 했다. 레위인들이 장자들을 대신하여 섬길 것이지만 하나님은 장자의 부모들에게 속전을 지불하라고 명하셨다(13:12-13). 하나님은 제 칠일을 안식의 날로 구별해야 한다는 명령을 다시 강조하셨다. 밭을 가는 시기에도 안식일은 준수해야 했다. 하나님은 이스라엘의 희생 제사와 염소 새끼에 대한 취급법과 같이 앞에서 주신 다른 계명들을 강조하셨다(23:18-19를 참고하라).

하나님은 모세가 산에서 머무른 기간 동안 그를 기적적으로 붙드셨다. 그가 산에 머무른 기간은 사십일 사십야였다.

34:29-35. 하나님과 직접 만난 모세의 얼굴에 광채가 났다. 백성들은 두려워서 그에게 가까이 가지 못했다. 하지만 모세는 그들을 진정시키고 자기 앞으로 그들을 불렀다. 분명히 모세가 그들과 처음에 이야기할 때는 수건으로 자기 얼굴을 가리지 않았을 것이다. 그 후에는 하나님과 대면한 후에 이스라엘 백성과 이야기할 때 모세는 수건으로 얼굴을 가렸다. 하지만 하나님의 면전에 나아갈 때는 수건으로 얼굴을 가리지 않았다. 그는 수건으로 얼굴을 가리지 않고 하나님의 영광을 봄으로써 큰 확신을 얻었을 것이다. 이것은 언젠가 새로운 언약의 신자들이 누리게 될 영광스러운 특권을 미리 보여준다(고후 3:18).

Main Idea 복습	하나님은 범죄한 백성들에게 다시 한 번 율법을 주심으로 그분 앞으로 나아올 수 있는 길을 알려주신다.

결론

새를 막는 레이더

거대한 철새 떼가 미주리 주의 데스 모인즈, 아이오와, 오마하, 네브래스카, 캔자스시티의 공항 레이더 시스템을 마비시킨 적이 있다. 컴퓨터 레이더 시스템은 이동하는 수천 마리 거위 떼의 정보를 처리하려다가 몇 시간 동안 마비되고 말았다. FAA 레이더 시스템은 속도를 추적하여 새들로부터 나오는 레이더 반사파를 걸러내도록 되어 있었다. 그러나 관제사들은 주 레이더(공중의 물체로부터 나오는 반사파를 읽어내는)의 작동을 멈춘 후 비행기에서 내보내는 자동응답 신호에 반응했다. 치명적인 피해를 입은 그날, 새들이 너무 갑자기 나타났기 때문에 FAA 소속 관제사들은 대처할 시간이 없었다. 엄청난 수의 새 떼가 나타나서 레이더 여과 시스템(새들로부터 나오는 반사파를 스크린에 보여주는)은 순식간에 무용지물이 되었다. 데스 모인즈의 레이더 시스템은 700대의 진짜 비행체와 300마리의 비 비행체의 반향을 동시에 처리할 수 있었다. 하지만 그날 그 시스템은 몇 분 동안 900마리가 넘는 새들의 반사파에 굴복하고 말았다.

인생은 때때로 이와 같다. 동시대의 삶의 배경이 내는 소음으로 인해 집중력이 흐트러지고 잡음을 걸러내는 능력이 제기능을 하지 못한다. 우리는 인생에서 정말 중요한 것이 무엇인지 모르게 되었다. 우리의 영적 레이더 시스템은 눌리고 찌그러져 온갖 잡음 속에서 하나님을 놓쳐버린다. 이제 우리가 TV와 라디오를 끄고 기독교 음악을 치우고 신문을 접고 잡지를 덮어야 할 때이다. 단순히 "가만히 있어 내가 여호와인 줄" 알아야 할 때이다. 출애굽기 33장에서 모세는 이러한 곤경에 처해 있었다. 모세가 하나님 뵙기를 요청했지만 하나님은 그분의 '등' 을 살짝 보여주셨을 뿐이다. 모세는 갈라진 바위 틈에 숨어 영적인 레이더를 그분께 맞추었다. 그가 할 수 있는 일은 하나님이 지나시도록 침묵을 지키는 것뿐이었다.

■ 진리 알기

- 하나님은 반역을 결코 간과하지 않으신다.
- 하나님이 한 사람을 지도자로 부르실 때, 중보기도는 그 소명의 일부이다.
- 기도는 하나님의 마음을 바꾸시게 하는 것이 아니라, 우리로 하여금 하나님의 마음을 보도록 허용하는 것이다.

■ 적용하기

- 당신이 책임을 져야 하는 사람들을 위해 기도하라.
- 당신을 위해 기도하는 사람들에게 감사하라.
- 날마다 하나님과 만나기 위해 성경을 읽으라.
- 과거에 신실하셨던 하나님을 기억하고 미래에 대해 하나님을 신뢰하라.

삶의 적용

믿음의 아이

에딘버러에 있는 어느 학교에 다니는 한 소년이 기도 모임에 참석했다. 그 아이는 누구보다도 훌륭한 믿음을 가진 소년이었다. 기도 모임을 인도하는 선생님에게 소년은 이렇게 말했다. "선생님, 제 누나가 성경을 읽으면 좋겠어요. 누나는 성경을 전혀 읽지 않아요."

"존(John), 누나가 왜 성경을 읽어야 하지?"

"한 번이라도 읽는다면 누나에게 유익할 거예요. 저는 누나가 예수님을 믿고 구원을 얻을 것이라고 확신해요."

"정말 그렇게 생각하니?"

"네, 선생님. 다음 기도 시간에 제 누나가 성경을 읽게 해달라고 기도 부탁을 해주셨으면 좋겠어요."

"그래, 그렇게 하마."

그래서 선생님은 한 어린 소년이 누나가 성경을 읽도록 기도해주기를 간절히 바란다는 사실을 참석자들에게 알렸다. 그런데 존이 사람들이 지켜보는 가운데 그 자리에서 일어서더니 밖으로 나갔다. 선생님은 존이 큰 무례를 범하고 참석자들에게 방해가 되었다고 생각했다. 그래서 그 다음 날 존이 오자 이렇게 말했다. "네가 기도 시간에 일어나 나가버린 건 매우 무례한 행동이었다고 생각한다. 그렇게 행동하면 안 돼."

"선생님, 제가 무례하려고 한 건 아니에요. 그냥 집으로 가서 누나가 처음으로 성경을 읽는 모습을 봐야겠다고 생각한 것뿐이에요."

당신은 이런 믿음을 가지고 있는가? 하나님의 백성인 우리는 기도가 응답될 것을 믿고 기대감으로 그 응답을 주시해야 한다. "주님, 저의 어둠을 빛으로 바꾸어주십시오"라고 기도한 날에는 촛불을 가지고 밖으로 나가지 말라. 하나님께 임재해주시도록 기도했다면 그분이 그렇게 하실 것을 기대하라. 이는 당신의 믿음에 따라 그분이 응답하실 것이기 때문이다. 당신이 관심을 갖는 사람들의 삶에 하나님의 역사가 나타나기를 얼마나 간절히 원하는가? 얼마나 진지하게 기도하고 있는가?

기도

주님, 제 가족들과 친구들 그리고 매주 만나는 구원받지 못하는 사람들을 위해 언제라도 생명을 던질 수 있는 용기를 주십시오. 모세처럼 그리고 저를 위해 매일 그렇게 하시는 주님처럼 말입니다. 일상에서 만나는 사람들 앞에 가서 그들을 위해 중보할 수 있는 믿음의 근육을 키울 수 있도록 도와주소서. 아멘.

심층 연구

A. 하나님이 후회하시는가?

성경은 여러 곳에서 하나님의 불변성을 강조한다. 그분은 변함이 없으시다(말 3:6, 히 13:8, 약 1:17). 하나님의 완벽성의 일부는 그분의 마음을 비롯해 어떤 것에도 변함이 없으시다는 것이다. 예를 들어, 그분의 지식이 자랄 수 없다. 이는 그분이 지식에 완전하시기 때문이다. 그분의 인격이나 속성이 어떤 부분에서 쇠약해지는 일도 없다. 그러나 성경은 때로 하나님이 마음을 바꾸실 수 있고 실제로 그러하시다는 듯한 표현을 사용한다(출 32:10-14, 욘 3:10). 하지만 이것은 성경과 하나님의 본성에 대한 오해이다. 신적 불변성이 신적 부동성(하나님이 전혀 움직임이 없으시다는 뜻, Berkhof, 59을 참고하라)을 의미하는 것은 아니다. 반면, 인간은 쉽게 변하는 존재이다. 그리고 하나님은 인간과 교제하신다. 종종 하나님은 인간이 반응하는 것에 따라 심판을 하거나 자비를 베풀 수 있는 조건을 인간에게 요구하신다. 다윗이 백성들의 인구 조사를 하자 하나님은 예루살렘을 멸망시킬 천사를 보내셨다(대상 21:15). 하지만 백성들의 슬픔과 다윗의 회개를 보신 하나님은 그 역병을 멈추게 하신다.

때로 성경은 '신인동형론적 언어(하나님이 인간처럼 말씀하시거나, 인간이 하나님을 이해하도록 돕는 언어를 사용하시는 것)' 를 사용하며 인간의 관점에서 하나님에 대해 말한다. 그분이 마치 자신의 뜻을 바꾸신 것처럼 보이지만, 실제로 그분의 영원한 뜻이나 계획은 결코 바뀌지 않는다. 이것은 확실히 신비다. 성경은 그것에 대해 특별히 설명하거나 그러한 언어를 사용한 것에 대해 변명도 하지 않는다. 그러나 하나님의 모든 자녀는 하나님이 자녀의 영원한 행복에 대해 결코 그 뜻을 바꾸지 않으실 것을 확신해도 된다(롬 8:28-39).

B. 하나님의 책

여기서 언급된 책은 생명책을 가리킨다(단 12:1, 계 20:12). 이 구절은 성읍 성민들에게 성민으로서 온전한 권리를 부여하기 위해 명단에 이름을 적던 관습에서 유래한 것이다(Keil, 231). 이 생명책(빌 4:3)은 모든 연령대의 하나님 자녀들의 이름을 포함하고 있다. 이 책에 등록되지 않은 이름은 하나님과 참된 교제를 갖지 않은 모든 연령대와 장소에 살던 사람들의 이름이다. 우리가 "생명책에서 제하여 버린다"는 구절을 들을 때 그것은 하나님과의 교제에서 끊어지거나 영원한 죽음에 내어준다는 것을 의미한다. 우리는 책들과 기억의 책들에 대한 언어의 일부가 비유적인 표현일 수 있음을 인정한다(말 3:16, 계 20:12, Berkhof, 734를 참고하라). 일부 사람들이 시도했던 것처럼 우리 역시 이 모든 책들을 구분하고 범주화시키는 서투른 시도를 피해야 한다.

이 교훈의 핵심은 하나님이 그분의 자녀들과 불신자들의 모든 행동과 생각과 태도와 반응을 기억하실 것이라는 데 있다. 그분은 우리에게 모든 책임을 물으실 것이다(롬 2:16, 고전 4:5). 하나님의 자녀는 그분이 자신을 버리실 것이라는 두려움을 가질 필요가 없다. 하나님의 자녀들은 생명책에 안전하게 새겨져 있다. 거기서 누락될 일은 절대 없다.

C. 하나님의 질투

오늘날 대부분의 사람들은 질투를 사랑의 한 속성으로 밝히려 하지 않는다. 하지만 질투는 사랑의 한 속성이다. 참된 사랑, 혹은 하나님의 사랑은 사랑하는 대상에 가치를 부여한다. 예를 들어, 성령님은 우리를 소유하시기를 갈망하신다(약 4:5). 관계를 맺고 있는 한 사람이 어떤 부분에서 부정하게 되면 상대방은 질투하게 된다. 때로 이 질투가 부정적인 기운을 뿜는다면, 그것은 하나님께로부터 온 것이 아니다. 참된 사랑은 상대방에 대한 성실함과 순결을 고양시킨다. 관계에서 불성실한 쪽은 그 연합에 심각한 타격을 기해 상대방의 질투를 유발한다.

하나님은 자기 백성을 온전히 소유하기를 갈망하신다. 경쟁자가 그 관계를 위협하면 자신의 명예를 위해 싸우실 것이다. 이 세상 어느 그 누구보다 가장 온유하시고 마음이 겸손하신 예수님(마 11:29)은 아버지의 집에서 환전꾼들을 내쫓기를 주저하지 않으셨다(요 2:12-17). 우리가 듣는 대부분의 질투의 표현은 건강한 관계 증진에 거의 기여하지 않는다. 그러나 하나님은 자신의 모든 속성을 완전하게 행사하시므로 결코 균형을 깨뜨리지 않으신다. 하나님이 우리의 삶에 대해 거룩한 질투를 보이시면 기뻐해야 한다. 이는 그분이 우리를 사랑하신다는 뜻이기 때문이다. 그분은 정말로 우리를 사랑하신다!

교안

A. 들어가는 글

1. '하나님은 듣고 계시는가?' 이야기로 시작하라.
2. 배경 설명: 하나님은 애굽에서 노예 생활을 하던 자기 백성을 구원해주셨다. 그들에게 약속의 땅을 주시기 위해 그들을 준비시키고 계셨다. 애굽에서 가나안으로 가는 도중에 백성들은 시내산에서 잠시 멈추었다. 그곳에서 하나님은 모세에게 이스라엘이 생활의 기본 원리로 삼아야 할 십계명을 주셨다. 모세가 산에 머무르는 동안, 백성들은 조바심을 이기지 못하고 금송아지 모양으로 하나님의 형상을 만들었다.
3. 적용: 출애굽기 32-34장은 이스라엘이 금 송아지 신상을 만듦으로 초래한 결과를 말해준다. 모세는 이스라엘을 대신해 하나님께 중재하고 언약이 갱신된다.

B. 본문 이해

1. 신상을 만든 이스라엘(32:1-35)
2. 하나님의 영광(33:1-23)
3. 언약 갱신(34:1-35)

C. 결론: '믿음의 아이' 를 읽어주라.

토의 질문

1. 모세가 백성들을 떠나 있었던 기간은 얼마인가? 지도력에 공백이 생기자 무슨 일이 일어났는가?

2. 이 사건을 배운 사람으로서, 극적인 범죄에 직면한 모세의 리더십 스타일을 어떻게 설명하겠는가? 그의 반응은 지나친 것이었는가? 그렇다면 그 이유는 무엇이며, 그렇지 않다면 그 이유는 무엇인가?

3. 지도자는 자신이 돌보도록 부름받은 사람들을 어느 정도 돌봐야 하는가? 사람들에게 당신의 사랑을 보여준 몇 가지 예들을 열거해볼 수 있는가?

4. 십계명이 기록된 돌판에 얼마나 중요한 의미가 있었는가? 이스라엘 백성은 새로운 돌판 없이도 생활할 수 있었는가?

출애굽기 35-40장

성막 건축

"나는 한 번도 희생을 한 적이 없었다. 우리를 위해 자신을 주시려고 아버지의 높은 보좌를 떠나신 분의 놀라운 희생을 기억한다면, 우리는 '희생' 이란 말을 떠벌리지 말아야 한다."

- 데이빗 리빙스턴(David Livingstone)

출애굽기 25-31장에서는 성막에 대한 청사진이 제시되었고, 35-40장에서는 성막이 세워지고 있다. 성막과 하나님의 거룩한 임재를 위해 계획된 이 성막의 내용물을 만들기 위한 기금 마련 노력이 아주 상세히 기록되어 있다. 그후에 출애굽기는 하나님의 영광이 성막에 가득 차는 것으로 끝난다.

들어가는 글

미라 열풍

1984년, 가족들과 함께 세계 박람회를 관람했다. 가장 인기 있는 전시물 중 하나는 투탕카멘 왕의 전시관이었다. 고고학을 전공한 학생들이 이 무덤의 역사적 발견 이면에 있는 비밀을 알려주었다. 1922년, 고고학자 하워드 카터(Howard Carter)와 그의 후원자 조지 에드워드 카나본(George Edward Carnavon)은 무덤 입구에 새겨진 파라오의 저주를 그다지 두려워하지 않았다. 거기에는 이렇게 쓰여 있었다. "이 무덤에 들어오는 자들을 내가 코브라처럼 공격할 것이다." 그 다음 해 그들은 묘실에 새겨진 "태양의 아들, 그가 아무 해를 입지 않고 쉬기를"이라는 글귀에도 주의하지 않았다. 이집트 왕들의 계곡에 있던 투탕카멘의 무덤이 발견되자 전 세계 미디어는 즉시 흥분했고, 세계는 곧 미라 열풍에 휩싸였다.

코브라가 그 고고학자들을 공격하지는 않았지만 이집트 정부는 그렇지 않았다. 이집트 당국은 그 고고학 팀이 성지를 훼손했다고 비난했다. 그리고 전 세계가 관람할 수 있도록 모든 유물들을 카이로 박물관에 기증하라고 요구했다. 묘실의 봉인이 열린 지 두 달 후에 모기 한 마리가 무덤을 방문한 카나본을 물었다. 결국 그는 감염과 그로 인한 합병증으로 사망했다.

모든 일은 탐욕과 야망, 혹은 명성과 인기가 아닌 동기 때문에 추구해야 한다. 이것은 성막을 지으려는 이스라엘의 헌신을 공부하는 사람들이 배워야 할 교훈이다.

본문 이해

성막 건축

Main Idea	성막이 이제 지어진다.

A. 성막의 재료와 기름부음을 받은 사람들(35:1-35)

Supporting Idea	이스라엘 백성은 값진 물건들을 준비하고 하나님은 유능한 장인들을 준비시키신다.

35:1-3. 모세는 백성들을 소집하여 안식을 위해 일곱째 날을 구별하는 거룩한 의무를 그들에게 일깨워준다. 모세는 이스라엘 백성이 성막을 지으려는 열심으로 안식일을 소홀히 여길까봐 두려워했을 것이다. 그러나 모세는 그날을 지켜야 할 중요성을 강조하고 안식일 조항을 어기는 모든 사람들을 죽음에 처한다는 냉혹한 경고를 덧붙인다.

분명히 누군가가 혹은 공동체의 몇몇 사람들이 최근 안식일에 불을 피움으로 이 명령을 어겼을 것이다. 그 당시에 불을 피우려면 막대기 두 개를 서로 비비거나 마찰을 일으키는 다른 도구를 이용해야 했다. 어떤 경우이든, 그것은 노동이었고 안식일 규례에 대한 위반이었다.

35:4-9. 모세는 다음으로 성막에 필요한 재료를 조달하기 위해 백성들 중에서 예물을 받으라는 하나님의 명령을 반복한다(더 자세한 내용은 25:2-7을 참고하라).

35:10-19. 성막에 필요한 구체적인 재료에 대해서는 26장 1-6절을, 장막에 필요한 물건에 대해서는 26장 7-13절을, 널판에 대해서는 26장 15-25절을, 언약궤와 상과 관련 기구에 대해서는 25장 10-40절을 참고하라.

35:20-29. 백성들은 모세에게서 물러나 예물로 드릴 물건들을 가져오기 위해 자기 거처로 돌아갔다. 백성들은 거의 만장일치로 자원해 응답했다. 성막을 짓는 데 필요한 재료와 제사장의 복식, 모든 관련 비품들에 필요한 재료들이 예물로 조달될 것이다. 그

들은 모세에게 금 보석류와 가슴 핀, 귀고리, 베실, 기름에 쓸 향료 그리고 출애굽기 25-28장에 기록된 관련 물품들을 가져왔다. 하나님은 또한 염소털로 가는 베실을 만들 수 있는 여인들처럼 사람들의 재능을 사용하셨다.

틀림없이 전체 예물은 공동체의 참여를 고려했을 것이다. 이제 모든 백성들은 정교한 예배 중심지를 세우는 데 주도적으로 참석했다. 희생 제사 제도와 예배 의식은 유대인들에게 삶의 중심이 될 것이며 하나님의 축복이 공동체에 임할 가장 중요한 수단으로 역할을 할 것이다. 그러나 백성들이 이 영적 규례를 무시하거나 기계적이고 위선적인 방법으로 그 규례를 지킨다면 하나님의 임재를 잃어버릴 위험에 처할 것이다.

35:30-35. 하나님은 모세에게 전체 성막 체제의 개념을 전달하셨다. 반면에 그것을 짓기 위해서는 다른 사람들을 선택하셨다. 그 일을 주도할 수 있도록 하나님은 우리의 아들 브살렐과 아히사막의 아들 오홀리압을 선택하셨다. 그들의 사명에는 성막에 필요한 여러 물품들을 만드는 법을 다른 사람들에게 가르치는 일이 포함되었다. 하지만 우리는 하나님이 성령으로 이 지도자들을 충만하게 하신 것에 주목함으로써 그분의 은혜가 성막을 짓는 전 과정을 어떻게 주관하셨는지 알 수 있다. 성령은 이 장인들과 직공들에게 필요한 기술과 재능을 주셔서 하나님의 계획을 실행하도록 하셨다.

B. 성막을 지음(36:1-38)

Supporting Idea	하나님의 계획과 목적이 이제 새로운 성막을 통해 성취된다.

36:1. 아무리 위대한 계획이라도 그것을 실행하려고 자원하는 사람이 없다면 아무 소용이 없다. 그러나 하나님이 계획하시면 그분은 필요한 것을 제공하신다(이 장에 이 점이 명확히 드러나 있다). 하나님은 브살렐이라는 장인을 수장으로 세우셨다. 그는 성막 건축을 감독할 것이다. 세부적인 것들이 아주 섬세하기 때문에 이 사람은 특별히 예리한 지성과 정교한 계획을 실현하는 능력을 가졌을 것이다. 그를 돕기 위해 하나님은 오홀리압과 다른 이들에게 유사한 기술을 주셨다.

36:2-7. 모세는 브살렐과 오홀리압과 여러 재주 있는 일꾼들을 불러 성막을 짓게 했다. 이스라엘 백성은 자원하여 성막을 지을 때 사용할 재료들을 예물로 드렸다. 자원하

는 마음이 매우 컸던 그들은 성막을 짓는 데 필요한 것보다 더 많은 예물을 바쳤다. 그러자 모세가 성막을 짓는 데 필요한 재료가 충분하기 때문에 더 이상 예물을 드리지 말라고 지시했다.

36:8-18. 그들은 먼저 성막에 사용될 아름답고 복잡한 앙장을 만들기 시작했다(더 자세한 내용은 26:1-11을 참고하라).

36:19-34. 설명을 보려면 26장 14-29절을 참고하라.

36:35-36. 26장 33-34절을 참고하라.

36:37-38. 26장 36-37절을 참고하라.

C. 성막의 기구(37:1-29)

Supporting Idea	장인들은 하나님이 계획하신 대로 제단과 상과 다른 성소의 물건들을 만든다.

37:1-9. 브살렐은 다음으로 정교한 언약궤와 속죄소를 만들었다(더 자세한 설명은 25:10-20을 참고하라).

37:10-16. 설명을 보려면 25장 23-30절을 참고하라.

37:17-24. 25장 31-39절에 대한 주석을 참고하라.

37:25-29. 30장 1-5절, 23-25절, 34-35절에 대한 주석을 참고하라.

D. 성막의 나머지 기구(38:1-31)

Supporting Idea	재주 있는 일꾼들이 번제단과 물두멍과 뜰을 만들어 성막을 완성한다.

38:1-7. 일꾼들은 이어서 하나님이 모세에게 주신 지시대로 번제단을 만들었다(설명을 보려면 27:1-8을 참고하라).

38:8. 이 거울들은 앞에서 한 번도 언급되지 않았다. 이 거울들은 청동 판으로 만들고 정성껏 광을 내어 여성들이 오늘날과 같은 방식으로 사용했을 것이다. 대영 박물관과 로얄 온타리오 박물관 모두 이와 유사한 물건들을 소장하고 있다. 그 중 많은 것들에 손

잡이가 있고 아름다운 문양이 새겨져 있다. 여성들이 이러한 소지품들을 포기했다는 것은 성막 공사에 대한 그들의 헌신을 보여준다.

38:9-20. 27장 9-19절에 대한 주석을 참고하라.

38:21-24. 모세는 이스라엘 백성이 바친 예물의 정확한 양(혹은 무게)을 기록한다. 백성들이 바친 금속들은 언약궤나 언약의 돌판을 보관한 성막에 사용되었다. 모세는 이다말을 돕기 위해 레위인들이 그의 지휘를 받아 예물의 양을 기록하게 했다. 그들은 성막 기구를 만드는 브살렐과 베실을 수놓는 오홀리압을 지켜보았다. 백성들이 드린 금은 29달란트와 730세겔이었다.

38:25-28. 은이 금 무게의 거의 네 배에 달했지만 그 가치는 그에 미치지 못했다. 성소에 사용된 은은 인구 조사 때 백성들(603,550명의 남자들)에게 징수한 것이었다.

38:29-31. 백성들은 자원하여 그들이 가진 놋을 바쳤고(35:24) 이 예물을 사용해 일꾼들은 회막 문 기둥 받침과 놋 제단과 뜰의 받침과 뜰 사면의 말뚝을 만들었다.

E. 제사장 의복을 만듦(39:1-43)

Supporting Idea	일꾼들은 제사를 주관할 제사장들이 착용할 정교한 복식을 만든다.

39:1. 35장 22-25절에서 우리는 색색의 실('심층 연구'를 참고하라)이 백성들이 자원하여 바친 예물임을 알 수 있다. 이 실과 다른 재료들을 이용해 제사장들을 위해 거룩한 의복을 만들었다.

39:2-7. 28장 5-14절을 참고하라.

39:8-21. 더 자세한 주석을 보려면 28장 15-38절을 참고하라.

39:22-31. 39장 22-26절에 대한 주석을 보려면 28장 31-34절을 참고하라. 39장 27-29절은 28장 39-40절을 참고하고, 39장 30-31절은 28장 36-37절을 참고하라.

39:32-43. 완성된 모든 물품들이 모세 앞에 놓였다(아마 한 번에 모두 다 가져오지는 않았을 것이다). 그는 그것들이 정확히 하나님의 계획대로 만들어졌다고 선언했다. 그가 어떤 것을 형편없다거나 하나님의 기준에 맞지 않는다고 거부했다는 말은 없다. 하지만 그런 일이 있었다면 그것을 다시 만들라고 지시했을 것이다. 모세는 백성들을 축

복한 후 자신의 승인을 알렸을 뿐 아니라 하나님의 승인도 선포했다. 우리는 그들이 약 6개월 만에 성막을 완성했다고 추측할 수 있다. 그들은 애굽을 떠난 지 3개월 만에 시내산에 도착했고(19:1), 모세는 약 3개월 동안 하나님과 대화했으며, 그들은 그 해가 끝나기 전에 성막 사업을 완수했다(40:17).

F. 성막을 세움과 하나님의 영광(40:1-38)

Supporting Idea	하나님은 자신의 영광으로 충만하게 하심으로 지은 성막을 축복하셨다.

40:1-8. 브살렐과 오홀리압이 과업을 완수하자 하나님은 모세에게 새해 첫날(아빕월 혹은 니산월)에 성막을 세우라고 명령하셨다. 그는 언약궤를 지성소의 휘장 뒤(지성소 안)에 배치한 후 진설병 상과 등대와 분향단을 언약궤 반대편인 그 휘장 맞은편에 둘 것이다.

하나님은 다음으로 모세에게 번제단을 성막 입구에 설치하고 그것과 회막 사이에 물두멍을 두게 하셨다. 그는 물두멍에 물을 채워야 할 것이다. 그후에 성막 경계 혹은 뜰을 설치하고 그 포장을 입구에 설치하게 하셨다(27:16, 38:18을 참고하라).

40:9-16. 하나님은 모세에게 성막과 관련 기구들과 제사장을 성별하도록 지시하셨다. 성막을 세우는 데 걸리는 시간 때문에 모세는 기름을 바르는 의식을 하루 정도 연기했던 것 같다. 아론의 경우에는 기름을 바르는 절차가 달랐던 것으로 보인다. 먼저 그의 머리에 기름을 부은 후(레 8:12) 기름을 뿌렸다(레 8:30). 다른 제사장들의 경우는 단순히 기름을 뿌리기만 했다.

40:17-33. 성막의 구조는 빠른 설치와 해체가 가능했다. 아마 하루도 걸리지 않았을 것이다. 받침은 사막 바닥에 그대로 놓았을 것이며 전 구조물을 충분히 지탱할 정도로 튼튼했을 것이다. 모세는 각 부품을 제자리에 놓고 덮개로 덮었다. 그후에 증거판을 궤 안에 넣고 이동용 채를 끼운 다음 증거궤 위에는 속죄소를 놓았다. 나머지 물품들에 이어 증거궤는 지성소 안에 두었다(2-11절을 참고하라). 모세는 처음으로 향을 피우고(27절) 첫 희생 제사를 드렸다(29절).

40:34-38. 이제 하나님은 이루어진 모든 것에 대해 승인하셨다. 그분은 성막 위로 임

재하셔서 영광으로 충만하게 하셨다. 하나님은 공간의 제약을 받는 분이 아니지만 그곳을 자신의 거처로 정하셨다고 말할 수 있다(왕상 8:27). 그곳은 하나님의 독특한 임재의 거처가 되었다. 그 이후로 백성들은 하나님을 찾을 때 성소나 예루살렘을 떠올리곤 했다(단 6:10을 참고하라). 하나님께 즉각적으로 나아갈 수 있는 길은 아직 열리지 않았지만(히 9:8) 그분은 백성들과 여전히 함께하셨다. 그들은 하나님을 만나고 그분을 기쁘시게 하기 위해 정교한 희생 제사 제도를 의지해야 했다.

아담의 범죄로 인간이 타락했고 곧 인간을 위한 하나님의 개입이 이어졌다. 하나님은 항상 정교한 제사 제도와 제사장 제도를 통한 만남보다 훨씬 더 친밀한 관계를 인간과 누리기 원하셨다(사 66:1-2를 참고하라. 행 7:48-50과 비교하라). 하지만 그곳까지 향하는 길은 즉각적이지도 않고 아무 고통도 없는 길도 아니다. 성막은 일시적인 '하나님의 집' 역할을 하며 인간과 영원히 함께 거하는 궁극적 목표를 지향한다(계 21:3).

하나님은 이후로 낮에는 구름 기둥과 밤에는 불 기둥으로 이스라엘 백성의 여정을 인도하실 것이다.

Main Idea 복습	성막이 이제 지어진다.

결론

계획과 실행

1913년 1월 7일, 윌리엄 버튼(William Burton)은 원유에서 가솔린을 뽑아낼 수 있는 분해 방식에 대한 특허를 받았다. 세상이 지구 이쪽 끝에서 저쪽 끝으로 이동하는 방식에 일대 변화를 가져다줄 것이 바로 이 특허였다. 오늘날 대부분의 사람들은 수송 산업에 대한 그의 공헌을 인정하지 않는 것은 물론이고, 윌리엄 버튼이라는 이름도 알지 못한다. 하지만 사람들은 거꾸로 그의 발명품이 우리 환경에 어떤 영향을 미쳤는지에 대해 불만을 가진다. 이 발명품을 다룰 때 더 많은 지혜가 필요하다고 생각한 사람은 아무도 없었다.

1953년 1월 7일, 해리 S. 트루먼(Harry S. Truman) 대통령은 미국이 수소 폭탄을 개발했다고 발표했을 때 사람들의 지혜로운 조언에 귀 기울였어야 했다. 두 발명품 모두 거대한 잠재력이 있었다. 둘 다 세계에 희망을 줄 수 있는 기술을 선사했다. 하지만 두 발명품은 중요한 사실을 알려준다. 즉, 어떤 것을 계획하는 것과 그 계획을 실행하는 것은 분명히 다르다는 것을. 우리가 지속적으로 책임을 추구하는 성실성을 증명해줄 것은 그 계획을 어떻게 실행하는가에 있다.

가솔린 제조와 수소 폭탄 개발을 위해 세운 계획들에는 결함이 있었다. 이는 그 누구도 그것의 사용, 기능, 유지와 관련해 전체 그림을 그리지 못했기 때문이다. 하지만 이스라엘 백성은 성막과 관련 기구들에 대한 청사진을 이미 받았고 그것은 완벽했다. 하나님이 간과하시거나 생략하신 것은 단 하나도 없었다. 무엇보다도 이것은 하나님의 계획이었고 하나님이 만드신 구조물이었다. 모세는 백성들에게 도전했고 그들은 반응했다. 단 몇 명의 사람들이 아니라 모든 사람들이 그 일에 동참했다. 이것이 하나님의 계획이다.

■ 진리 알기

- 지도자는 어떤 새로운 일을 시작할 때 항상 하나님의 얼굴을 구해야 한다.
- 하나님은 사람들이 그분의 뜻과 인도하심에 온전히 집중하기를 원하신다.
- 하나님이 도전하실 때 민감하게 반응하는 사람들은 그분께 드리고 섬기며 순종한다.
- 축복보다 성별이 먼저이다.

■ 적용하기

- 풍성하게 드리라. 성령님이 당신에게 무엇인가를 짓거나 기르라고 격려하실 때 절대 거부하지 말라.
- 동참하라. 경기는 응원꾼이 이기는 것이 아니다.
- 하나님이 당신의 교회에서 행하고 계신 일에 동참하라. 당신의 은사를 사용하라.

삶의 적용

축구의 새로운 포지션

초등학교 1학년 선생님이 어린 소년에게 물었다. "너의 형은 미식축구부에서 어떤 포지션을 맡고 있니?" 소년은 형이 미식축구를 한다는 것을 알았다. 형이 출전한 경기를 수차례 관람했기 때문이다. 하지만 예기치 못한 질문에 당황한 소년은 고작 이렇게 대답했다. "형은 드로우백(drawback)을 맡은 것 같아요."

드로우백. 전쟁터에서 후퇴할 때나 내성적인 소년이 사람들 앞에서 보여주는 태도를 가리키는 용어이다. 하지만 이것은 또한 오늘날 교회의 수많은 그리스도인들을 설명해주는 용어이기도 하다. 하나님은 이스라엘 백성에게 이렇게 말씀하셨다. "너희들은 드로우백이 아니라 나의 풀백(fullback, 후위)이다. 너희들을 위해 블로킹을 해줄 것이다. 이제 공을 집어들고 달려라. 해야 할 일이 있다." 오늘날 하나님 나라의 일꾼들에게도 이것은 마찬가지다. 벤치에 앉아 대기하는 후보 선수들이 성경에는 없다.

기도

하늘에 계신 아버지, 제게 게으른 부분이 있다면 더 열심히 노력하겠다는 소망을 불어넣어주소서. 제가 가진 것들이 별것 아니라고 생각될 때가 있다면 그 모든 것이 어디서 온 것인지 기억나게 해주소서. 주님의 말씀을 읽을 때 주님의 영광을 볼 수 있게 하셔서 주님을 섬기게 해주시고, 모세처럼 주님과 대면할 때까지 섬기게 도와주소서. 아멘.

심층 연구

A. 성막의 의미

성막은 이스라엘 백성이 이동할 때마다 휴대했던 단순한 종교적 유물 이상의 의미를 지닌다. 하나님이 친히 정교하게 계획하고 설계하신 그 구조물은 신약 저자들이 후에 발전시킬 풍성한 의미와 상징적 진리를 표현했다. 그러므로 우리는 성막을 원래의 역사적 맥락에서뿐 아니라 그 외의 성경 본문들과의 관계에서 이해해야 한다(Poythress, 38). 이제 우리는 모세의 성막에 대한 몇 가지 두드러진 의미를 살펴보려 한다.

만남의 장소. 성막이라는 아이디어 때문에 하나님을 지상에서 특정한 거처가 필요하신 분처럼 이해해서는 안 된다. 그리고 성막이 어떤 식으로든 하나님을 제한한다고 생각하지도 말라. 그것은 이스라엘 백성이 하나님과 만나는 한 수단이었다. 그러므로 성막은 "하나님이 자기 백성들과 거하신다는 매우 종교적인 사상을 구체화해준다"(Vos Biblical Theology, 성경 신학, 148, 출 25:8, 29:44-45를 참고하라).

성막은 하나님의 집인가? 사람의 집인가? 성막은 분명히 하나님의 집이었다. 하지만 하나님은 인간을 손님으로 맞아주셨다. 제사장 제도와 마찬가지로 성막은 하나님을 위해서가 아니라 인간을 위해 건축되었다. 인간은 하나님이 필요하지만, 그러나 죄가 하나님께 자유롭게 나아가는 길을 막았다. 그러나 하나님은 죄인들을 용서하실 뿐 아니라 거룩에 대한 하나님의 의로운 기준의 온전성을 유지해주는 구원을 통해 해결책을 제시하셨다. 그래서 하나님과 인간은 일정한 조건 아래서 다시 만날 수 있었다.

하지만 그러한 구조물이 하나님이 인간과의 교제를 갈망하지 않는다고 암시하는 것은 아니다. "자기 백성들과 함께 거주하심은 그 자신과 그들의 운명의 상호 동일함을 원하시는 하나님의 소망을 충족시키기 위한 것이다"(Vos, 149). '회막(만남의 장막)'이란 백성들이 서로와 만나는 것을 강조한 것이 아니라 하나님과 만나는 것을 표현한 것이다. 하나님의 백성들이 오늘날 세계 각처에서 교회로 모일 때 그들은 서로 인연을 만들거나 수다를 떨고 인사를 나누려고 만나는 것인가? 그렇지 않다면 일종의 사회적 욕구를 만족시키는 연결된 만남을 위해서인가? 구속받은 자들의 공동체는 살아 계신 하나님을 만나기 위해 모여야 한다. 그분은 그들에게 구원을 주시는 하나님이시기 때문이다. 분명히 '회막'은 하나님과 인간이 함께 만나는 곳이었다.

성막은 하나님의 사랑의 본성을 선포할 뿐 아니라 그분의 거룩함도 선포한다. 그 거처는 두려움과 놀라움을 동시에 불러일으켰다. 하나님의 은혜를 입은 사람들이라도 멀리서 예배해야 했고, 오직 위임을 받은 제사장들만이 가까이 갈 수 있었으며, 엄격한 지침을 따라야 했다. 그러나 후에 그리스도가 이 거리를 메워주실 것이다. 그러나 하나님의 백성들은 하나님의 임재를 피해야 하는 것으로 생각하면 안 되었다. 백성들이 자원해 드리는 예물은 그들 가운데 하나님의 임재가 함께하시기를 바라는 소원을 표현하는 것이었다. 신약은 성육신하신 그리스도를 "우리 가운데 거하시"(요 1:14, 문자적으로는 우리 가운데 '계시다')는 분으로 소개함으로써 하나님이 인간과 거하심을 연관시킨다. 그러므로 우리는 그리스도를 통해 하나님께 나아가는 것이다(요 14:6). 그 안에 하나님이 거하신다. 우리 주님의 지명된 이름인 임마누엘은 "하나님이 우리와 함께 계시다"(마 1:23)라는 뜻이다. 인간과 하나님의 완전한 교제의 궁극적 실현은 요한계시록 21장 3절에서 절정에 이른다. 여기서는 큰 목소리가 "하나님의 장막이 사람들과 함께 있으매"라고 선포하고 있다.

예배의 장소. 성막 안에 배치된 기구들 역시 후에 신약 저자들이 전개할 구체적인 예배의 주제들을 암시하고 있다.

(1) 분향단. 휘장 가까이에 배치된 이 단에서는 연기와 특별한 향이 피어올라 성막을 가득 채웠다. 성경은 이 아름다운 장면을 하늘에 상달되는 기도와 연관시킨다(계 5:8, 8:3).

(2) 진설병 상. 하나님의 제사장들은 매일의 필요에 대해 하나님을 의지했다. 이것은 하나님이 광야 생활을 하던 이스라엘 백성에게 먹을 것을 공급해주신 것처럼(그리하여 만나의 일부가 거룩한 곳에 보관되었다, 출 16:32-35) 우리에게 일용할 양식을 공급해주신다는 것을 깨닫게 해준다. 하지만 하늘의 떡은 물리적인 형태뿐 아니라 영적인 형태로도 내려왔다(요 6:32-35, Poythress, 20-21). 그리스도의 이름을 부르는 우리는 주 안에

서 강하기 위해 오직 그분에게서 영적 양식을 구해야 한다.

(3) 등대. 불을 밝히는 등대는 제사장들이 성막에서 직무를 수행하도록 성막 안을 밝혀주었다. 이것은 인간에게 빛을 주시는 하나님께 빛을 구해야 함을 우리에게 일깨워준다(요 1:9). 불신하는 사람들은 복음의 빛을 볼 수 없고(고후 4:4) 어둠 속에 계속 머물러 있다. 하나님의 빛은 자기 백성들의 마음속에 빛을 비추어준다. 바울은 이 빛을 그리스도의 면전에서 하나님의 영광을 아는 지식의 빛으로 묘사한다(고후 4:6).

B. 성막과 교회의 관계

성막과 교회의 관계를 찾아낼 수 있는가? 어떤 의미에서 우리의 상상력이 생생하게 살아 있고 올바른 자극을 받는다면 우리가 원하는 것은 무엇이든 찾아낼 수 있다. 하나님의 성막과 그리스도가 위하여 죽으신 교회의 밀접한 관계를 충분히 찾아낼 수 있다. 신약 저자들은 교회를 하나님의 집에 비유했다(엡 2:21-22, 딤전 3:15, 벧전 2:5). 오늘날 어떤 이들은 그들의 예배 장소를 하나님의 집이라고 부른다. 이것은 적어도 어떤 면에서는 옳다. 바울은 그리스도인들을 하나님의 성전으로 부르고(고전 6:19) 몇 가지 중요한 윤리적 결론을 도출한다(고후 6:16도 참고하라).

하지만 우리는 몇 가지 차이점을 지적해야 한다. 이스라엘 백성은 성막 안에 모일 수 없었고 제사장들도 하나님이 정하신 제한 규정을 지켜야 했다. 신약적인 하나님의 집(역시 하나님이 거하시는 곳, 엡 2:21-22)은 그러한 제한 규정들을 지킬 필요가 없다. 하나님은 교회가 그분께 나아올 수 있도록 허락하신다. 그 만남은 언젠가는 얼굴과 얼굴을 맞대는 영원한 교제로 이어질 것이다(계 21:3). 이런 의미에서 구약의 성막은 하나님과 인간 사이의 불완전한 조건을 반영했다(Vos, 155). 그것은 신약 교회에서 극적으로 개선된 조건이다.

마지막으로, 하나님은 언젠가 그분의 임재를 가로막는 모든 장애물과 그분과의 임재를 이어주는 매개들을 없애실 것이다. 요한은 "하나님과 그 어린 양의 보좌가 그 가운데 있으리니 그의 종들이 그를 섬기며"(계 22:3)라고 기록한다. 요한은 그 성에서 성전을 전혀 보지 못했다. 이는 "주 하나님 곧 전능하신 이와 및 어린 양이 그 성전"(계 21:22)이시기 때문이다.

교안

A. 들어가는 글

1. '미라 열풍' 이야기로 시작하라.
2. 배경 설명: 하나님은 이스라엘을 위한 모세의 중보를 들으셨다. 그리고 우상 숭배의 죄를 범한 이스라엘을 용서하셨다. 이스라엘은 하나님이 자기 백성들과 거하실 임재의 장소인 성막에 대한 작업에 헌신하는 것으로 하나님의 용서하심에 반응했다.
3. 적용: 출애굽기 35-40장은 성막 짓는 일에 백성들이 아낌없이 예물을 드린 내용을 전한다. 하나님은 재주 있는 예술가들과 장인들을 사용하셔서 백성들을 이끌어 성막을 지으셨다. 성막이 완성되자 모세가 그것을 거룩하게 했다. 구름이 그 위에 머무르자 하나님의 영광이 가득하여 모세는 성막에 들어갈 수 없었다.

B. 본문 이해

1. 성막의 재료와 기름부음을 받은 사람들(35:1-35)
2. 성막을 지음(36:1-38)
3. 성막의 기구(37:1-29)
4. 성막의 나머지 기구(38:1-31)
5. 제사장 의복을 만듦(39:1-43)
6. 성막을 세움과 하나님의 영광(40:1-38)

C. 결론: '축구의 새로운 포지션' 을 읽어주라.

토의 질문

1. 하나님이 브살렐과 오홀리압을 주목하신 이유가 무엇이라고 생각하는가? 그들의 어떤 기술이 성막 건축에 중요했는가? 그들은 어떻게 이 기술을 가질 수 있었는가?

2. 성경은 성막의 세부적인 면까지 많은 관심을 기울인다. 이것은 하나님에 대해 무엇을 시사하는가? 이 세부적인 내용이 이스라엘에게 얼마나 중요하다고 생각하는가? 그 이유는 무엇인가?

3. 성막 기구들 중 대표적인 몇 가지는 하나님에 대해 어떤 점을 말해주는가?

4. 오늘날 하나님은 어디에 거하시는가? 신자들에게 이러한 상징물들이 필요한 이유는 무엇인가? 하나님을 어느 한 장소에 국한시키려는 시도에 어떤 위험성은 없는가?

5. 성막에 추가된 가장 중요한 요소는 무엇인가? 이것이 이스라엘 백성에게 중요한 이유는 무엇인가?

레위기 서문

이 책의 제목은 그 자체로 중심 주제가 된다. 즉, 레위인들에 대한 것들이다(Archer, 239). '레위기(Leviticus)' 는 헬라어 레비티콘(Levitikon)에서 유래한 것이며, '혹은 레위인들' 이라는 뜻을 지닌다. 히브리어 제목, 와이이크라(Wayyiqra)는 '그리고 그가 부르셨다' 라는 의미다. 전체 내용은 솔로몬 시대의 성전 건축 이전의 과도기뿐 아니라 그 이후의 시기에도 적용되는 히브리 예배의 본질에 대해 서술한다. 그 모든 하위 주제들, 즉 제사장의 기능, 제사 절차, 여러 정결 의식, 심지어 짧은 전기적 특성들(예를 들어, 10:1-7)은 레위기의 주된 주제인 여호와의 거룩하심 아래 통합된다.

하나님은 열두 지파로 구성된 이스라엘 민족을 여호와의 백성이 되도록 다른 민족들과 구별하셨다. 따라서 그들의 전 삶은 규정된 삶이다. 어느 부분도 하나님의 계명과 영향에서 제외된 영역은 없다. 많은 그리스도인들이 직접적인 연관성을 보지 못하기 때문에 이 책을 멀리하는 경향이 있다. 하지만 이 책은 성경에서 가장 풍부한 상징성을 담고 있다. 현대 독자들이 레위기의 내용을 깊이 연구한다면, 영적인 삶이 풍성해질 것이다. 이것은 겉핥기식 이상의 노력을 요구할 것이다. 레위기는 '1분짜리' 책이 아니다.

레위기의 특징

레위기에는 공식적인 서론이 없다. 레위기는 이스라엘의 공식적인 제사들로 시작하여 곧바로 여러 주제들을 연속적으로 다룬다. 제사와 관련 있는 제사장에 대한 규례는 하나님이 용납하시는 중보의 형식을 규정한 것으로, 독자들에게 레위기의 또 다른 핵심 주제를 제시해준다. 그것은 삶의 전 영역에서 요구되는 거룩함의 중요성이다.

신학적 내용. 레위기는 "성경에서 가장 신학적인 책 중의 하나"이다(House, 126). 희생 제사에서 제사장 직무에 이르기까지 레위기는 성경 전체에서 가장 풍성한 교리 개념들을 사용해 섬세한 신학적 직조물을 짜고 있다. 그러나 많은 사람들이 아무 상관성이 없어 보이는 세부 내용의 사소한 부분에 붙잡혀 더 넓은 의미를 파악하는 데 실패한다. 레위기는 매우 포괄적인 문맥에서 검토되어야 한다. 독자들은 레위기가 성경 전체와 어떻게 연관되어 있는지를 찾아내야 한다.

레위기는 죄의 사실을 확인하는 작업은 하지 않지만 죄를 치유하는 법은 알려준다. 레위기는 죄가 실재하며 하나님과 이스라엘 민족과의 관계에 영향을 미친다고 전제한다. 이 책은 또한 희생 제사든, 예배나 혹은 공동체적 규정에서든 어떤 다른 신도 허용하지 않는 유일신을 전제하고 있다. "어떤 다른 신도 진노하기 위해 존재하지 않는다"(House, 128). 이스라엘에게는 오직 한 성소, 한 제단(8:3, 17:8-9), 오직 한 제사장직(1:5)만 있다.

이제 독자가 창세기와 출애굽기에서 간헐적으로 이루어진 하나님의 자기 계시에 익숙하다고 가정할 경우, 그는 레위기에서 하나님이 임재와 자기 계시로 인간에게 아주 조금씩 다가오고 계심을 발견할 것이다. 이스라엘이 하나님께 가까이 가듯이, 독자는 하나님 가족의 특징을 갖거나 혹은 어떤 면에서 하나님과 같이 되어야 한다. 하나님은 예전에 이스라엘에게 그들에 대한 신적 목적(거룩한 백성이 되는 것, 출 19:6)을 주셨다. 이제 독자도 그 방향으로 발걸음을 내디딘다. 어떤 때도 이스라엘은 하나님이 멀리 계신 것처럼 인생을 살지 않는다. 그분이 아주 가까이 계시기 때문이다. 하나님은 그들 삶의 모든 영역에 개입하시며, 그때마다 새로운 계시로 자신을 점점 더 깊이 드러내신다. 성소의 기구와 복잡한 예배의 기능들은 모두 거룩이라는 신적 속성을 가리킨다.

제사 규례, 특별히 속죄일(레 16장)은 개인의 정결과 공동체적 정결의 기초 역할을 했다. 모세는 희생 제사들의 의미를 한 번도 밝히지 않지만 그 제사들의 성격과 특성에 대해서는 구체적으로 기록한다. 연례 절기인 속죄일에는 대제사장이 자신과 민족을 위해(16:24) 속죄의 제사를 드리는 것을 목격할 수 있었다(16:6, 10-11, 16-17, 20). 그러므로 속죄는 단순히 백성들의 죄를 '가리는' 것이 아니라 대속해주는 것이다. 하나님은 구체적인 죄에 대해 '용서'(4:20, 26, 31, 35, 6:7)를 선언하신다(Lindsey, 164). 하지만 희생 제사는 영구적으로 죄를 제거하는 능력에서는 여전히 제한적이었다. 예를 들어, 살인이나 신성 모독과 같은 훼방의 죄는 사할 수 없었다(민 15:30-31). 그러나 사도 바울이 후에 선언하듯이 그리스도는 그러한 죄를 사하실 수 있다(딤전 1:12-17). 그러므로 "짐승의 희생 제사가 궁극적인 정결을 이루기에는 부적절하다. 그것은 하늘에 있는 것들의 모형들만 정결하게 해줄 뿐이다"(Poythress, 46).

체계적 구조. 레위기는 명확하게 구분된 단락들과 자연스러운 내용 전환과 더불어, 논리적이고 체계적인 하나의 단위로 전개되고 있다. 모세는 제사에 대한 규례(1-7장)와 관련된 절차적 문제들에 대한 규례로 시작한다. 이 장들은 이스라엘의 제사 제도, 율법, 이스라엘 민족의 예배를 규정할 규례들에 대한 토대가 된다. 이어서 모세는 위임식, 첫 제사 그리고 심지어 아론의 아들이며 제사장인 나답과 아비후의 죽음으로 이어진 불행한 사건을 비롯해 아론의 제사장직을 소개한다(8-10장). 이어서 레위기는 개인과 민족의 거룩이라는 주제에 맞추어 부정한 것들에 대한 규정과 정결하게 되는 방법을 기술한다(11-16장). 마지막 긴 단원(17-27장)은 성적 행위에서 서원의 규례에 이르는 공동체적 거룩의 문제를 논한다.

계시적 성격. 복음주의자들은 전체 성경이 무오한 책이라고 믿는다. 하지만 성경의 일부 책들은 특별히 하나님에 의해 구술된 것 같다. 레위기는 그러한 책 중 하나이다. 우리는 "여호와께서 모세에게 말씀하시니라"(16:1) 혹은 "여호와께서 모세에게 일러 가라사대"(17:1)라는 구절을 반복해서 읽는다. 레위기는 이스라엘이 광야 생활을 하던 기간에 모세가 하나님의 말씀을 듣고 그 내용을 기록할 시간이 많았던 시기에 기록되었다. 우리는 로마 감옥에 투옥되어 옥중 서신을 썼던 바울과 이후에 밧모섬에서 요한계시록의 근간이 될 묵시적 계시를 받은 요한에게서 이와 비슷한 사례를 본다. 레위기의 내용은 이스라엘 예배의 기초를 놓는 것이기 때문에 정확성과 명확성이 요구되었다. 레위기서 없이 히브리서는 아무 의미가 없을 것이다. 히브리서의 저자는 전체 제사 제도를 되살펴보고 우리의 생각을 이동하여 그리스도 안에서 성취된 것을 보게 한다. 실제적인 의미로 레위기는 그리스도를 필요로 한다. 그 안에서 우리는 계시의 완성을 보기 때문이다(요 1:1-3, 17).

신정의 기대. 학자들이 다소 임의적으로 율법의 삼중적 성격을 이야기하기는 하지만(Wenham, 32-35) 레위기는 그것을 명확히 구분하지 않고 율법의 도덕적, 시민적, 의식적 요소를 뭉뚱그려 드러낸다. 확실히 이것은 다원주의에 요구되는 사적 생활과 공적 생활의 구분에 익숙한 서구적 사고방식으로는 이상하게 보인다. 하나님은 성적 행위(18장)에서 공적 예배(16장)에 이르는 전 생활 영역에 대해 처방하신다. 그러한 통합은 하나님의 자녀들이 언젠가는 하나님의 명확한 통치 아래 영원히 거할 것이라는 진리를 확신하게 해줄 뿐이다. 그후에 하나님은 우리 마음에 그분의 율법을 새기실 것이고 도덕법, 시민법, 의식법을 어긴 사람들을 포함해 믿지 않는 모든 이들을 그분의 존전에서 추방하실 것이다(계 21:8을 참고하라. 하나님이 종교법, 시민법, 도덕법을 어긴 사람들을 그분의 존전에서 영원히 추방하신다고 기록되어 있다).

우리는 희생 제사를 통해 일시적으로 죄의 '가리움' 을 받기를 기뻐하지만 죄를 영원히 용서받으려면 그리스도를 의지해야 한다(히 10:10). 세세한 공동체적 규례 속에서 한 민족이 하나님의 법을 지키려고 애쓰도록 도와줄 법이 보이지만, 우리는 하나님이 이 법들을 새겨주실 새로운 마음을 고대한다(히 10:16). 구약의 예배자들은 모든 사람들과 거룩한 하나님 사이의 신실한 중재를 위해 제사장들을 의지했지만, 하나님과 인간 사이의 간격을 메워줄 더 나은 제사장에 대한 희미한 미래의 갈망을 바라보았다(히 7:11-21). 참으로 제사장적 사역은 영광스러운 것이었다. 하지만 예수님이 감당하신 사역은, 그분이 중보자가 되신 언약이 옛 언약보다 우월한 것처럼, 그들의 사역보다 우월하다. 그리고 그것은 더 좋은 약속에 근거한 것이다(히 8:6). 그러므로 레위기에서 하나님은 오직 그리스도 안에서 완전히 실현될 신정 국가에 대한 기초를 놓고 계신다.

거룩한 숫자. 성경이 레위기에 사용된 몇 가지 숫자의 특별한 의미에 대해 명백한 암시를 주고 있는데(예를 들어, 광야 생활 40년, 14:34), 이 거룩한 숫자들은 레위기에서 특별히 두드러진 특징이다. 땅을 원래 주인에게 반환해주는 희년은 49년 다음 해에 치러졌다. 무교절은 유월절에 이어 7일간 계속된다. 안식일은 일곱 번째 날이며, 일곱 번째 달인 티슈리(Tishri, 유대력의 제1월, 그레고리력의 9-10월에 해당)에는 세 개의 대절기인 대속죄일, 나팔절, 초막절을 지켰다. 마지막 절기인 초막절은 7일 동안 지속되었다. 7은 하나님 자신의 숫자인 완전을 상징하는 숫자이다. 반면 6은 인간의 숫자이다(계 13:18).

저작권

오경의 모세 저작설의 내적 증거는 강력하다(출애굽기 서론을 참고하라). 레위기의 모세 저작설에 대해 에스라는 레위기를 "모세의 책"(스 6:18)이라 부르며 레위기서의 예배 절차 중 일부를 인용한다. 하나님은 모세에게 이 책의 내용을 친히 계시하셨다(레 7:37-38). 예수님은 나병 환자의 정결에 관한 규례(레 14장에 명백히 기록된)를 인용하실 때 깨끗함을 입은 나병 환자에게 "가서 네 몸을 제사장에게 보이고 네 깨끗케 됨을 인하여 모세의 명한 것을 드려 저희에게 증거하라"(막 1:44)고 말씀하신다.

저작 연대

레위기가 오경의 일부이므로, 오경의 다른 책들의 저작 연대와 밀접한 관련이 있지만 몇 가지 내적 요인들에 근거해 이 책의 저작에 대해 더 정확한 연대를 제시할 수 있을 것 같다. 성막은 애굽에서 탈출한 다음 해에 세워졌다(출 40:2, 17). 그리고

한 달 후에 이스라엘 백성은 약속의 땅으로 출발했다(민 1:1, 광야 방랑 기간 전의 첫 해). 그 중간 기간에 모세는 이 책을 집필할 충분한 시간을 가질 수 있었을 것이다. 하나님이 명하신 대로 이스라엘 백성이 즉시 규정된 의식을 실행할 것이라고 가정한다면, 이 책의 집필은 긴급한 필요였다. 모세가 이 책을 언제 저술했는지 정확히 알 수 없지만 이 시나리오가 가장 가능성이 있어 보인다. 오경의 저작 연대에 대해 더 알고 싶다면 출애굽기 서론을 참고하라.

레위기의 주제

이스라엘의 주와 구속주로서 야훼 하나님의 거룩하심이 레위기 전체의 중심 주제이다. 하나님은 이스라엘 민족에게 그들의 마음과 온 공동체가 하나님 앞에서 스스로 거룩하게 할 것을 훈계하신다(레 19:2, 벧전 1:15-16을 비교하라). 그분은 때로 특정한 한 집단에게 이 훈계를 하셨다. 레위기 10장 3절에서 자신의 두 아들이 하나님의 심판을 받은 후 슬퍼하는 아론에게 하나님은 "나는 나를 가까이 하는 자 중에 내가 거룩하다 함을 얻겠고"라는 말씀을 상기시키신다. 아론과 그의 아들들은 제사장으로 섬기며 백성들에게 하나님을 대표했다. 그 직책 자체가 제사장은 죄로 오염되지 않음을 보장하지 않았다. 그래서 그들은 늘 모든 부정함을 경계해야 했다. 제사장들은 거룩해야 했다.

개인들 역시 하나님이 주신 희생 제사에 관한 법, 공동체에 관한 법, 개인에 관한 법을 지킴으로 하나님 앞에 거룩해야 했다. 그 땅에서 그 날이 길기를 바란다면 민족 전체가 하나님의 계명에 충실해야 했다(26:14-39).

레위기 1-7장

희생 제사를 통한 하나님의 예비하심

"은혜롭고 위안을 주는 모든 기독교 진리에는 그에 상응하는 엄중하고 희생적인 의무가 있다."

- 해리 에머슨 포스딕(Harry Emerson Fosdick)

레위기 1-7장은 인간의 조건에 대한 짧은 묘사를 제공한다. 히브리인들에게 요구된 다섯 제사를 연구함으로써 우리는 이 제사들이 하나님과 우리의 관계 그리고 우리와 이웃의 관계를 어떻게 다루는지 배우게 될 것이다. 하나님의 영원한 계획이 수천 년 전의 이 교훈들과 더불어 시작된 것을 알게 되면, 예수 그리스도의 십자가 희생을 이전과 다른 마음으로 이해하게 될 것이다.

들어가는 글

진보의 측정

당신은 어떻게 진보를 측정하는가? 모든 세대는 성장과 진보를 측정하는 독특한 방식을 가지고 있다. 2월 6일은 과학의 영역과 국가 안전에 있어서 이 명제를 증명한 유명한 날이었다. 1959년 이 날에 미국 케이프 커내버럴 기지에서 최초의 대륙간 탄도 미사일을 첫 시험 발사하는 데 성공했다. 이 진보에 대한 증명은, 새로 개발된 기술로 세계의 안전이 확보되었음을 보여주었다. 20년 뒤 같은 날에, 멀리 떨어진 달에서 서른세 시간의 놀라운 시간을 보내고 지구로 귀환 준비를 하는 두 명의 우주비행사를 통해 다시금 진보를 보여주었다. 이 일로 말미암아 미국은 우리가 사는 지구를 안전하게 지킬 수 있다는 확신을 갖게 되었을 뿐만 아니라 우리 위의 창공도 같은 희망을 품을 수 있다는 믿음을 갖게 되었다. 진보가 널리 유행했다.

1985년에 호주 수상 로버트 호크(Robert Hawke)가 미국인들에게 호주 군사 기지의 MX 미사일 시험을 감시하도록 허락했을 때 국가 안전은 완전히 새로운 의미를 지니게 되었다. 이제 진보는 호주가 최초의 반핵 국가가 되도록 허락했다. 이 세 가지 사건은 각기 25년여에 걸쳐 일어났다. 각 사건들은 한 단계 앞으로 나간 진보를 상징했다. 그러나 인류가 현재 직면한 문제는 우리가 진보하기보다는 후퇴할 수 있다는 것이다.

레위기 연구는 자주 무시되며 거의 연구되지 않는 진리들에 대한 복귀를 상징한다. 얼마나 많은 그리스도인들이 성경을 펼쳐들고 창세기와 출애굽기를 즐겁게 읽다가 레위기에 이르면 낙심하고 혼란에 빠졌던가. 제사장들을 위한 규례는 아주 세세한 것 같다. 피와 희생 제사에 대한 온갖 내용은 현대 신자들의 삶과 아무 연관성이 없어 보인다.

당신의 시각을 변화시키고 당신의 기대보다 더 개인적인 진보를 가져다줄 책을 흥미진진하게 탐구할 준비를 하라. 당신은 하나님의 임재와 그분의 거룩하심에 대해 배우게 될 것이다. 그리고 마침내 희생 제사의 역할을 이해하게 될 것이다. 언약이란 단어가 당신의 삶에서 새로운 상관성을 갖게 될 것이다.

하나님이 제사장들에게 제시한 다양한 제사들을 분석하는 것으로 이 연구를 시작할 것이다. 하나님이 모세에게 말씀하신 제사들은 개인적인 용서와 하나님과의 회복을 위한 희생 제물일 뿐 아니라 예배의 수단이기도 했다. 많은 제사들은 출애굽기 27장에 소개된 번제와 관련이 있다. 제사장들은 백성들의 죄뿐 아니라 자신의 죄를 대속하기 위해 하나님께 여러 제사를 드렸다.

본문 이해

희생 제사를 통한 하나님의 예비하심

Main Idea	하나님은 이스라엘 백성이 그분을 전적으로 의지하며 복종하는 삶을 나타내는 여러 희생 제사를 드릴 길을 마련하셨다.

A. 번제(1:1-2)

Supporting Idea	하나님은 모세에게 백성들의 자발적인 번제를 받을 때 필요한 규례를 알려주신다.

1:1-2. 하나님은 내소(회막)에서 모세에게 백성들이 바칠 여러 제물에 대한 일반적인 규정을 알려주신다. 이전에는 하나님이 시내산에서 말씀하셨지만 이제는 언약궤의 속죄소에서 말씀하신다.

2절의 드리려거든은 의미 심장하다. 유월절과 대속죄일같이 전 회중이 드리는 공동체의 희생 제사에는 시간과 장소가 정해져 있었지만, 개인적인 제사는 자발적이었다. 때로 하나님께 자기 복종을 표현하려는 사람은 번제를 드림으로 그것을 표현했다. 하나님이 죄인에게 특별한 잘못을 깨닫게 하시면 그는 속죄제나 속건제를 드려야 할 것이다.

B. 소의 번제(1:3-9)

Supporting Idea	모세는 소를 제물로 드린 번제에 관한 규례를 지시받는다.

1:3-9. 번제 혹은 '온전한 제사(whole offering)'는 전 제물을 제단에서 불태웠다. 번제를 드리려는 사람이 제물로 소를 가져온다면 흠 없는 수컷이어야 했다. 그는 회막 문으로 제물을 가져와야 했다. 그리고 그 짐승의 머리에 안수하고 여호와 앞에 그것을 죽여야 했다. 그러면 제사장들이 제단 사면에 피를 뿌린다. 전체 제물을 제단 위에 올려놓고 씻은 후 불에 태웠다. 그 제사를 규례에 따라 드려야 하나님이 받으실 것이다.

C. 양이나 염소의 번제(1:10-13)

Supporting Idea	양이나 염소의 제물도 소의 번제와 동일한 절차를 요구한다.

1:10-13. 모세가 양이나 염소를 드리는 사람은 제단 북편에서 제물을 드려야 한다고 언급하는데, 이것은 소를 제물로 드리는 경우에도 동일하게 적용되었을 것이다. 모세는 여기서 그것을 더 정확하게 언급했을 뿐이다. 소의 번제를 드릴 경우와 절차는 동일했다.

D. 새의 번제(1:14-17)

Supporting Idea	하나님은 비싼 짐승을 제물로 드릴 여유가 없는 사람들을 위해 새를 대용하도록 허락하신다.

1:14-17. 우리는 레위기 12장 8절에서 하나님이 가난하여 소나 양이나 염소로 제물을 드릴 수 없는 사람들을 위해 특별한 규정을 만드셨음을 알고 있다. 그러한 사람은 집비둘기나 산비둘기로 제물을 대체할 수 있었다.

새의 번제는 제물을 드리는 사람이 새에 안수하거나 직접 죽이지 않는다는 점에서 동물의 번제와 달랐다. 제사장이 그 일을 맡았다. 제사장은 새의 머리를 몸통에서 찢어 제단에서 불살랐다. 그리고 멱통과 그 더러운 것은 제하여 제단 동편에 버렸다. 제사장은 날개를 찢되 완전히 찢으면 안 되고 그 새를 온전한 번제로서 제단에서 불살라야 했다.

E. 소제에 대한 서론(2:1-3)

Supporting Idea	인간은 소제를 통해 하나님께 자기 수고의 일부를 드림으로 모든 만물에 대한 하나님의 주권을 인정한다.

2:1-3. 소제(일부 다른 번역에서는 'meat offering' 이라 부름)는 생명을 유지하는 데 필요한 땅의 소산물(고운 가루와 기름)로 드리는 제사였다. 소제는 그 소산물(주요 곡물, 포도나 올리브)을 주신 이가 하나님이심을 인정하는 것이다. 소제 제물은 고운 가루와 기름이었고 여호와께 향기로운 제물로서 유향과 함께 섞어 드렸다. 번제와 달리 제사장은 이 제물의 나머지를 먹을 수 있었다. 이것은 제사장과 제물을 드리는 자가 하나님의 은혜로운 베푸심으로 얻은 축복을 누리는 공동체적인 요소를 표현했다.

F. 소제 제물의 준비(2:4-10)

Supporting Idea	하나님은 소제 제물을 다양한 형식으로 만드는 절차를 설명하신다.

2:4-10. 제물을 드리는 사람이 화덕(아마 실내에 있는 크고 깊은 냄비)에 구운 예물을 바치려 한다면, 누룩을 전혀 넣지 않은 고운 가루로 만들어야 한다. 그는 무교병이나 무교전병을 준비할 수도 있다. 솥에 요리할 경우도 고운 가루와 기름으로 만들어야 했다. 그가 그 예물을 제사장에게 바치면 제사장은 그것을 제단으로 가져갈 것이다. 제사장은 그 제물의 일부인 기념할 것을 취하여 제단 위에 불살랐다. 남은 제물은 제사장의 몫이었다.

G. 소제에 대한 마지막 규정(2:11-16)

Supporting Idea	하나님은 소제에 추가되어야 할 것을 구체적으로 지시하신다.

2:11-16. 하나님은 소제에 대해 중요한 몇 가지 규정을 주셨다. 첫째, 누룩을 넣은 것은 아무것도 바칠 수 없었다(첫 수확물을 거둘 때는 제외). 둘째, 모든 예물에 소금을 쳐야 했다. 소금은 음식을 보존하는 효과가 있었고 순수한 희생 제사를 의미했다('소금 언약'에 대해서는 '심층 연구'를 참고하라). 이미 하나님은 제물을 드리는 자들은 소나 염소나 양 가운데 흠 있는 것은 절대 드리지 말라고 명하셨다.

하나님은 첫 수확물을 소제로 드릴 수 있도록 허락하셨다. 예를 들어, 아직 익지 않은 옥수수의 이삭은 볶아서 체에 찧었다. 밀은 작은 다발로 모아 볶았다. 그런 후 이 볶은 곡식을 제물로 드릴 수 있었다.

인간은 항상 이 세상의 것들을 우상화하거나 집착하는 경향을 가지고 있다. 하나님은 곡식을 통해 이스라엘 백성에게 모든 물질적인 공급의 근원이 누구인지 일깨워주셨다. 이러한 규례들은 소제물의 여러 요소들의 풍성한 의미를 묵상하고 자발적인 마음으로 드릴 것을 일깨워준다.

H. 소의 화목 제물에 대한 규정(3:1-5)

Supporting Idea	소로 드리는 화목제에 대해 설명하고 있다.

3:1-5. 때로 '화평제' 혹은 '감사제'라고 불리는 화목제는 제물의 축제적 성격을 강조한다(7:11-21을 참고하라). 제물을 드리는 자는 이 제물로 하나님의 진노를 누그러뜨리거나 회복을 추구하려고 나아간 것이 아니었다. 그는 단순히 하나님을 구하고 있었다. 이 제물은 예배자들에게 그들과 하나님 사이의 언약을 생각하게 해주었다. 화목제는 세 가지로 구분된다. 감사제(종종 예기치 못한 축복에 대해 하나님께 감사함), 서원제(서원에 대한 표현으로) 그리고 자원제(하나님에 대한 사랑의 표현으로)이다.

만일 누군가가 화목 제물을 소로 드리려거든 흠 없는 수컷이나 암컷을 하나님께 드릴 수 있었다. 제물을 드린 사람이 회막 앞에서 그 짐승을 죽인다. 제사장은 제물의 피를 일부 취하여 제단 사면에 뿌린다. 희생 제물의 여러 부위는 제단에서 불태워졌다. 첫 부위는 제물의 내장의 기름이었고 그 다음은 두 콩팥, 그 다음으로는 간의 '꺼풀' (간 자체는 아님)이었다. 제사장은 이것들을 번제물 위에 불살랐다.

I. 양이나 염소의 화목 제물에 대한 규정(3:6-17)

Supporting Idea	양이나 염소로 드리는 화목 제물에 대해 설명하고 있다.

3:6-11. 예배자와 제사장 두 사람 모두 소의 화목제를 드릴 때와 동일한 절차를 따라야 했다. 한 가지 예외는 양의 꼬리를 불태운다는 것이었다.

3:12-17. 마지막 규정은 염소를 화목 제물로 드리는 규정이다. 이 절차는 앞의 절차와 동일하다. 한 목자가 양과 염소를 함께 돌보았지만 각기 그 떼를 분리해 돌보았다. 염소의 털은 천으로 짰고(출 35:26) 그 젖과 고기는 먹을 수 있었다(잠 27:27, 신 14:4). 때로 사람들은 염소 가죽을 두터운 의복처럼 입곤 했다(히 11:37).

J. 속죄제에 대한 서론(4:1-2)

Supporting Idea	하나님은 속죄제를 통해 교제를 회복하신다.

4:1-2. 하나님은 개인(4:1-2, 27-35), 제사장(4:3-12), 전체 회중(4:13-21) 그리고 지도자들(4:22-26)에게 속죄제를 드리라고 명령하셨다. 하나님의 명령을 어길 가능성이 없는 사람은 아무도 없었고 그들은 모두 회복을 원했다. 개인이나 위에 거론한 이들 중 누구라도 하나님의 명령을 어긴 것을 알게 된다면 속죄제를 드려야 했다. 속죄제의 성격은 이스라엘 백성에게 죄책에서 면제된 사람은 어느 누구도 없다는 것과 하나님의 은혜 밖에 있는 자는 아무도 없다는 것을 가르쳐주었다.

하나님은 이 제사를 모세에게 소개하시고, 그는 다시 전 회중들에게 이것에 대한 규정을 소개한다. '고의가 아닌' 죄는, 죄를 지은 자가 알지 못하고 지은 죄로 전혀 사형에 해당하지 않는 죄를 포함했다. 사형에 해당하는 죄 혹은 '강압적으로' 지은 죄는 죽음을 형벌로 받았다(민 15:30-31). 속죄제로 가리움을 받는 죄들은 태만, 실책, 인간의 연약함에서 기인하는 죄들(노골적인 반항과 반대로)을 포함했다.

K. 제사장을 위한 속죄제(4:3-12)

Supporting Idea	다른 사람들을 위해 중재하는 제사장들 역시 정결하게 되어야 한다.

4:3-4. 모든 성직자들의 통치로 생기는 해악은 쉽게 평가될 수 없다. 백성들은 제사장들을 일종의 특별한 '독보적인' 집단(죄에 의해 전혀 더러워지지 않는)으로 구별한다. 이것은 단순히 그것만으로 그치지 않는다. 그러한 믿음은 백성들을 각성하게 할 뿐만 아니라 제사장들을 백성들보다 더 우월한 자리로 끌어올린다. 이것은 하나님이 그분의 아들에게도 허락하지 않으신 호사였다(신 17:20).

제사장이 죄를 지으면 그는 백성으로 죄얼을 입게 한 것이었다. 자신의 죄가 해결되지 않으면 그는 백성들을 잘못된 길로 인도할 수 있었다. 죄를 지은 제사장은 흠 없는 수송아지를 가져와 회막 앞에서 죽여야 했다.

4:5-12. 그러면 제사를 주관하는 제사장은 그 수송아지의 피를 가지고 회막에 들어가서 성소 휘장 앞에 일곱 번 뿌렸다. 또 그 피의 일부를 향단 뿔에 바르고 나머지 피는 번제단 아래 쏟았다.

다음으로 제사장은 화목제를 드릴 때처럼 소 내장의 모든 기름과 신장을 떼내어 제단 위에 완전히 불태웠다. 마지막으로 제사장은 소의 사체를 진 밖의 거룩한 장소에서 태웠다.

L. 공동체를 위한 속죄제(4:13-21)

Supporting Idea	온 회중에게 대속이 필요했다.

4:13-21. 온 회중이 알지 못하고 죄를 지었다면, 죄를 깨달은 즉시 대속을 해야 했다.

이 제사를 드릴 때 장로들이 회중을 대표했다. 하나님은 그들에게 수송아지 머리에 안수하고 죽이라고 요구하셨다. 나머지 규정은 앞의 규정(3-12절)과 동일했다.

M. 지도자를 위한 속죄제(4:22-26)

Supporting Idea	지도자들에게 죄 용서가 필요했다.

4:22-26. 모세는 아마 여기서 이스라엘의 족장들을 지칭했을 것이다('심층 연구'를 참고하라). 하나님은 속죄제를 드리기 위해 흠 없는 수염소를 가져와 그 머리에 안수하고 죽이라고 명령하셨다. 그러면 제사장이 앞의 속죄제와 동일한 의식을 거행할 것이다.

N. 평민을 위한 속죄제(4:27-35)

Supporting Idea	각 개인에게 대속과 하나님과의 교제의 회복이 필요했다.

4:27-35. 일반 이스라엘 백성을 위한 속죄제는 흠 없는 암염소나 어린 암양을 제물로 드렸다(32절). 제물을 가져온 사람은 염소의 머리에 안수하고 다른 속죄제와 같이 그것을 죽였다. 나머지 의식은 수염소의 규례(22-26절)를 따랐다.

O. 속죄제가 필요한 죄의 예(5:1-4)

Supporting Idea	모세는 이제 속죄제가 필요한 죄의 몇 가지 예를 인용한다.

5:1-4. 속죄제가 필요한 죄의 예는 다음과 같다. 공동체의 분쟁을 다루는 공식 재판정에서 증언하여 증거를 제시하지 않은 경우, 의식적으로 부정한 것을 만진 경우, 인간의 부정한 것을 만진 경우, 경솔하게 맹세한 경우 등이다.

P. 그러한 죄를 위한 규례(5:5-19)

Supporting Idea	하나님은 죄를 지은 자와 제사장에게 속죄제를 통한 회복에 대해 구체적인 규정을 알려주신다.

5:5-10. 하나님은 죄를 지은 사람이 속죄제를 드리기 전에 먼저 자신의 잘못을 고백하라고 요구하신다. 자신의 죄를 고백하면 어린 암양이나 암염소를 제사장에게 가져와야 했다(만약, 이러한 제물을 드릴 여유가 없다면 산비둘기 두 마리나 집비둘기 두 마리를 바쳐도 된다). 그러면 제사장은 그의 허물을 위하여 속죄했다. 제물이 산비둘기나 집비둘기일 경우, 제사장은 비둘기의 목을 비틀어 끊어 그 피를 제단 쪽에 뿌렸다. 남은 피는 제단 아래 쏟아버렸다. 남은 비둘기는 번제로 드려졌다.

5:11-13. 새를 제물로 드릴 여유가 없는 사람들은 곡식을 드리도록 허용되었다. 기름이나 향을 섞지 않은 고운 가루 에바 십분 일을 제물로 드릴 수 있었다. 제사장은 그 제물을 가져다가 번제단에서 한 움큼을 태웠다. 나머지 제물은 제사장이 먹을 수 있었다(소제의 경우처럼).

Q. 속건제에 대한 일반적 규정(5:14-19)

Supporting Idea	죄에 대한 대속 외에 배상을 해야 한다.

어떤 죄들은 하나님께 지은 죄로서 대속이 필요했지만 다른 사람들에게 지은 죄이기도 했다. 하나님의 용서가 완전하고 하나님의 은혜의 산물이었지만, 사람들에게 지은 죄들의 경우 배상을 해야 했다. 때로 그러한 배상은 매우 큰 비용이 들었다.

5:14-19. 속건제를 요구하는 죄들은 별개의 범주로 분류되었다. 모세는 몇 가지 예들을 언급한다. 먼저 그는 십일조, 예물, 첫 수확에 대한 질문들과 관련된 위반 사항들을 지적한다. 과실을 범한 자는 흠 없는 수양을 떼 중에서 끌어다가 바쳐야 했고(과실을 비용으로 어림잡은 것) 그것에 5분의 1을 더 바쳐야 했다. 그러면 제사장은 그 수양을 속건제로 바칠 것이다.

그 다음 사례는 하나님이 금하신 일을 한 죄를 지은 사람(비록 그 당시에는 알지 못했지만)과 관련이 있다. 죄를 지은 자는 제사장에게 흠 없는 숫양을 바쳐야 한다. 그러면 제사장이 그 수양을 하나님 앞에서 속건제로 드릴 것이다.

R. 다른 사람에게 지은 죄(6:1-7)

Supporting Idea	죄를 지은 자는 속건제를 드리고 피해자에게 보상해야 한다.

6:1-7. 이웃을 속이거나 이웃에게 거짓말하는 행위 역시 하나님께 불성실한 모습의 한 예였다. 죄를 지은 자는 가장 먼저 자신이 이웃을 속여 가로채거나 빼앗은 것을 그대로 돌려주고 그 물건이 가진 가치의 5분의 1을 더하여 돌려주어야 한다. 그것을 돌려주는 날과 이 죄에 대한 속건제를 드리는 날은 같아야 했다. 하나님은 속건 제물을 제사장에게 가져가라고 하셨다. 그러면 제사장이 그를 위해 대속할 것이다.

속건 제물은 떼 중 흠 없는 숫양이었다. 피해자에게 손실을 갚는다고 해서 그 죄가 대속되는 것은 아니었다. 속건제를 통해 하나님의 은혜로운 용서를 받아야 가능했다. 배상은 일종의 손해에 대한 보상이었다. 죄에는 결과와 손해가 뒤따랐다.

S. 번제(6:8-13)

Supporting Idea	번제의 절차가 상세히 소개된다.

6:8-13. 하나님은 제사장들에게 번제물을 밤새도록 제단에 두고 불을 꺼뜨리지 말라고 명령하셨다. 제사장은 격식에 맞게 복장을 갖추고 진 밖의 거룩한 곳에서 번제물의 재를 처리해야 할 것이다.

T. 소제(6:14-23)

Supporting Idea	제사장은 자신의 소제물을 드리는 절차를 밟아야 한다.

6:14-18. 제사장들은 소제를 단 앞 여호와께 드려야 한다. 아론과 그의 아들들은 소제의 가장 많은 양을 가질 수 있었다. 하나님은 그들에게 거룩한 곳 회막 뜰에서 그것을 먹으라고 지시하셨다. 제사장이 이 거룩한 제물에 올바르게 참여할 때 그도 거룩하게 되었다(혹은 구별되었다, 성별되었다).

6:19-23. 제사장은 자신이 위임받는 날에 소제물을 드렸다. 아침에 예물의 절반을 드리고 저녁에 나머지 절반을 드렸다. 그것은 제사장의 제물이기 때문에 그 뒤를 이을 아들이 그것을 준비할 것이며 그 제물은 모두 제단에서 불살라야 했다.

U. 속죄제(6:24-30)

Supporting Idea	제사장은 속죄 제물을 먹는 절차를 따라야 한다.

6:24-30. 이 짧은 단원은 4장에 소개된 속죄 제물에 대한 일반적인 규정을 보충하고 있다. 제사장은 거룩한 곳(뜰)에서 일반적인 속죄제에 참여할 수 있다. 그러나 피를 성소로 가져가는 대제사장의 속죄제나 온 회중의 속죄 제물은 먹을 수 없었다. 소제의 경우처럼, 제사장은 속죄 제물을 만질 때 거룩하게 될 것이다. 속죄제의 피가 제사장의 옷에 묻으면 거룩한 곳에서 빨아야 했다.

V. 속건제에 대한 규정(7:1-10)

Supporting Idea	모세는 다시 속건죄에 대한 규정을 소개한다.

7:1-6. 율법은 속건제 제물을 도살하는 절차는 번제 제물을 죽일 때와 유사한 절차를 따라야 한다고 규정한다(1:5를 참고하라). 피는 제단 사면에 뿌려질 것이다. 기름은 화목제와 속죄제처럼 제단에서 불태워야 했다(3:9-11, 4:8-10). 제사장 가문의 모든 구성원은 이 제물의 고기 부분을 먹을 수 있었지만, 오직 의식적으로 깨끗한 곳에서만 먹을 수 있었다.

7:7-10. 번제물의 경우, 짐승의 가죽은 제사장의 몫이었다(그의 직무에 대한 월급처

럼, K&D, 322). 속건제와 속죄제처럼 화목제의 가죽은 그 제물의 원 소유주 몫이었다.

소제 제물을 화덕이나 솥에서 요리할 경우, 그 제물은 의식을 주관하는 제사장의 몫이 되었다(제단에서 불사른 소량 외에는 모두). 마른 것이거나 기름과 섞은 소제는 제사장 전 집안의 몫으로 돌아갔다.

W. 화목 제물에 대한 규정의 보완(7:11-21)

Supporting Idea 하나님은 화목 제물을 먹는 특별한 절차와 부가적 규정에 대해 말씀하신다.

7:11-15. 여호와께 감사하므로 화목 제물을 드리는 사람은 화목 제물 외에 기름 섞은 무교병과 기름 바른 무교전병과 고운 가루에 기름 섞어 구운 과자를 드려야 한다. 이러한 특별한 제물은 여호와께 대한 헌물의 역할을 했고 의식을 주관하는 제사장의 몫이 되었다.

7:16-18. 자원하여 드리는 서원의 예물이라면, 희생 제물은 희생 제사를 드린 날 먹고 남았다면 그 다음 날도 먹을 수 있었다. 3일째까지 남은 제물은 모두 소각해야 했다.

7:19-21. 여호와는 이제 무엇이든 부정한 것과 접촉한 제물의 고기는 아무도 먹지 말라고 금하신다. 부정한 사람은 여호와께 드린 화목 제물을 먹을 수 없었다. 그런 사람은 죽음의 형벌을 받았다.

X. 기름이나 피를 먹음(7:22-27)

Supporting Idea 여호와는 제물의 부정한 부분을 먹는 것을 금하신다.

7:22-27. 제물을 드린 자든 제사장이든 희생 제물의 고기 부위만 먹을 수 있었다. 제물의 기름이나 피는 그 누구도 먹을 수 없었다. 짐승이나 새의 피는 결코 먹을 수 없었다. 하나님은 이것을 그 제물의 영혼, 즉 속죄가 이루어지게 하는 매개로 보셨다(17:11). 이것을 어기는 자들은 최고의 형벌을 받을 것이다('피를 먹는 것이 왜 잘못인가?'에 대해서는 '심층 연구'를 참고하라).

Y. 제사장의 몫(7:28-38)

Supporting Idea	하나님은 제물의 어느 부위가 제사장의 몫인지 규정하신다.

7:28-38. 우리는 희생 제물이 본질적으로 제사장이 아니라 여호와의 것임을 명심해야 한다. 희생 제물들은 감사의 표현이나 혹은 하나님과 자기 백성들 사이에 존재하는 화평의 인정으로서 대속 제물로 드려진 것이다. 그러므로 그 제물들은 여호와의 것이었다. 하나님은 제사장들과 그 가족들의 생계 유지를 위해 이 제물들의 일부를 할당해 주셨다.

제사장들은 제단에서 희생 제물의 기름을 태워야 했다. 하지만 요제의 가슴 부위('심층 연구'를 참고하라)와 오른쪽 뒷다리 부분을 먹는 것은 허용되었다. 이 후자의 부위는 때로 '거제' 혹은 '들어 올려진' 것으로 불렸다.

Main Idea 복습	하나님은 이스라엘 백성이 그분을 전적으로 의지하며 복종하는 삶을 나타내는 여러 희생 제사를 드릴 길을 마련하셨다.

결론

어린 소년의 희생

로버트 콜먼(Robert Coleman)은 그의 저서 「피로 쓰다(Written in Blood)」에서 수혈이 필요했던 여동생을 둔 한 소년에 관한 이야기를 들려준다. 의사는 소년이 2년 전에 걸렸다가 나은 병을 여동생도 똑같이 앓고 있다고 말했다. 여동생이 회복될 수 있는 유일한 기회는 먼저 병이 나은 사람에게서 수혈을 받는 것이었다. 남매가 동일하게 희귀한 혈액형을 가지고 있었기 때문에 소년이 수혈자로서 적격이었다. "메리(Mary)에게 수혈해줄 수 있겠니?"라고 의사가 물었다. 조니(Johnny)는 머뭇거렸고 아랫입술이 바르르 떨리기 시작했다. 그러나 곧 미소를 지으며 대답했다. "그럼요, 제 동생인 걸요."

곧 두 아이는 병실로 실려갔다. 메리는 창백하고 야윈 모습이었고 조니는 튼튼하고 건강했다. 아무도 말을 하지 않았지만 둘이 한자리에서 만나자 조니는 씩 웃어 보였다. 간호사가 주삿바늘을 조니의 팔에 찔러 넣자 조니의 웃음은 사라졌다. 조니는 피가 관 속으로 흘러들어가는 것을 보았다. 그 힘든 일이 거의 끝나갈 무렵, 소년의 떨리는 목소리가 정적을 깨뜨렸다. "의사 선생님, 저는 언제 죽게 되나요?" 그제서야 의사는 왜 조니가 수혈에 동의할 때 주저했었는지를 알게 되었다. 그 아이는 여동생에게 수혈하면 자신이 곧 죽게 될 것이라고 생각했다.

누구라도 소년이 느꼈던 기분을 알 존재가 있다면, 그분은 바로 하나님이셨다. 레위기 전반부에서 하나님은 역사에서 가장 궁극적으로 이루어질 희생, 즉 그리스도의 십자가 죽음에 대한 무대를 마련하고 계신다. 그것은 사랑의 희생(번제), 기쁨(소제), 평화(화목제), 용서(속죄제)일 것이다. 하나님은 이 모든 희생을 단 하나의 사건을 통해 완성하시기 위해 영원 전에 결정을 내리셨다.

▣ 진리 알기

- 사람이라면 누구나 하나님에 대한 지식을 가지고 있으며, 자신이 하나님의 기준에 미치지 못한다는 사실을 알고 있다.
- 오직 하나님만이 죄인된 인간과 화해할 수 있는 수단을 제공하실 수 있다.
- 오직 하나님만이 삶의 기쁨과 성취를 주신다.
- 하나님은 우리의 삶에서 일어나는 모든 일을 알고 계신다. 또한 이러한 것들을 사용해 우리가 성장하고 영광을 얻게 하신다.
- 하나님의 평강은 우리의 환경을 초월한다.
- 하나님은 우리가 서로 간에 소외된 것뿐 아니라 하나님과 소외된 것도 치유하는 분이시다.

▣ 적용하기

- 하지 말아야 할 것을 한 죄와 해야 할 것을 하지 않은 죄 중 고백하지 않은 것이 있다면, 하나님 앞에 내어놓고 그분의 아들 예수 그리스도를 통해 주시는 용서하심을 받으라.

- 예수 그리스도가 죄를 용서하시고 죄에서 정결함을 얻도록 하기 위해 지불하신 값을 묵상하라.
- 하나님의 용서하심이 없다면 당신이 어떻게 될지 생각해보라.
- 큰 대가를 치르고 베푸신 용서하심과 사랑에 대해 하나님께 감사하라.
- 하나님의 용서를 생각할 때, 당신을 괴롭힌 사람들을 어떻게 대해야 하겠는가?

삶의 적용

혼란에 빠진 애벌레

피터 페리(Peter Perry)는 오카스 섬에서 보낸 휴가에 대해 이렇게 들려준다.

"어느 날 아침, 바닷가의 조그만 오두막 창가에 앉아 그림 같은 풍경을 바라보고 있었다. 테라스에는 피크닉 테이블이 놓여 있었는데 그 위에 애벌레 한 마리가 있는 것이 보였습니다. 나는 아침 햇살 속에서 그 애벌레가 테이블을 가로질러 기어가 테이블 모서리에 다다른 것을 보았지요. 애벌레는 테이블 모서리 아래 펼쳐진 방대한 공간으로 머리를 내밀더군요. 그리고는 잠시 혼란에 빠져 머리를 이리저리 흔들었습니다. 그리고는 방향을 바꾸어 반대 방향으로 기어갔습니다. 다시 테이블 모서리에 이르자 몸의 절반을 내밀더군요. 애벌레는 무서웠는지 곧장 테이블의 안전한 쪽으로 방향을 바꾸었습니다. 그러나 이제 나아갈 공간이 없었습니다. 나는 밖으로 나가 작은 나뭇가지를 집어 들고 테이블에서 머뭇거리는 애벌레에게 나뭇가지를 기어오르도록 유도했지요. 하지만 애벌레는 이 나뭇가지를 기어오르는 것도 두려워했습니다. 내가 테이블이라는 감옥으로부터 구원해줄 것이라는 사실을 이해할 수 없었던 것이지요."

"이 애벌레처럼 우리는 혼란과 타락으로 인한 방황에서 벗어나기 위해 필사적으로 길을 찾습니다. 그러나 우리는 누구를 의지해야 할지 모르지요. 하나님은 방황에서 벗어날 수 있는 길을 제시하십니다. 그분은 우리와 전혀 다르시며 그분의 세계는 우리의 지각 너머에 존재합니다. 그래서 그분은 예수 그리스도를 보내셨습니다."

우리가 갈등하는 것처럼 갈등하고 우리가 당하는 고통을 친히 겪어 아는 인간이라야 우리를 자유와 평화로 이끌 수 있다. 오직 예수 그리스도를 통해서만 우리는 하나님을 사랑할 수 있고, 신뢰할 수 있으며, 길을 잃고 고독한 모든 자에게 하나님이 베푸시는 사랑과 자비를 받아들일 수 있다.

기도

하나님 아버지, 레위기의 이 장들은 참으로 상세합니다. 또한 제 개인을 위해 참으로 필요합니다. 주님의 사랑과 기쁨과 평화와 용서를 갈망합니다. 이것들은 오직 주님께 저를 온전히 내어드릴 때만 얻을 수 있습니다. 구주 예수님을 보내주셔서 감사합니다. 아멘.

심층 연구

A. 번제의 의미

히브리 용어 올라(olah)의 일반적인 영어 번역(burnt offering, 번제)은 사실상 그 의미를 제대로 전달한 번역이 아니다. 원어는 위로 올라가는 어떤 것을 묘사하고 있다(Soltau, 128). 이 히브리 용어는 구약에서 약 280번 사용되었다(Unger, 275). 온 희생 제물을 제단에서 불태우는 온전한 번제의 중심 사상은 헌납자가 자신을 하나님께 온전히 내어드린다는 것이다. 제단 위에 올린 모든 것은 오직 하나님만을 위한 것이었다. 하나님의 자녀가 지속적으로 삶을 하나님께 드려야 하듯이(롬 12:1-2) 이 제사는 "영원히 계속 타오르는 것이다"(Vos, 17).

우리는 또한 번제를 통해 그리스도를 볼 수 있다. 그분은 우리를 대신해 죽으심으로 하나님께 자신을 온전히 드리셨다. 우리의 죄를 위해 십자가에서 죽으시고 죽음을 통한 거룩한 순종을 보여주셨다. 하나님은 그러한 제사를 용납하실 수 있다.

우리는 또한 번제를 통해 제물의 완전한 파괴를 볼 수 있다. 신명기 13장 16절은 전 성읍이 '번제물'로 완전히 파괴되었다고 기록한다. 분명히 모세는 거기서 완전한 파멸에 대해 말했다. 이것을 생명과 자기 헌신이라는 앞의 사상과 어떻게 양립시킬 수 있는가? 어떤 의미에서 그 제물이 예배자를 상징하는 것이라면 우리는 그 예배자가 파멸된 것이라고 생각할 것이다. 하지만 실제로 정반대의 일이 일어난다. 그가 사는 것이나. 어떻게 그것이 가능한가? 당연히 대속을 통해서이다. "대속물의 철저한 파멸에 의해 온전한 헌신이 이루어진다. 이것은 예배자의 온전한 보호나 심지어 부활과 중첩된다"(Poythress, 48). 다시 말해서 대속물은 예배자를 살리려고 죽은 것이다. 그러므로 하나님은 그리스도의 삶, 사역, 죽음의 다면적 성격에 대해 또 다른 그림을 묘사하고 계신다.

B. 소금 언약

소금은 음식을 만드는 데 필수 재료이고 희생 제사에도 사용되었다. 그래서 소금과 언약 체결이 서로 연관성을 갖게 되었다. 고대 동양 세계에서는 함께 음식을 먹을 때 "함께 소금을 나누었다"라고 표현했다. 식사를 통한 교제는 우정을 확인해주었다. 언약은 때로 식사를 동반했는데 그러한 경우에 소금은 필수 품목이었다. 영원한 언약은 불변하는 약속의 적합한 상징인 소금으로 확증될 수 있었다. 제사 자체는 이스라엘 국가에서 영원한 규례였고(민 18:19), 소금 언약으로 설명되듯이 다윗의 왕국은 영원한 왕국이었다(대하 13:5).

소금 언약은 예배자와 하나님 사이의 영원한 교제를 강조한다. 하나님은 죄로 인해 마음이 상하셨지만 믿음으로 드린 희생 제사 때문에 진노가 풀리신다. 그러한 관계는 교제의 모든 유익들을 가져다주며 신실한 예배자들에게 하나님의 축복과 보호를 준다.

C. 화목제의 더 깊은 의미

화목제는 예배자가 제물을 함께 먹도록 허용했다. 그러므로 제물을 드리고 먹는 자는 하나님과 함께 공유하는 것이다. 제사 자체는 예배자와 하나님과의 교제와 나눔, 그리고 그러한 교제의 상호 향유를 표현할 수 있다. 가장 포괄적이고 놀라운 의미에서, 화목 제물을 드리는 자는 구원에 대해 하나님께 감사할 것이다. 이 진리를 떠나서는 어떤 참된 축복이나 공유도 상상할 수 없기 때문이다. 사실상 때로 이러한 제사는 구원을 위한 기도나 일시적인 구원을 위한 기도를 동반했다(삿 20:26, 삼상 13:9). 우리는 인간의 죄 때문에 인간과 하나님 사이가 멀어진 것과 그리스도의 죽음이 어떻게 화평을 이루었는지를 알게 된다(롬 5:1). 그리스도의 죽음으로 이전의 원수들과 화목하게 되었기 때문에 유대인과 이방인 모두 그리스도의 혜택을 동일하게 누린다(엡 2:11-18).

화목제 혹은 감사제는 참여를 강조한다. 제물을 드리는 자가 하는 일이 이 일(그 자신의 제물을 같이 먹음)이기 때문이다. 마찬가지로, 하나님의 자녀는 해를 입지 않도록 지켜주는 하늘의 보장 정책을 단순히 묵상만 하지 않는다. 이 예배자들은 모든 지식을 초월하는 그 평화를 갈망하고 누려야 한다(빌 4:17). 이 평화는 하나님과 사이가 멀어진 자들은 알 수 없는 것이다(사 57:21).

D. 속건제의 의미

속건제는 죄가 결코 대가를 치루지 않고 넘어갈 수 없음을 상기시킨다. 하나님은 당신의 형상을 따라 인간을 만드셨기 때문에(창 1:26, 9:6) 인간이 인간에게 지은 죄는 하나님의 마음을 슬프게 하며 또한 배상을 요구한다. 물론, 인간은 단순히 대가를 지불하는 것으로 죄의 책임에서 벗어나기 어렵다(이것은 중세의 면죄부 사건을 연상시킨다). 그러나 하나님은 어떤 상황에서는 이웃에게 입힌 손해를 배상하라고 요구하셨다. 올바른 제사를 드림으로 속죄가 이루어진다. 하지만 피해자 측에 보상을 하는 것으로 그 속죄는 완성되었다(House, 130-131).

신약의 저자들은 회개의 진정성을 죄인이 친구나 이웃과의 관계를 회복하려는 자발성과 관련시킴으로써 이 진리를 반복하고 있다. 하나님은 제물을 드리는 사람이 이웃에게 미움이나 적대감을 품고 있으면 그 제사를 받지 않으셨다(마 5:23-24). 바울은 잘못을 저지른 신자들을 온유하고 친절한 마음으로 회복시키라고 갈라디아 교인에게 권면했다(갈 6:1). 이 밖의 여러 구절들은 이웃들과 우리의 관계가 하나님의 마음에 귀중하다는 사실을 알려준다. 속건제는 용서받기 위해 피 흘리는 제사를 통해 속죄해야 함과 회개의 진정성의 증거로서 그리스도 안에 있는 형제들에게 정당하게 배상해야 함을 동시에 선언했다.

E. 속죄제와 속건제

속건제는 특수한 속죄제의 일종으로 보인다(Unger, 276). 속죄제는 개인이나 공동체가 죄를 지었을 때(심지어 알지 못한 채 죄를 지었다 해도) 드린 제사였다. 속죄제는 죄의 대가로 형벌을 받아야 할 필요성을 강조했다(Poythress, 47). 죄의 형벌은 속죄 제물을 드린 사람 대신 대속 제물에게 전가되었다. 속건제는 이 일반적인 의미를 포함하며, 상대방에게 입힌 손해에 대한 배상이라는 특징이 추가되었다. 그러므로 속건제는 죄책을 해결하고(삼상 6:3) 공동체의 연합을 회복하려 했다.

죄를 짓는 자는 두 가지 죄악을 범한다. 첫째, 그는 하나님의 율법을 어긴다. 이 때문에 하나님은 속죄제를 제정하셨다. 피의 대속이 아니면 어떤 순종의 행위도 죄의 결과를 치유할 수 없었다. 둘째, 그는 죄를 지음으로 인해 범죄하지 않았더라면 드렸을 적극적인 순종을 보류하게 된다. 이것은 피의 제사로만 속죄될 수 있었다. 하지만 값을 더해

드리는 속죄제의 특징은 어떻게 이해해야 하는가? 보스(Vos)는 값을 더해드리는 것은 유보한 순종을 배상하는 것이라고 주장한다(171).

속건제는 "구약에서 그리스도의 희생적인 죽음과 직접적으로 연결되는 유일한 부류의 희생 제사이다"(Vos, 171). 이사야 53장 10절에서 그리스도의 예언된 제사는 "속건제"로 지칭되어 있다. 그러므로 주님은 백성들의 죄를 대속하실 뿐 아니라 범죄함으로 그들이 유보한 순종을 하나님께 하고 있는 것이다.

이 외에 그리스도의 제사는 속건제를 비롯해 모든 제사의 의미를 한 행위 속에 흡수하셨다(사 53:10). 교회는 하나님의 진노를 충족시키거나 그분의 은혜를 입기 위한 수단으로서 죽음 이외에 다시 죄값을 지불해야 한다고 강조하는 모든 개념을 거부해야 한다. 그리스도의 속건제는 우리가 하나님과 사람들에게 지었거나 혹은 지을 수도 있는 모든 죄를 영원히 덮어주었다.

F. 피를 먹는 것이 왜 잘못인가?

성경은 피를 먹는(히. dam) 관습을 정죄한다. 창세기 9장 4절에서 피는 생명과 동일하며 하나님은 피를 마시는 행위를 금하신다. 이것은 영원히 금해야 할 행위이다(레 3:17). 이스라엘 백성은 제물을 드리기 전에 희생 제물의 피를 완전히 빼야 했다. 피를 빼지 않은 고기는 먹을 수 없었다(삼상 14:33). 하나님은 왜 이러한 행위를 금지하시는가?

첫째, 대부분의 사람들은 피를 먹는 것을 혐오스럽게 여긴다. 자연도 이것을 피하도록 가르친다. 피를 먹는 것은 전혀 위생적이지 않고 건강에도 해롭다.

둘째, 이스라엘을 이방 민족들이나 그들의 관습에서 분리하기 위한 것이었다. 종교의식의 일부 형태에서 보이듯이, 이방 민족들에게는 피를 먹는 관습이 광범위하게 행해졌을 것이다(Clippinger, ISBE, I, 526). 하나님은 이스라엘이 가나안 주변 민족들의 관습을 멀리하고 성경적인 종교를 확립하기를 기대하셨다.

그러나 이 관습을 금지한 주된 이유는 피 자체의 의미에서 비롯되었다. 피는 어떤 형태로 있든 생명을 상징했고, 그 짐승의 영혼과 동일시되었다(Kiel, 327). 하나님은 인간의 죄를 속죄하시기 위해 제물로 드려진 짐승을 구별하셨다(레 17:11). 이러한 사상과 더불어 하나님이 생명 자체에 가치를 두시는 부분이 부각된다. 하나님은 인간의 생명을 취하는 것과 관련해서 사형의 형벌을 처음으로 언급하셨다(창 9:6). 그러므로 우리는 "하나님이 주신 선물인 생명의 고귀한 가치가 '피'를 먹는 행위를 금지하는 것으로 이어졌다"(Unger, 31)고 결론을 내린다.

고안

A. 들어가는 글

1. '진보의 측정' 이야기로 시작하라.
2. 배경 설명: 성경의 중심 사상은 구속이다. 하나님은 거룩하시다. 인간은 죄인이다. 오직 하나님만이 거룩과 죄의 벌어진 틈을 연결하실 수 있다. 이스라엘이 하나님께 가까이 나아올 때 하나님의 가족이라는 특징을 가져야 한다. 주님은 이전에 이스라엘에게 신적인 목적을 주셨다. 그것은 거룩한 나라가 되는 것이었다(출 19:6). 이제 이스라엘은 그 방향으로 발걸음을 떼어놓는다. 성소의 기구와 예배의 복잡한 기능은 거룩이라는 신적 속성을 가리킨다.
3. 적용: 다섯 종류의 제사가 레위기 1-7장에 기술되어 있고, 그 제사들의 형식과 목적이 설명되어 있다.

B. 본문 이해

1. 번제(1:1-2)
2. 소의 번제(1:3-9)
3. 양이나 염소의 번제(1:10-13)
4. 새의 번제(1:14-17)
5. 소제에 대한 서론(2:1-3)
6. 소제 제물의 준비(2:4-10)
7. 소제에 대한 마지막 규정(2:11-16)
8. 소의 화목 제물에 대한 규정(3:1-5)

9. 양이나 염소의 화목 제물에 대한 규정(3:6-17)
10. 속죄제에 대한 서론(4:1-2)
11. 제사장을 위한 속죄제(4:3-12)
12. 공동체를 위한 속죄제(4:13-21)
13. 지도자를 위한 속죄제(4:22-26)
14. 평민을 위한 속죄제(4:27-35)
15. 속죄제가 필요한 죄의 예(5:1-4)
16. 그러한 죄를 위한 규례(5:5-19)
17. 속건제에 대한 일반적 규정(5:14-19)
18. 다른 사람들에게 지은 죄(6:1-7)
19. 번제(6:8-13)
20. 소제(6:14-23)
21. 속죄제(6:24-30)
22. 속건제에 대한 규정(7:1-10)
23. 화목 제물에 대한 규정의 보완(7:11-21)
24. 기름이나 피를 먹음(7:22-27)
25. 제사장의 몫(7:28-38)

C. 결론: '혼란에 빠진 애벌레' 를 읽어주라.

토의 질문

1. 희생 제사의 구약적 모델을 생각할 때, 21세기의 희생 제사 개념을 어떻게 정의할 수 있겠는가? 이번 주에 하나님께 어떤 희생 제사를 드렸는가?

2. 교회에서 예물을 드릴 때 당신의 첫 반응은 무엇인가? 그런 반응을 하는 이유는 무엇인가? 하나님이 당신의 반응을 어떻게 생각하시겠는가?

3. '교제'의 어근은 '평화' 혹은 '완전함'으로 번역될 수 있는 단어이다. 이것이 3장의 화목 제물과 어떤 관련이 있는가?

4. 죄에 대한 당신의 정의는 무엇인가? 고의적인 죄와 비고의적인 죄의 차이는 무엇인가?

5. 구약의 제사장들은 절대 땅을 소유할 수 없었고, 하나님의 신실하심과 공급하심에 전적으로 의지해야 했다. 하나님의 모델을 통해 그리스도인은 어떤 교훈을 배울 수 있는가?

레위기 8-10장

제사장직에 대한 고찰

"인간의 의무와 관련하여 모든 문제는 단 하나의 명제로 요약될 수 있다. 즉, 우리의 모든 행위는 내적이든 외적이든, 위대한 일이든 사소한 일이든 하나님께 순종하는 가운데 이루어져야 한다는 것이다."

- 윌리엄 글래드스턴(William Ewart Gladstone)

이 단원은 제사장의 성별과 그들의 의복과 따라야 할 율례를 자세히 묘사한다. 아론은 제사장으로서의 삶을 시작할 때 하나님이 명하신 엄격한 규례를 따라 몇 가지 제사를 드린다. 그가 백성들을 위해 하나님의 축복을 구하자 하나님의 영광이 임한다. 이 단원은 나답과 아비후가 범죄한 것으로 끝을 맺는다. 그들은 제사장으로서 지켜야 할 규례를 얼마나 신중하게 따라야 하는지를 배웠던 사람들이다.

들어가는 글

입장을 밝히라

마틴 루터(Martin Luther)는 성직자와 평신도들의 잘못을 반대하여 그 당시 기독교의 본산이었던 로마 가톨릭 교회로부터 파문을 당했다.

사람들은 어떤 대상이나 누군가를 지지하기 위해서 무슨 일이든 다 할 정도로 그들에게 강렬한 애정을 보일 때가 있다. 나는 다윗의 '용사들' (삼하 23:13-17를 참고하라) 이야기를 좋아한다. 도망 중에 동굴로 피해 있던 다윗은 이렇게 말한다. "베들레헴의 우물물을 정말 마시고 싶구나." 베들레헴은 멀리 떨어져 있었고, 블레셋 족속이 그곳에 진을 치고 있었다. 그러나 다윗은 언제든지 자신을 지지해줄 용사들에게 둘러싸여 있었다. 그들은 베들레헴으로 달려가 블레셋 족속을 물리쳤다. 그 동안 한 명은 물통에 우물물을 담아 먼 길을 달려 다윗의 동굴로 돌아왔다. 다윗은 그들의 이러한 헌신에 감동을 받았다. 그는 그 소중한 물을 마시지 않고 쏟아부어 하나님께 제사로 드렸다.

우리는 모두 우리와 함께할 '용사' 들을 원한다. 내게는 화요일 밤마다 내 사무실에 와서 하나님의 말씀을 공부하며 나를 위해 기도해주는 사람들이 있다. 지친 엄마들에게도 이러한 지원이 필요하다. 엄마들이 완전히 기진하여 힘들어할 때 다른 여성이 함께하며 "저도 그 마음 알아요. 저도 겪어보았답니다" 라고 말해주면 위로를 얻을 수 있다. 아홉 살짜리 아이들로 가득 찬 성경학교에서 몇 시간을 씨름하느라 지친 주일학교 선생님은 하나님 나라를 위해 바치는 그들의 헌신이 얼마나 위대한지 상기해야 한다. 우리는 모두 우리를 대변해줄 사람이 필요하다.

하나님은 우리의 개인적인 성결을 위해 희생이 필요함을 알고 계신다. 이것이 레위기 1-7장을 주신 이유이다. 그분은 또한 우리를 위해 희생 제사를 드려줄 제사장인 우리의 옹호자가 필요하다는 것을 알고 계신다. 이 제사장 직분은 우리의 죄악 된 상태와 우리의 죄책, 그리고 하나님에 대한 우리의 적대감을 깨닫도록 도와줄 것이다. 레위기 8-10장은 하나님이 임명하신 구약 제사장들의 복장과 역할, 하나님의 율례를 지키지 못한 일부 제사장의 결말을 자세히 묘사한다.

본문 이해

제사장직에 대한 고찰

Main Idea	아론과 그의 아들들은 제사장의 직무를 위해 엄중히 성별되었다.

A. 제사장과 성막의 성별(8:1-36)

Supporting Idea	제사장이라 해도 여호와로 인하여 거룩하게 되지 않으면 거룩하지 않다.

8:1-4. 하나님은 모세에게 제사장들이 거룩한 직무를 위해 성별될 수 있는 적합한 방식에 대한 정확한 규례를 제시하셨다(출 29:1-36, 40:12-16를 참고하라). 모세는 이제 제사장들과 기름부음을 위해 필요한 도구들을 성소의 입구로 가져간다.

8:5-9. 모세는 회중에게 제사장의 직무를 감당하도록 아론과 그의 아들들을 성별하는 일에 대해 여호와가 말씀하신 내용을 보고한다. 그는 먼저 물로 제사장들을 씻기고 아론에게 속옷, 겉옷, 에봇을 입혔다. 그리고 에봇 위에 신비한 우림과 둠밈을 넣은 흉패를 붙였다. 우림과 둠밈은 그들이 여호와의 뜻을 물을 때 사용되었다. 마지막으로, 관 위에 금패를 붙이고 아론의 머리에 그 거룩한 관을 씌웠다.

8:10-13. 모세는 다음으로 특별한 기름, 즉 관유를 성소에 발랐다. 또 관유를 제단에 일곱 번 뿌리고 아론의 머리에 부었다. 그후에 아론에게 했던 대로 아론의 아들들에게 옷을 입혔다. 아마 그들에게도 관유를 발랐을 것이다. 모세가 아론의 아들들의 기름부음에 대해 언급하지는 않지만, 그가 그런 의식을 치루었을 것이라고 확실히 단정할 수 있다. 출애굽기 28장 41절에 이 명령이 나오기 때문이다.

8:14-29. 아론과 그의 아들들이 속죄제로 드릴 수송아지 머리에 안수하면 모세가 그 소를 죽였다. 모세는 그 피를 제단 뿔에 바르고 남은 피는 제단 밑에 쏟았다. 또 소의 기름과 내장 부분을 단 위에서 태운 다음 사체의 남은 부분은 진 밖에서 불태웠다.

모세는 아론과 그의 아들들에게 번제로 드릴 수양을 주었고 그들은 속죄제의 경우처럼 그 머리에 안수했다. 모세가 그 수양을 죽인 후 그 피를 단 주위에 뿌렸다. 그리고 내장을 씻은 후 그 제물을 번제단 위에 바쳤다.

또 다른 수양, 곧 위임식의 수양을 죽일 때는 그 피의 일부를 아론의 오른 귀의 귀부리와 오른손 엄지와 오른발 엄지에 발랐다. 제사장은 하나님의 말씀을 지속적으로 경청하고 하나님의 말씀에 담긴 정확한 규정에 따라 자신의 직무를 수행해야 했다. 그러므로 그의 귀와 엄지 손가락은 하나님이 사용하시도록 성별되었다.

모세는 바구니에서 무교병과 전병을 꺼내어 그 기름 위에와 우편 뒷다리 위에 놓았다. 아론과 그의 아들들은 여호와 앞에서 그것들을 흔들었다. 그러고나서 모세는 그 모든 것을 단 위에서 불태웠다.

8:30-36. 마지막으로 모세는 관유와 피의 일부를 취해 아론과 그의 아들들의 머리와 의복에 뿌렸다. 그는 다시 제물을 먹을 거룩한 장소(회막 문 입구)를 구체적으로 말한다. 그들은 먹지 않고 남은 것을 불살라야 했다(7:17을 참고하라). 그리고 위임식이 진행되는 7일 동안 회막 문 입구에 머물러야 했다.

하나님은 아론과 그의 아들들의 성별을 통해 모든 참되고 용납 가능한 예배는 하나님의 은혜에서 기인한다는 것을 보여주셨다. 하나님만이 우리를 그분께 용납되도록 하시며, 그분 보시기에 우리의 행위가 용납되도록 하신다.

B. 제사장 직무의 시작(9:1-24)

Supporting Idea	하나님의 축복과 함께 제사장들이 직무를 시작한다.

출애굽기 마무리 부분에서 하나님이 주신 교훈의 말미를 보면, 하나님이 예배 성소를 거룩한 임재로 충만하게 하심으로 이스라엘이 만든 거룩한 기구들을 축복하신 내용이 나온다(출 40:34-35). 레위기 9장 역시 성실한 섬김에 축복이 함께한다는 것을 보여준다(9:23-24를 참고하라).

9:1-14. 아론과 그의 아들들의 위임식 기간이 끝난 다음 날, 이스라엘의 장로들과 더불어 제사장들은 모세 앞에 섰다. 그는 제사장들에게 그들의 죄와 번제를 위해 여호

와 앞에서 송아지와 수양을 드리라고 지시했다. 하나님은 이스라엘 백성에게 수염소를 속죄제를 위하여 취하고 일년 된 송아지와 어린 양을 번제로 드리라고 명령하셨다. 제사장을 위한 제사를 드린 후, 소제 외에 화목제로 수소와 수양을 드릴 것이다. 제사장 아론은 여호와의 명령에 순종하여 전에 주신 규례대로 자신을 위해 속죄제와 번제를 드렸다.

9:15-21. 그후에 아론은 회중을 위해 속죄제와 번제와 소제를 드렸다. 그는 모세의 명한 것과 같이 백성들의 화목제를 위해 수소와 수양을 죽였다. 제사장들이 하나님을 섬기기 위해서 신적 용서와 화해가 필요했듯이, 백성들도 하나님과 교제하려면 동일한 것이 필요했다. 이스라엘 백성이 에덴 동산에서 수십 세기 전에 쫓겨났어도, 하나님은 그들이 그분께 돌아올 수 있는 수단을 제공하신다. 하나님은 세상의 거주민들을 에덴 동산에서 추방하시고 그룹들과 화염검을 두어 그것을 지키게 하셨다(창 3:24). 그러나 이제 하나님은 그분께 돌아올 길을 인간에게 가르치신다.

9:22-24. 제사장들은 하나님이 모세에게 주신 규례대로 하나님의 말씀에 순종했다. 하나님은 가장 고귀한 은총인 그분의 임재로 그들의 순종에 대해 복을 주셨다. 모세와 그의 형은 성막으로 들어갔다. 아마 그들의 희생 제사에 하나님의 복이 함께하시기를 기도하려고 들어갔을 것이다. 그들은 나와서 백성에게 축복하였다. 그러자 여호와는 그분의 존전에서 불을 내보내어 제물을 불사르셨다. 백성들은 이를 보고 기쁨으로 소리지르며 엎드렸다. 이로 인해 이스라엘 백성은 이전에 하나님의 산에서 반응했던 것(출 20:18-19)과 완전히 다른 태도로 하나님의 현현에 반응했다. 그들은 이제 하나님의 임재와 자기 민족의 주로서 그분을 섬기는 특권을 기뻐하기 시작했다.

C. 제사장의 죄와 하나님의 심판(10:1-20)

Supporting Idea	예외적 특권에는 중대한 책임이 따른다.

10:1-11. 아론의 아들 나답과 아비후가 여호와의 명하시지 않은 다른 불을 담아 여호와 앞에 분향하였다. 여호와는 심판의 불을 보내 두 아들을 삼키게 하셨다. 이것이 구체적으로 어떤 것과 관련 있는지 확실하지는 않다. 하지만 하나님이 그들의 행위를 기뻐하

지 않으셨다는 것은 분명하다. 어떤 주석가들은 거룩한 직무를 수행하면서 포도주를 마시지 말라는 명령에도 불구하고(10:9), 나답과 아비후가 술을 마시고 직무를 수행했을 것이라고 추측한다. 그러나 이것을 뒷받침할 증거는 부족하다. 내러티브가 강조하는 핵심은 그들이 여호와의 말씀으로 거룩하게 되지 않은 향을 바쳤다는 것이다.

모세는 아론의 사촌들에게 죽은 제사장들의 시체를 진 밖으로 메어가라고 명한다. 모세는 아론의 남은 두 아들 엘르아살과 이다말에게 슬픔으로 옷을 찢거나 머리를 풀지 말도록 엄격히 제한했다. 만일 그렇게 한다면 하나님이 온 회중을 심판하실 것이다. 제사장들은 중보자로서뿐 아니라 여호와가 모세로 명한 모든 규례를 이스라엘 자손에게 가르치는 선생의 역할도 해야 했다. 선생이 백성 앞에서 모범을 보이지 않으면 성공적으로 가르칠 수 없다.

10:12-20. 모세는 아론과 그의 남은 아들들에게 거룩한 곳에서 남은 소제 제물을 먹으라고 지시했다. 그들의 가족은 규례를 따라 가슴과 오른쪽 뒷다리를 먹을 수 있었다.

모세가 속죄제 드린 염소를 찾았을 때 그것은 이미 불태워졌고 그들이 거룩한 곳에서 먹지 않았다는 사실을 알았다. 그래서 그는 엘르아살과 이다말에게 진노했다. 학자들은 이 구절에 대해 다양한 해석을 제기해왔다. 하나님이 아론의 아들들의 불순종 때문에 심판하셨다면, 아론이 어떻게 거룩한 곳에서 속죄 제물을 먹을 자격이 있겠냐고 생각했을 것이라는 관점이 가장 유력하다. 아론은 그것을 먹기에 자신이 부끄럽고 무자격자라고 느꼈을 것이다. 어떤 이들은 아론이 아들들의 죽음으로 인한 슬픔에 압도되어 도무지 먹을 수 없었기 때문에 그 제물을 먹지 않았다고 생각한다.

Main Idea 복습	아론과 그의 아들들은 제사장의 직무를 위해 엄중히 성별되었다.

결론

새의 우화

새의 우화는 창조 때로 거슬러 올라간다. 하나님은 어두움과 빛을 나누시고, 바다와 육지를 나누신 후에 동물들을 창조하셨다. 모든 창조물들은 살아 있다는 것의 의미를 찾으려고 동분서주했다. 여기서 새들만 예외였다. 새들은 행복하지 않았고 하나님께 불평하며 모든 시간을 보냈다. 하나님이 다른 동물들에게는 없는 무거운 짐을 그들에게 주셨기 때문이다. 그 짐은 어깨에 달린 귀찮은 부속물이었다. 하나님이 그들에게 벌을 내리고 계신 게 틀림없다고 생각했다. 걷을 때도 힘들고 사는 데도 불편한 이것을 지고 다녀야 하는 이유가 무엇이란 말인가? 그들은 "도대체, 왜 우리인가요?"라고 외쳤다.

마침내, 모험심이 강한 두세 마리의 새들이 어깨에 달린 부속물을 움직여보기 시작했다. 잠시 그것들을 펄럭거려보던 새들은 짐이라고 여겼던 것이 사실은 자신들을 날게 해준다는 사실을 알게 되었다. 그 어떤 동물도 그들처럼 날 수 없었다. '그 무거운 짐'은 아름다운 선물이었다.

많은 신자들이 이 어리석은 새들처럼 행동한다. 우리는 우리 삶의 운명과 하나님의 부르심이라는 무거운 짐에 대해 불평하며 뒤로 물러나 앉아 하나님의 손길을 우리를 옥죄는 기대라는 무거운 부속물로 생각한다. 그렇다면 어떻게 달리 생각해야 하는가? 이것들은 당신이 눈을 열어 하나님의 말씀과 규례가 당신을 비상시켜 하나님과 동행하는 삶의 성숙한 단계로 나아가게 하는 성령의 바람이 되도록 만들어졌다고 생각할 때까지 짐으로 남을 것이다. 아론과 그의 가족은 종과 제사장직이라는 유산의 시초였고, 당신이 그리스도인으로서 소속된 모임의 시작이었다. 사역! 그것은 짐인가? 날갯짓을 해보라! 하나님은 그분의 부르심에 순종하는 자를 위해 놀라운 것을 준비해놓으셨다.

▣ 진리 알기

- 인간의 악은 그 핵심을 다루어야 한다.
- 우리가 하나님을 섬길 때, 그분은 종종 우리가 그분을 기다리며 그 결과에 대해서도 그분을 의지하라고 요구하신다.
- 개인적인 제사장직을 통해 행한 우리의 섬김과 활동의 결과는 항상 사람들 앞에서 하나님의 영광을 드러내야 한다.
- 하나님이 지도자로 부르시는 사람들은 더 높은 기준에 복종해야 한다.

▣ 적용하기

- 인생의 어려움을 만날 때 하나님을 신뢰하라.
- 성경의 진리들을 마음 깊은 곳에 간직하라.
- 하나님이 당신을 구원하신 것과 어떤 목적을 위해 성별하셨음을 알고 하나님과 사람들을 섬기라.
- 하나님은 당신을 편안하게 하는 것보다는 당신의 삶의 변화에 더 관심이 많으시다는 진리를 믿으라.

삶의 적용

목수의 연장

위대한 목수의 연장들이 회의를 연다고 상상해보라. 망치 형제가 사회를 본다. 그러나 몇몇은 그가 너무 시끄러우므로 회의장을 떠나야 한다고 주장한다. 망치 형제는 이렇게 응수한다. "내가 이 가게를 떠나야 한다면 나사못 형제도 함께 가야지. 무엇인가를 이루기 위해서는 그 형제를 계속 시끄럽게 돌려야 하잖아!" 나사못 형제는 대답한다. "네가 원한다면 떠나야지. 하지만 대패 형제도 같이 떠나야지. 그가 하는 모든 일은 표면에서만 그치잖아. 노력한다는 게 깊이가 없어." 이 말에 대해 대패 형제도 이렇게 대답한다. "자 형제도 함께 물러나야지. 자기만 옳은 양 다른 이들을 재고 있잖아." 자 형제는 사포 형제에 대한 불만을 늘어놓는다. "그도 떠나야 해. 너무 거칠고 반대 면으로 문지르거든."

이렇게 불화가 일어났다. 언쟁이 벌어지고 있는데 나사렛의 목수가 작업실로 들어왔다. 작업용 앞치마를 두른 목수는 복음을 전파할 설교단을 만들기 위해 작업대로 갔다. 그는 망치, 나사못, 대패, 자, 사포와 다른 모든 연장을 사용했다. 고된 하루가 끝나고 설교단이 완성되자, 톱 형제가 일어나 말했다. "형제들이여, 우리는 모두 주를 위해 함께 일하는 일꾼들입니다."

그리스도인으로서 우리의 이름은 길다. 그리스도인, 하나님의 자녀, 빛의 자녀, 세상의 소금, 세상의 빛, 신자, 친구들, 형제자매, 양, 성도, 군사, 증인, 시민, 하나님이 택하신 자, 대사, 사랑을 받는 자, 종, 제자들, 따르는 자들, 이긴 자들, 승리자, 청지기. 우리가 자주 무시하는 한 가지 호칭은 제사장이다. 성경은 우리가 왕 같은 제사장이며, 이 이름들이 갖는 모든 권리와 특권을 가진다고 말한다. 각 제사장은 자신의 역할을 감당하며 왕을 섬겨야 한다.

기도

주 하나님, 주님은 제가 주님을 영화롭게 하고 교회를 세우는 방식으로 주님을 섬기도록 영원 전에 저를 선택하셨습니다. 주님이 제게 행하도록 부르신 일을 끝까지 행하고, 레위기의 이 단원에서 읽은 실수를 하지 않도록 신중하기 원합니다. 주님을 섬기는 것은 고귀한 소명이며 큰 영광입니다. 이런 기회를 주셔서 감사합니다. 아멘.

심층 연구

A. 위임

하나님이 성막 봉사를 위해 아론과 제사장들을 구별하실 때, 특별한 직무를 감당할 수 있도록 그들을 성별하셨다. 올바른 마음으로 이 봉사를 올바로 행하면 하나님의 축복과 인정을 받을 것이다. 때로 이 과정을 '위임' 이라고 부른다. 위임을 한다는 것은 봉사의 직무에 누군가를 공식적으로 임명한다는 것이다.

마가복음 3장 14절, 요한복음 15장 16절, 20장 21-23절, 사도행전 6장 1-6절, 13장 1-3절, 디모데전서 4장 14절, 디모데후서 1장 6절을 비롯해 성경은 여러 곳에서 거룩한 사역을 감당할 특수한 직책에 대해 신적 - 인간적 승인을 가르치고 있다. 이러한 모든 구절들은 공식적으로든 비공식적적으로든, 영적 봉사에 대한 일종의 특별한 직책을 가리키고 있다. 교회사에서는 늘 사역의 은사를 지닌 사람들이 인정을 받았고 봉사를 위해 정당하게 구별되었다.

오늘날 어떤 사람들은 공적 봉사를 하기에 앞서 무조건 교회의 공식적인 위임을 받아야 한다고 주장한다. 반면 어떤 이들은 공식적 위임이 성경적 정당성이 결여된 인간적인 산물이라고 정죄한다. 제사장들은 거룩한 의식을 통해 특별한 직무를 위하여 성별되었다. 하지만 그러한 공식성이 성경 시대라도 모든 사역에 적용되지는 않았다. 그러나 교회는 사역의 잠재적 후보자들을 걸러내는 장치를 갖추어야 한다. 그것이 공적인 성직 추천으로 이어져야 한다.

B. '축복' 의 구약적 사상

제사장들이 공식적인 사역을 시작하자, 아론은 손을 들어 그들을 '축복했다.' 그후에 아론과 모세는 회막으로 들어갔고 곧 나와 다시 한 번 백성들을 축복했다. 축복의 개념은 은혜를 베풀다, 섬기다, 칭찬하다, 영접하다, 혹은 축하하다를 의미할 수 있다. 인간은 경의를 표하고 찬양하는 마음으로 하나님을 축복할 수 있다. 이 의미에서 이 단어는 '칭찬하다' 라는 의미를 갖는다. 이 개념은 시편 103편과 104편 1절에서 두드러진다.

보통 축복한다는 것은 형통함 혹은 행복감을 부여한다는 것을 뜻한다. 일반적으로 하나님은 자기의 뜻을 행하는 신실한 종들에게 복을 주신다. 구약적인 축복의 성격이나 내용은 종종 물질적 번영을 포함했다. 에서의 축복을 훔친 야곱을 둘러싼 갈등의 역학은 이 개념과 관련이 있었다. 하나님의 축복은 다산(창 1:28), 식량이나 물의 풍부함과 건강(출 23:25)으로 나타날 수 있다. 하나님은 순종하고 그분의 뜻을 행하는 자들에게 축복을 주신다(신 7:12-14, 시 1:1-3).

어떤 사람이 특별히 환영하는 의미나 공식적인 인사로서 직위가 더 높은 사람을 '축복할 때' 는, 존경하거나 위엄을 인정하는 태도로 축복의 말을 했다(창 47:7, 왕상 8:66). 사람들은 또한 자신을 축복할 수도 있다. 그러한 경우 그들은 옳든 그르든, 자신들의 행복이나 안녕의 일반적 상태를 인정했다(시 49:18). 수동적 의미로 사용될 때 축복은 한 개인이 하나님께 은혜를 받았음을 암시했다. 그러한 사람은 자신을 행복하거나 복 받은 자로 간주한다.

C. 포도주, 술, 하나님의 사람들

유대인들은 과도한 음주를 억제했다. 레위기서의 이 구절은 제사장들이 직무를 수행할 동안 포도주 마시는 것을 금한다. 왕과 하나님과 민족을 대신해 심판을 선언하는 사람들 역시 건전한 판단을 하기 위해 술을 마실 수 없었다(잠 31:4-5, 사 28:7-8). 그러한 이유로 성경은 술 취함과 방탕함을 경계한다. 성경은 술의 남용과 다른 알코올 음료들을 경계하며 이 경고를 무시한 슬픈 결과들에 대한 뚜렷한 예들을 보여준다(창 9:20-24, 19:33-38).

사도 바울은 로마서 14장에서 그리스도인의 자유에 대한 긴 논증을 한다. 이것은 건전한 입장에 이를 수 있는 통찰력을 준다. 그는 연약한 신자들이 시험에 들지 않도록 주의했다. 어떤 사람은 반대로 철저한 금욕적인 입장을 취할 수도 있다. 바울은 또한 어떤 것이 자신을 지배하거나(고전 6:12) 형제의 길에 걸림돌이 될 빌미를 제공하지 않도록(롬 14:21) 경계했다. 물론 하나님의 자녀라면 자신이 복음을 전하고 있는 사람을 실족시키고 싶지 않을 것이다(고후 6:3). 술을 마심으로 그리스도인이라는 증거의 신뢰도가 떨어진다면 그것을 완전히 포기할 준비가 되어 있어야 할 것이다.

사랑의 법은 자유에 대한 모든 이기적인 고려나 요구를 뛰어넘어야 한다. 교회 역시 연약한 그리스도인들이 강한 그리스도인들을 정죄하지 않도록 가르쳐야 한다(롬 14:3을 참고하라). 바울은 그러한 문제들을 논의할 경우, 화평에 대한 소망을 가장 우선적으로 고려하라고 제안한다(롬 14:19). 교회는 그러한 경우, 특히 성경이 침묵하고 있을 경우, 평화로운 조정을 추구해야 한다.

교안

A. 들어가는 글

1. '입장을 밝히라' 이야기로 시작하라.
2. 배경 설명: 하나님은 백성들이 예배를 통해 그분께 나아오기를 원하신다. 그들은 죄악 되고 하나님은 거룩하시다. 그러므로 오직 하나님이 택하신 제사장들이 드리는 화해의 제사를 통해서 그들은 하나님이 규정하신 방식대로 하나님께 나아올 수 있다.
3. 적용: 제사장들(8장)과 성막(9장) 모두 하나님께 봉헌되었다. 하나님은 그분의 규례대로 향을 드리지 않은 아론의 두 아들 나답과 아비후를 징계하셨다(10장).

B. 본문 이해

1. 제사장과 성막의 성별(8:1-36)
2. 제사장 직무의 시작(9:1-24)
3. 제사장의 죄와 하나님의 심판(10:1-20)

C. 결론: '목수의 연장' 을 읽어주라.

토의 질문

1. 제사장들은 어떤 땅도 받지 않았다. 그들은 하나님의 신실하심에 의지했다. 하나님이 제시하신 모델을 통해 그리스도인은 어떤 교훈을 배울 수 있는가?

2. 하나님은 성별을 아주 중요하게 생각하신다. 제사장의 위임식에 대단히 큰 중요성을 두시기 때문이다. 이 진리가 당신의 삶에 무엇을 의미하는가?

3. 이스라엘 백성에게는 그들과 하나님 사이에 벌어진 틈을 이어줄 제사장이 필요했다. 당신도 그런가? 그렇다면 그 이유는 무엇이며, 그렇지 않다면 그 이유는 무엇인가?

4. 하나님은 결코 불필요한 예를 성경에 기록하지 않으신다. 레위기 9장 마지막에 불이 나와서 단 위의 제물을 사른 사건의 의미는 무엇인가? 그리고 하나님은 왜 아론의 아들들의 죽음을 포함시키셨는가?(그들의 예는 여기 외에 일곱 번이나 거론될 정도로 중요하다.)

5. 레위기 10장 10-11절을 읽으라. 이 구절을 현대인의 생활과 21세기 기독교의 영향력과 연관시켜보라.

레위기 11-15장

나침반을 맞추라

"너희가 나를 사랑하면 나의 계명을 지키리라."

- 요한복음 14:15

이스라엘 민족을 질병에서 보호할 뿐 아니라 다른 민족들과 구별하시기 위해 하나님은 레위기 11장에서 사체에 대한 처리뿐 아니라 먹을 수 있는 동물과 먹을 수 없는 동물들에 대한 규례를 주신다. 레위기 12-15장에서 하나님은 이스라엘에게 위생과 건강에 관한 규례를 주신다.

들어가는 글

진북을 가리켜보세요

"눈을 감고 진북(true north, 어떤 지점에서 지축의 북극 방향)을 가리켜보세요." 나는 이 말로 메시지를 전하기 시작했다. 나는 결혼을 주제로 한 시리즈로 강의를 하는 중이었다. 그리고 우리가 이 중요한 제도를 이해하는 기준으로 오직 성경만을 사용하는 이유를 알아달라는 요청으로 강의를 시작하고 싶었다. "여러분, 저를 믿고 눈을 감으세요. 그리고 제가 셋을 세면 눈을 감은 채로 진북을 가리켜보세요. 준비됐나요? 하나, 둘, 셋." 손들이 올라갔다. 어떤 이들은 제대로 진북을 가리켰지만 대부분은 그렇지 못했다. 어떤 이들은 심지어 위쪽을 가리킨 이들도 있었다. "자, 이제 그대로 눈을 뜨세요."

웃음소리가 잦아들자 나는 청중에게 제대로 진북을 가리킨 사람도 있고 그렇지 않은 사람들도 있는데, 특별히 위로 손가락을 가리킨 사람들도 있다고 말했다. 그러고나서 주머니에서 나침반을 꺼내 그들이 정확히 가리켰는지 확실히 알 수 있는 방법을 설명했다. "여기 나침반이 있습니다. 이 나침반은 여러분의 결정이 정확한지 알려주는 기준이 됩니다."

레위기 11-15장에 대한 이 연구를 시작하는 시점에서, 우리는 희생 제사와 제사장직에 대한 우리의 개인적 필요에 대해 이미 기초를 놓아둔 상태이다. 우리는 예수 그리스도가 우리 죄를 위해 십자가를 지시고 하늘 아버지 우편에서 우리의 변호사로 섬기심으로써 어떻게 이 역할들을 모두 성취하셨는지 잘 이해하고 있다. 레위기의 이 단원은 진북이 어디인지, 하나님의 백성에게 유익한 것과 해로운 것이 무엇인지 확인해주는 나침반을 우리에게 제공해준다.

본문 이해

나침반을 맞추라

Main Idea	하나님은 정한 것과 부정한 것으로 일부 음식을 구별하시고, 또한 정결에 대한 다른 규정들을 제시하셨다.

A. 정한 짐승과 부정한 짐승(11:1-23)

Supporting Idea	하나님은 먹을 수 있는 짐승을 제한하신다.

11:1-8. 하나님이 언급하신 첫 번째 부류는 육지 짐승들이었다. 이스라엘 백성은 무릇 굽이 갈라져 쪽발이 되고 새김질하는 것은 먹을 수 있었다. 낙타(약대)는 굽이 갈라졌지만 완전히 갈라지지 않았으므로 부정한 짐승으로 간주되었다. 사반(토끼와 비슷하지만 완전히 같지는 않음)과 토끼는 굽이 갈라지지 않았으므로 부정하다고 간주되었다. 외형적인 모습과 씹는 동작을 보면 어떤 의미에서 이 짐승들은 '새김질을 했다.' 모세가 여기서 사용한 표현은 현상적인 언어(phenomenal language) 혹은 '관찰자에게 보이는 모습' 이었다. 하지만 그들은 부정한 짐승으로 분류되었다. 돼지는 새김질을 하지 않기 때문에 부정한 짐승에 속했다.

11:9-12. 이스라엘 백성은 지느러미와 비늘(물고기의 외피)이 있는 물고기는 먹을 수 있었다. 하나님은 먹으라는 이 허용 명령을 긍정적으로 언급하시면서 그 외 모든 물에서 동하는 것과 물에서 사는 것을 금하셨다.

11:13-19. 부정한 새들의 대부분은 본성상 약탈자거나 다른 짐승들을 먹잇감으로 노리는 맹금류들이었다. 하나님은 이러한 새들을 스무 번 언급하셨지만 먹을 수 있는 나머지 새들은 언급하지 않으신다. 먹을 수 있는 조류로는 참새, 메추라기, 산비둘기와 집비둘기가 포함되었다.

11:20-23. 또한 네 발로 기는 모든 곤충들을 먹는 것은 금지되었다. 먹을 수 있도록

허용된 정결한 곤충은 메뚜기과에 한정되었다. 메뚜기들은 그리스를 비롯해 많은 고대 사회에서 식용으로 사용되었다.

B. 사체와의 접촉(11:24-47)

Supporting Idea	죽은 것을 만지거나 먹는 것은 자신을 더럽히는 행위였다.

11:24-28. 육지 짐승 중 부정한 짐승의 사체를 만지는 사람은 저녁까지 부정할 것이다. 그 사람은 자신의 옷을 빨아야 했다. 고양이나 개와 같이 네 발로 걷는 짐승들 역시 접촉하지 말아야 했다. 누구든지 그 짐승들의 사체와 신체적으로 접촉한 사람은 부정하다고 간주되었다.

11:29-38. 하나님은 다음으로 땅에 기는 바 기는 것 중에 족제비와 쥐와 도마뱀 종류와 같은 짐승들을 부정하다고 선언하셨다. 그러한 짐승들은 혐오스러운 것이었고, 하나님은 그러한 짐승의 사체와 접촉된 모든 것을 부정하다고 선언하셨다. 그러나 샘물이나 웅덩이의 경우는 사체가 떨어지더라도 예외로 하신다. 아마 이것은 물이 부족했기 때문일 것이다.

11:39-40. 정한 짐승의 사체와 접촉한 사람들도 부정하다고 선언되었다. 그러한 자들은 부정한 짐승들을 만졌을 때와 같은 의식을 행해야 했다.

11:41-47. 레위기 11장의 마지막 절들은 요약하는 역할과 하나님이 주신 금지 규정들을 어기지 않도록 상기시키는 역할을 한다. 하나님은 이러한 규례들을 거룩하게 하시고 이스라엘 백성이 그 규례를 엄중한 의무로 지키게 하셨다. 그들은 이러한 규례들을 순종함으로써 스스로를 구별하여 거룩하게 해야 했다.

C. 산모를 위한 정결 과정(12:1-8)

Supporting Idea	모세는 출산 이후의 정결례 과정을 상세히 기술한다.

12:1-4. 여인이 남자 아이를 출산하면, 일반적인 월경 기간 때와 같이 7일 동안 부정

할 것이다. 남자 아이는 출생 후 8일째 할례를 받아야 한다(창 17:12를 참고하라). 아기가 할례를 받은 후 여인은 또다시 33일 동안 부정할 것이다. 이 기간 동안 여인은 성소를 찾거나 하나님이 성별하신 그릇이나 성물을 절대 만지면 안 되었다.

12:5. 여인이 딸을 출산하면, 처음에는 2주 동안 부정하고 이어서 또다시 66일 동안 부정한 후 정결하게 될 것이다. 딸을 낳았을 경우, 하나님이 여인의 부정한 기간을 두 배로 늘리신 이유가 무엇인지 우리는 정확히 알 수 없다. 아마 딸들이 언젠가는 출산을 하고 동일한 부정을 경험할 것이기 때문이거나, 후에 월경을 통한 부정함을 경험할 것이기 때문일 것이다. 어떤 이들은 그 이유가 남아의 경우 할례 의식을 행하고 그로 인해 여아가 경험할 수 없는 방식으로 정결함을 얻는 것과 관련이 있을 것이라고 주장했다.

12:6-8. 제사의 순서가 여기서는 번제물에 이어 속죄제를 드리는 것으로 되어 있다. 그러나 이런 류의 정결 의식의 중요한 개념은 죄와 관련된 것이 아니라 번제에 반영되어 있는 자기 헌신이었다. 고통스럽고 다소 역겨운 출산 과정에서 보이듯이 속죄제에는 죄로 인해 세상에 미친 영향이라는 개념이 내포되어 있었다. 제사장은 번제물로 어린 양을 드리고 속죄제로 어린 집비둘기를 드렸다. 그렇게 하면 그 여인은 산혈이 깨끗하게 되었다. 마리아처럼, 어린 양을 드릴 여유가 없는 여인은 비둘기로 대체할 수 있었다(눅 2:24를 참고하라).

D. 피부병(13:1-46)

Supporting Idea	모세는 피부병을 어떻게 확인하고 처리해야 하는지 말한다.

13:1-17. 눈에 띌 정도로 비정상적인 색점이 피부에 생긴 사람은 검사를 받기 위해 아론에게(혹은 의식을 집전하는 제사장에게) 데리고 가야 했다. 제사장이 그의 나병을 표면적인 색점 이상의 것이라고 결정하면, 그를 의식적으로 부정하다고 선언할 것이다. 검사를 한 후에도 그 사람이 정결함이 필요한 나병에 걸렸는지 결정할 수 없다면, 7일 동안 그를 격리한 다음에 다시 한 번 검사를 해야 했다. 반점이 계속 있지만 번지지 않았을 경우, 그는 또다시 7일간 격리되어야 했다. 환부가 사라지기 시작하면 제사장은 그 사람을 정결하다고 선언할 것이다. 하지만 그것이 번지거나 그 사람이 나병에 걸렸

다고 제사장이 결정했을 경우, 그는 부정하다고 선언될 것이다.

피부가 난육과 반대로 하얗게 변하면, 그 사람은 나병에 걸린 것이 아니었다. 아마 그 사람은 건선(마른 버짐)에 걸렸을 가능성이 있다. 그것은 하얀 딱지가 앉은 빨간 반점이 머리, 등, 팔꿈치에 돋아난 상태를 말한다. 혹은 눈에 두드러지지만 무해한 질병은 피부의 색소가 소실됨으로 생기는 백반증일 가능성이 있었다. 그러나 궤양이 생기면 ('난육') 제사장은 그 사람을 부정하다고 선언했다.

13:18-28. 제사장은 또한 화상이나 흉터가 있는 사람들도 검사해야 했다. 그 사람이 나병에 걸린 것인지를 결정하는 기준은 앞의 경우와 거의 동일했다. 환부가 번졌으면 제사장은 그 사람을 부정하다고 선언할 것이다.

13:29-39. 머리나 턱에 염증이 생길 경우, 제사장은 전염성인지 검사해야 했다. 전염성인지를 결정하는 것은 피부 침투 정도, 탈모의 양, 털이나 머리카락이 노란색으로 변색되었는지의 여부가 전부 해당되었다. 그 상태는 백선의 한 형태임을 암시할 수도 있었지만, 탈모의 정도가 중대할 경우 전염성 질병임을 의미했다. 피부의 흰 색점은 부정함의 요인으로 간주되지 않았다.

13:40-44. 제사장은 대머리의 정도를 기준으로 사람을 부정하다 선언하지 않았다. 하지만 대머리인 사람의 머리에 희고 불그스름한 색점이 있다면 감염성 질병을 가진 것이었다.

13:45-46. 제사장은 부정하다고 선언한 사람에게 옷을 찢고 일반적인 차림새를 갖추지 못하게 하며 코 밑 아래를 가리고 외치기를 부정하다 부정하다 하게 했다. 그렇게 부정하다고 확인된 사람은 사람들이 가까이 다가오지 못하게 함으로써 그 질병의 전염을 막아야 했다.

E. 곰팡이(13:47-59)

Supporting Idea	모세는 여러 물건이나 제품을 변성시키는 곰팡이를 확인하고 처리하는 법을 설명한다.

13:47-59. 천이나 가죽 옷과 같은 물건에 곰팡이가 생겼다고 의심되면 제사장은 푸르스름한 자국이나 불그스름한 색이 눈에 띄는지 조사해야 할 것이다. 7일 이후 곰팡이

가 번졌으면 제사장은 그 물건이 부정하다고 선언했다. 그리고 그 물건을 불태워 없애야 했다. 곰팡이가 번지지 않았으면, 그 물건을 씻은 후 다시 검사해야 했다. 곰팡이가 번졌다면, 그것들을 불태워야 했다.

F. 피부병과 곰팡이의 정결례(14:1-57)

Supporting Idea	정결 의식을 통해 회복이 이루어졌다.

14:1-7. 질병의 희생자가 검사와 정결 의식을 요구하면, 그를 제사장에게로 데려갔다. 제사장은 진 밖의 별도의 장소에서 그를 검사했다. 제사장은 나병이 조금이라도 남아 있는지 검사했다. 아마 이것은 하나님이 규정하신 대로 첫 진단을 내렸을 때와 같은 방식으로 이루어졌을 것이다. 검사를 마치고 질병이 완전히 사라졌다고 확신하면, 제사장은 정한 산 새 두 마리와 백향목과 홍색실과 우슬초를 가져오게 했다.

제사장은 흐르는 물 위 질그릇 안에서 새 한 마리를 죽이도록 지시했다. 그런 후에 제사장은 산 새를 가져다가 백향목과 홍색실과 우슬초와 함께 흐르는 물 위에서 잡은 새의 피에 적셨다. 그는 그 피를 그 사람에게 일곱 번 뿌리고 살아 있는 새는 날려 보냈다. 정결하다고 선언이 되면 그 나병 환자는 자유롭게 갈 수 있었다.

14:8-32. 그는 털을 모두 밀고 목욕을 하고 옷을 빤 후 7일 동안 자신의 장막에서 접촉을 삼가야 한다. 7일째 되는 날에 이 과정을 반복하면 그후에 정하다고 선언되었다. 그 다음 날 그는 기름 섞은 소제물 외에 흠 없는 어린 수양 둘과 일년 된 흠 없는 어린 암양 하나를 가져와서 제사장이 속건제와 요제를 드릴 수 있게 해야 했다. 제사장은 속건제 희생의 피를 그 사람의 오른쪽 귓부리와 오른쪽 엄지손가락과 엄지발가락에 발랐다. 또한 기름을 여호와 앞에 일곱 번 뿌리고 피와 동일한 방식으로 그 사람에게 기름을 발라야 했다. 그리고 남은 기름을 그 사람의 머리에 발라야 했다.

다음으로, 제사장은 어린 암양을 속죄제로 드리고 남은 어린 양을 번제로 드린 후 소제를 드려 그 정결 의식을 마무리했다.

규정된 정결 의식을 치르는 데 필요한 짐승을 바칠 여력이 없는 사람은, 속죄제와 번제를 위해 집비둘기나 산비둘기 한 쌍씩으로 대체할 수 있었고 소제를 위해 에바의 10

분의 1만 바쳐도 허용되었다. 그러면 제사장은 위의 전형적인 경우처럼 동일한 절차를 반복했다.

14:33-57. 하나님은 곰팡이에 오염된 주택에는 다음과 같은 절차를 정하셨다. 집 주인이 처음으로 곰팡이를 발견하면, 의식을 주관하는 제사장에게 고지해야 했다. 그러면 제사장이 와서 그 집을 검사할 것이다. 곰팡이의 징후를 발견하면(푸르스름하거나 불그스름한 모습) 그 사람은 7일 동안 집을 비워야 했다. 제사장이 와서 다시 검사하고 곰팡이가 번졌으면, 감염된 물건과 돌을 제거하고 벽을 긁어내었다. 그러면 주인이 그 돌들을 교체하고 흙으로 집을 발랐다. 다시 검사를 한 후 곰팡이가 여전히 번지면, 제사장은 집을 헐도록 명령했다. 그러나 곰팡이가 번지지 않으면, 제사장은 그 집이 깨끗하며 감염되지 않았다고 선포한다. 제사장은 오염된 사람을 위해 했던 것처럼 집에 대해 동일한 정결 의식을 행했다.

하나님은 피부병과 곰팡이를 처리하는 과정을 통해 그분의 은혜와 주권성을 동시에 보여주셨다. 오염된 자와 물건에는 정결함이 필요했다. 인간만 정결하게 하는 것은 정결의 효력이 없었다. 하나님은 희생 제물과 기름을 모두 사용하여 적절한 절차를 통해 그를 정결하게 하셨다. 이 희생 제사는 다른 이의 피를 통해 질병의 흔적과 결과를 제거해야 할 필요성을 보여주었다. 기름은 개인과 그들의 소유를 주님이 사용하시도록 정결하게 하시는 성령의 사역을 상징했다.

G. 일반적인 몸의 유출(15:1-15)

Supporting Idea	모세는 몸의 유출로 인한 의식적 부정과 정결에 대해 설명한다.

15:1-3. 우리는 이 시작 부분에서 모세가 이야기하는 유출이 어떤 종류의 유출을 의미하는지 확실히 알 수 없다. 사정(실정)에 대한 것은 16절부터 구체적으로 언급되어 있으므로 반드시 사정에 대한 것은 아니다. 그러면, 치질이나 일종의 성병으로 인한 유출을 말하는 것인가? 케일은 요도 감염으로 흘러나오는 분비물이라고 추측했다. 그것이 무엇이든, 하나님은 그러한 경우에 대한 구체적인 정결 의식을 명령하신다.

15:4-12. 유출병이 있는 사람과 접촉한 모든 것은 부정하게 되었다. 4-12절은 그러한

부정의 예로서 사람이나 침상, 의자를 만지거나 혹은 누군가에게 그의 침이 튀는 경우를 언급한다. 그가 접촉한 사람들은 몸을 씻어야 했고 저녁까지 부정했다. 그가 만진 질그릇은 깨뜨려야 했고 목기 그릇은 물로 씻어야 했다.

15:13-15. 유출병에서 회복되면 그는 7일을 기다려 자신의 몸을 씻고 옷을 빨아야 했다. 제 팔일에 그는 집비둘기나 산비둘기 두 마리를 회막 앞으로 가져와 의식을 주재하는 제사장에게 드려야 했다. 그러면 제사장은 한 마리는 번제를 위해, 한 마리는 속죄제를 위해 준비했다.

H. 사정(15:16-18)

Supporting Idea	모세는 사정으로 인한 의식적 부정과 정결에 대해 설명한다.

15:16-18. 사정을 한 남자가 접촉한 옷이나 가죽은 모두 부정했다. 이런 이유로 그가 접촉한 모든 것을 씻고 자신은 목욕을 해야 했다. 성교 자체가 남자를 더럽힌다고 단정하면 안 된다. 그것은 하나님이 결혼이라는 울타리에서 인정하신 행위이다. 아마 그 남자를 부정하게 한 것은 사정의 방식과 관련이 있었을 것이다. 이 같은 일이 생기면 남자뿐 아니라 여자도 씻어야 했고, 저녁까지 부정했다.

I. 여인의 유출(15:19-33)

Supporting Idea	모세는 여인의 유출로 인한 의식적 부정과 정결에 대해 설명한다.

15:19-24. 정기적인 월경 기간을 거친 여인은 7일 동안 부정했다. 월경 기간에 그녀와 접촉한 사람은 모두 저녁까지 부정할 것이다. 남자의 유출처럼, 그녀가 접촉한 것은 모두 부정했고 그것을 만진 사람들도 부정했다.

15:25-31. 정상적인 생리 기간이 아닌 때에 유출이 있는 여성은 그것이 멈추지 않는 한 계속 부정했다. 그녀의 침상이나 앉았던 자리를 만진 사람은 누구든지 저녁까지 부정했다. 그 사람은 목욕을 하고 옷을 빨아야 했다. 여인은 7일을 기다린 후에 13-15절에

기록된 정결 과정을 따라야 했다.

15:32-33. 성경 저자들은 그러한 의식들을 기록할 때 항상 자세한 설명을 하지 않는다. 그러나 우리는 하나님이 그들 사이의 언약적 표징으로 지키도록 이스라엘에게 의식법을 주셨음을 기억해야 한다. 구약은 미래적 의미들을 예표하는 영광스러운 상징적 표상들을 연속적으로 드러낸다. 저자들이 항상 그 표현들의 의미를 온전히 아는 것도 아니었고 심지어 천사들도 그랬다(벧전 1:10-12). 그러나 하나님은 십자가의 눈을 통해 경이로운 마음으로 뒤돌아볼 수 있도록 우리를 위해 더 좋은 것을 준비해주셨다. 우리는 우리를 위해 그분이 주신 경이로운 것들과 신약을 통해 우리에게 주신 풍성한 의미에 대해 늘 감사해야 한다.

Main Idea 복습	하나님은 정한 것과 부정한 것으로 일부 음식을 구별하시고, 또한 정결에 대한 다른 규정들을 제시하셨다.

결론

하나님은 모든 것을 알고 계신다

바다오리는 북부 해안 지역의 절벽 바위 틈에서 사는 작은 바다 새다. 이 새들은 비교적 좁은 지역에서 수천 마리씩 무리를 지어 생활한다. 무리 생활을 하기 때문에 수백 마리의 암컷들은 좁은 암초에 배처럼 생긴 알을 길게 나란히 낳는다. 알이 모두 비슷해 보이기 때문에 어미새가 자기 알을 알아볼 수 있다는 사실이 믿기지가 않는다. 하지만 연구 결과는 어미새가 단 한 개의 알이 움직이더라도 그것을 찾아 원래 자리로 되돌려놓을 정도로 자기 알을 잘 안다는 것을 보여준다.

참으로 놀랍지 않은가? 그러나 그것과 비교도 안 될 정도로 놀라운 일을 들려주고 싶다. 우리는 성경에서 하나님이 모든 것을 아신다는 내용을 보게 된다. 모든 것이라니!

그분은 자기 새끼를 너무 잘 아셔서 우리 마음의 생각과 욕구와 동기를 모두 아신다. 우리가 인생을 살면서 겪는 고통을 알고 이해하신다. 우리가 마땅히 있어야 할 위치로 언제 옮겨야 할지 아시며, 우리를 들어 그분의 뜻 한가운데로 되돌려놓으실 준비가 되어 있으시다. 하나님이 모든 것을 알고 계신다면, 우리가 그분이 주시는 삶의 나침반을 좇아가는 것이 당연하지 않는가?

▣ 진리 알기

- 지도자들은 자신의 책임 아래 있는 사람들을 보호해야 할 고귀한 소명을 가지고 있다.
- 아무리 악성 질병이나 힘든 상황이 있어도 하나님은 그것들을 고치거나 변화시키실 능력을 갖고 계신다.
- 하나님은 자기 백성들을 위한 최선을 알고 계신다.

▣ 적용하기

- 하나님이 우리 삶을 위한 지침을 세우셨음을 알고 당신의 삶을 향한 하나님의 뜻을 구하라.
- 사람들의 훈계와 격려를 주의깊게 경청하고 경건한 태도로 반응하라.
- 교회 지도자들이 결정이나 판단을 내려야 할 때, 그들에 대해 참으며 기다리리라.
- 하나님이 원하시는 존재가 되도록 당신의 삶에서 인격적인 순결을 추구하라.

삶의 적용

알고 있는 척하다

로이 로벗슨(Roy Robertson)을 아는 사람은 거의 없다. 그러나 하나님은 그가 다시 진북으로 방향을 바로잡도록 그의 주의를 끄셨다. 그는 인생을 변화시킨 경험과 관련해 다음과 같은 이야기를 썼다.

"1941년 12월 6일, 내가 탄 웨스트 버지니아 호는 진주만에 정박해 있었다. 두 명의 동료와 나는 그날 밤 배에서 내려 성경 공부 모임에 참석했다. 약 15명의 수병들이 바닥에 원모양으로 둘러앉았다. 성경 공부 인도자가 우리에게 각자 좋아하는 성경 구절을 암송해보라고 했다. 수병들은 차례로 돌아가며 한 절씩 성경을 암송했다. 나는 기독교 가정에서 자랐고 일주일에 세 번 교회에 갔지만 그 자리에 얼어붙은 채 앉아 있었다. 성경 구절이 단 하나도 기억이 나지 않았다. 그러다가 한 절을 기억해냈다. 요한복음 3장 16절이었다. 나는 마음속으로 그 구절을 외워보았다. 사람들이 자기 차례대로 구절을 암송하면서 점차 관심의 스포트라이트가 내게로 다가오고 있었다. 바로 내 옆의 동료 차례가 되었다. 그가 요한복음 3장 16절을 암송해버렸다. 이런, 내 구절을 가로채다니! 그가 그 구절을 설명하는 동안 나는 창피함으로 정신이 멍해졌다. 잠시 후면 내가 단 한 구절도 암송할 수 없다는 것을 알게 될 것이다. 그날 밤 나는 '로벗슨, 넌 가짜야' 라고 되뇌이며 잠자리에 들었다.

그 다음 날 7시 55분에 나는 전원 전투 태세를 갖추라는 경보 소리에 잠이 깼다. 일본 함대의 전투기 360대가 우리 배와 다른 군사 기지들을 공격하고 있었다. 동료들과 나는 총좌로 달려갔지만 우리가 가진 것은 고작 연습용 무기뿐이었다. 그래서 2시간 동안 계속된 전투의 첫 15분 동안 우리는 일본 전투기를 위협하는 데 도움이 되길 바라며 공포탄만 쏘아댔다. 그곳에서 공포탄을 쏘면서 나는 생각했다. '로벗슨, 이게 바로 네가 살아온 인생의 모습이야. 그리스도를 위해 공포탄을 쏘아대는 것이 바로 네 인생이었어.' 일본군의 총알이 우리 배를 거침없이 강타할 때 나는 결심했다. '여기서 살아남는다면 예수님을 더 진실하게 따라갈 거야' 라고."

이제 이 이름을 알겠는가? 로이 로벗슨은 도슨 트로트먼(Dawson Trotman)을 도와 네비게이토를 창립했다. 그는 또한 1990년 홍콩에서 빌리 그레이엄의 십자군 사역을 위한 후속 사역에 동참해 역사상 가장 많은 사람들이 한자리에서 복음을 듣는 현장을 목격했다. 그러나 이 모든 일은 하나님이 이떤 나침빈을 따라가야 할지 일깨워주신 이후에 일어났다.

당신이 가짜 인생을 살고 있는 것은 아닌지 확인하는 가장 신속한 방법은 개인적인 순종이다. 당신은 순종하는 척하며 위선을 행하지는 않는가? 하나님의 말씀을 읽고 당신이 받은 진리들을 적용하는가? 그런 척하고 있는 것은 아닌가? 다시 원래 자리로 돌아오라는 하나님의 음성을 여러 번 반복해서 들었지만 부인하며 살고 있지는 않는가? 하나님이 당신에게 요구하시는 모든 것을 거부하고 있지는 않는가? 그렇다면 인생의 운명이 걸린 일임에도 불구하고 당신은 고작 공포탄을 쏘게 될 것이다. 이렇게 결단하기 바란다. "하나님께서 말씀하신다면 제가 믿고 따르겠나이다. 적들이 장악하고 있는데 더 이상 그럴 듯하게 흉내만 내지 않겠습니다."

기도

전능하신 아버지, 제가 모든 것을 다 알고 있다고 생각했지만 결국 교만의 덫에 걸려 넘어졌던 적이 많았습니다. 주님은 하나님이시고 저는 그런 존재가 아니라는 사실을 깨달아야만 한 적이 참으로 많았습니다. 그렇게 일깨움을 받아야만 하는 횟수를 줄여가도록 도와주십시오. 제 삶에서 보여주신 주님의 인내로 인해 감사드립니다. 아멘.

심층 연구

A. 하나님은 부정한 것을 어떤 식으로 결정하셨는가?

하나님이 몇 가지 암시를 주셨지만, 어떤 음식들이 부정한 이유는 세세히 알려주지 않으셨다. 하나님이 부정하다고 선언하신 모든 것이 위생적인 이유 때문만은 아니었다. 음식이나 몇 가지 피부병과 관련해 주신 규정들 중 많은 것들이 건강의 일반적인 원칙들과 일치했다. 하지만 그것이 그 규례들의 본질적인 핵심을 차지하지는 않는다. 혹자는 부정한 것과 정한 것의 구분이 비유적 진리(예를 들어, '정결한 짐승들은 유대인을 상징하고, 부정한 짐승들은 이방인들을 상징한다')를 전달한다고 가정한다. 하지만 그러한 가정은 유익하지 않다. 어떤 주장들은 이방 민족들이 제의적 숭배에 그 짐승들을 사용했거나, 그들의 모양이나 습관이 혐오스러웠다는 이유를 제시한다. 돼지는 일부 이방 종교 의식에 사용되었고 하나님은 제사에 돼지를 사용하지 말라고 명령하셨다(사 66:17). 하지만 소 역시 이교도의 의식에 사용되었지만 하나님은 희생 제사에 소를 사용하도록 허용하셨다. 다른 학자들은 어떤 짐승이 부정하다고 인식된 이유가 더러운 영들의 거처로 오랫동안 인식된 사막이라는 불모지에서 배회하는 습성 때문이라고 본다.

이스라엘과 경계를 이루는 민족들은 제의 의식 때 이 짐승들의 일부를 바쳤다. 그리고 의식을 치르면서 그 짐승들을 먹었다. 아마 하나님은 이스라엘 백성이 이러한 모임에 동참하지 못하도록 경계하시기 위해 엄격한 의식적인 선을 몇 가지 그으신 것 같다. 하나님이 일부 짐승들을 정하다 하고 일부 짐승들을 부정하다 하신 이유를 모두 알 수 없지만, 자기 백성들을 세상과 구별하여 정결하고 흠 없는 상태로 지키려고 하신 하나님의 거룩한 소원에 그 이유들이 있다는 것을 우리는 알고 있다.

B. 의식적 부정과 출산

하나님이 아기를 출산한 여인을 성소에 들어가기 앞서 기다리게 하신 이유는 무엇인가? 달리 표현하면, 산모는 일상적인 자신의 의무를 재개하기 전에 먼저 일정 기간을 기다려야 했다(House, 137). 산모와 아기는 쉬면서 힘든 출산 과정에서 잃은 힘을 육체적으로 회복할 시간이 필요했다. 아마 율법은 출산 과정이 가나안 민족 사이에 흔했던 다산 의식과 연결되지 않도록 출산을 성소와 분리시킬 목적을 가지고 있었을 것이다.

이러한 규례들은 이스라엘을 그들의 하나님과 친밀하게 관계를 형성한 백성으로서 이방 민족들과 구별해주었다. 이 규례들을 따르면 이 율법들은 위생, 건강, 휴식 등을 비롯해 이스라엘이 여러 혜택을 누리게 해주었다. 이스라엘이 이 율법들을 준수하면, 다신론적 가르침과 관습이 침투하지 않도록 스스로를 보호할 수 있었다. 정결 과정을 통해 "참여자는 자신이 하나님과 근본적으로 멀어진 상태에 있음을 자각하게 되고, 하나님께 나아갈 기회를 얻기 위해 자신을 준비해야 한다는 사실을 알게 된다. 그러한 반응을 통해 그는 하나님에 대한 자신의 복종을 표현하며 야훼가 이스라엘의 거룩하신 분이라는 고백의 의미를 발견하게 된다" (Hartley, 'Clean and Unclean,' ISBE, I, 721).

C. 성경 시대 나병 환자의 삶

우리 시대에도 나병은 여전히 가장 무섭고 공포스러운 질병 중 하나이다. 나병에 걸린 사람들이나 집단의 사진을 보면, 우리는 본능적으로 공포감에 움찔한다. 나병에 걸린 사람이 어떤 마음을 품었을지 생각해보라. 그는 그 병으로 인한 개인적인 불편과 외로움을 느낄 뿐 아니라, 공포감 어린 눈길로 자신을 바라보는 사람들의 배척을 감지한다. 성경을 통해 우리는 나병 환자가 어떻게 살았으며, 이스라엘이 이 병을 어떻게 다루었는지 엿볼 수 있다.

신중한 독자라면, 레위기 13-14장이 이 질병의 치료에 대해 규정한 것이 아니라, 이 병의 증상과 치유가 되었는지 결정할 때 취해야 할 절차를 다루고 있으며, 이 병의 정결의식과 관련된 제사에 대해 규정하고 있음을 유의해 볼 것이다. 대부분의 경우, 이스라엘의 나병 환자는 공동체에서 추방되었고 일반 백성들은 오랫동안 나병을 하나님의 형벌과 연관지었다. 히브리서 13장 13절은 수치를 당하는 것을 '영문 밖' 에 있는 것으로 빗대었다. 이것은 나병 환자를 가리킨 표현이었을 것이다. 우리는 하나님이 정하신 대로 이스라엘이 나병 환자를 개인적으로 고립시키는 관습(레 13:45-46)에서 함께 공동생활을 하지만, 이스라엘 안이 아닌 밖에서 일종의 유사 공동체를 세우는 방식으로 진전했다는 증거를 갖고 있다. 열왕기하 7장 3-10절을 보면, 네 명의 나병 환자가 문 밖에서 거주했던 것으로 보인다(또한 눅 17:12도 참고하라).

새로운 세대는 하나님의 왕국이 능력으로 임하여 혐오스러운 나병을 비롯해 모든 질병을 제하실 하나님의 계획을 계시하는 것을 목격했다(마 8:1-4, 막 1:40-45, 눅 5:12-14, 17:11-17을 참고하라). 이 시기에 모든 병을 다 멸하시는 것이 하나님의 목적은 아니었지만 그분은 질병을 이기는 권세를 보여주셨다. 예수님의 사역으로 인해 언젠가는 우주에서 모든 병이 사라질 날이 올 것이다.

나병이 대부분의 사람들이 두려워하듯이 전염성이 높은 것이 아니지만, 이스라엘처럼 대부분의 민족들은 이 병을 통제하기 위해 추방이나 격리를 선택했다. 중세 시대에는 나병에 걸린 사람들을 돌보고 격리하기 위해 거대한 '나병원(leprosariums)'을 만든 사람들도 있었다. 현대가 되어서야 그 질병에 대한 공포감이 진정되었다. 나병은 항상 사람들에게 공포감을 주는 무서운 운명으로 간주되었다. 중세 시대에 사제는 때로 나병 환자가 추방되기 앞서 장례식 애도사를 읽어주기도 했다.

오늘날 교회는 에이즈 같은 류의 병을 비롯한 모든 종류의 병에 걸려 고통당하는 사람들에게 손을 내밀고 다가가야 한다. 우리는 또한 예수 그리스도가 모든 고통을 덜어주시기 위해 오셨음을 병든 사람들에게 알려주어야 한다. 그분에 대한 신뢰는 평강, 영생, 하나님 나라에서의 영원한 건강에 대한 약속으로 이어진다.

교안

A. 들어가는 글

1. '진북을 가리켜보세요' 이야기로 시작하라.
2. 배경 설명: 하나님은 애굽의 속박에서 이스라엘을 구속하셨다. 하나님의 백성인

이스라엘은 하나님이 거룩하시므로 거룩해야 했다. 그들은 다른 민족들과 달라야 했다.

3. 적용하기: 레위기 11-15장은 '정결' 에 대한 일련의 규례들, 즉 하나님의 백성들이 불결한 것에서 분리되어야 할 기준들을 제시한다.

B. 본문 이해

1. 정한 짐승과 부정한 짐승(11:1-23)
2. 사체와의 접촉(11:24-47)
3. 산모를 위한 정결 과정(12:1-8)
4. 피부병(13:1-46)
5. 곰팡이(13:47-59)
6. 피부병과 곰팡이의 정결례(14:1-57)
7. 일반적인 몸의 유출(15:1-15)
8. 사정(15:16-18)
9. 여인의 유출(15:19-33)

C. 결론: '알고 있는 척하다' 를 읽어주라.

토의 질문

1. 하나님은 항상 순종에 대해 상급을 주신다고 약속해오셨다. 어떤 이들은 레위기의 이 단원을 읽고 하나님께 이러한 가이드라인이 필요한 이유가 무엇인지 의아해할 것이다. 그러나 하나님은 순종하며 끝까지 따르는 자들을 높이겠다고 약속하셨다. 다니엘서 1장을 읽고 이 규례들이 힘과 승리를 주기 위해 하나님께 어떻게 사용되었는지 논의해보라.

2. 임시적으로 광야 생활을 하는 이스라엘 백성에 대해 생각해보라. 전염성 질병들에 대한 논의가 그들에게 왜 중요했다고 생각하는가? 하나님이 그러한 규례를 전혀 주지 않으셨다면 어떻게 되었겠는가?

3. 제사장들이 이 단원에 기록된 책무를 받았을 때 어떤 생각을 가졌을 것 같은가? 백성들을 돌보기 위해서 그들이 어떤 리더십의 요소를 실행해야 했을 것 같은가?

4. 하나님이 질병을 낫게 하실 수 있다는 것을 아는 것과 실제로 그분이 병을 낫게 해 주시도록 기대하는 것은 별개의 문제이다. 중병에 걸린 사람이 격리된다는 사실을 예상한 백성들은 그들이 진으로 다시 돌아올 것이라고 기대했을 것 같은가? 그들이 돌아오면 나머지 백성들의 첫 반응은 어땠을 것 같은가?

5. 레위기 15장에서 개인적인 위생에 관해 어떤 원칙들을 배울 수 있는가? 이 장을 공부하면서 얻을 수 있는 영적인 교훈에는 어떤 것들이 있는가?

레위기 16장

속죄에 대한 이해

"하나님은 십자가를 통해 자신의 심장으로 세상 죄를 지려고 낮아지셨다. 예수 그리스도를 통해 그분은 도무지 상상조차 할 수 없는 대가를 직접 치르고 속죄하셨다."

- 우드로 A. 그리어(Woodrow A. Grier)

레위기 23장 27절에 가서야 대속죄일로 구체적인 언급이 되지만, 레위기 16장은 하나님이 자기 백성들을 위해 제공하신 대속적 속죄와 그로 인한 그들의 죄의 해결에 대한 통찰력을 제공한다. 이 장의 상징은 모든 인류의 궁극적인 희생 제물이신 예수 그리스도의 삶과 죽음을 통해 이해할 때 훨씬 더 중요한 의미를 갖게 된다.

들어가는 글

거룩한 희생양

1968년 1월 28일, 북한 해군은 미 해군이 정보 수집을 위해 사용하던 해안 화물 수송함 USS 푸에블로(Pueblo) 호를 나포했다. 그 배의 함장은 로이드 M. 부처(Lloyd M. Bucher)였다. 북한은 부처 함장과 82명의 장교들과 승무원들을 11개월간 억류했다. 그리고 부처를 고문했다. 마침내 부처는 한국 영해에서 첩보 활동을 했다는 거짓 자백에 사인했다. 그들이 석방된 후 예심군사법원은 부처가 싸워보지도 않고 배를 내주었고 (미 해군 역사상 평화시에 항복한 최초의 사건) 나포되기 전에 모든 비밀 문서를 파기하지 않은 데 대한 책임을 물어 군법회의에 회부하라고 권고했다. 미 해군은 부처가 이미 충분히 고통받았다고 말하며 군법회의를 거부했다. 1973년 푸에블로 호의 승무원 73명은 영웅적 행위로 훈장을 받았다. 하지만 부처는 예외였다. 1974년에 은퇴할 때까지 그는 해군에서의 마지막 복무 기간을 사람들에게서 잊혀진 채 한직으로 보냈다.

부처는 북한 군함에게 공격당할 때 도움을 구한 부처의 무전 요청에 응답하지 못한 실수를 은폐하려고 미 해군이 자신을 '희생양'으로 삼았다고 믿는다. 그는 한 인터뷰에서 이렇게 말했다. "그들이 나를 군법회의에 회부하는 것은 불가능했다. 그들의 관련성과 책임 때문에 실제 책임이 누구에게 있는지 수많은 사람들에게 알려질 것이기 때문이다."

'희생양'과 속죄의 기독교적 개념은 유대인의 대속죄일에 기원을 두고 있다. 그날 이 거룩한 날을 위해 규정된 희생 제사를 드리려면 두 마리의 염소가 필요했다. 한 염소는 보통 제물을 드릴 때와 같은 방식으로 죽였다. 두 번째 염소는 죽이지 않고 이스라엘 진 밖으로 내보냈다. 이 염소를 두고 죄를 고백했고, 하나님의 존전에서 죄가 전가되었음을 묘사하기 위해 자유롭게 풀어주었다. 이 개념은 우리 죄를 지셨을 뿐 아니라 또한 그것들을 가져가신 주 예수 그리스도의 죽음에 대한 이해에 소중하며 필수적이다. 원래의 교훈은 어디에 기원을 두고 있으며, 이 상징성을 위한 하나님의 가이드라인이 무엇인지 알아보자.

본문 이해

속죄에 대한 이해

Main Idea	하나님은 이스라엘의 죄를 위한 해결책을 제시하신다.

A. 대속죄일을 위한 준비(16:1-10)

Supporting Idea	하나님은 제사장들을 준비시켜 속죄 제물을 드리게 하신다.

16:1-2. 지성소는 하나님의 거룩한 거처였다. 아론이든 그의 아들들이든 일 년에 한 번 대속죄일을 제외하고는 아무도 그 장소에 들어갈 수 없었다. 1절은 하나님이 주신 의식대로 제사장의 직무를 이행하지 않아서 죽은 두 아들의 죄를 아론에게 상기시키고 있다(10장에 대한 주석을 참고하라).

16:3-5. 이 날을 지키는 데 필요한 품목에는 속죄 제물을 위한 수송아지, 번제물로 드릴 수양, 의식을 위해 갖추어 입어야 할 특별한 예복, 씻을 물, 두 마리의 염소(한 마리는 속죄 제물로, 다른 한 마리는 '속죄양'으로 쓰일 것이다)가 포함되었다.

16:6-10. 아론은 자신을 위해 속죄 제물로 수송아지를 바쳐야 했다. 하나님은 아론과 그의 뒤를 따를 모든 이들도 용서와 은혜가 필요한 죄인이라는 것을 일깨워주신다. 두 마리의 염소는 아론이 어느 염소를 어떤 용도로 쓸지 결정하기 위해 제비를 던질 회막 문 앞에 두었다. 한 제비는 여호와를 위하여 던지고 다른 하나는 광야로 내보낼 희생양(아사셀)을 정하기 위해 던졌다.

B. 의식(16:11-28)

Supporting Idea	여호와는 아론에게 이 의식을 거행할 방법에 대한 구체적인 규정을 정해주신다.

16:11-14. 하나님은 아론에게 자기와 권속을 위해 속죄할 수송아지를 드리라고 명령하신다. 아론은 이 의식을 거행할 동안 지성소에 세 번 들어가게 될 것이다. 먼저 그는 제단에서 피운 숯을 분향단으로 가져가서 향을 태워야 할 것이다. 향은 일종의 연기 막을 형성해주어 아론이 하나님의 영광을 보지 않게 함으로 죽음을 피하도록 막아줄 것이다. 그후에 아론은 속죄 제물의 피를 일부 속죄소 위와 앞에 뿌릴 것이다.

16:15-19. 다음으로 하나님은 아론에게 회중을 위해 속죄제를 드리라고 명하신다. 이로 인해 그는 세 번째로 지성소에 들어가게 될 것이다. 모세는 이스라엘의 죄로 오염되어온 성소가 속죄제의 피로 정결하게 될 것이라고 지적한다. 제단 자체가 속죄를 통해 정결하게 되어야 했고, 아론은 제단 뿔에 수송아지와 염소의 피를 바름으로 그 제단을 정결하게 했다. 이 후에 그는 그 피를 그 위에 일곱 번 뿌려 이스라엘 자손의 부정에서 단을 성결케 할 것이다.

16:20-22. 회막과 제단을 정결하게 한 후, 아론은 남아 있는 산 염소 한 마리를 드리고 그 머리에 안수할 것이다. 그리고 이스라엘 자손의 모든 불의와 그 범한 모든 죄를 고할 것이다. 이 한 번의 행위를 통해 하나님은 이스라엘 민족의 죄를 염소에게 전가하실 것이다. 그 염소는 미리 지명된 한 사람의 손을 빌려 광야로 '피할' 것이다.

16:23-28. 아론은 세마포 옷을 벗은 후, 몸을 씻고 제사장 의복을 입었다. 그리고 남은 두 수양을 자신과 회중을 위해 번제로 드림으로써 의식을 마무리했다. 속죄 제물의 기름은 제단에서 불살라야 했고, 산 염소를 광야로 내보낸 사람은 진으로 들어오기 전에 자기 몸을 씻고 옷을 빨아야 했다. 속죄 짐승들의 가죽과 내장은 진 밖에서 불태워야 했나. 이 일을 위해 시명된 사람 역시 진으로 돌아오기 전에 자기 몸을 씻어야 했다.

C. 대속죄일의 공식적 제정(16:29-34)

Supporting Idea	하나님은 이 날을 이스라엘의 영원한 규례로 구별하신다.

16:29-34. 이 거룩한 의식을 거행하는 동안 이스라엘 백성은 자신을 부인하거나 '고행'을 해야 했다. 아마 이것은 금식을 비롯해 낮아짐을 가리키는 일반적인 표현이었을 것이다. 때로 그들은 이 목적을 위해 베옷이나 재를 사용하곤 했다(시 35:13). 이 기간 동안 그들은 안식일을 지켜야 했고 어떤 일상적인 일도 하면 안 되었다.

Main Idea 복습	하나님은 이스라엘의 죄를 위한 해결책을 제시하신다.

결론

그래, 네가 다시 죄를 지었구나!

한 농부가 아름다운 말을 한 필 가지고 있었는데, 그는 그 말을 매우 자랑스러워했다. 어느 날 농부는 그 말을 타고 읍내로 가서 잡화점 앞의 말뚝에 매어놓았다. 마을을 지나던 두 도둑이 그 말을 몰래 살펴보다가 훔치기로 결정했다. 그리고 빈틈없는 계획을 세웠다. 한 도둑이 말의 줄을 풀고 말에 올라타 잽싸게 도망갔다. 다른 도둑은 말뚝 옆에 남아 있었다. 가게에서 나온 농부가 말이 사라진 것을 보고 도와달라고 소리를 질렀다. 그때 말뚝 옆에 있던 도둑이 농부에게로 다가왔다. 부드럽지만 낮은 목소리로 그는 이렇게 말했다. "선생님, 제가 당신의 말이었습니다. 오래전에 죄를 지어서 벌을 받았습니다. 죄를 용서받기 위해 저는 말로 변했었습니다. 마침내 오늘 형벌이 끝났습니다. 선생님께서 은혜를 베풀어주시면 저는 자유의 몸이 될 수 있습니다." 농부는 어이가 없어

말문이 막혔지만 그 이야기에 감동을 받았다. 그래서 새롭게 출발하는 그의 앞길에 행운이 있기를 바라며 그를 보내주었다.

몇 주 후에 농부는 인근 읍내의 시장을 가게 되었다. 그의 말이 그곳에 팔려나온 것을 보았다. 한참 그 말을 들여다본 농부는 말의 귀에 대고 이렇게 속삭였다. "그래, 네가 다시 죄를 지었구나!"

죄를 지은 사람들에게는 용서와 속죄가 필요하다. 대속죄일은 일 년에 한 번 이스라엘 백성에게 죄의 무게에서 용서받고 자유로워질 기회를 주었다. 제사장들은 정신없이 바빴다. 희생 제사로 드려야 할 제물들이 항상 있었기 때문에 전혀 쉬지 못했다. 사람들이 계속 죄를 지었기 때문이다! 그러나 하나님의 완전한 어린양 예수 그리스도의 완전한 희생 제사는 십자가에서 완성된 그분의 사역을 받아들이는 모든 사람들을 위해 영원한 속죄를 단번에 제공하신다.

▣ 진리 알기

- 하나님은 항상 죄를 용서하시고 죄책을 전가해주셨다.
- 하나님은 거룩하시므로 그분 앞에 나아오는 자들에게 회개와 고백을 요구하신다.
- 하나님이 주신 용서는 엄청난 대가를 치른 것이다.
- 하나님의 용서는 평강과 안식을 주신다.

▣ 적용하기

- 오직 그리스도의 대속적 죽음을 통해서만 죄에 대한 용서와 자유가 당신의 삶에서 이루어진다.
- 한 개인이 일상에서 경험하는 사단의 공격 중 하나는 하나님의 용서를 의심하는 것이다. 이러한 공격들을 받을 때 그분의 속죄하심을 통한 하나님의 신실하심을 묵상하라.
- 의심과 두려움의 감정이 찾아올 때 하나님을 바라보라.

삶의 적용

장난감 배의 교훈

한 아버지와 아들이 장난감 배를 만드느라 아주 공을 들였다. 그것은 사랑의 노동이었다. 서로를 향한 사랑과 그들이 만들고 있는 배에 대한 사랑의 수고였다. 마침내 장난감 배를 처음으로 물에 띄워볼 시간이 되었다. 근처 호수로 간 아버지는 배의 뒷부분에 질긴 끈을 묶어서 배가 너무 멀리 가지 않도록 했다. 그 배는 아름다운 모습으로 호수 위를 떠갔다. 하지만 호수를 건너던 모터보트가 그 선을 끊어버렸다. 장난감 배는 떠내려가서 결국 보이지 않게 되었다. 찾으려고 애를 썼지만 허사였다. 아버지와 아들은 배를 잃고 눈물을 흘렸다.

몇 주 후에 소년은 장난감 가게를 지나다가 놀랍게도 자신의 배가 진열되어 있는 것을 보게 되었다. 그는 가게로 뛰어들어가 주인에게 호수에서 일어난 일을 말하며 자신의 배라고 주장했다. 가게 주인은 낚시를 하다가 그 배를 발견했다고 말했다. 그러고나서 "네가 이 배를 만들었을지 모르지만 그것을 발견한 사람은 나니까 법적 주인은 나야. 50달러만 내면 되돌려줄게"라고 말했다. 그 장난감 범선이 너무 소중했던 소년은 그것을 되사기 위해 돈을 벌기 시작했다. 몇 개월 후에 소년은 기쁜 마음으로 장난감 가게로 와서 주인에게 50달러를 건넸다. 가게를 나서면서 소년은 그 배를 태양을 향해 치켜들고 말했다. "내가 널 만들었어. 하지만 내가 잃어버렸단다. 이제 돈을 주고 되샀으니까 너는 두 번이나 내 것이 되었구나. 두 번 내 것이라면 영원히 내 거야."

갈보리의 완성된 사역을 당신의 삶에 적용하면, 십자가에서 이루신 예수 그리스도의 속죄 사역으로 당신은 두 번이나 그분의 소유가 된다. 당신은 한때 잃어버린 바 되었지만 이제 다시 찾은 바 되었다. 당신은 한때 창조주를 떠나 파멸의 호수 위를 떠다니고 있었지만 이제 그분이 값을 지불하고 당신을 다시 사셨다. 이것이 구약의 대속죄일과 신약의 예수 그리스도의 죽음, 장사지냄, 부활에 대한 그림이다.

기도

주님이 저를 위해 준비하신 선물, 곧 지속적인 용서와 용납하심이라는 선물을 받아들입니다. 제 삶에 예수님을 초청한 후 어둠의 나라에서 빛의 나라로 옮겨졌다는 것을 압니다. 제가 성령의 바람을 타고 제 삶을 향한 주님의 뜻을 향해 나아가게 하시며, 멈추지 않고 항해할 수 있도록 도와주소서. 아멘.

심층 연구

A. 제비 뽑기와 하나님의 뜻

성경에서 제비(lot)라는 단어는 히브리어 고랄(goral)에서 파생한 것이다. 이것은 '돌이 많은' 혹은 '돌 같은 땅'이라는 의미를 지닌 셈어 어근인 grl에서 파생한 것이다(Aune, 'Lots,' ISBE). 히브리어 푸르(pur)는 '제비 뽑기'에 해당하는 아카드어를 음역한 것이다. 이 돌들은 원래 통 속에 보관된 작은 돌멩이나 물건으로, 하나가 밖으로 떨어질 때까지 흔들었다. 제비 뽑기는 하나님의 뜻을 드러내는 것이라고 생각되었다.

구약에서 하나님은 몇 가지 점 보는 방법을 금하셨지만(신 18:10), 제비 뽑기는 전혀 금하지 않으셨다. 잠언 16장 33절은 제비 뽑기 기능에 대한 성경적 근거를 제공했다. "사람이 제비는 뽑으나 일을 작정하기는 여호와께 있느니라." 여호수아는 가나안 땅을 분배하는 방법을 결정하기 위해 제비를 뽑았다(수 18:8-10). 때로 최종 제비 뽑기를 할 때까지 선택의 범위를 좁히기 위해 제비를 뽑는 경우도 있었다(제비 뽑기가 사용되었을 것으로 보이는 수 7:16-18과 삼상 10:20-21을 참고하라). 다윗이 제사장들의 직무를 나눌 때 사용했던 것처럼(대상 24:5) 느헤미야 시대의 제사장들은 예물을 드리는 때를 결정하기 위해 제비 뽑는 방법을 사용했다(느 10:34).

신약은 이 관습에 대해 여러 차례 언급하고 있다. 군인들은 예수님의 옷을 가질 사람을 결정하기 위해 제비를 뽑았다(마 27:35, 막 15:24). 사도들은 제비 뽑기라는 수단을 통해 바나바가 아닌 맛디아를 사도로 선택했다(행 1:26).

그러한 방식을 하나님이 자신의 뜻을 결정하는 수단으로 존중하시고 심지어 권장하셨는가? 때로 그렇게 하신 것 같다. 특별히 생명과 경건을 위한 모든 것이 이제 다 갖추어져 있고(벧후 1:3) 완성된 정경인 성경이라는 더 위대한 보장이 있는(딤후 3:16-17) 우리에게 하나님이 아직도 이 방식으로 자신의 뜻을 알리신다고 주장할 근거가 더 이상 없다. 새 언약 아래 살고 있는 하나님의 자녀는 하나님의 도덕적 뜻을 알기 위해 하나님의 말씀을 먼저 참고해야 한다(살전 4:3). 그리고 모든 상황에서 분명한 인도하심을 받기 위해 하나님을 의지해야 한다.

그리스도인은 하나님의 뜻을 결정하기 위해 인간이 만든 장치나 '기드온의 양털' 과 같은 방식을 의지하면 안 된다. 오히려 성경에 담긴 하나님의 도덕적 뜻을 따라야 한다. 하나님의 축복과 의사 결정에 하나님의 인도하심을 위해 지속적으로 기도한 후 성경에 근거한 지혜로운 결정을 내려 하나님을 영화롭게 해야 한다.

B. 이스라엘의 금식

금식은 규정된 기간 혹은 금욕하는 기간 동안 음식을 금하는 것을 가리킨다. 때로 금식은 음식을 구할 수 없거나, 편안하게 조달할 수 없을 때 본의와 상관없이 이루어지기도 한다(고후 6:5). 그러나 보통 성경은 종교적 동기에서 실행하는 금식을 언급하고 있다. 성경이 금식에 대해 많은 구절을 언급하지만, 규례로 정한 경우는 단 한 번뿐(대속죄일)이다. 이 날에 이스라엘 백성은 자기를 '부인' 해야 했다. 이것은 일반적으로 금식을 가리키는 표현이라고 생각한다(레 16:29). 성경은 이 날 외에 공식적인 금식일을 지정한 적이 없지만 국가나 개인들이 스스로 선택하여 하는 금식을 통제했다(슥 8:18-19). 금식의 한 가지 위험은 위선에 빠지는 경향이었다. 이것은 구약과 신약이 모두 경고하는 유혹이다(슥 7:4-7, 마 6:16-18).

일반적으로 사람들이 금식을 한 경우는, 겸손이나 슬픔을 표현하거나 하나님의 얼굴을 구하기 위해서였다(사 58:3-4). 다윗은 자녀가 죽을 병에 걸렸을 때 금식했다(삼하 12:16-23). 때로 사람들은 베옷을 입고 머리에 재를 뒤집어쓰고 금식했다. 때로 국가적인 위기에 금식이 선포되었다(렘 36:9, 욜 1:14). 세례 요한의 제자들처럼(마 9:14-15) 여선지자 안나는 금식하며 하나님을 섬겼다(눅 2:37).

교안

A. 들어가는 글

1. '거룩한 희생양' 이야기로 시작하라.
2. 배경 설명: 히브리서 저자는 구약과 신약을 모두 관통하는 성경적 원리를 언급한다. "피흘림이 없은즉 사함이 없느니라."
3. 적용: 히브리 달력의 가장 중요한 날은 대속죄일이었다. 이 날의 일정을 자세히 기록한 이 장은, 레위기의 두 거대 단원인 하나님께 나아감(1-16장)과 하나님을 위한 삶(17-27장)을 자연스럽게 이어주는 역할을 한다.

B. 본문 이해

1. 대속죄일을 위한 준비(16:1-10)
2. 의식(16:11-28)
3. 대속죄일의 공식적 제정(16:29-34)

C. 결론: '장난감 배의 교훈' 을 읽어주라.

토의 질문

1. 뉴스를 보고 신문을 읽으면서 우리가 사는 세계의 상황을 설명해보라. 이 장이 이 상황에 중요하고 관련성이 있는 이유는 무엇인가?

2. 대속죄일은 일 년에 한 번 거행되는 의식이었다. 이 날이 이스라엘 백성의 삶에서 얼마나 중요했는가? 당신의 삶에서 날마다 베풀어주시는 그리스도의 용서와 정결케 하심이 얼마나 중요한가?

3. 위의 문장과 레위기 16장이 말하는 원칙과의 차이를 말해보라.

레위기 17-20장

놀라운 기대

"순종은 우리 삶의 소원과 고투의 대상이어야 한다. 순종은 어렵거나 강제적인 것이 아니라, 즉각적인 태도이며 아름답고 자발적인 것이다. 단순히 그 의무를 이행하기 위해서뿐 아니라 순종을 통해 그 영혼이 하나님을 영접하고 하나님을 전할 수 있기 때문이다."

- 필립 브룩스(Phillip Brooks)

성경의 모든 위대한 진리는 직간접적으로 그리스도를 가리키며, 하나님의 힘의 근원과 그분의 백성들을 위한 참된 삶을 알려준다. 그리스도 안에서 하나님이 주신 것을 깨닫는 즉시, 우리의 관심은 하나님을 영화롭게 하고 그분이 백성들에게 갖고 계신 기대들을 충족시키는 삶에 집중되어야 한다.

들어가는 글

누가 가짜인가?

나는 텔레비전에서 광고하는 물건이나 서비스를 구입해본 적이 없다. 항상 아이들에게 나는 유능한 상품 홍보자가 공격적으로 홍보를 하면 그 물건이 실제보다 훨씬 더 멋져 보인다고 가르쳐왔다. 그러다가 한번은 내가 그런 광고에 당하고 말았다! 평범한 남자인 나는 채널을 이리저리 '돌리며' 내가 즐겨보는 9번 채널에서 그것을 보고 말았다. 내가 본 것 중에서 가장 멋진 망원경이었다. 다중 균형 스탠드, 외부 초점 조정 장치, 특수 렌즈를 닦는 수건 등이 패키지로 포함되어 있었다. 내가 전화로 이 30달러짜리 물건을 주문할 때 갈릴레오는 뿌듯했을 것이다. 2주 후 퇴근길에 집 앞 계단에 작은 상자가 놓여 있는 것을 발견했다. 이럴 수가! 내가 속았던 것이다. 이 망원경은 진품이 아니었다. 가짜였다.

이제 우리는 레위기의 두 번째 단원에 들어서고 있다. 이 단원은 가짜들을 밝힐 의도를 가지고 있다. 신약을 공부하게 되면 자기 백성에게 주신 하나님의 교훈들은 더 큰 의미와 명확성을 지니는 놀라운 진리들을 드러낼 것이다. 모든 의식과 제의들은 하나님의 독생자 예수 그리스도의 오심에 대해 세상이 준비하게 할 목적을 갖고 있다. 레위기 17-20장을 살펴볼수록 자기 백성에 대한 하나님의 기대들('누가 가짜인지' 드러내시려는 기대)이 무엇인지 인식하게 될 것이다.

본문 이해

놀라운 기대

Main Idea	희생 제물을 드리고 먹는 규례와 성적 순결을 지키고, 하나님과 이웃과의 관계를 유지하며, 모든 거짓 신들을 버리는 것과 관련된 교훈들이 제시되고 있다.

A. 희생 제사의 장소(17:1-9)

Supporting Idea	하나님은 희생 제물을 받으실 장소에 대해 면밀한 규정을 제시하신다.

17:1-2. 이 장의 대부분은 희생 제물을 드리는 일반 백성들에게 해당되는 규정이다. 희생 제사 제도 전체가 하나님에 의해 아주 상세하고 구체적으로 설계되었다. 그리고 수많은 특징들이 매우 심오한 신학적 의미와 예표적 의미를 지니기 때문에 이스라엘 백성은 희생 제사와 관련된 여러 절차들에 대해 엄중한 관심을 기울여야 했다.

17:3-9. 아마 이 단락 전체는 희생 제물로서 도살될 짐승들에 대한 규례를 다루는 것으로 보인다. 어떤 학자들은 이 희생 제사들이 레위기 1-7장에 설명된 것과 같은 공식적인 제사를 가리키는 것이 아니라 모든 짐승의 도축에 관한 언급이라고 단정했다. 이것이 사실이라면, 모세의 율법은 제사에 일반적으로 사용된 짐승의 도축을 전혀 허용하지 않은 것이다. 이러한 법은 "어떤 세속적인 도축도 허용되지 않는다"는 결론으로 귀결된다(Wenham, 241). 사냥에 대한 규제는 다음을 참고하라. 이스라엘 백성이 고기를 먹기 원하면 먼저 하나님께 제물로 선정해야 한다. 율법은 거짓 신들에게 제사하는 공개적 희생 제사를 금하고, 하나님이 정하신 대로 제사장 제도를 통해 모든 희생 제사를 주관하도록 했을 것이다. 이 법을 어기면 죽음의 형벌을 받았다.

B. 피를 먹음(17:10-12)

Supporting Idea	하나님은 이스라엘이 피를 먹는 것을 금하셨다.

17:10-12. 고대부터 하나님은 자기 백성들에게 피를 먹지 말라고 명하셨다(창 9:4). 피를 먹는 습관은 이방 민족들에게 흔한 관습이었을 것이다. 피의 의미에 대한 설명을 들으면 이 금지 명령이 이해가 된다. 한 생물의 생명은 피에 있다. 생명에 해당하는 단어가 때로 '영혼' 혹은 '사람'으로 번역되지만, 이 문맥에서는 생명이 가장 적합한 표현이다. 피를 흘리면 생명이 파괴되기 때문에, 짐승의 생명인 피를 먹는 것은 생명을 경시하는 것이다. 피를 먹지 말아야 할 또 다른 이유는, 여호와가 제단에서 속죄하기 위해 이스라엘 백성에게 피를 주셨기 때문이다. 피가 물질적인 생명의 본질을 구성하므로 하나님은 대속하는 데 피가 필요하셨다. 생명의 상징인 피는 죄의 대속물로 드려져야 한다. 피를 마시지 말아야 할 두 번째 이유는 위생 때문이었다.

C. 사냥감(17:13-16)

Supporting Idea	하나님은 사냥물의 피를 비롯해 모든 피를 마시는 행위를 금하신다.

17:13-16. 하나님은 성막 지역에서 짐승을 죽이는 것과 관련된 규칙에 대해 한 가지 예외를 허용하셨다. 이스라엘 백성이 일정한 조건에서 야생 동물을 사냥하여 먹는 것을 허용하셨다. 첫째, 그러한 모든 짐승의 피는 쏟아 부어 흙으로 덮어야 한다. 둘째, 이미 죽어 있었지만 깨끗한 상태였던 짐승을 먹은 사람은 피가 완전히 빠진 것인지 확인하기 어려울 것이다. 이것은 그 사람이 부정하게 되는 위험을 자초했다는 의미였다. 따라서 그 사람은 옷을 빨고 물로 몸을 씻어야 할 것이다.

D. 성적 도덕성의 근거(18:1-5)

Supporting Idea	이스라엘은 성적 행위에 대한 하나님의 기준에 충실함으로써 절대적으로 중요한 하나님과의 연합을 반영해야 한다.

18:1-5. 여호와는 수호 천사나 환심을 사서 진정시켜야 할 공포스러운 존재 이상의 분이셨다. 그분은 이스라엘 백성을 대신해 이미 능력으로 역사하셨던 그들의 하나님이셨다. 그분은 그들의 민족적 안녕을 원하시는 자신의 마음과 그들이 향해 가고 있는 가나안 땅이나 애굽과 같이 이방 민족들에 대한 자신의 마음을 늘 비교하신다. 한 민족으로서 그들이 얼마나 오래 존속될 것인지는 하나님의 계시된 뜻을 그들이 얼마나 충실히 이행하는지에 달려 있었다.

E. 금지된 성적 결합의 예(18:6-18)

Supporting Idea	부정적인 성적 결합의 구체적 예가 설명되어 있다.

18:6. 6절은 자신의 배우자 외에 모든 친족들과의 성적 관계를 금함으로써 전체 단락을 요약하고 있다. 물론, 대부분의 경우 이 장에 제시된 구체적인 금지 규정에 결혼이 포함된다. 독자는 또한 간음과 같이 이 구절에 구체적으로 언급되지 않은 다른 불의한 성행위를 생각할 수도 있다(뒤의 20절이 이것을 암시하기는 하지만).

18:7-18. 하나님은 다음과 같은 결합을 금지하셨다. 이 모든 결합은 성적인 계약 결혼 관계를 포함했다. 남자는 자신의 어머니(7절), 계모(8절), 고모나 이모(12-13절), 숙모(14절), 누이나 이복 누이(9절), 배다른 누이(11절), 의붓딸(17절), 형제의 아내(16절), 며느리(15절), 손녀(10절), 의붓 손녀(17절)와 결혼하거나 성관계를 맺을 수 없었다. 하나님은 한 남자가 한 여자와 그 여자의 자매와 결혼하는 것을 금하셨다(18절). 또한 자신의 딸과 결혼하는 것에 대해 언급하지 않으셨지만 이 관계가 금지 대상이라는 것이 내러티브 전반에 걸쳐 전제되어 있다. 하나님은 결혼을 아주 고귀하게 생각하셔서 이 결합을 '한 몸' 이 되는 것이라고 부르실 정도였다(창 2:23-24). 이 결합의 친밀성 때문에 하나님은 앞에 언급된 것처럼 인척 관계에 있는 모든 육체적인 결합을 근친상간으로 보

셨다.

여인의 남편이 죽은 후에도 그녀가 남편의 형제와 결혼하는 것이 금지되었다. 그 여인이 가문을 이을 후사를 낳지 못하고 과부가 된 경우는 예외적으로 생각되었다(신 25:5-10을 참고하라).

이 규례들의 핵심 요소와 지배적인 전제들은 이스라엘 백성이 주변 민족들과 상호 결혼하지 않는 것이다. 성경의 다른 곳에서 하나님은 이방인들과의 결혼을 금하셨다(신 7:3-4, 스 10:2-4). 이러한 금지 이면의 동기는 순전히 영적인 것이었다.

F. 금지된 이방인의 관습들(18:19-30)

Supporting Idea	하나님은 이교도적 관습을 통해 자신들을 더럽히지 않도록 안전 장치를 제공하신다.

18:19-23. 성경은 모든 형태의 간음을 금한다. 이것은 구체적으로 한 남자와 유부녀와의 성관계나 한 남자가 다른 남자의 정혼녀와 갖는 성관계로 정의되는 죄악이다. 결혼한 남자가 누구와도 정혼하지 않은 여자와 성관계를 한다면, 그는 죽음의 형벌을 받지 않을 것이다(단순한 간음에 대한 형벌은 신 22:22를 참고하고, 누구와도 정혼하지 않은 여자와의 성관계에 대한 형벌은 신 22:28-29를 참고하라).

하나님은 이어서 문명화된 사회라면 어디서나 가증스럽게 여기는 몇 가지 습성들을 금하셨다. 그러한 한 가지 습성은 몰렉에게 제사를 드리는 것이었다('몰렉' 에 대해서는 '심층 연구' 를 참고하라). 이러한 관습이 그 자체로 가증스럽고 심지어 부도덕한 사람들에게조차 혐오스러운 것이었지만, 이교도들 사이에서는 유아 희생 제물(child sacrifice)이 행해졌다(신 12:31을 참고하라). 그러한 악한 관습들은 이스라엘을 더럽힐 뿐 아니라 여호와의 이름을 모독할 것이다. 성경은 동성애와 수음을 금하고 어떤 예외도 허용하지 않는다('성경과 성욕' 에 대해서는 '심층 연구' 를 참고하라). 하나님은 그러한 악을 '가증스러운 것' 혹은 그가 미워하시는 것이라고 간주하셨다(잠 6:16). 그러한 도착 행위는 이스라엘 민족을 위협할 뿐 아니라 자연 질서에 위배되는 것이었다(롬 1:24-28을 참고하라).

18:24-30. 레위기 26장과 신명기 28장은 이 구절과 아주 밀접한 평행 구절을 형성한

다. 이 장들은 악독한 불순종에 대해서는 저주를 퍼붓고 순종하는 민족에게는 축복을 선언한다. 하나님은 이스라엘에게 세계 지배를 약속하지 않으셨다. 오직 순종에 대한 대가로서 그들을 원수들에게서 완전히 건져내실 것만 약속하셨다. 주님은 곧 혐오스러운 관습들과 제사로 인해 가나안 사람들을 말살하실 것이다. 만약 이스라엘이 동일한 죄악에 빠져든다면 그들도 비슷한 운명을 맞이할 것이다.

G. 하나님에 대한 태도(19:1-8)

Supporting Idea	하나님은 이스라엘 백성에게 그분과 그분의 율례를 사랑하라고 말씀하셨다.

19:1-2. 주님이 이스라엘과 독특한 관계를 맺으신 것은, 그들이 주님을 그들의 하나님으로 선택해서가 아니라 주님이 이스라엘을 사랑하시고 그 민족을 자기 백성으로 삼으셨기 때문이다(호 11:1). 여호와는 거룩하시므로 이스라엘은 국가적 성격뿐 아니라 각 개인으로도 이 거룩함의 특성을 반영해야 한다. 하나님과 이스라엘의 유대는 처음부터 관계적 측면에서 시작되었다. 인격적인 하나님이 자기 자녀들을 인도하시고 그 자녀들은 삶에서 그분의 성품을 반영해야 한다.

19:3-8. 하나님은 '도덕적 정부의' 근본이 되는 두 '기둥(부모를 존경할 것과 안식일을 의미 있게 준수할 것)' 을 세우셨다(Keil, 419). 한 기둥은 가장 중요한 인간의 제도(가족)에 충실한 것이고 또 다른 기둥은 하나님께 성실한 것이다.

이어서 하나님은 너희는 헛것을 위하지 말며 너희를 위하여 신상들을 부어 만들지 말라고 이스라엘 민족에게 말씀하시며 십계명의 두 계명을 반복하신다. 첫 부분은 하나님에 대한 이스라엘의 태도를 말한다. 그들이 다른 신을 위한다면, 그 신이 실제로 존재하지 않는다 해도 그들은 여호와를 떠나게 될 것이다. 이것은 다시 택함을 받은 민족에 대한 배타적이고 거룩한 사랑의 반영으로서 하나님의 질투를 불러일으킬 것이다.

하나님은 예배자들이 제3일째에 화목 제물을 먹는 것을 금하시면서 7장 15-18절의 명령을 반복하신다. 그리고 이것을 위반하는 모든 자들에게 죽음이 따를 것이라는 내용을 덧붙이신다.

H. 이웃에 대한 태도(19:9-18)

Supporting Idea	하나님은 이웃과의 관계에서 사랑을 표현하도록 이스라엘 백성을 교훈하신다.

19:9-10. 여기에 구상된 일종의 복지 제도는 어리석은 식민지화 정책처럼 땅을 차지하고 탐욕스럽게 소유하지 않는 이타적인 민족 가운데서만 실행될 것이다. 땅은 하나님의 것이었다. 하나님이 주실 수도 있고 가져가실 수도 있었다. 따라서 이스라엘 백성은 곡식을 밭 모퉁이까지 다 베거나 포도원에 떨어진 열매를 줍지 말아야 했다. 가난한 자들을 위해 남은 열매들을 그대로 남겨두어야 했다. 아모스는 이 법을 염두에 둔 채 냉혹한 부자 '암소' 들을 강력히 비판했다(암 4:1). 하나님은 또다시 이러한 법들을 가난한 이들과 고통당하는 자들에게 정당한 관심을 표현해야 할 민족에게 두셨다.

19:11-18. 하나님은 다음으로 국가 생활과 관련된 여러 법들을 소개하신다. 이 법들의 대부분은 다른 곳에서도 찾아볼 수 있다. 그분은 이스라엘 백성이 도둑질하고 거짓말하거나, 혹은 이웃들을 속이고 비방하는 것을 금하셨다. 또한 그들이 무력으로나 품삯을 미루는 식으로 다른 사람의 소유를 강탈하는 것을 금하셨다. 그들은 일반적으로는 정의에 대한 올바른 자세를 유지하고 특별히 불우한 자들에게 긍휼을 베풀어야 했다.

그러나 이 모든 것은 하나님을 사랑하고 이웃을 사랑하는 한 민족에게 달려 있었다. 그것은 확실히 마음의 문제였다. 그러므로 하나님은 이스라엘 백성에게 이웃을 미워하지 말며(아마 비방을 하는 것으로) 그들에게 앙갚음하려 하지 말라고 명령하셨다. 오히려 이웃을 솔직하게 책선함으로써 비방하는 죄를 피할 수 있고 이웃이 죄를 짓는 일도 막을 수 있었다. 사랑은 율법의 완성이므로(롬 13:8) 사랑의 마음에서 나오는 태도를 갖지 않으면 공동체와 관련된 법은 전혀 지킬 수 없었다. 여기에서 하나님이 그분의 아들의 오심과 더불어 선언하실 신약적 주제들을 미리 엿볼 수 있다(히 1:2).

I. 여러 규례들(19:19-37)

Supporting Idea	하나님은 질서정연한 자연 세계에 대한 규례를 세우셨다.

19:19. 하나님은 이 명령들에 대한 합리적인 근거를 제공하지 않으심에도 불구하고, 이 명령들의 중요성을 강조하셨다. 우리는 그 이면에 있는 이유를 알 수 있다. 사람들은 하나님이 창조 질서를 통해 구분하신 것들을 뒤섞으면 안 되었다. 육축을 다른 종류와 교합시키지 말아야 했고, 들판에 씨를 뿌릴 때 다른 종류의 씨를 섞어 뿌리지 말아야 했으며, 심지어 서로 이질적인 재료로 짠 옷을 입어서도 안 되었다(또한 신 22:9-10을 참고하라). 학자들은 상징적인 관점으로 이 법들을 설명하려고 시도했지만 핵심을 간과하고 있다. 하나님은 인간이 사물의 자연 질서를 그대로 유지하기 원하셨던 것이다.

19:20-22. 하나님은 이스라엘 백성이 노예나 종을 자신들의 개인 소유물처럼 다루는 것을 허용하지 않으심으로써 그들의 권리를 보호하셨다. 다른 사람과 정혼한 노예와 성관계를 한 사람은 형벌을 받아야 했고 그 죄를 속하기 위해 속건제를 드려야 했다.

19:23-25. 이스라엘 백성이 가나안 땅에 도착해 과일 나무를 심으면 만 3년 동안 그 나무의 과일을 따먹을 수 없었다. 어떤 이들은 이 명령의 이면에는 일반적인 원예학적 풍습이 있다고 지적한다. 이러한 주장은 미성숙한 나무의 열매를 따면 결실이 알차지 못할 것이라고 지적한다. 그러나 하나님은 이스라엘 백성이 이러한 나무를 하나님의 선물로서 구별하고 그렇게 인정받기를 원하셨을 것이다.

19:26-32. 이스라엘이 장차 이교도적 관습의 먹이가 될 수도 있겠지만, 그것은 그들에게 경고가 부족해서가 아니었다. 하나님은 피를 먹거나(17:10-12를 참고하라) 어떤 경우로든 주술 행위에 참여하는 것과 같은 이교도적 습성들을 엄격히 금하셨다. 그들은 어떤 형태로든 몸을 훼하게 만들거나 몸에 문신을 하면 안 되었다. 하나님은 그들에게 돈 때문에 딸에게 매춘을 시켜 온 민족을 더럽히게 하면 안 된다고 명하셨다. 그들은 안식일을 지킬 뿐 아니라 그 땅에 살고 있는 노인들을 공경해야 했다.

19:33-37. 마지막으로, 하나님은 이스라엘 백성에게 그들 중에 거하는 타국인들을 학대하지 말라고 하셨다. 그 근거로 애굽 땅에서 이스라엘 백성이 나그네 생활을 했던 사실을 상기시키셨다. 그들은 외국인이나 동족 이스라엘 백성을 상대로 장사를 할 때 정직하게 행동하고 정직한 저울을 사용해야 했다.

J. 영적인 죄(20:1-8)

Supporting Idea	하나님은 거짓 예배에 동참하는 모든 자들에게 형벌을 내리실 것이다.

20:1-8. 레위기 18장에서 여호와는 모든 몰렉 숭배를 금지하셨다. 여기서 그분은 이러한 변절에 대해 돌로 쳐 죽이는 형벌을 명하신다. 신성 모독(레 24:16), 특히 안식일 위반(민 15:35-36)과 우상 숭배(신 13:6-11)에도 동일한 형벌을 내리셨다. 이스라엘 공동체는 이 법을 시행할 책임이 있었고 여러 악행들을 외면하면 안 되었다.

하나님은 또한 모든 형태의 강령술에 동참해서는 안 된다고 명령하셨다. 이 죄는 극히 추하기 때문에 하나님은 직접 신접한 자와 박수를 추종하는 자에게는 내가 진노하겠다고 말씀하셨다.

이스라엘 백성은 스스로 깨끗케 하고 그들을 무너뜨리려 하는 민족들과 구별된 존재로 자신들을 생각해야 했다. 이스라엘이 주변 민족들의 종교를 기웃거린다면 고통과 피할 수 없는 심판을 자초할 것이다. 하나님은 그분의 은혜와 힘으로 이스라엘이 순종하도록 하실 수 있는 분이시다. 그분에 대한 순종이 불가능해질 정도로 심각한 유혹은 절대 없다.

K. 가족적 죄악(20:9-21)

Supporting Idea	하나님은 가족의 명예를 더럽힌 자들을 벌하실 것이다.

20:9-21. 십계명에서 하나님은 이스라엘 백성에게 부모를 공경하라고 명령하심으로 가족의 기초를 강화하셨다. 여기서는 부모를 저주한 죄를 사형에 해당하는 범죄로 규정하신다. 저주한다는 것은 모욕적인 말을 하는 것 이상의 행위였다. 어떤 사람이 저주한다면, 그는 범죄할 의도를 가진 것이었다. 시므리가 다윗을 저주할 때, 그의 마음과 말에는 악의가 담겨 있었다. 그는 다윗이 해를 입고 망하도록 구했다(삼하 16:5-8). 가족은 사회의 기초를 이루는 것이므로 하나님은 항상 율법에서 부모의 권위를 강조하셨다. 실제적인 의미에서 부모는 자녀들에게 하나님을 대표했다. 자녀들이 부모의 권위

에 의문을 갖는 것은 하나님의 권위에 의문을 갖는 것이었다.

이 단락은 또한 간음(10절), 근친상간(11-12, 14, 17, 19-21절), 수간(15-16절), 동성애(13절)를 비롯해 가족에 대한 유사한 범죄에 대해 엄격한 형벌을 규정하고 있다. 하나님은 또한 생리 기간 중인 여성과의 성관계를 금하셨다(18절). 이 모든 범죄에 대해 하나님은 20-21절에 언급된 근친상간의 형태를 제외하고 사형을 선언하셨다. 20-21절에 언급된 그들은 무자히 죽으리라고 하셨다. 이것은 가장 최악의 저주로 인식된 운명이었다(삼상 1:8-17을 참고하라).

L. 마지막 권면(20:22-27)

Supporting Idea	하나님은 자연을 심각하게 훼손한 행위를 처벌하실 것이다.

20:22-24. 이스라엘에게 약속하신 땅은 몇 가지 조건을 가지고 있었다. 이스라엘이 이 조건들을 유지하지 못한다면, 그 땅에서 쫓겨나고 하나님이 그들을 토하실 것이다. 하나님이 이스라엘을 가나안 땅으로 인도하신 것은 부분적으로는 악행을 저지른 가나안 원주민들을 심판하시기 위함이었다. 이스라엘이 그러한 행위를 저지른다면 그들과 다른 운명을 기대할 수 있겠는가?

20:25-27. 일부 주석가들은 구약 율법의 구분이 있는 것으로 해석하려 시도하지만 하나님은 시민법과 의식법을 구분하지 않으셨다. 율법은 철저히 하나였고 이스라엘과 하나님의 친밀한 관계는 이스라엘이 율법을 지키는 것에 달려 있었다. 짐승의 정하고 부정함을 구별하지 않는 것이 잘못이었듯이, 어떤 형태로든 강령술을 행하는 것은 잘못된 것이었다.

Main Idea 복습	희생 제물을 드리고 먹는 규례와 성적 순결을 지키고, 하나님과 이웃과의 관계를 유지하며, 모든 거짓 신들을 버리는 것과 관련된 교훈들이 제시되고 있다.

결론

실제 묘기를 놓치지 마라

20세기 초반에 한 소년이 시골에서 살고 있었다. 소년은 한 번도 서커스 공연단을 본 적이 없었다. 그런데 토요일에 한 서커스단이 공연을 하러 마을로 올 예정이었다. 소년이 아버지에게 서커스 구경을 가게 해달라고 부탁하자 아버지는 할 일을 일찍 끝내면 가도 좋다고 말했다. 드디어 토요일이 왔다. 어린 소년은 자신이 할 일을 끝내고 아버지에게 서커스 구경을 갈 돈을 달라고 했다. 아버지는 작업복 바지에서 1달러를 꺼냈다. 소년이 지금껏 본 중에서 가장 큰 돈이었다. 눈이 휘둥그레진 소년은 집을 나섰다. 마을로 가던 소년은 사람들이 길을 따라 줄지어 서 있는 것을 보았다. 사람들 사이를 헤집고 들어가 구경을 하던 소년은 서커스단의 행진을 처음으로 보게 되었다. 우리 안에는 동물들이 있고 악단이 행진을 하고 있었다. 그리고 한 광대가 행렬의 맨 끝에서 행진을 하는 것이 보였다. 어린 소년은 흥분해서 광대가 지나갈 때 주머니에 손을 넣어 그 소중한 1달러를 꺼내 건네주었다. 겨우 행진만 보았을 뿐인데 어린 소년은 서커스를 다 보았다고 생각하고 집으로 돌아왔다.

모든 신자들 속에 이 어린 소년과 흡사한 모습이 있다. 많은 그리스도인들이 가짜처럼 인생을 살아가고 '교회의 행진' 을 즐기는 데 만족한 채 진짜 묘기를 볼 수 있는 '인생 서커스' 를 놓쳐버린다. 그들은 예배당에 앉아서 섬기고 있는 사람들, 회개하고 있는 사람들, 죄를 고백하고 있는 다른 사람들의 온갖 행동을 지켜보기만 하고 빅 이벤트(날마다 믿음과 순종의 삶을 사는 것)를 직접 누리지 못한다. 참되신 하나님과 인격적인 만남을 경험하고 우리의 예배가 무엇인지 깨닫는 곳은 바로 이곳(빅 이벤트)이다.

▣ **진리 알기**

- 하나님의 참 제자들은 그분의 명령에 순종하고 그분의 기대를 이루기 원한다.
- 우리는 이 세상에서 일어나는 일들을 통제할 힘이 없다. 그러므로 하나님의 주권에 대한 믿음을 견고히 가져야 한다.

- 결혼이라는 울타리 밖의 성관계는 항상 해롭다.
- 인간을 자기 의지대로 두면 큰 악을 행할 수 있다.

■ 적용하기

- 항상 배우는 사람이 되라. 하나님이 말씀을 통해 주시는 샘에서 당신이 배울 수 있는 것을 배우라.
- 결혼하려고 계획하고 있거나 현재 결혼 생활을 하고 있다면, 결혼 서약의 중요성을 생각해보라.
- 세상의 기준이 아니라 하나님의 기준을 따르는 길을 선택하라.
- 주변의 사단의 활동을 경계하고 하나님의 개입하심을 위해 기도하라.

삶의 적용

행함으로 배우기

한 젊은이가 목사님을 찾아와서 그리스도인이 되고 싶지만 어떻게 해야 할지 모르겠다고 털어놓았다. 현명한 목사님은 젊은이에게 먼저 사도행전을 읽고 와서 그가 배운 것에 대해 나누고 적용하는 법을 이야기해보자고 했다. 일주일이 지나고 또다시 일주일이 지나고 또 일주일이 지났다. 목사님은 젊은이에게 그런 제안을 한 것이 심각한 실수였다는 생각이 들기 시작했다. 거의 1년이 지난 후에 그 젊은이가 드디어 찾아왔다. 놀란 목사님이 어디 다녀왔냐고 묻자 그는 이렇게 대답했다. "목사님이 제게 사도행전을 읽으라고 말씀하셨잖아요. 제가 사도행전을 읽을 때마다 성경은 제게 뭔가 행동을 하라고 했습니다. 그래서 저는 그대로 행했습니다. 너무 바빠서 찾아뵐 시간이 없었을 뿐이었습니다."

이 젊은이는 열정적으로 성경을 읽었다. 순종과 실천에 대한 그의 사례는 우리 모두의 귀감이다. 동일한 수준의 기대감과 순종함의 마음으로 성경을 읽으라. 그러면 당신의 삶을 향한 하나님의 뜻을 결코 놓치지 않을 것이다.

기도

은혜로우신 아버지, 이 단원의 진리들로 인해 감사드립니다. 제 인생을 향한 하나님의 기준은 제가 상상한 것보다 훨씬 더 높습니다. 제가 주님의 뜻 안에서 걸어가도록 강건하게 하소서. 아멘.

심층 연구

A. 성경과 성욕

처음부터 하나님은 인간에게 성욕이 존재함을 인정하시고 성행위에 제약을 가하셨다. 성적인 동기는 인간의 내면적 본성에 기인하며 세상에 종족을 남기려고 하는 본능을 만든다(창 1:28). 성행위에 관한 성경의 교훈을 따를 때 우리는 이 명령을 가장 충실하게 성취할 수 있다. 사라는 심지어 성행위를 가리켜 '낙' 이라는 표현을 사용했다(창 18:12). 하나님은 때로 성행위를 배우자를 '아는 것' 으로 묘사하시며 남자와 여자 사이의 육체적 결합이 거룩한 친밀감의 표현이기를 원하셨다(민 31:17). 그러한 앎은 육체적 영역을 뛰어넘어 전인을 포함하는 남편과 아내의 깊은 인격적 결합을 전제한다.

하나님은 배우자들이 "한 몸"(창 2:24, 막 10:7-8, 엡 5:31)을 이룬다고 묘사하신다. 창녀와 관계를 맺는 남자는 "저와 한 몸"(고전 6:16)이 된다. 하나님은 우리 자신의 몸에 대해 범죄하지 않기 위해 그러한 행위를 "피하라"고 명령하신다(고전 6:18). 하나님은 정상적인 성적 기능이 성적 만족을 넘어서서 헌신과 사랑을 포함하도록 의도하셨다.

구약은 젊은 여자가 결혼 때까지 순결을 지킬 것을 요구했고, 그렇지 못할 경우 죽음의 형벌로 대가를 치러야 했다(신 22:13-24). 하나님은 남자들에게 동일한 규정을 반복하지 않으셨지만, 간음을 금하고(출 22:16-17) 여러 형벌로 그 행위를 처벌하게 하심으로 그와 동일한 암시를 주셨다. 간음은 엄격히 금지되었고 십계명의 한 조항이 되었다(출 20:14). 하나님은 모든 종류의 근친상간(가족들 사이의 육체적 결합)을 금하셨다. 성경의 일부 사람들은 그 경고를 무시했다. 롯은 딸의 꼬임에 빠져 술에 취해 판단력을 잃고 그들을 임신시켰다(창 19:30-38). 르우벤은 아버지 야곱의 첩과 동침했고(창 35:22), 유다는 며느리 다말과 관계를 가졌다(창 38장).

예수님과 사도들은 이 민감한 주제에 대해 가장 분명한 이해를 제시한다. 예수님은 죄의 기원을 들추어내심으로 죄의 일반적인 개념을 재정의하셨다. 죄는 인간의 마음에 있다고 하셨다. 따라서 이웃의 아내와 불법적인 관계를 가짐으로뿐 아니라 마음에 그러한 욕정을 품는 것도 간음죄를 짓는 것이다(마 5:27-30). 누가는 무엇보다도 특히 성적인 부도덕을 금한 초대 교회의 규율을 충실하게 기록하고 있다(행 15:20). 바울은 결혼의 긍정적인 특권과 엄격한 한계를 동시에 다루며 정교한 결혼 신학을 구축했다(고전 6:13-20, 7:1-40, 엡 5:3-7, 살전 4:3).

마지막으로, 성경은 모든 종류의 동성애를 금지한다(레 18:22, 20:13, 롬 1:26-27). 소도미(sodomy)라는 현대 용어는 소돔 사람들이 소돔을 방문한 천사들을 강간하려다 실패한 사건(창 19:4-11)에서 유래한 이름이다. 한 사회가 그러한 행위를 용인하는 정도는 그 민족이 하나님과 이탈된 정도뿐 아니라 그들의 운명에 대한 전망을 가늠할 수 있는 훌륭한 척도이다(레 18:24-25를 참고하라. 창 15:16과 비교하라).

성적 기준이 전혀 없는 바다에서 우리가 찾은 단 하나의 정결한 섬은 성적 행위에 대한 포괄적인 성경적 교훈이라는 섬이다. 향락을 즐기는 이교도적 생활에서 하나님의 구원을 받은 수많은 사람들은, 긍정적이고 소망에 찬 분위기 가운데 그리스도 안에서 평강과 의미와 성취감을 얻는다. 하나님은 그들의 삶에 놀라운 일을 행하셨고 이 문제들을 대하는 그들의 태도를 새롭게 해주셨다. 하나님은 그리스도 안에서 베푸시는 은혜 밖에 단 한 사람도 버려두지 않으신다. 한때 공허한 관계에서 의미를 찾던 수많은 사람들이 이제 건강하고 만족스러운 성행위에 대한 성경적 교훈을 수용함으로써 완전한 만족을 얻는다.

B. 몰렉

성적 기준에 대한 이 긴 교훈의 중간에 하나님은 자녀들을 몰렉의 희생 제물로 바치는 관습에 대한 경고를 삽입하신다(18:21). 성과 관련된 문제를 집중적으로 다룬 문맥 속에 이 문제를 언급하시기 때문에 우리는 그 관습이 성에 관한 본문의 논의와 관련이 있다는 결론에 이를 수 있다. 키엘(Kiel)은 그 관습이 '영적 매춘'을 동반했기 때문에 이 내용이 여기에 배치된 것이 적절하다고 생각한다(416).

학자들은 몰렉과 관련해 두 가지 중요한 문제와 씨름해왔다. 그것은 몰렉의 정체와 몰렉 숭배에 유아 희생 제물이 실제로 포함되었는가에 관한 문제다.

몰렉을 언급한 구약 성경의 구절들은, 후에 솔로몬이 신당을 세워줄 암몬 족속의 신이 몰렉임을 암시한다(왕상 11:7). 몰렉이라는 단어의 어근을 형성하는 데 사용된 자음들은 또한 '왕' 이라는 글자와 함께 사용된다. 혹자는 이 신을 어떤 번역본에서 사용된 '밀곰' 과 동일시하지만 어떤 학자들은 동의하지 않는다. 성경은 때로 몰렉을 바알과 연관시킨다(렘 32:35).

키엘은 어린이들이 몰렉의 제물로 바쳐졌다고 인정하면서도(겔 16:21, 렘 7:31) 몰렉 숭배가 반드시 유아 희생 제물을 포함했던 것은 아니라고 생각한다(416-417). 그는 "자녀를 불로 지나가게 하고"라는 표현이 실제로 희생 제물로 자녀를 바치지 않고 몰렉에게 자녀를 바치는 의식을 치른 것을 의미한다고 했다. 하지만 키엘도 후대의 왕들이 그러한 제사 의식을 행했음을 인정한다. 키엘은 어린이들이 희생 제물로 바쳐지거나 불로 태워졌다면 명확하게 그 사실이 언급되었을 것이라고 여긴다. 하지만 웬함(Wenham)은 "그것이 유아 희생 제물과 관련되었음이 이제 상당히 확실하다"라고 결론을 내린다(259). 이러한 희생 제사의 유적들을 보면 아이들이 실제로 불 속에 던져졌다는 증거가 존재한다. 아하스 왕은 힌놈의 골짜기에 있는 몰렉 산당에서 자기 자식들을 불태워 바쳤고(대하 28:3), 므낫세 왕은 자기 아들 중 한 명을 희생 제물로 불 속에 바쳤다(왕하 21:6). 후에 경건한 왕 요시아는 이 가증한 산당을 파괴했다(왕하 23:10, 13).

C. 가난한 이웃에 대한 관심과 태도

하나님이 이스라엘 백성에게 그 땅을 차지하게 되면 주겠다고 말씀하신 축복들은 많은 부분에서 물질적인 복이었다(신 1:25, 28:8-12). 하지만 이스라엘 백성이 모두 동일하게 이 축복을 누리지는 못할 것이다. 그들 중에 항상 가난한 이웃이 있었다(신 15:11). 이스라엘 백성은 실제로 가나안 땅의 축복에 참여할 것이다. 하나님은 사회적 약자들을 보호하기 위해 희년과 같은 법들을 세우셨다(레 25:8-13). 그러나 하나님은 지혜로운 섭리로 물질적 부를 균일하게 분배하지 않으셨다. 물론, 사람들은 때로 게으르고 태만하거나 다른 성격적 결함으로 가난을 자초했다(잠 5:7-10, 27:23-27). 그 유일한 치유책은 개인의 회개였다.

하나님은 가난한 이들을 돌보도록 율법에 특별한 조항들을 포함시키셨다. 가난한 자들은 다른 사람들의 포도원이나 밭에 떨어진 이삭이나 열매를 거둘 권리가 있었다(신

23:24-25). 추수꾼이 수확을 한 후 곡식단이 떨어져 있다면, 그들이 그 이삭을 주울 수 있었다(레 19:9-10, 23:22, 신 24:19-21). 들판에 떨어진 이삭을 줍는 가난한 이웃들을 외면하지 않는 이스라엘 백성은 하나님의 특별한 축복의 대상이 되었다(신 24:19). 심각한 가난 때문에 종으로 자신을 팔 수밖에 없었던 사람들도 특별한 해방의 해(희년)가 되면 자유의 몸이 될 수 있었다(레 25:39-43).

고대든 현대든, 실제로 어떤 나라에서도 볼 수 없을 정도로 가난한 자들에게 특별한 관심을 보이시는 하나님은, 가난한 이웃이 요청한다면 여유 있는 사람들은 아끼지 말고 빌려주라고 하셨다(신 15:7-10). 하나님은 또한 이스라엘 백성에게 가난한 이웃을 압제하며 이용하지 말라고 경고하셨다(출 22:21-27). 이스라엘도 이 죄에서 예외가 아님이 증명될 것이다(암 2:6-7, 말 3:5).

가난한 자들을 보호하는 법을 제정하신 것 외에 하나님은 또한 그들이 그분께 부르짖을 때(특히 누군가가 그들을 압제하여) 그들을 보호하겠다고 친히 맹세하셨다(출 22:27). 그분은 가난한 자들을 포함해 모든 인간을 동등한 존재로 창조하셨다.

오늘날 서구 국가의 수많은 사람들은 자신들의 부를 프로테스탄트의 노동 윤리 덕분이라고 생각한다. 적어도 부분적으로는 그들의 생각이 옳다. 하지만 부를 소유했다고 해서 하나님의 은혜가 부자들에게 임했다는 식의 해석을 하면 안 된다. 사실상 이스라엘은 '비대해지자' 하나님을 떠나기 시작했고(신 32:15), 그들이 파멸에 이른 궁극적인 이유는 어떤 죄악보다도 가난한 이웃에 대한 학대였다(겔 16:49). 오늘날 많은 이들이 신실한 믿음을 물질적인 재물과 동등시하는 잘못된 신학을 옹호한다. 하지만 사도 바울은 이러한 신학을 경고하며 그러한 교훈은 타락한 정신 때문이라고 지적했다(딤전 6:5). 하나님은 자비한 분이시다(출 22:27). 그분은 자기 백성들이 가난한 이웃에게 자비를 베풀기 바라신다.

D. 강령술

강령술, 혹은 '망자의 영혼' 과의 대화는 죽은 자와의 접촉을 시도하는 행위와 관련된 것이었다. 그것은 종종 미래를 엿보려는 욕망에서 시도된다(신 18:11을 참고하라). 강령술을 행하는 자들은 신접한 자(사 8:19)라고 불렸다. 그들은 망자의 영혼이나 고인의 영혼과 접촉할 힘이 있고, 강령회와 같은 의식을 통해 영혼을 불러낸다고 한다. 어떤 이들은 모든 영혼을 다 불러낼 수 있다고 생각했다. 엔돌의 신접한 여인은 죽은 사무엘의 영혼을 불러내는 시도를 했다(삼상 28:8-19).

성경은 그러한 마술을 행하는 자들을 저주했다(레 19:31, 사 8:19). 이스라엘 백성은 '율법'과 '증거의 말씀'에 물어보아야 했다(사 8:20). 하나님은 죽은 자에게 물어보지 않도록 경계하셨고, 그러한 행위를 한 자들을 죽음으로 처벌하라고 선언하셨다(레 20:6, 27).

교안

A. 들어가는 글

1. '누가 가짜인가?' 이야기로 시작하라.
2. 배경 설명: 거룩하신 하나님은 자기 백성들을 구속하셔서 거룩한 자가 되게 하신다. 하나님의 백성들은 하나님을 모르는 사람들과 달라야 한다.
3. 적용: 의식적 명령과 도덕적 명령은 이스라엘 백성들 사이에 구분되지 않았다. 레위기 17장은 피를 어떻게 인식하고 다루어야 하는지 보여준다. 레위기 18-20장은 윤리적 행위에 대한 기준을 제시한다.

B. 본문 이해

1. 희생 제사의 장소(17:1-9)
2. 피를 먹음(17:10-12)
3. 사냥감(17:13-16)
4. 성적 도덕성의 근거(18:1-5)
5. 금지된 성적 결합의 예(18:6-18)
6. 금지된 이방인의 관습들(18:19-30)
7. 하나님에 대한 태도(19:1-8)

8. 이웃에 대한 태도(19:9-18)
9. 여러 규례들(19:19-37)
10. 영적인 죄(20:1-8)
11. 가족적 죄악(20:9-21)
12. 마지막 권면(20:22-27)

C. 결론: '행함으로 배우기' 를 읽어주라.

토의 질문

1. 레위기 17장을 읽으면서, 희생 제사를 드리는 과정에 대한 하나님의 높은 기준을 쉽게 인식했을 것이다. 이러한 희생 제사들을 제대로 드리지 않을 때 어떤 문제가 생길 수 있는가?

2. 하나님이 이스라엘 백성에게 성적 친밀감과 관련된 금지 명령을 많이 주신 것을 볼 때, 주변 민족들 간에 어떤 일이 이루어지고 있었을 거라 생각하는가? 레위기 18장 5절의 순종은 관계상의 순결에 대한 하나님의 축복과 어떤 관계가 있는가?

3. 그들의 주인되신 하나님과 올바른 관계를 유지하는 것과 하나님의 이 기대들은 어떤 관련이 있는가? 레위기 19장을 복습하고 이번 주에 직장, 가정, 학교에서 어떤 법들을 적용해야 하는지 살펴보라.

4. 오늘날 사법 체계의 큰 논쟁은 형벌이 법을 어기지 않도록 억제하는 구실을 하는지, 아니면 올바른 행동의 동기로 작용하는 것인지에 대한 주장을 중심으로 벌어지고 있다. 레위기 20장은 생활에 필요한 여러 규정들의 목록뿐 아니라 그에 수반되는 형벌을 말한다. 하나님은 자기 백성들이 그분을 영화롭게 하는 삶을 살도록 동기를 부여하시는가? 아니면 "더 조심하거라. 그렇지 않으면 네가 이런 일을 하면 혼내겠다"라고 말씀하시는가?

레위기 21-24장

종, 기준, 구조

"그리스도인은 가장 자유로운 만물의 주로 그 누구에게도 복종하지 않는다. 또한 그리스도인은 모든 이의 가장 충실한 종으로 모든 사람에게 복종한다."

- 마틴 루터(Martin Luther)

레위기 21-24장은 세 가지 관점에서 제사장 제도를 더 자세히 점검한다. 첫째, 제사장은 종이 되어야 하고 백성들에게 제사장으로서 하나님을 대표해야 한다. 둘째, 제사장의 삶의 기준은 매우 엄격해야 한다. 셋째, 이스라엘의 중요한 일곱 절기를 관장하는 큰 책임을 져야 하고 세상에서 하나님의 임재를 대변하며 성막을 계속 관리해야 한다.

들어가는 글

발렌타인데이의 계시

채드(Chad)는 조용하고 수줍음 많은 소년으로 항상 외톨이처럼 보였다. 어느 날 학교에서 돌아온 소년은 엄마에게 발렌타인데이가 일주일밖에 남지 않았으며, 반 친구 모두에게 선물을 하고 싶다고 말했다. 엄마의 마음은 무거웠다. '그렇게 하지 않는 게 좋을 텐데. 다시 상처만 받을 텐데.' 소년의 엄마는 수업이 끝나고 귀가하는 아이들의 모습을 지켜보면서 몇 시간이나 눈물을 흘린 적이 있었다. 채드는 '아이들의 모임' 에 끼어본 적이 없었고 항상 아이들 맨 뒤에 서서 걸었다. 아이들이 서로 웃고 농담을 주고받을 때 한 번도 끼어들지 못했다. 그럼에도 불구하고 엄마는 착한 아들의 뜻을 받아들여 카드를 만들 때 필요한 종이와 풀과 크레용을 샀다.

채드는 최고의 발렌타인 카드 서른다섯 개를 만들기 위해 매일 밤 열심히 그림을 그렸다. 발렌타인데이가 되자 채드의 마음은 흥분으로 울렁거렸다. 소년은 카드를 조심스럽게 가방에 넣고 학교로 향했다. 엄마는 아들이 발렌타인 카드를 하나도 받지 못하면 얼마나 슬플지를 생각하며 달려가는 아들의 모습을 지켜보았다. 그래서 아들이 좋아하는 쿠키를 구워야겠다고 생각했다. '채드가 돌아오면 쿠키와 우유를 챙겨줘야겠다. 아마 그러면 조금이라도 아픔이 덜어질 거야.'

그날 오후 엄마는 쿠키와 우유를 식탁에 차려놓고 착한 아들을 기다렸다. 집 밖에서 아이들의 소리가 들리자 그녀는 창가로 갔다. 언제나처럼 아이들은 웃고 재잘거리면서 하루 중 가장 즐거운 시간을 보내고 있었다. 그리고 언제나처럼 채드가 아이들의 뒤를 따라오고 있었다. 하지만 채드는 보통때보다 더 빨리 걷고 있었다. '쟤가 집에 들어오면 울음을 터뜨릴 거야. 쿠키를 준비해놓이 정말 다행이야' 라고 엄마는 생각했다. 엄마는 집으로 들어온 아들의 팔에 아무것도 들려 있지 않은 것을 보고 그에게로 달려가며 말했다. "엄마가 너 주려고 맛있는 쿠키와 우유를 준비했단다. 네가 좋아하는 거야!" 하지만 채드는 엄마의 말을 듣지 않았다. 채드는 엄마를 빤히 바라보더니 "한 애도 … 한 애도"라고 말했다. 그녀의 마음은 침울해졌다. 이윽고 어린 채드는 얼굴에 환한 미소를 지으며 덧붙였다. "엄마, 제가 한 애도 빠뜨리지 않았어요. 한 명도요!"

얼마나 겸손한 종인가! 하나님이 그분을 찾는 모든 사람에게, 그리스도를 자기 삶에 초청한 '제사장'이 되는 책무를 감당하는 모든 사람에게 원하시는 삶을 몸소 보여주는 한 소년이 여기에 있다. 하나님이 자기 종을 다스리실 때, 그분은 종의 태도와 관점들도 다스리신다. 종은 다른 사람들을 섬기고 하나님이 주신 것을 내어놓는 데 인생의 가장 큰 기쁨이 있음을 이해한다. 이 관점은 레위기 21-24장을 관통하는 공통 요소이다. 하나님의 종과 사역에 대한 기준을 조심스럽게 읽어보라. 하나님이 이스라엘을 위해 제정하신 절기들이 지닌 놀라운 상징성을 읽어보라. 성막에서 당신에게 주시는 하나님의 발렌타인 선물을 즐거이 기억하라. 하나님은 우리 중에 어느 한 사람도 잊으신 적이 없다.

본문 이해

종, 기준, 구조

Main Idea	올바른 제사장직의 기능과 이스라엘의 중요한 절기를 준수하는 것에 대한 규례를 통해 하나님의 은혜와 용서를 묵상한다.

A. 제사장의 기준(21:1-24)

Supporting Idea	지도자들에게는 더 엄격한 기준이 요구된다.

21:1-4. 하나님은 제사장들이 시체를 만짐으로써 의식적으로 부정하게 되는 것을 금하셨다. 그러한 이유로 그들은 시체를 만질 수밖에 없는 장례식에 직접 참석할 수 없었다. 하나님은 가까운 가족에 대해서는 예외를 인정하셨다. 본문이 제사장의 아내들을 언급하지는 않지만 예외 대상에 그들도 포함되었을 것이다.

21:5-9. 하나님은 또한 머리털을 깎거나 수염 양편을 밀거나 혹은 어떤 식으로든 살을 베는 것과 같이 얼굴을 손상시키는 행위를 금하셨다. 제사장이 그러한 관습을 배울 유일한 곳은 주변에 있는 민족들에게서였다. 이웃 민족들은 이교도적 의식에 그러한 행위를 포함시켰다. 제사장들은 여호와의 화제 곧 그 하나님의 식물을 드리는 자들이므로 몸과 영혼을 온전히 정결하게 유지해야 한다.

제사장들은 매춘을 한 적이 있거나 이혼한 여자와 결혼하는 것이 금지되었다. 그들의 아내들은 고귀한 성품을 가진 자들이어야 했다. 이것은 신약 교회로까지 이어진 특징이다(딤전 3:11). 그러나 제사장들은(대제사장은 제외) 과부와 결혼할 수 있었다. 본문이 이혼녀와의 결혼을 금하는 이유가 무엇인지 제시하지 않지만(그녀가 결백할 수도 있다), 때로 이혼의 책임이 누구에게 있는지 결정하기란 쉽지 않다. 제사장의 아내는 사람들의 평판에 흠이 없는 사람이어야 했다.

사람들의 눈이 주시할 것이기 때문에 제사장의 가족은 일정한 기준들을 지켜야 했다. 예를 들어, 제사장의 딸이 매춘을 한다면 그녀는 최고의 형벌을 면할 수 없었다. 그러한 죄를 지으면 화형을 당했다. 그 형벌은 그러한 범죄에 적합한 것일 뿐 아니라, 그러한 죄(종종 의식적이고 제의적인 숭배와 관련되어 있음)를 짓지 않도록 방지하는 방법이기도 했다. 엘리와 사무엘의 예에서 배우겠지만, 제사장의 가족이라고 유혹에서 자유롭지 않았다. 엘리와 사무엘의 아들들은 그들에게 요구되는 기대에 부응하여 살지 않았다.

21:10-12. 의식을 주관하는 제사장이나 대제사장은 가장 엄격한 복장 기준을 지켜야 했다. 단정하지 못한 외관은 하나님이 친히 지시하신 아름답고 정교한 예복을 모독하는 것이었다. 그는 가까운 친척이라 해도 장례식에 참석할 수 없었다(일반적인 제사장에게는 허용됨. 2-3절을 참고하라). 그는 대부분의 경우 하나님의 성소에서 나오지 말아야 했다. 그곳에서 그는 희생 제사를 드리며 하나님 앞에서 백성들을 대표했다.

21:13-15. 제사장의 경우처럼, 대제사장의 아내 역시 엄격한 기준이 적용되었다. 대제사장은 반드시 처녀를 아내로 맞아야 했고 심지어 과부와의 결혼도 금지되었다. 온전한 가정을 꾸리려면 아버지와 어머니가 모두 힘써야 하므로 제사장은 적합한 아내를 고르기 위해 매우 신중해야 했다. 웬함은 이러한 제한 규정들을 둔 또 다른 이유가 그 규정들이 대제사장의 자녀들(아버지의 뒤를 계승할 경우가 종종 있었다)이 실제로 그의 혈육임을 증명할 수단일 수도 있었기 때문이라고 지적한다(Wenham, 292).

21:16-24. 하나님은 신체적 결함이 있거나 기형인 자가 성소에서 의식을 주관하는 것을 허용하지 않으셨다. 하나님은 희생 제물로 사용될 짐승들이 흠이 없어야 한다고 요구하셨듯이, 그분을 대표하는 제사장들에게도 동일한 것을 요구하셨다.

B. 희생 제물을 주관하며 제물을 먹는 규례(22:1-33)

Supporting Idea	하나님은 제단에서 의식을 주관하는 적절한 절차를 제정하신다.

22:1-9. 어떤 제사장도 부정한 상태에서 제사장의 공식적 직무를 수행할 수 없었다. 이 제한 규정은 아주 광범위했고, 의식적 부정의 포괄적인 범위에 해당하는 모든 환경에 적용되었다. 하나님은 제사장의 직무를 수행하면서 자신을 더럽힌 모든 제사장에게 그것을 요구하셨다. 직무를 수행하면 안 되는 경우는 모든 피부병, 의식적 부정, 그 외 모든 형태의 개인적 부정이 포함되었다. 부정하게 되면 제사장은 정결하게 될 때까지 공식적 직무를 중단해야 했다.

22:10-16. 제사장은 백성들의 십일조와 제물로 생계를 유지했고 그들 스스로 일굴 수 있는 토지를 소유하지 않았다. 그래서 그들의 가족 또한 제사장의 양식을 함께 나눠 먹어야 했다. 이 단락은 제사장의 가족에 해당하는 자들이 누구인지 기술하고 그들이 할당된 음식을 나눠 먹을 수 있도록 허용하고 있다. 제사장의 가족이 아니면서 일시적으로 방문한 사람들은 거룩한 음식에 참여할 수 없었다. 그러나 노예들과 그들의 가족들은 참여할 수 있었다.

제사장의 딸이 제사장이 아닌 남자와 결혼하면, 그녀나 그녀의 새로운 가족은 거룩한 음식을 먹을 수 없었다. 그녀가 과부가 되거나 이혼한 상태에서 자녀가 없다면, 아버지의 가족으로 다시 흡수되어 그의 음식을 먹을 수 있었다.

제사장 가문의 일원이 아닌 자가 제사장의 음식을 먹으면, 그는 그것에 해당하는 돈에 20퍼센트를 더 내야 했다. 제사장은 식탁을 단속하여 그 음식을 먹도록 인정받지 않은 '외부인' 들이 먹지 않도록 해야 했다.

22:17-30. 육체적 결함이 있는 자가 제사장이 될 자격 요건이 안 되듯이, 희생 제물 역시 완전해야 했다. 제사장과 제물 간의 상관성이 이 단락에서 더 분명해진다. 제사장

과 관련해 언급된 동일한 결함들 중 일부가 여기서 희생 짐승에게도 반복되고 있다.

제사장들은 정상적인 제물로서 소나 양이나 염소 중 흠 없는 수컷을 드려야 했다. 이 원칙의 유일한 예외는 서원을 갚기 위한 것이 아니라 낙헌제로 소나 양을 드릴 경우였다(23절). 하나님은 심지어 생식 기관이 손상되었거나 제거된 짐승들은 제물로 부적절하다고 규정하셨다. 이것은 분명히 그것들이 하나님의 재창조를 상징했기 때문이었을 것이다.

22:31-33. 하나님은 항상 이스라엘과 자신의 관계를 타협하지 않고 그분의 법을 엄격히 유지할 의무와 연관시키셨다. 여호와의 이름은 거룩하므로 이스라엘은 그분의 이름을 더럽혀서는 안 된다. 거룩에 대한 요구뿐 아니라 그들의 독특한 지위 역시 하나님 때문이었다. 그분은 그들을 거룩하게 하시고 애굽의 속박에서 구속한 하나님이시다.

흠이 없는 희생 제물과 제사장직의 근저에 있는 원리는 희생 제물과 제사장직이 그리스도 안에서 하나로 통합된 신약의 성취를 예표한다. 민감한 독자는 히브리서 5-10장에서 이 진리를 발견한다. 그리스도의 제사장직은 아론의 세상 혈통에서 비롯되지 않았지만(7장) 새로운 언약으로 인해 역할을 감당했다(8장). 그분의 사역은 구약의 성막(하늘 그 자체를 상징함, 9:23-24)에서 예견되고 있다(9장). 가장 중요한 것은 제사장과 희생 제물이 주 예수 그리스도라는 한 위격과 한 육체 안에서 합쳐졌다는 것이다. 그분은 자신을 희생 제물로 바치사 죄를 도말하시기 위해 세상 끝에 나타나셨다(9:26).

C. 이스라엘의 절기(23:1-44)

Supporting Idea	하나님은 자기 백성들과 만날 특별한 시간을 정하신다.

23:1-3. 이 장은 히브리력의 정기적인 행사로 지켜야 할 여호와의 절기들(appointed feasts)을 소개하고 있다. '지정된(appointed)' 이라는 표현은 이 절기들을 하나님이 직접 정하셨다는 의미와 이 절기들을 지킬 때 그들과 만나실 것이라는 의미에서 '고정된(fixed)' 이라는 의미를 지닌다. 지정된 절기들은 이스라엘에게 장자의 상속권과 이스라엘에 대한 하나님의 주권적 통치를 상기시켜주었다. 절기들은 각자의 처소에서 이스라엘을 태동시켜주신 하나님을 기억하라는 국가적 요청이었다.

주마다 지키는 안식일은 이스라엘에게 그들이 거룩한 하나님을 섬기는 거룩한 백성임을 상기시켜주었다(House, 146). 안식일은 일상의 고된 노동에서 육체적이고 정신적인 휴식을 이스라엘 백성에게 제공했다. 또한 그들이 필요한 것을 모두 공급하시는 분으로 하나님을 인정함으로 그분께 더욱 가까이 나아가는 계기가 되었다.

23:4-8. 여호와는 유월절과 무교절에 대해 출애굽기 12장 6-20절에서 주셨던 교훈을 모세에게 반복하신다. 출애굽이 한 국가로서 이스라엘의 태동을 알린 사건이었듯이, 유월절은 한 해의 절기의 시작이었다(House, 146). 그 당시 하나님은 이스라엘과 애굽을 구별하심으로 이스라엘에 대한 그분의 주권적 선택을 확정하셨다. 이것은 후에 사도 바울이 로마서 9장에서 전개할 주제이다.

23:9-14. 이스라엘이 그 땅에 들어가서 추수를 하기 시작하면 곡물의 첫 이삭 한 단(밀보다 먼저 익는 보리였을 것이다)을 제사장에게로 가져가야 할 것이다. 제사장은 여호와 앞에서 그 곡식단을 흔들 것이다. 그러면 백성들이 일 년 된 어린 양과 기름 섞은 고운 가루 한 에바 10분의 2를 드려야 할 것이다. 또한 거기에 포도주 힌 사분 일을 더 드릴 것이다. 이것은 안식일 다음 날에 거행되어야 했다. 이 날은 노동이 금지된 안식일이 될 수도 있고 무교병을 먹는 첫날이었을 수도 있다.

이스라엘 백성은 이 절기를 지키면서 그 땅과 그 땅의 풍성한 곡식을 주신 분이 하나님이시라는 것을 기억하게 될 것이다. 그들이 가진 농업 자원에 대한 모든 권한은 그들에게 그 땅을 주신 하나님의 선물이었다. 그들이 곡식을 추수한 것은 하나님의 은혜 때문이었다.

23:15-22. 하나님은 칠칠절이라 불리는 이 다음 절기를 공식적으로 거론하시지는 않는다. 이 절기가 바로 앞에서 언급한 초실절과 매우 밀접하게 관련되어 있기 때문이다. 이스라엘 백성은 무교절의 첫날 이후 50일을 센 다음 여호와 앞에서 특별한 제사를 드려야 했다. 이 제사는 곡식의 추수가 끝났음을 알리는 것이었다. 신약 시대에는 이 절기를 오순절이라고 불렀다(행 2장). 이스라엘 백성은 떡 두 덩어리와 어린 양 일곱과 수소 하나와 수양 둘을 드려야 했다. 제사장은 여호와의 은혜로우신 공급에 대한 고백으로 그 앞에서 두 번의 화목 제물을 요제로 바칠 것이다.

칠칠절은 이스라엘 백성에게 그들의 곡식과 그들의 삶 자체가 하나님의 주권적인 은혜로 인한 것임을 일깨워주었다. 종의 집에서 이스라엘을 구속하신 하나님은 풍성한 양식을 제공해주심으로 그들뿐 아니라 가난한 자와 객도 먹게 하셨다.

23:23-25. 이 장은 가을철에 지키는 특별한 절기들, 곧 나팔절, 속죄일, 장막절을 소개하는 것으로 끝난다. 첫 절기인 나팔절은 7월 첫날에 거행되었고 특별한 안식일이었다. 이 절기의 독특한 특징은 나팔을 부는 것이었다('심층 연구'를 참고하라). 아마 나팔 소리는 이스라엘 백성이 대속죄일과 거룩히 지켜야 할 7월의 절기들을 엄중히 준비하며 여호와 앞에서 육체적이고 영적으로 모이도록 소환하는 공식 신호였을 것이다.

23:26-32. 두 번째 절기는 대속죄일로 이것은 16장에서 이미 서술되었다. 이 성회의 특징은 금식과 집단적 회개, 모든 노동의 금지였다. 이 금지 명령을 어기는 자들은 죽임을 당했다.

23:33-44. 그 다음 절기는 여호와의 절기 초막절이었다. 이 명칭은 이스라엘이 이 절기를 지킬 때 기거하던 특별한 장막에서 파생되었다. 이 장막은 나뭇가지로 만들어졌고 이 절기를 지키는 기간 동안 이스라엘 백성에게 안식처를 제공했다. 이 절기의 첫날 그들은 나뭇가지들과 그 땅의 풍성한 결실을 보여주는 다른 증거물들과 함께 아름다운 나무 실과를 모아 여호와 앞에서 7일 동안 즐거워할 것이다. 그들은 7일 동안 여호와께 제사를 드리고 제8일에 거룩한 성회로 모여 화제를 여호와께 드림으로 그 절기를 마감했다.

이 절기의 주된 특징은 즐거움이었다(신 16:14-15). 이스라엘 백성은 여호와가 그들에게 쏟아부어주신 축복들로 인해 기쁨 가운데 축제를 즐겼다.

D. 기름과 떡(24:1-9)

Supporting Idea	하나님은 일반적인 성막 사역에 대한 규례를 제시하신다.

24:1-4. 이 규례들은 이미 출애굽기 27장 20-21절에 기록되었다. 그러나 하나님은 아론이 등잔불을 정기적으로 돌봐야 할 것을 강조하시기 위해 그 교훈을 반복하신다.

24:5-9. 성막과 관련된 나머지 일상적 사역은 진설병 상을 관리하는 것이었다(상의 제조 과정은 출 25:23-30을 참고하라). 제사장들은 고운 가루를 취하여 떡 열둘을 굽되 각기 여섯 개씩 두 줄로 그 떡을 차려야 했다. 떡의 수는 아마 이스라엘의 열두 지파를 상징했을 것이다. 매주 안식일에 떡을 차렸고, 상에는 향을 두어 기념물로 여호와께 화제

를 드렸다. 떡은 거룩한 장소에서 오직 제사장들만 먹을 수 있었다.

E. 경각심을 준 사례(24:10-23)

Supporting Idea	하나님은 이스라엘 백성이 그 법을 충실하게 시행하는지 확인하기 위해 그들을 시험하신다.

24:10-16. 성경에서 이스라엘 백성이 율법을 제대로 지키지 않았다고 기록되었을 때(가령, 왕하 17:13-17), 그 원인의 대부분은 율법 자체, 특별히 징벌을 시행하지 않은 데 있을 것이다. 우리는 일상 생활을 통해 어떤 제도에서든 이것이 질서 유지의 가장 어려운 측면임을 알고 있다. 그러나 법은 질서 유지가 그 목적이다. 이스라엘에게 율법은 가나안 땅에서 이스라엘 국가의 생존을 보장해줄 것이기 때문에 더 큰 의의가 있었다. 따라서 하나님은 그들로 하여금 전 율법을 시행하도록 하시겠다는 그분의 의지를 증명해줄 예를 제공하셨다.

일의 발단은 이러했다. 이스라엘 여인의 아들이요 그 아비는 애굽 사람된 자가 한 이스라엘 사람과 싸움을 하게 되었다. 싸우는 과정에 그 이스라엘 여인의 아들이 여호와의 이름을 훼방하며 저주하였다. 그는 상대편을 저주하기 위해 하나님의 이름을 이용했을 수도 있다. 이 사람이 이방인 혹은 적어도 이스라엘 중에 거하는 외국인이었기 때문에 모세는 이 상황을 어떻게 처리해야 할지 여호와의 뜻을 구했다.

하나님은 모세에게 정죄를 당한 자를 진 밖으로 끌고 가서 그가 신성모독한 것을 목격한 자들을 모두 모으라고 명령하셨다. 그가 입으로 저주하는 것을 들은 증인들은 그 머리에 안수하고 온 회중이 돌로 그를 칠지니라고 말씀하셨다. 이렇게 해서 온 회중이 재판과 형 집행에 동참했다. 그리고 그러한 죄의 결과를 직접 목격했다. 여호와의 이름이 존중을 받으시고 크게 높임을 받으셔야 했다.

24:17-23. 하나님은 살인과 같이 사형이 요구되는 죄들과 일종의 배상을 요구하는 몇 가지 죄들을 언급하신다. 하나님이 강조하신 요점은, 생명은 소중하며 그 누구라도 생명을 빼앗거나 해를 입히는 자는 그에 상응하는 형벌을 받아야 한다는 것이다.

마지막으로, 하나님은 그러한 범죄들에 대해 외국인과 본토인을 구분해서는 안 된다고 판결하신다. 하나님의 명령에 따라 그들이 저주한 자를 진 밖으로 끌어내어 돌로 쳤다.

Main Idea 복습

올바른 제사장직의 기능과 이스라엘의 중요한 절기를 준수하는 것에 대한 규례를 통해 하나님의 은혜와 용서를 묵상한다.

결론

그분의 날개 그늘

여러 해 전 〈내셔널 지오그래픽〉 지에 하나님의 날개에 대한 가슴 저미는 그림을 보여준 한 기사가 실렸다. 옐로우스톤 국립 공원에 산불이 난 후 삼림 감시원들이 엄청난 화재의 손상 정도를 측정하기 위해 산에 올랐다. 한 감시원이 나무 밑둥의 땅바닥에서 동상처럼 앉은 채 완전히 화석처럼 재로 굳어버린 새 한 마리를 발견했다. 그 기이한 장면에 약간 구역질이 났지만 그는 막대기로 그 새를 건드려보았다. 그러자 세 마리의 아기새가 죽은 어미새의 다 타버린 날개 아래서 종종 걸음으로 도망쳤다. 어미새는 새끼들을 보호하려고 나무 밑둥으로 옮기고 날개 아래에 그들을 품었던 것이다. 어미새는 안전한 곳으로 날아갈 수도 있었겠지만 새끼들을 버릴 수 없었다. 무서운 불길이 그들을 덮치고 뜨거운 열기가 어미새의 털을 핥았지만 꼼짝도 하지 않고 그 자리를 지켰다. 어미새는 죽어가면서 날개 아래 있는 새끼들을 살렸다.

시편 기자는 "저가 너를 그 깃으로 덮으시리니 네가 그 날개 아래 피하리로다 그의 진실함은 방패와 손 방패가 되나니"(시 91:4)라고 기록한다. 하나님은 성경에서 긍휼하시고 사랑이시며 자비하신 분으로 묘사되어 있다. 신약을 공부하는 사람들은 예수님의 십자가 진리에서 이러한 특징들을 깨닫는다. 구약을 공부하는 사람들은 하나님이 인생의 고통에서 자기 백성들을 보호하시는 수많은 방법들을 볼 줄 알아야 한다. 하나님은 자기 백성들에게 희생 제사와 제사장이 모두 필요하다는 것을 아신다. 하나님은 우리에게 이 두 가지를 주셨다. 하나님은 그분의 임재를 지속적으로 지각하기 위해 인간에게 얼마나 많은 자극이 필요한지 아신다. 그래서 이스라엘 백성에게 여러 가지 절기들을 주신 것이다. 신약에서 우리는 성령의 내주하심을 소유한다. 구약에서 하나님은 성막을 준비하셨다. 어떻게 하나님의 날개 그늘이 안전함을 모를 수 있겠는가?

▣ 진리 알기

- 하나님은 그분을 섬기도록 부르신 자들에 대한 일련의 기준을 정하셨다.
- 사람들은 매주 안식일이 필요하다.
- 유월절은 하나님의 구원에 대한 우리의 의존성을 보여주는 하나님의 생생한 설명이다.
- 하나님의 계획은 절대 좌절되지 않을 것이다. 그러나 종들이 그분의 엄중한 지침들을 손상시키거나 제대로 이행하지 못하면 하나님은 자신의 뜻을 이루시기 위해 다른 사람을 사용하실 수 있다.

▣ 적용하기

- 개인적인 거룩함을 삶의 기준이 되는 덕목으로 정하라.
- 하나님과 그분의 길을 떠나도록 유혹하는 모든 관계를 피하라.
- 주 예수 그리스도의 제사장으로서 주위 사람들을 돌볼 모든 기회를 활용하라.
- 매주마다 육체적, 영적으로 힘을 재충전하기 위해 하루를 쉬라.
- 생각을 성경의 진리로 가득 채우라. 그래서 유혹을 받거나 바쁜 생활에 에워싸일 때 본능적인 사고방식으로 다시 되돌아가지 않도록 하라.

삶의 적용

작업복을 입으라

헨리 워드 비처(Henry Ward Beecher)는 이렇게 말한 적이 있다. “종교는 노동이다.

아주 중노동이다. 그것은 더러운 세상에서 노동해야 함을 의미한다. 누군가는 세상을 깨끗이 청소해야 한다. 더러운 때를 문질러 청소할 준비가 되어 있지 않다면, 당신은 진정으로 하나님의 부르심을 받은 것이 아니다." 작업복을 입으라!

이 인용문은 이 장에서 우리가 배운 모든 것의 핵심을 표현할 것일 수 있다. 그리스도를 통해 우리는 모두 종이 되었다. 더러운 세상에서 종이 되었다. 당신은 삶을 어디에 투자하고 있는가? 하나님은 전략적으로 당신을 더러운 세상의 광야에 두셔서 희망과 죄 용서와 깨끗함이 필요한 사람들에게 자신을 계시하게 하셨다. 이제 작업복을 입을 시간이다.

기도

주님, 언젠가는 이 땅에서 제가 섬겼던 것을 결산할 날이 올 것입니다. 주님께서 "잘 하였도다 착하고 충성된 종아"라고 말씀하시는 것을 듣기 원합니다. 항상 종으로 섬기는 일이 어렵지만 주님께 그 말씀을 듣고 싶은 소원 때문에 이 땅에서 주님을 섬기며 왕 같은 제사장으로 제 역할을 감당하겠습니다. 아멘.

심층 연구

A. 대속의 성경적 의미

대속죄일 혹은 욤 키푸르(Yom Kippur)는 이스라엘이 자신을 낮추며 용서를 받는 연례 절기였다. 그러면 '대속'의 진정한 의미는 무엇인가? 이 단어에서 두 가지 개념이 유출된다. 그것은 충족과 화해라는 개념이다.

하나님을 만족시킨다는 것은 인간의 죄성과 악한 행위에 대한 그분의 반응을 가라앉히는 것을 의미했다. 속죄의 성격에 대한 성경의 교훈은 하나님의 율법의 요구를 만족시킴으로 우리가 그분과 화목한다는 것이다. 구약은 키페르(kipper)라는 용어를 사용했다. 이것은 '죄를 덮는다'는 의미이다. 제사장은 대속죄일에 희생 제사를 드림으로 하나님의 진노가 죄인(혹은 죄악된 민족)에게 내리지 않게 했다. 성경은 그리스도가 세상의 죄에 대한 속죄물이라고 가르친다(요일 2:2, 4:10). 하나님은 거룩한 본성의 요구를 충족시키시기 위해 그러한 희생 제사를 요구하신다. 우리가 희생 제사를 드리지 않는다면, 하나님은 그러한 요구들을 만족시키시기 위해 진노에 의지하실 수밖에 없을 것이다(히 10:26-31을 참고하라). 희생 제사를 통해 하나님은 대리인 혹은 대속물을 정하셔서 죄인을 대신하게 하신다. 그러므로 '대리적 속죄(vicarious atonement)'라는 표현이 등장한다.

더 포괄적인 차원의 성경 교훈은, 죄에 대해 유일하게 충분하고 수용 가능한 제물로 예수 그리스도를 제시한다. 그분의 희생 없이 인간은 영원히 멸망할 수밖에 없다. 그러한 이유로 그리스도는 "하나님의 어린 양"(요 1:29)으로서 "나무에 달려 그 몸으로 우리 죄를 담당하셨"(벧전 2:24)고, 실제로 "우리를 위하여 저주"(갈 3:13)가 되셨다. 그분의 희생의 효력은 강력한 동시에 유효하다. 우리의 죄책이 그분에게 전가된 것이다(Berkhof, 377). 성경은 완벽하게 거룩하고 공의로우셔서 죄를 간과하실 수 없는 하나님을 묘사한다. 인간의 딜레마에 대해 그분이 제공하신 유일한 치유책은 그분의 아들이 십자가에서 희생당하는 것이었다.

대속에 묘사된 나머지 한 개념은 화목이다. 악한 행위로 하나님과 사이가 벌어진 죄인은 하나님의 유일한 해결책인 그리스도를 통해 믿음으로 반응함으로써 하나님과 화목하게 된다(골 1:21-22). 창세기의 앞 장들은 인간이 죄로 인해 에덴 동산에서 추방되었음을 보여준다. 그리스도는 이러한 소외에서 죄인들을 구하시려 우리를 위한 대속물로 자기 생명을 드림으로 세상에 오셨다. 죄인들이 그리스도께 돌아오면 그들은 하나님께 되돌아오게 되고 더 이상 영원한 소외를 경험하지 않게 된다. 언젠가 죄로 인해 드리워진 모든 저주가 사라질 것이고 하나님이 영원히 인간들과 거하실 것이다(계 21:3). 그때까지 우리는 이 놀라운 구원을 주신 분을 의지해야 하며(히 2:3), 이 동일한 구원(사실상 유일한 구원)을 소망 없는 사람들에게 선포할 수 있다.

B. 신성 모독이란 무엇인가?

신성 모독의 개념은 하나님의 이름을 저주하고 불경한 언어를 사용하거나 부적절한 방법으로 그분의 이름을 인용함으로써 하나님의 이름을 경멸하는 것과 관련이 있다. 물론 인간은 수많은 방식으로 하나님의 이름을 모독할 수 있다. 어떤 사람은 원수들을 저주할 때 하나님의 이름을 들먹거릴 것이다. 혹은 어떤 사람은 엉성하지만 불경스러운 방식으로 기도할 수도 있다. 이스라엘 백성은 거짓된 예배를 드림으로 하나님의 이름을 무시했다(겔 20:27-29). 유대인들은 특히 예수님이 그분 자신이나 자신의 사명을 신성시하시자 신성 모독으로 정죄했다(요 10:33). 바울은 초대 교인들의 입을 막고자 했던 자신의 이전 생활을 신성 모독이라고 표현했다(행 26:11).

사도들의 경우처럼, 복음을 선언한 선지자들은 성령의 능력으로 말했다(벧전 1:12, 행 13:9). 이 메시지를 경시하거나, 굳은 결의와 지속적인 태도로 복음을 훼방하려고 하는 것은 성령을 모독하는 행위이다(막 3:28 29).

우리는 특히 우리를 주시하는 세상에서 말을 조심해야 한다(골 4:6). 또한 그리스도인들은 하나님의 이름을 공경하는 마음으로 기도해야 한다.

교안

A. 들어가는 글

1. '발렌타인데이의 계시' 이야기로 시작하라.
2. 배경 설명: 하나님은 거룩하시므로 자기 백성에게 거룩함을 요구하신다.
3. 적용: 하나님은 엄중한 기준이 요구되는 제사장직을 구별해 세우셨다. 제사장들은 희생 제사를 인도하는 것에 대한 하나님의 규정에 꼼꼼한 주의를 기울여야 했다.

B. 본문 이해

1. 제사장의 기준(21:1-24)
2. 희생 제물을 주관하며 제물을 먹는 규례(22:1-33)
3. 이스라엘의 절기(23:1-44)
4. 기름과 떡(24:1-9)
5. 경각심을 준 사례(24:10-23)

C. 결론: '작업복을 입으라' 를 읽어주라.

토의 질문

1. 제사장에 대한 기준은 매우 엄격했다. 하나님이 청결과 성결에 대해 이렇게 높은 기준을 세우신 이유가 무엇이라고 생각하는가? 이것이 희생과 섬김에 대한 당신의 행위와 어떤 관련이 있는가?

2. 용납될 수 없는 희생 제물에 대한 하나님의 목록은 우리가 하나님께 드리는 예물의 가치를 강조하고 있다. 이 목록이 하나님을 예배하고 그분과 더 깊은 친밀감을 갖고자 하는 당신의 소망에 어떤 영향을 미치는가? 드림의 어떤 영역에서 더 성장해야 하는가?

3. 절기에 대한 하나님의 가르침을 관통하는 하나의 공통 요소는 이스라엘 백성이 이 날들에는 일하면 안 된다는 것이었다. 하나님이 각 절기를 강조하신 이유는 무엇인가? 당신의 일하는 습관을 어떻게 바꿀 것인가?

4. 신성 모독이란 무엇인가? 하나님이 보시기에 신성 모독이 그토록 심각한 죄악인 까닭은 무엇인가?

레위기 25-27장

선한 삶

"시리아의 바닷가에서 주님의 은혜로운 부르심을 들었던 사람들처럼, 단순한 믿음으로 아무 말 없이 일어나 당신을 따르겠나이다."

- 존 그린리프 휘티어(John Greenleaf Whittier)

레위기에서 하나님이 자기 백성에게 주시는 교훈을 인간의 행위에 관한 내용으로 마무리하시는 것은 우연이 아니다. 중재자 대제사장이 당신을 대신해 희생 제사를 드리며 당신의 죄 용서를 위한 제물을 드렸으므로 당신은 부르심과 구속에 합당한 선한 삶을 살아야 한다. 하나님이 당신에게 누리기를 원하시는 삶, 즉 육체적이고 정신적인 안식에 민감하게 반응하며 사는 삶을 살아야 한다(레 25장). 당신의 세계에 침투한 우상 숭배와 우상 숭배에 갇힌 자들을 향한 하나님의 징계를 의식하며 살아야 한다(레 26장). 결정과 약속이 실제적인 의미를 지니는 성실한 삶을 살아야 한다(레 27장). 하나님이 주신 모든 것을 가지고 그분의 인도하심에 순종하며 그분의 자녀로서 얻은 자유를 누리라.

들어가는 글

금붕어의 감옥

글래디스(Gladys)는 일곱 살짜리 어린 소녀였다. 어느 날 소녀는 시골 장터에서 금붕어 한 마리를 사서 작은 둥근 그릇에 담아 집으로 가져왔다. 소녀는 그릇 안을 빙글빙글 돌아가며 헤엄치는 금붕어를 돌봐주었다. 그러던 어느 날, 가족들과 함께 근처 호수로 소풍을 갔다. 글래디스는 금붕어를 가지고 갔다. 푸른 물을 본 소녀는 금붕어를 놓아주고 싶었다. 작은 그릇을 선착장으로 가져가서 얕은 물 속에 비스듬히 기울여 놓았다. 하지만 금붕어를 그릇에서 꺼내 호수에 옮겨주지는 않았다. 금붕어는 여전히 빙글빙글 헤엄을 쳤다. 글래디스는 점심을 먹으라는 소리에 그 자리를 떴다. 그릇을 가져가려고 다시 돌아왔을 때 금붕어는 여전히 빙글빙글 돌고 있었다. 물 속으로 걸어들어간 글래디스는 천천히 그릇을 뒤집어 금붕어가 떠나게 해주었다. 하지만 금붕어는 여전히 원 모양으로 헤엄을 쳤다. 오후 내내, 그날 저녁 그리고 그 다음 날 소녀가 다시 살피러왔을 때도 금붕어는 동일한 원을 그리며 계속 그 자리를 맴돌고 있었다. 이제 그것이 그 금붕어의 생활이 된 것이었다. 그리고 그 금붕어의 감옥이 되었다.

성경이 그리스도 안에서 우리의 자유를 선언하고 있지만 우리의 삶도 종종 비슷한 모습을 보인다. 과거의 어떤 사건, 은밀한 수치감, 혹은 끊임없이 괴롭히는 죄책감이 그 작고 둥근 금붕어의 그릇처럼 우리를 속박할 수 있다. 그래서 하나님은 삶과 자유에 대한 성경의 지침을 우리에게 주셨다. 레위기의 마지막 세 장은 자유에 대한 심층적 통찰을 제공한다. 선한 삶이 무엇인지 우리에게 알려준다. 레위기 25장은 안식일과 희년의 자유를 알려주고, 레위기 26장은 우상 숭배의 올무를 극복할 때 얻는 자유를 알려준다. 레위기 27장은 하나님 앞에서 맹세를 지키는 자유를 보여준다.

본문 이해

선한 삶

Main Idea	거룩한 백성은 의미 있는 삶과 자유를 주는 하나님의 율법을 모두 지켜야 한다는 사실을 명심해야 한다.

A. 안식년과 희년(25:1-55)

Supporting Idea	하나님은 거룩한 나라 안에 안식과 자유가 자리잡도록 하신다.

25:1-7. 이 특별한 안식일 율례는 매 7년마다 땅을 쉬게 해야 함(출 23:10-11)을 상기시키는 것으로 시작한다. 6년 동안 농사를 지은 땅은 한 해를 온전히 휴경해야 했다. 그 안식년에 이스라엘 백성은 밭에 씨를 뿌릴 수 없었고 포도나무의 가지치기를 할 수 없었다. 그들은 땅을 갈거나 수확을 하면 안 되었다. 이것은 땅의 주인이 7년째에는 공식적으로 작물을 거두고 수확해서는 안 되며, 밭이나 포도원에서 가난한 사람이나 짐승이 식물을 얻도록 허용해야 한다는 사상이었다. 이 법의 목적은 매주의 안식일이 노동자에게 안식일을 제공했던 것과 마찬가지로 땅을 안식하게 하는 데 있었다.

안식년 준수에 대한 규정들은 몇 가지 의문을 불러일으킨다. 그들이 땅을 경작하지 않는 기간에 어떻게 곡식 없이 생활할 수 있는가? 이것을 해결하기 위해 하나님은 6년째 풍성한 추수를 허락하셔서 아홉 번째 해에 추수를 할 때까지(7년 안식년에는 씨를 뿌리지 않았기 때문에) 그들의 필요를 채우도록 하셨을 것이다.

25:8-34. 토지 안식년이 땅에게 경작으로부터 휴식을 주었듯이, 희년은 역경을 당한 사람들에게 새로운 출발을 허락했다. 하나님은 일곱 번째 안식년을 지난 후(혹은 49년 후)에는 팔린 토지를 원래 주인에게 돌려주는 희년을 제정하셨다. 본문은 무엇보다도 땅을 판 주된 이유가 가난 때문에 어쩔 수 없이 그렇게 할 수밖에 없었음을 전제하고 있다. 희년은 그 해의 대속죄일에 시작될 것이다. 그날 나팔 소리는 토지가 원래 주인에게

반환되고 노예가 된 모든 이들에게 자유가 회복됨을 알렸다. 그래서 땅이 영원히 타인에게 팔리는 일은 없었다. 그런 일이 생겼다면, 지파들 간의 땅의 균형을 해쳤을 것이다.

하나님은 이 원칙을 관리하는 데 몇 가지 한계를 세워두셨다. 땅을 판 사람들은 자신들의 토지를 되찾기 위해 반드시 희년까지 기다릴 필요가 없었다. 그들이나 혹은 가까운 친지에게 재력과 자발적인 마음이 있다면, 새 소유주에게서 땅을 구속하거나 되살 수 있었다. 아마 희년까지 남은 기간을 계산하는 방식으로 구속의 값을 결정할 것이다. 또한 누군가가 성 안의 땅을 팔았다면, 영원히 그것을 잃어버릴 것이며 희년에 되돌려받지 못할 것이다. 그러나 레위인들이 땅을 팔았다면 그들에게 되돌려주어야 할 것이다. 이는 그들이 어떤 땅도 공개적으로 소유하지 않았고 지정된 성 안에서 살았기 때문이다.

25:35-38. 희년의 마지막 효력은 빈한하게 되어 빈손으로 곁에 있는 동족과 관련된 것이었다. 이스라엘 백성은 부당한 이자를 부과하지 않음으로 그를 도와야 했다. 그들이 이 명령에 순종하는 동기는, 그 땅을 감찰하시고 그들을 애굽의 종 되었던 상태에서 건져내신 하나님에 대한 경외심이었다.

25:39-46. 나아가 누군가가 너무 가난하게 되어 자신을 동족에게 노예로 판다면, 그를 엄하게 부리지 말고 고용된 품꾼처럼 대해야 한다. 희년에는 그와 그의 가족들이 모두 자유롭게 되어야 한다. 하나님은 우상을 섬긴 민족들을 정복했을 때 그들을 종으로 삼도록 이스라엘 백성에게 허락하셨다. 일시적인 거주민으로 그들 가운데 살고 있는 자들을 종으로 삼는 것을 허락하셨다.

25:47-55. 이스라엘 백성이 가난하게 되고 한 이방인이 부자가 되어 그가 이스라엘 백성을 종으로 살 경우, 그 이스라엘 백성은 여유가 된다면 어느 때든 자신을 노예 신분에서 구속할 수 있었다. 이번에도 희년까지 남은 년수를 계산한 후 고용인의 현재 가격에 따라 값을 결정하라는 조건이 구체적으로 밝혀져 있다. 그러나 이스라엘 백성이 자신을 구속할 수 없다 해도 희년이 되면 자유의 신분이 될 수 있었다.

B. 약속과 경고(26:1-46)

Supporting Idea	하나님은 축복의 공식과 불순종에 대한 경고를 제시하신다.

26:1-2. 두드러지는 이 명령들은 이스라엘 백성이 언약의 축복을 거두기 위해 지켜야 할 주된 모든 명령들의 요약이다. 그들은 여호와를 언약의 주로 구분하고, 거짓 신의 형상을 만들어 섬기지 않고 오직 그분만을 예배해야 한다. 그들은 땅을 경배해서도 안 되며 땅의 풍성한 결실을 야훼가 아닌 다른 신의 덕분으로 생각해서도 안 된다. 하나님은 이스라엘 백성이 이러한 신실성을 증명하기 위해 그분의 안식일을 지키며 성소를 중시하도록 명령하셨다.

26:3-13. 먼저, 하나님은 이스라엘 백성이 주의 명령에 순종한다면 기대할 수 있는 축복을 긍정적으로 언급하신다. 하나님은 정기적으로 비를 내리셔서 풍성한 추수를 얻게 하심으로 그들의 순종에 보상하실 것이다. 일반적으로 팔레스타인에는 가을과 겨울철에 비가 내렸다. 이른 비는 보통 10월에 내리며 1월에 가장 많은 비가 내린다. 늦은 비는 4월에 내렸다. 우리는 이 메마른 땅이 얼마나 목마름에 시달리며, 비가 오지 않을 때 얼마나 큰 혼란이 야기될지를 상상밖에 할 수 없다. 그들이 여호와와 그분의 언약 조건들에 온전히 순종한다면, 계절에 맞는 비와 풍성한 추수로 축복하실 것이다. 또한 하나님은 약탈국들과 거친 들짐승들의 공격에서 보호하심으로 그들의 신실함을 보상해주실 것이다.

율법을 철저히 지킴으로 얻는 가장 큰 축복은 그들 중에 함께하시는 하나님의 임재일 것이다. 하나님은 그들을 은혜로 돌보시며 그들 중에 그분의 장막을 세우실 것이다. 다른 나라들은 질투심으로 이스라엘을 주시하며 그들의 풍요를 유린하려고 노릴 것이다. 그러나 이스라엘이 하나님의 명령에 순종하면, 그들과 함께 거하기 원하시는 언약의 하나님이 평안을 위협하는 모든 위협에서 그들을 보호하실 것이다.

26:14-17. 그러나 하나님은 이스라엘이 순종하지 않는다면 무서운 심판을 내리겠다고 경고하신다. 그분은 이 경고의 이유를 율법의 단순한 위반이 아니라, 반복적이고 고의적이며 교만한 불순종에서 찾으신다. 이스라엘의 범죄의 지속 정도에 따라 심판의 수위가 높아질 것이다.

첫 번째 심판은 놀라운 재앙의 형태로 올 것인데, 이스라엘 민족의 건강에 타격을 가할 병으로 가시화될 것이다. 그 재앙은 또한 적에게 정복될 가능성을 높임으로써 땅의 산물에 영향을 미칠 것이다. 이 첫 번째 심판은 그들이 완악한 불신앙을 계속 고집할 경우 당하게 될 재앙에 비하면 부드러운 책망에 지나지 않을 것이다.

26:18-20. 이스라엘이 여전히 하나님께 돌아오지 않는다면 그들을 칠 배나 더 심판하실 것이다. 7은 하나님의 궁극적인 완전을 의미하는 숫자였다. 그러므로 하나님이 교만과 영적 태만에 대한 징벌로 그들을 철저히 심판하실 것을 뜻한다. "하늘로 철과 같게 하며", "땅으로 놋과 같게 하리니"라는 표현은 그들의 농업에 영향을 미칠 끔찍한 가뭄을 묘사한 것이다.

26:21-26. 하나님이 그들의 불순종에 대해 보내실 다음 형벌은 무서운 들짐승이었다. 이 맹수들은 가축도 아이들도 가리지 않을 것이다. 사람들은 길을 다니기를 두려워할 것이다. 이것은 또한 심각한 경제적 파장을 미칠 것이다. 이스라엘이 여전히 잘못된 길에서 돌아오기를 거부한다면 하나님은 그들에게 칼과 무서운 역병을 보내실 것이다. 이것은 생활 능력에 타격을 가할 것이다. 식량이 완전히 고갈되어 열 여인이 한 화덕에서 떡을 구워야 할 것이다. 그 양으로는 아무도 배불리 먹을 수 없을 것이다(사 3:1을 참고하라).

26:27-35. 사람들이 여전히 죄악된 길을 떠나지 아니하면, 하나님은 더욱 무서운 기근을 내리시고 그들은 굶주려서 인육을 먹는 지경이 될 것이다. 그 과정에서 하나님은 산당과 성소들을 비롯해 그들의 거짓된 예배의 모든 증거물들을 무너뜨리실 것이다. 그분은 그들을 열방 중에 흩을 것이며 노예로 살게 하실 것이다.

26:36-39. 심판의 심리적 효과는 거대하여 극심한 공포와 두려움이 광범위하게 퍼질 것이다. 이스라엘은 하나님의 축복을 상실할 뿐 아니라 그분의 임재를 상실할 것이다(겔 10:1-22). 적과 싸우려는 시도는 허망하게 실패할 것이다. 마지막으로, 그들은 대적의 땅에서 자신들의 죄로 인하여 쇠잔할 것이다.

26:40-46. 그러나 하나님은 결코 그들을 치유 불가능할 정도로 심판하지는 않으실 것이다. 그들이 극심한 고통 속에서 하나님을 의지하고 죄를 자백하면, 하나님은 다시 한 번 그들의 기도를 들으실 것이다. 하나님이 그들을 회복시키시는 근거는 그들을 번성케 하고 약속의 땅으로 인도하겠다고 하시며 야곱과 이삭과 맺으신 그분의 언약이었다.

C. 서원의 규례(27:1-34)

Supporting Idea	하나님은 개인적인 서원에 대한 규례를 주신다.

27:1-8. 성경적인 의미에서 서원은 때로 하나님의 은혜를 입기 위한 노력으로서, 한 사람이 하나님께 갖는 자발적 의무와 관련되었다(창 28:20-22, 삿 11:30-31을 참고하라). 인간은 주로 심한 고난을 당할 때 주신 은혜에 보답하고자 하나님께 무엇인가를 약속하는 경향이 있다. 그러한 서원은 하나님을 의지한다는 것과 그분만이 그러한 은혜나 축복을 베푸실 분임을 인정하는 것이다.

어떤 사람이 성소의 봉사를 위해 누군가를 바친다면, 그는 보통 정해진 값을 드려 이 맹세를 구속해야 했다. 그러한 구속의 값은 나이와 성에 따라 달랐다. 20세에서 60세 사이의 서원된 남자의 속량 값은 은 오십 세겔이었다. 여자의 경우 그 값은 삼십 세겔로 낮아졌다. 그 이유는 아마 여자에 비해 남자의 신체적 체력이 좋고, 그러한 체력으로 감당할 수 있는 일이 달랐기 때문이었을 것이다. 5세에서 20세까지의 남자는 이십 세겔이었고 여자는 십 세겔로 정해졌다. 1개월에서 5세까지의 남아는 오 세겔이고, 여아는 삼 세겔로 결정되었다. 노인들은 남자의 경우 십오 세겔이었고, 여자의 경우 십 세겔로 정해졌다. 이러한 서원에 대해 정해진 값을 감당할 여력이 없는 가난한 사람은 주재하는 제사장이 재량껏 그 값을 깎아줄 수 있었다.

27:9-15. 흠이 없는 짐승이라면 하나님께 드리기로 서원할 수 있었다. 그 동물이 희생 제물로 적합하다면 그것을 다른 짐승으로 바꿀 수 없었다. 거룩하니라는 표현은 그것을 돈으로 속량할 수 없음을 의미한다. 그러나 그 짐승이 희생 제물로 드리기에 적합지 않다면(예를 들어 나귀), 제사장은 그 짐승을 성소에서 사용할 것인지 여부를 결정하고, 사용될 수 없다면 그 값을 정한 후 팔아 이윤을 남길 것이다. 그 사람이 이 짐승들을 속량하기 원하면 그는 정해진 가격에 20퍼센트를 더해 속량할 수 있었다. 부정한 짐승들에 대한 규례는 또한 여호와께 서원해 드린 집에도 동일하게 적용되었다. 이 집들은 지파의 땅과 관련이 없었고, 아마 합법적으로 팔 수 있는 성 내의 거처였을 것이다.

27:16-25. 기업된 밭 얼마를 하나님께 드리려는 사람이 있다면, 그는 희년이 되기 전에 그 땅이 낼 수 있는 소출의 정도에 따라 그 가격을 결정해야 했다. 제사장이 정한 값

에 20퍼센트를 덧붙일 경우, 그는 이 맹세를 무를 수 있었다. 그가 그 밭을 무르지 못하거나 팔아버렸을 경우, 그는 그것을 무를 수 없었고 그것은 제사장의 것이 되었다. 그 사람이 그 땅을 하나님께 드리고나서 제사장에게 일년 작물에 해당하는 값을 지불했다면 그러한 일이 가능할 수도 있다. 그러고나서 그가 희년이 되기 전에 그것을 속량할 의도로 그 땅을 임시적으로 팔았지만 속량하는 것을 잊어버린다면 그 땅은 제사장의 것이 되었다. 정가의 기준은 이십 게라를 한 세겔로 한 것이었다. 저울의 무게로 다툼이 일어날 경우, 성소에서 쓰는 세겔로 그 무게를 달아야 했다.

27:26-27. 생축의 첫 새끼는 이미 여호와께 드려진 것이었으므로 속량할 수 없었다. 그 짐승이 부정하여 희생 제물로 적합하지 않다면, 주인은 20퍼센트를 더한 값을 주고 무르거나 제사장에게 직접 팔 수 있었다.

27:28-29. 어떤 조건에서는 하나님께 어떤 것을 영원히 드리거나 저주할 수 있었다. 그러한 맹세는 땅, 짐승, 심지어 인간도 포함될 수 있었다. 어떤 상황에서는 이것이 요구되었다. 예를 들어, 이스라엘이 우상을 섬기는 땅을 정복했을 경우가 여기에 해당한다. 어떤 사람이 누군가를 진멸의 대상으로 드렸을 때, 그것은 우상 숭배나 일종의 거짓 예배에 연루된 사람과 관련이 있었다(출 22:20을 참고하라). 이 모든 경우, 파멸에 바쳐진 대상들은 결코 속량될 수 없었다.

27:30-34. 장자의 경우처럼, 십일조는 이미 여호와의 것이기에 십일조를 드리겠다는 서원을 할 수 없었다('구약의 십일조에 관한 규례'에 대해서는 '심층 연구'를 참고하라). 그러나 그들은 정해진 가격을 지불하고 그것에 20퍼센트를 더함으로 산물에 대한 그들의 십일조를 무를 수 있었다. 이스라엘 백성은 서원하여 드린 짐승을 다른 짐승으로 대체할 수 없었다. 하지만 그렇게 할 경우, 두 짐승 모두 여호와의 것이 되었다.

Main Idea 복습	거룩한 백성은 의미 있는 삶과 자유를 주는 하나님의 율법을 모두 지켜야 한다는 사실을 명심해야 한다.

결론

모든 음식이 다 비슷비슷한 맛이네요

목사이다보니, 나는 교인들의 포트럭 파티(potlucks, 각자 음식을 해오는 파티)에 많이 참석하곤 한다. 각자 준비해오는 요리들은 아주 다양하지만 어떤 요리들은 중복되기도 한다. 한 파티에서 나는 사람들이 한 줄로 서서 요리를 담을 때 요리가 담긴 냄비마다에 음식을 덜어 옮길 집기가 없어서 스푼 하나로 양파 요리, 감자 요리, 비프 스트로가노프(러시아식 쇠고기 요리), 그리고 구미에 당기는 음식을 집는다는 것을 알게 되었다. 그 스푼은 뒷 사람들에게 전달되었다. 그래서 다음 사람도 계속 그 스푼으로 요리를 집어들고 있었다.

내가 앉은 테이블의 한 숙녀가 흥미로운 지적을 했다. "이런, 음식이 다 비슷비슷한 맛이네요." 비프 스트로가노프의 즙이 양파 요리에 옮겨지고, 두 요리의 즙은 다른 여러 요리에도 옮겨졌던 것이다. 이렇게 해서 모든 요리가 비슷한 맛을 내게 되었다.

그리스도인인 우리는 교회에 와서 기쁨으로 하나되어 찬송이 흘러넘치는 예배당으로 들어간다. 교회에서는 '믿는 사람들은 군병 같으니' 라는 찬송을 부르지만 주중에는 탈영병처럼 살아간다. 곧 세상의 '즙' 이 우리의 영적 생활에 스며들어 모든 것이 비슷하게 보이고 비슷하게 느껴지기 시작한다. 이것은 하나님이 원하시는 모습이 아니다. 하나님이 "하루를 쉬라" 고 말씀하시면 주저할 필요가 전혀 없다. 하나님을 예배하고 당신의 배터리를 재충전하기 위해 그날을 안식하라. 하나님이 당신의 생활에 자리잡은 우상 숭배를 지적해주시면 달려가라! 우상 숭배의 여러 형태에 대해 생각하느라 시간을 소요할 필요가 없다. 그냥 그것들을 피해 도망가라. 우리의 삶은 '스트로가노프' 나 이 세상의 다른 요리들과 완전히 달라야 한다. 우리는 세상 사람들과 같은 맛을 내고 같은 행동을 하며 같은 삶을 살거나, 같은 말을 해서는 안 된다.

▣ 진리 알기

- 하나님은 항상 우리의 삶과 안전에 필요한 것을 제공해주신다.
- 우리가 소유한 것이라고 생각하는 모든 것이 다 하나님의 것이다. 우리는 그분이 우리에게 위탁하신 것을 관리하는 청지기일 뿐이다.
- 하나님의 명령대로 행할 때 삶은 더욱 풍성하고 의미 있게 될 것이다.
- 하나님의 징계는 인간이 불순종할 때 찾아온다.

▣ 적용하기

- 주위에 있는 가난한 이웃들을 돌보라. 이것이 우리의 삶에 대한 하나님의 소명의 일부임을 명심하라.
- 하나님이 사용하실 만한 사람이 되라.
- 모든 형태의 우상 숭배를 피하라.
- 서원과 약속은 하나님께 중요한 것이므로 당신이 한 모든 약속을 신중하게 생각하라.

삶의 적용

독립의 위험성

플로리다의 레이크 카운티에 사는 어느 노부인 자매는 거의 이틀 하고 한 나절 동안 차를 몰았다. 결국 그들의 차는 진흙투성이의 오렌지 나무 숲에 이르고 말았다. 80세와 84세였던 두 여인은 그들이 함께 사는 시골 집에서 약 30킬로미터 떨어진 도시로 쇼핑을 하러 갔었다. 하지만 쇼핑을 하고 돌아오다가 방향을 잘못 잡았다. 길을 찾기 위해 60시간이 넘게 한 번도 쉬지 않고 계속 주변을 맴돌았다. 음식을 먹거나 사람들에게 길을 묻으려고 차를 멈추지도 않았다. 그들의 이동 경로를 추적하던 경찰들은 두 할머니가 단 30킬로미터밖에 안 되는 집에 가기 위해 300킬로미터가 넘는 거리를 이동했음을 알게 되었다. 마침내 한 농부가 할머니들을 발견했다. 차는 완전히 부서져 있었다. 한 할머니는 사망했고, 다른 할머니는 모기를 쫓기 위해 스웨터로 얼굴을 가린 채 위중한 상태로 오렌지 나무 아래 누워 있었다.

왜 도움을 구하거나 길을 묻지 않았느냐는 질문을 하자, 살아남은 할머니가 이렇게 말했다. “그렇게 하고 싶지 않았다우! 우리는 항상 독립적인 생활을 해왔기 때문에 우리에게 도움이 필요하다는 것을 인정한다는 건 상상할 수도 없었지.”

당신이 겪는 어려움들을 무시하고 그 어려움들이 사라질 것을 기대한다고 해서 인생이 더 쉬워지리라 생각하지 말라. 그 금붕어처럼 남은 시간을 죄책감의 바다에서 계속 맴돌며 하나님 나라에 아무 도움도 되지 않는 삶을 살아갈 수도 있다. 자유는 오직 예수 그리스도 안에서만 발견된다. 삶에서 그분의 용서와 임재를 구하며 청할 때, 당신은 순종 안에서 계속 성장할 것이다. 그래서 더 큰 자유를 누리고 하나님께 더 크게 쓰임받는 사람이 될 것이다. 당신이 어항 속의 삶을 살고 있다는 생각이 들면, 멈추어 서서 그것을 고백하라. 그리고 성경에서 안식과 평화를 얻으며 순종으로 발걸음을 내딛으라. 완강한 독립은 결코 그리스도의 제자들이 선택할 자세가 아니다.

기도

주님, 레위기의 마지막 단원을 보면서 주님이 저의 순종을 얼마나 원하시는지 알았습니다. 그리고 순종의 결여가 어떤 결과를 초래하는지도 엄중히 깨달았습니다. 주님을 기쁘게 해드리기 원합니다. 성령님, 매일 저의 죄를 깨닫게 하시고 저를 인도해주소서. 죄의 감옥에서 계속 벗어나 주님이 주시는 사랑의 자유를 발견해갈 때 역사하소서. 아멘.

심층 연구

A. 구약의 십일조에 관한 규례

엄격히 정의해, 십일조는 한 개인이 하나님께 드린 수입의 10분의 1을 가리킨다. 예로부터 여러 국가들은 이런저런 형태로 십일조 제도를 실행해왔다. 적의 대연합군을 쳐부순 후 아브라함은 모든 약탈물의 10분의 1을 살렘의 제사장이자 왕인 멜기세덱에게 주었다(창 14:20). 그러한 행위를 통해 아브라함은 하나님을 천지의 창조주로 인정했고, 그들에게 승리를 주신 분으로 인정했다(창 14:19). 야곱은 하나님이 안전한 여행을 허락하시면 그가 가진 모든 것의 10분의 1을 하나님께 드리겠다고 서원했다(창 28:22). 혹자는 요셉이 가난한 애굽인들에게 요구한 '5분의 1' 을 십일조 개념의 기원이라고 지적하지만(창 41:34, 47:24, 26), 아브라함은 이보다 훨씬 이전에 십일조를 드렸다.

구약은 십일조를 세금으로 규정하지 않고 영적 목적을 위해 규정된 증여로 보았다. 십일조는 하나님이 예배의 영적 중심지로 지정하신 한 장소(성소)에 드려야 했다(신 12:5-6). 그곳에서 백성들은 '여호와 앞에서' (즉, 성소에서) 자신들이 드린 십일조(곡식이든 포도주든 혹은 짐승이든)를 먹을 수 있었다. 남은 것은 레위인들의 몫이 되었다(신 12:12, 26:12-15). 그들이 지정된 장소와 너무 먼 거리에 살고, 가는 길이 어려워서 가지고 갈 수 없다면, 이 제물을 돈으로 교환해 드릴 수 있었다. 그러나 그들이 일단 성소에 도착하면, 규정된 예물을 산 후 십일조를 드리는 적절한 절차를 따라야 했다(신 14:23-27).

레위인들의 양식을 공급하시기 위해 하나님은 이스라엘 백성에게 3년마다 그들의 십일조를 성읍에 저축하여 레위인들과 가난한 사람들이 먹을 수 있게 하라고 명하셨다(신 14:28-29). 그들은 십일조를 보관하기 위해 후에 거대한 창고를 지었다(대하 31:11, 느 13:12).

십일조는 자신이 하나님의 피조물에 대한 청지기라고 인정하는 것이다(Bible Almanac, 334). 주님만이 하늘과 땅의 창조주이며 소유주이시다. 인간은 하나님의 종이다. 인간이 소유한 모든 물질적인 부는 하나님의 직접적인 선물이다. 그러므로 십일조를 통해 인간은 일정 부분을 되돌려드림으로 하나님께 마땅히 소유권을 드리는 것이다.

교안

A. 들어가는 글

1. '금붕어의 감옥' 이야기로 시작하라.
2. 배경 설명: 거룩에 대한 하나님의 부르심은 자유에 대한 부르심이다. 우리가 하나님의 가이드라인 안에 살수록 더 많은 자유를 경험하게 된다.
3. 적용: 하나님은 우리가 풍성한 삶을 살기 위해 필요한 육체적이고 정신적인 안식에 대한 지침을 제공하신다(레 25장). 우상 숭배에서 살아 계신 하나님께로 돌아가는 것이 자유로 가는 길이다(레 26장). 약속과 서원을 지키며 신실하게 행하면 행복과 평안을 누린다(레 27장).

B. 본문 이해

1. 안식년과 희년(25:1-55)
2. 약속과 경고(26:1-46)
3. 서원의 규례(27:1-34)

C. 결론: '독립의 위험성' 을 읽어주라.

토의 질문

1. 당신 삶의 어떤 영역이 구속 상태에 있다고 생각되는가? 이에 대해 하나님은 당신이 무엇을 하기 원하신다고 생각하는가?

2. 하나님이 순종에 대해 보상하셔야 한다고 생각하는가? 레위기 26장에서 당신의 결론을 지지하는 증거는 무엇인가?

3. 하나님의 징계를 받은 적이 있는가? 하나님의 징계와 고난의 차이는 무엇인가? 한 개인의 삶에서 하나님이 이 둘을 어떻게 사용하시는가?

4. 당신의 말을 지키지 않을 때 어떤 결과가 생기는가? '약속을 지키는 것' 과 지키지 않는 것이 한 개인의 가치 체계를 어떻게 반영하는가?

민수기 서문

영어의 numbers(민수기, 숫자들)라는 표제는 불가타 역(Vulgate, 405년에 완성된 라틴어 성경)의 누메리(Numeri)에서 온 것이다. 누메리는 헬라어 역본 칠십인역의 표제인 아리스모이(Arithmoi)를 번역한 것이다. 일부 고대 필사본들은 이 책의 제목을 '광야에서' 라고 적고 있다.

전체 개요

민수기에서 하나님은 자기 백성들에게 약속의 땅을 얻을 준비를 시키신다. 그들에게 장막을 세우고 접는 법, 함께 여행하는 법, 언약 공동체로서 기능하는 법을 가르치신다. 하나님은 모세에게 인구 조사를 하게 하시고, 앞에서 언급된 적이 없는 보완적 교훈들을 주신다(1-10장). 이어서 민수기는 이스라엘 민족이 시내산에서 모압 평지까지 이동한 내용을 기록한다. 바란 광야에 도착하자 그들은 가나안 땅에 정탐꾼을 보낸다. 정찰을 마치고 돌아온 정탐꾼들은 상반된 내용을 보고한다. 여호와가 말씀하신 대로 그 땅이 아름답지만, 그 땅의 거민들이 가공할 저항을 할 것이라고 보고했다. 그들의 불신앙으로 인해 하나님은 그들을 심판하시고 광야에서 한 세대 동안 유리하는 형벌에 처하셨다(13-14장).

광야 생활을 하면서 모세는 이 40년 간의 생활을 엿볼 수 있는 몇 가지 중대한 사건을 기록했다. 마지막으로, 하나님은 모세에게 여호수아의 지도 아래 가나안 땅에 들어갈 준비를 하기에 적합한 새로운 새대 전사들의 수를 계수하게 하셨다. 여정 중에 그들은 미디안 족속과 같은 여러 적들과 교전했고 즉시 그들을 퇴치했다. 목적지에 도착하기 바로 직전에는 두 지파와 반 지파가 모세에게 요단 동쪽 지역에 정착하게 해달라는 허가를 구했다. 모세는 그것을 허가했다. 갓, 르우벤, 므낫세 반 지파는 이곳의 일부 지역에서 가나안인들을 몰아낸 후 그들의 가족들을 정착시켰다. 하지만 그들은 가나안을 얻기 위한 운명적인 전쟁에 형제들과 힘을 합칠 충실한 자세가 되어 있었다. 이 시기에 모세는 자신의 후계자로 여호수아를 공식적으로 임명했다(27:12-23). 이와 함께 민수기는 이스라엘 역사의 이 단계, 즉 백성들의 불순종에서 기인한 수많은 어려움으로 점철된 무대를 마무리하기 시작한다. 이러한 불순종에도 불구하고 하나님은 이스라엘을 안식의 땅으로 인도하실 뜻을 한 번도 포기하신 적이 없었다.

민수기의 특징

목적. 모세는 순서, 방향, 결과에 대해 기록했다. 하나님은 자기 백성을 유업으로 주신 땅에 인도하시기 전 그들을 준비시키셨다. 그분만이 수많은 적들과 유혹에 부딪힐 어두운 미지의 땅을 한 치의 실수도 없이 인도할 수 있다는 것을 그들에게 보여주기 원하셨다. 또한 그분의 명령에 불순종하는 것이 무익함을 보여주셨고, 그분을 따르지 않는 길을 선택하여 신속히 심판당한 사람들의 엄중한 사례를 몇 가지 보여주셨다. 하나님은 심지어 출애굽 1세대를 연속적으로 심판하심으로, 누구에게나 대하는 기준이 동일하므로 그들도 심판에서 예외가 아님을 가르치셨다.

입법자이며 이스라엘의 지도자로서 하나님과 특별한 관계를 공유한 모세는 므리바에서 하나님의 말씀에 순종하지 않는 죄를 지음으로 약속의 땅에 들어갈 수 없게 될 것이다(20:1-13). 모세와 함께 죄를 지었고 이미 중대한 우상 숭배의 죄악에 빠진 적이 있는 아론 역시 가나안에 들어가지 못할 것이다(20:22-29). 마지막으로, 여선지자 미리암이 모세의 단독 지도력에 도전하자 하나님은 그녀를 나병으로 치셨고 결국 회복시켜주셨다(12:1-15). 제사장 가문인 레위 지파의 일부 지도자들이 모세와 아론과 제사장들의 지도력을 박탈하려고 하자, 하나님은 그들 중 많은 이들을 가혹하게 심판하시고 이스라엘의 제사장으로 아론의 가문을 영원히 지정하셨다(16-18장).

이스라엘의 언약의 하나님이신 여호와는 이스라엘에게 오직 그분만을 섬기고 이방의 종교적 영향력을 철저히 멀리하라고 가르치셨다. 한 민족으로서 역사가 진행되는 동안 이스라엘이 이 교훈을 온전하게 배웠던 경우는 단 한 번도 없었다. 모세는 발람이라는 이교도 선지자와의 신비한 만남을 기록하고 있다. 모압 왕 발락은 이스라엘을 저주하기 위해 발람을 고용했다. 그는 이스라엘을 저주하려고 했다. 그러나 하나님은 반복적으로 그를 제압하시고 오히려 그분의 언약 백성인 이스라엘을 축복하도록 그를 인도하셨다. 하나님은 심지어 그 선지자에게 이스라엘의 영광스러운 장래에 대해 예언할 능력을 주셨다(22-24장을 참고하라).

하나님은 이스라엘에게 그들이 땅을 소유하든 소유하지 않든, 그분이 그들을 통치하심을 보여주셨다. 이스라엘이 광야에서 끝없이 유리하는 동안에도 하나님은 그들의 주와, 그들을 영원히 붙드시는 자로서 그들과 관계를 맺으셨다.

정체성. 민수기에서 모세는 이스라엘 지파들과 레위 지파에 대해 두 번에 걸쳐 자세한 인구 조사를 했다. 그리고 레위인들에게 그들이 감당할 봉사와 그들의 독자적 정체성을 구성할 직무에 대한 정확한 규례를 제시했다. 그는 아론과 그의 아들들을 성별하여 성막에서 의식을 집전하도록 하고 이 직책에 대한 어떤 경쟁자도 허용하지 않았다. 그리고 온전하게 언급된 적이 없는 보완적 예물과 희생 제사를 열거하고, 심지어 슬로브핫의 딸들의 토지권과 관련한 특별 사례를 다루는 데 두 장을 할애했다(27, 36장). 이어서 모세는 이스라엘이 유업으로 받을 땅의 정확한 경계(34장)와 정죄를 받은 살인자들이 원수를 갚기 위해 추적하는 사람들을 피해 도망갈 도피성을 상세히 소개한다(35장). 이렇게 하나님은 이스라엘을 구별되고 특별한 민족으로 확인해주셨다. 이 민족 내에서 공식적인 제사장 직제를 도울 별개의 한 지파가 이 직무를 맡았다. 하나님은 경계를 명시한 땅으로 이스라엘을 인도하셨고, 그들은 그곳에서 치밀하게 규정된 방식으로 하나님을 예배할 것이다.

저자. 모세는 오경의 나머지 책을 기록한 것처럼 민수기도 기록했다. "여호와께서 모세에게 말씀하시되"라는 표현이나 그와 비슷한 표현이 80번 이상 나온다. 발람에 대한 긴 이야기는 모세를 저자로 언급하지 않는다. 하지만 우리가 모세의 저작권을 의심해야 할 어떤 이유도 제시하지 않는다.

연대. 민수기가 모세의 죽음을 기록하지는 않지만 민수기의 사건들을 보면 모세의 사망 시기가 가까워졌음을 알 수 있다. 보수적인 학자들은 일반적으로 B.C. 1445년이라는 이른 시기를 출애굽 시기로 주장한다. 민수기의 사건들은 그 이후에 일어난 것이고 모세의 죽음 직전(B.C. 1406년경. Archer의 EBC, I, 367을 참고하라)에서 끝나고 있다. 어떤 이들은 이 초기 저작설에 의문을 제기하고 이 시대에 과연 문자를 사용했는지 의심해왔다. 그러나 우리는 문자가 B.C. 3300년경부터 사용되었음을 알고 있다(Harrison, 21). 하나님은 특별히 이 책에서 모세에게 종종 말씀하셨고(위를 참고하라), 모세는 이 책의 대부분을 기록했거나 적어도 그 저술을 감독했음이 분명하다. 민수기에 기록된 어떤 사건도 시대를 착오한 것이 없고, 혹은 다른 시대에 속한 경우도 없다. 지리적 장소에 대한 상세한 묘사와 이스라엘의 여정에 대한 세부적인 기사들의 기록(33장을 참고하라)은 눈으로 직접 목격한 자가 이른 시기에 기록했음을 말해준다. 어떤 이들은 전체 오경과 더불어 이 책의 후기 저작설을 주장해왔다. 하지만 우리에게는 단일 목격자가 이 사건들이 일어난 직후 그것들을 기록했다고 믿을 충분한 이유가 있다.

민수기의 신학. 민수기에서 우리가 이끌어낸 진리는 전체 오경의 메시지와 일치한다. 하나님이 자기 백성들과 특별한 관계를 맺고 계시다는 것이다.

하나님. 이스라엘을 애굽의 고통스러운 생활에서 인도해내신 하나님은 그들에게 자신의 뜻과 성품을 명확히 드러내셨다. 그분은 정교하게 만든 성막이라는 수단을 통해 그 백성들 중에 거하셨다(1:51-53). 광야 생활 동안 하나님은 그들에게 그분의 길을 가르치고 악한 영향력에 가까이 하지 않게 하려고 애쓰셨다. 이스라엘 백성은 하나님이 그들을 돌보시고 그들의 모든 필요를 제공하시는 것에서 그분의 사랑을 분명히 보았다. 또한 악한 지도자와 악한 남자들을 전혀 아끼지 않으시고 공의로 심판하시는 수많은 사건들도 목격했다. 그러나 하나님은 백성들에게 기도의 가치와 그분이 기도를 들으시는 분임을 가르치셨다. 그들의 죄로 인해 하나님이 심판하시려 할 때 모세는 그들을 대신해 기도했고, 하나님은 그의 기도를 들으셨다(14:13-25). 하나님은 이스라엘을 저주하려는 발락과 발람의 음모를 좌절시키심으로 자신의 주권을 드러내시고, 그로 인해 그분의 뜻이 변하지 않고 영원할 것임을 증명하셨다(히 6:17-19). 어떤 사람이나 나라도 하나님이 보호하시는 나라를 저주하거나 이길 수 없다.

인간. 민수기는 독자에게 인간에 대한 성경적 이해의 소우주를 제공한다. 독자는 자기 백성에 대한 하나님의 특별한 돌보심과 공급하심을 보지만 이어서 사람들의 부패한 성향을 발견한다. 그 악한 성향의 근본 원인은 하나님과 그분의 말씀을 믿지 않으려고 하는 불신앙으로 거슬러 올라갈 수 있다. 그들은 팔레스타인의 비옥한 광경을 엿보았을 때 축복에 근접했다. 그러나 하나님을 믿지 않고, 그 땅으로 인도하실 하나님의 보호의 섭리를 신뢰하지 않음으로 그 땅에 들어가기를 거부했다.

반면, 모세는 하나님의 말씀을 믿음으로 보상을 받은 신실한 사람들에 대해 기록하고 있다. 갈렙과 여호수아는 다수의 의견과 맞섰고, 두려움으로 떠는 민족에게 두려움을 버리고 기회를 붙잡으라고 촉구한 믿음의 용사였다. 우리는 두려움 너머를 바라보며 믿음으로 행동하는 두 사람을 본다. 이것이 바로 하나님이 자기 백성에게 원하시는 모습이다. 여호수아와 갈렙은 하나님을 믿고 그분의 말씀을 붙들고 상급을 향해 달려가기 시작했다. 후에 하나님은 그분을 신뢰한 그들에게 보상해주실 것이다. 하지만 그분의 말씀에 반역하는 세대를 제거하신 후에 보상해주실 것이다.

교회론. 혹자는 성경의 이렇게 이른 곳에서 교회론을 언급하는 것조차 주저하겠지만, 후에 교회로서 등장할 것의 초기 형태가 이 책에 나온다. 저자는 이 백성들이 하나님 그리고 서로간의 언약 관계를 공유한다고 생각한다. 하나님의 율법은 그들을 하나의 공동체 윤리와 목표로 묶어준다. 그것은 하나님을 영화롭게 하는 것이다. 여호와는 그들에게 진군 명령을 내리시고 그 땅을 지파대로 할당하신다. 그들은 별개의 지파로서 생활하지만 하나님은 하나의 언약 아래 부르심을 받은 사람들의 공동체로 그들을 세우신다. 그들은 서로 먼 지역에서 생활하겠지만 동일한 방식으로 한 하나님을 섬겼다. 하나님은 한 지파를 나머지 지파들과 구별하시고 그 지파 가운데 한 가족을 구별하셔서 그 민족의 영적 필요를 섬기게 하셨다. 그분은 성막이라는 성소를 그들의 영적 중심지로 지정하셨다. 그 성소에서 백성들은 제사장의 중재와 대변을 통해 하나님의 용서를 구할 것이다.

종말론. 발람의 예언에서 모세의 죽음에 대한 예견에 이르기까지 민수기는 비록 단순히 씨앗의 형태이긴 하지만 종말에 대한 예고편을 제공한다. 예리한 독자라면 알아차릴 수 있을 것이다. 민수기의 교훈이나 사건 가운데 종말에 대해 상세히 묘사해주는 것은 없지만 궁극적인 운명의 세계는 엿볼 수 있게 해준다. 고라와 그의 반역자들이 모세에게 도전하자 하나님은 "땅이 그 입을 열어 그들과 그 가족과 고라에게 속한 모든 사람과 그 물건을 삼키"(16:32)게 하셔서 그들이 수명을 다하지 못하고 죽게 하셨다. 그들의 육신이 완전히 사라져버렸기 때문에 그 누구도 이 사람들을 묻어줄 수 없었다. 역시 모세는 세부적인 내용이나 그들의 죽음에 대한 의미를 설명하지 않는다. 하지만 그는 그들이 서 있던 땅이 꺼져 그 가족들까지 삼키는 불길한 종말에 대한 그림을 제공해준다.

발람은 하나님의 백성인 이스라엘의 영광스러운 미래를 예언했다(24:15-19). 이스라엘의 진정한 선지자들처럼 그도 자신의 말을 상징과 비유로 표현한다. 그는 이스라엘을 지키고 그들의 원수들을 멸할 한 지도자에 대해 기술했다. 하나님의 백성들의 이 공동체는 계속 번성할 것이다. 후에 이 공동체는 열매를 맺을 또 다른 가지를 뒷받침해줄 것이다(롬 11:11-24).

아론은 지은 죄로 인해 일찍 죽겠지만 "그 열조에게로 돌아갈 것이다"(민 20:24, 26). 이는 날 쓰러져서 존재가 사라지고 완전히 소멸되는 것이 아니다. 그는 조상들이 앞서 간 곳, 그리고 모든 신실한 자들이 언젠가 갈 곳으로 갈 것이다. 이 구절은 더 위대한 신약의 그림자, 심지어 영생을 바라보는 주의 깊고 예리한 독자의 마음에 확신을 불어넣어준다.

마지막으로, 하나님은 지성소의 그룹 사이에 좌정하셨다. 그분은 백성들과 가까운 곳에 자리를 정하셨다. 그들이 진을 쳤다가 다시 출발할 때 그분은 그들과 함께하셨다. 그분은 밤에는 불 기둥과 낮에는 구름 기둥으로 자신의 임재에 대한 가시적인 증거를 주셨다. 가나안에 점점 더 가까이 다가갈수록 백성들이 그분의 임재에 나아오는 방식을 개혁하실 날도 가까워지고 있었다. 지성소의 휘장이 하나님께 나아오는 데 방해가 될 것인가? 만약, 그 휘장이 합법적으로 "위로부터 아래까지 찢어져 둘이"(마 27:51) 된다면. 만약, 누군가가 "하나님의 장막이 사람들과 함께 있으매 하나님이 저희와 함께 거하시리니"(계 21:3)라고 선언하기만 한다면.

민수기 1-4장

하나님은 당신을 아신다

"하나님은 다니엘을 사자의 소굴에서 지켜주실 수 있었고 … 바울과 실라를 감옥에서 지켜주실 수 있었다. 세 명의 히브리 청년을 불타는 풀무에서 지켜주실 수 있었다. 그러나 하나님은 결코 고난에서 우리를 지켜주지 않으신다. … 그분이 우리에게 약속하신 것은, 모든 고난에도 우리와 함께하시며 우리가 승리하도록 인도하신다는 것이다."

- 머브 로셀(Merv Rosell)

이스라엘 백성은 자유의 여행을 시작한 이후 수적으로 성장했다. 이제 하나님은 그들이 인구 조사와 성막을 중심으로, 각 가족이 속한 위치와 광야의 교육 기간 동안 성막에서 섬길 자에 대한 여러 지시를 통해 한 가지 놀라운 교훈을 배우기 원하신다.

들어가는 글

부모에게 최악의 악몽

모든 부모에게 최악의 악몽은 자식을 잃어버리는 것이다. 우리 교인 가운데 호숫가에서 다섯 살짜리 아들을 잃어버린 경험을 한 부모가 있다. 3-4분 동안 아들을 찾아 헤매던 아버지는 아들이 1미터 정도의 물 속에 빠져 있는 것을 보았다. 아버지는 아들을 건져 응급요원들이 도착할 때까지 심폐 소생술을 했다. 소년은 급히 근방 병원으로 이송되었다가, 헬리콥터로 로스앤젤레스 근방의 어린이 특수 병원으로 이송되었다. 그 다음 주에 소년은 건강과 기억을 완전히 회복할 수 있었다. 그것은 참으로 하나님이 주신 기적이었다. 나는 종종 아들이 숨을 쉬지 않는 절체절명의 위기에 처한 것을 보는 아버지의 심정과 고통이 어떤 것이었을지 생각하곤 한다.

이런 일을 겪은 부모들은, 그들의 자녀가 어디에 있든 그리고 그들이 어떤 위기를 만나든, 하나님이 그분의 자녀들에게서 결코 눈을 떼신 적이 없음을 깨닫는다. 마가복음 5장에서 우리는 오랫동안 혈루증을 앓았고 병을 고치느라 인생의 모든 것을 허비한 여인을 만난다. 그녀는 의식적으로 자신을 부정하게 만들고 육체적으로 연약하게 한 이 병과 싸우기 위해 할 수 있는 모든 일을 했다. 그러던 그녀에게 한 가지 희망이 생겼다. 예수님의 옷자락을 만지기만 하면 자기 병이 나을 것이라는 희망이었다. 이 이야기를 기억하는가? 예수님은 야이로의 집으로 가시는 길이었고 누군가가 믿음으로 자신을 만진 것을 알아차리셨다. 그러자 무리 가운데서 사회적으로 국외자였을 이 여인을 찾으려고 뒤를 돌아보셨다. 하나님은 항상 참된 자녀들이 어디에 있으며 또한 그들이 어디에 있어야 하는지를 알고 계신다.

민수기 1-4장에서 우리는 하나님이 지시하신 첫 인구 조사에 대해 공부하게 된다. 또 다시 우리는 하나님이 각 개인에게 관심을 갖고 계시며, 각 개인이 어떻게 하나님을 섬길 책임이 있는지를 배우게 된다.

본문 이해

하나님은 당신을 아신다

Main Idea	지파들이 하나의 통일된 민족을 구성하지만 각 지파는 그 자체의 정체성과 고유한 기능을 지닌다.

A. 인구 조사(1:1-54)

Supporting Idea	하나님은 이스라엘 군대를 조직하시기 위해 남자들을 구별하신다.

1:1-2. 이 조사와 또 이와 유사한 다른 인구 조사의 가장 중요한 목적은 군사적인 것이지만, 그 결과는 땅 분배와 같이 다른 용도로도 사용될 수 있었다(민 26:55-56을 참고하라). 후에 여호수아는 지파들의 규모에 따라 각 지파에게 땅을 분배했다. 이 인구 조사는 성경에 기록된 최초의 공식 인구 조사이다. 나중에 시행된 인구 조사로는 38년 후에 실시된 인구 조사(26:1-51)와 하나님의 심판을 초래한 다윗의 악명 높은 인구 조사(삼하 24:1-9, 대상 21:1-7)가 있다.

1:3-16. 절차에 따라 각 지파와 가정의 숫자와 이름이 공식 명부에 기록되었다. 그들은 20세 이상의 남자들만 계수해야 했다. 모세를 돕기 위해 하나님은 매 지파의 각기 종족의 두령 한 사람씩 선택하셨다.

1:17-46. 이스라엘 백성이 출애굽한 지 이년 이월 일일에 시내 광야에서 조사를 시작했다. 이 인구 조사의 결과는 다음과 같다.

르우벤	시므온	갓	유다	잇사갈	스불론
46,500	59,300	45,650	74,600	54,400	57,400
에브라임	므낫세	베냐민	단	아셀	납달리
40,500	32,200	35,400	62,700	41,500	53,400

계수한 총계는 육십만 삼천 오백 오십 명이었다.

1:47-54. 하나님은 이 인구 조사에서 성막 봉사를 맡은 레위 지파는 제외하셨다. 레위인들은 성막 제사와 관련된 모든 직무와 그에 수반된 직무들을 감독해야 했다. 이스라엘 백성이 어디로 가든 성막이 항상 함께했으므로 레위인들은 그것을 설치하고 접는 일을 맡았다. 다른 지파는 이 직무를 수행할 수 없었다. 이 마지막 원칙은 하나님이 세우신 계획에서 아주 중요한 요소이기 때문에 위반한 사람은 죽임을 당할 것이다. 레위인들은 하나님이 온 회중에게 진노하시지 않도록 성막 주변에 진을 쳐야 했다.

B. 지파들의 진 배열(2:1-34)

Supporting Idea	지파들은 성막을 중심으로 구체적인 진지를 배정받는다.

2:1-2. 이어서 여행의 조직 순서에 따라 회막을 중심으로 진이 배열되었다. 지파들은 부대의 기나 가문을 확인해주는 깃발을 세우고 진을 쳐야 했다. 이 배열로 열두 지파는 성막을 중심으로 네 개의 거대한 진을 형성하게 되었다.

2:3-34. 성막의 동방 해 돋는 편에는 세 지파가 위치했다. 유다는 동쪽을 향해 바로 진을 칠 것이다. 유다 지파 다음으로 잇사갈 지파가 위치했고 이어서 스불론 지파가 위치했다. 이 진의 전체 병력은 십팔만 육천 사백 명이었다.

이어서 남편에는 르우벤 지파가 진을 쳤고 이어서 시므온 지파가 위치했으며 마지막으로 갓 지파가 위치했다. 이 진의 전체 인원은 십오만 일천 사백 오십 명이었다.

레위인들은 회막을 중심으로 모든 진의 중앙에 진을 쳤다.

서편으로는 에브라임, 므낫세, 베냐민 지파의 진이 위치했다. 이 세 지파의 수는 십만 팔천 일백 명이었다.

마지막 진지는 북편에 위치했고 단, 아셀, 납달리가 해당되었다. 이 진지의 전체 인원은 십오만 칠천 육백 명이었다.

광야 생활을 하는 동안 이 진들은 하나님이 정하신 이 순서대로 세워지고 이 순서대로 출발할 것이다.

C. 레위 지파의 서열과 직무(3:1-51)

Supporting Idea	하나님은 레위 분파의 기원과 직무를 설명하신다.

3:1-4. 때로 열세 번째 지파라 불리기도 하는 레위인들은 모세와 아론의 후손이었다. 야곱은 이스라엘의 공식 지파로서 에브라임과 므낫세를 택하여 그들이 가나안 땅에 정착하면 각기 한 지파로서 땅을 할당받도록 허용했다('에브라임과 므낫세에 대한 요셉의 선택과 지파의 수'에 대해서는 '심층 연구'를 참고하라). 물론 레위인들 또한 이스라엘의 한 지파였다. 하지만 그들이 맡은 독특한 역할 때문에 그들은 땅을 유업으로 받지 않았다. 대신 그들은 성막 예배와 제사 제도를 관장했다.

하나님은 아론과 그의 자손들을 택하셔서 제사장으로 섬기게 하셨고, 그 외 나머지 레위 지파는 그들을 돕도록 하셨다. 제사장으로 섬긴 아론의 아들들인 나답과 아비후는 시내 광야에서 여호와 앞에서 다른 불을 드리다가 죽었다. 하나님은 그들을 아론의 다른 아들들 엘리아살과 이다말로 대체하셨다. 제사장으로 섬길 적격자가 누구인지를 결정하기 위해 그 지파의 세밀한 기록을 보관하는 것이 필수적이었다.

3:5-39. 하나님은 제사장들로부터 시작해 레위 지파 가운데 각 분파의 구체적인 직무를 열거하신다. 그들은 성막 재료와 운송을 비롯해 성막 전반의 직무를 책임졌다. 하나님은 제사장들에게 남은 레위 지파들을 주셔서 그들을 돕게 하시고, 가문의 출생에 따라 각기 세 분야로 일을 나누어 직무를 주관하도록 하셨다. 그러나 제사장이 아닌 나머지 레위인들은 아론의 직계 자손들처럼 제사장의 기능을 수행할 수 없었다. 그렇게 하는 레위인은 누구든지 죽임을 당했다.

레위인들은 이스라엘 자손 중 모든 첫 태에 처음 난 자를 대표했고 그런 이유로 하나님께 속했다. 장자가 하나님께 구별되어 드려진 것은 첫 유월절에 애굽의 장자들이 죽임을 당한 것과 유사했다.

또한 레위인들이 전쟁에 대비해 전사로 계수되지는 않았지만, 그들은 봉사의 직무를 위해 인구 조사를 받았다. 모세는 1개월 이상 된 레위인 남자를 계수하라는 명령을 받았다. 레위 지파의 중요한 세 가문은 게르손, 고핫, 므라리였다. 성막 이동을 준비할 때 성막에 대한 중요한 세 직무를 수행할 분파가 이 가문들에서 나왔다.

게르손 자손의 수는 칠천 오백 명이었다. 그들은 성막 바로 뒤편 레위인 진지의 서편에 진을 쳤다. 그들의 직무는 성막과 장막과 그 덮개와 회막 문장과 뜰의 휘장을 돌보는 것이었다.

고핫 자손의 수는 팔천 육백 명이었다. 하나님은 그들에게 증거궤와 상과 등대와 단들과 성막 봉사에 사용되는 여러 기구들을 비롯해 성소를 맡게 하셨다. 그들은 성막 남편에 진을 쳤다.

세 번째 가문인 므라리의 자손은 육천 이백 명이었고 성막 북편에 진을 쳤다. 그들은 성막의 널판과 띠와 기둥과 받침과 그것에 쓰는 모든 것을 관리해야 했다.

모세와 아론은 회막 앞 곧 성막의 동편에 진을 쳤다. 제사장들은 회막에서 직무를 집행했다. 이스라엘을 위해 모든 제사장의 직무를 수행했다. 레위인들의 총 인원은 이만 이천 명에 달했다(이스라엘의 모든 장자 수보다 273명 적은 수, 46절을 참고하라). 이 숫자는 다른 지파에 비해 균형이 맞지 않을 정도로 작은 것 같지만 큰 문제는 전혀 생기지 않는다. 예를 들어, 다른 지파에 비해 유다 지파의 수가 대단히 많다고 생각해보라. 하지만 이 지파가 수적으로 작은 이유가 무엇인지는 전혀 설명되어 있지 않다.

3:40-51. 하나님은 이어서 모세에게 지파들의 장자를 전체 계수하여 레위인들이 그들을 대신하게 하라고 명령하셨다. 또 그들이 모든 가축들의 장자를 대신하게 하셨다. 장자가 레위인보다 273명이 많으므로 그들을 대신할 구속의 값을 각 사람당 오 세겔씩 취했다. 역시 표준 무게는 성소 세겔이었다.

D. 레위 가문의 세 분파와 그들의 직무(4:1-49)

Supporting Idea	하나님은 레위인들에게 성막 봉사와 관련된 구체적인 직무를 주신다.

4:1-6. 포괄적인 측면에서, 하나님은 모세나 이스라엘에게 그들 스스로 조직할 수 있는 특권을 위임하지 않으셨다. 모세와 아론 두 형제가 야훼의 종과 대변인들로서 두각을 드러내는 것은 사실이지만, 그들은 하나님이 지시하신 것만 집행해야 했다. 여기서 그들은 총계하라는 명령을 받는다. 이 장의 인구 조사는 앞 장의 인구 조사를 보완하지만 동시에 그것과는 다른 것이다. 앞의 인구 조사는 레위 가문들의 일반적인 직무와 관

련이 있었고, 1개월 이상된 모든 남자를 등록한 것이었다. 현재의 인구 조사는 회막의 일을 하기 위하여 그 역사에 참가할 만한 삼십 세에서 오십 세까지의 모든 레위 남자들을 계수하는 것이었다. 해리슨은 이들을 "직무에 참여하는 레위인들(working Levites)"이라고 묘사한다(81).

고핫 가문은 레위 가문 중에서 귀족 가문이라고 말할 수 있다. 고핫 가문에게는 성막의 거룩한 기구들, 혹은 지성물들을 지키고 관리하며 이동하는 임무가 부여되었다.

하나님은 먼저 고핫 자손들에게 성막의 기구를 옮기는 데 대한 지침을 주셨다. 오직 제사장들만(혹은 아론과 그의 아들들)이 성막의 성소 안으로 들어갈 수 있었다. 성소에 들어가면 그들은 먼저 증거궤와 같은 거룩한 기구를 덮어야 했다. 덮개는 짐승의 가죽(우리 번역본처럼 돌고래나 해달의 가죽일 가능성은 약하다. Harrison, 82-83을 참고하라)으로 만든 것이었고, 그 위에 또다시 청색 보자기를 덮었다. 이동용 막대는 항상 그 기구들에 끼여 있었던 것으로 보인다(출 25:15, 왕상 8:8을 참고하라).

4:7-20. 고핫 자손들은 진설병의 상에도 이와 비슷한 절차를 따라야 했고, 이동 중이라 해도 상에 항상 진설하는 떡을 차려 놓아야 한다는 특수 조항이 부가되었다. 그들은 또한 등대와 그 부속 기물들 역시 청색 보자기와 짐승 가죽으로 덮어야 했다.

이어서 그들은 성소 봉사에 사용되는 나머지 모든 기물들과 더불어 금단 혹은 분향단을 유사한 덮개로 덮어야 했다. 성소 봉사에 사용되는 기물들의 이동을 위해서는 메는 틀(들 것)을 사용했다.

이동 중에도 상 위에 떡이 계속 차려져 있어야 했지만, 고핫 자손에게는 희생 단의 재를 청소하는 것이 허용되었다. 단의 기구들은 어디로 가든지 단과 항상 같은 보자기에 넣어서 가죽으로 쌌다.

이 가문에게 주는 마지막 유의 사항은 당부이며 경고였다. 오직 자격이 있는 고핫 자손들만 성막의 거룩한 기구들을 다룰 수 있었다. 하지만 제사장이 먼저 그것들을 규정대로 덮개로 덮지 않은 상태에서 그 물건들을 만지면 안 되었다. 심지어 보는 것도 금지되었다. 그들이 이 마지막 명령을 위반하면 대가로 생명을 내놓아야 할 것이다.

4:21-28. 레위 지파의 다음 가문인 게르손 자손은 여러 덮개와 끈과 성막을 장식하는 휘장을 다루었다. 가장 최근의 인구 조사에 따라 오직 삼십 세 이상으로 오십 세까지만 이 일에 봉사할 수 있었다. 연령의 제한은 어떤 의식적인 이유나 체력적으로 가장 왕성

한 남자들에 대한 필요 때문이 아니라(대부분의 경우, 이십대가 삼십대보다 체력이 더 강하기 때문이다) 이 거룩한 직무를 감당할 때 실수할 가능성을 현저히 낮추기 위해서였다. 일정한 연령층에 대한 규정은 육체적 한계(즉, 오십 세 이상의 사람들)에서 나오는 실수들을 방지하고, 경험 미숙과 미성숙(삼십 세 이하의 사람들)으로 인한 실수들을 방지하기 위한 것이었다.

4:29-33. 마지막 가문인 므라리 자손은 나머지 직무에 대한 책임을 맡았다. 즉, 성막 뜰과 관련된 모든 것뿐 아니라 장막의 널판들과 그 띠들과 그 기둥들과 그 받침들을 지탱하는 일이었다. 이 기물들은 성막의 물리적 구조를 형성해주는 것들이었다.

4:34-49. 이스라엘의 지도자들은 지시에 따라 지파의 가문들을 등록하고 그들의 총인원을 계수했다. 고핫 자손 가운데 직무를 수행할 자격이 되는 남자의 총수는 이천 칠백 오십 명이었다. 게르손 자손은 이천 육백 삼십 명이었고, 므라리 자손은 삼천 이백 명이었다. 이 인구 조사는 여호와가 직접 명령하신 것이었다. 그리고 그 명령대로 시행되었다. 이 인구 조사에 대한 하나님의 승인은 이스라엘에서 시행된 또 다른 인구 조사로서 하나님의 진노를 샀던 사건에 대한 중대한 의문을 불러 일으킨다('적절한 인구 조사와 부적절한 인구 조사'에 대해서는 '심층 연구'를 참고하라). 그러나 지금 그들은 하나님의 명령에 따라 이 인구 조사를 시행했고 성막을 이동할 준비를 갖추었다.

Main Idea 복습	지파들이 하나의 통일된 민족을 구성하지만 각 지파는 그 자체의 정체성과 고유한 기능을 지닌다.

결론

하늘을 살피는 건 잊으셨어요

어느 소년의 아버지는 이웃집 과수원에 몰래 숨어 들어가 가장 잘 익은 사과들을 따오곤 했다. 그동안 한 번도 붙잡히지 않았지만, 남의 과수원에 발을 들여놓기 앞서 항상 아무도 없는지를 확인했다. 어느 날 아버지의 뒤를 따라온 아들이 함께 가도 되느냐고 물었다. 조심스럽게 사방을 살피고 아무도 없음을 확인한 아버지가 울타리를 기어 들어가기 시작했다. 사과를 막 훔치려고 할 때 어린 아들이 소리를 지르는 바람에 아버지는 깜짝 놀랐다. "아빠, 아빠! 위를 살피는 건 잊으셨어요! 하나님이 보고 계시는지 확인하는 건 잊으셨어요!"

우리 인생의 전 영역에서 이 일깨움이 필요하다. 하나님은 바로 지금 당신이 인생의 어느 지점에 있는지 아신다. 그리고 당신이 마땅히 있어야 할 자리에 있는지 아닌지도 아신다. 또한 당신이 특별한 일을 하도록 부르심 받았음을 아신다. 그리스도를 당신의 삶에 초청했는지 그리고 당신이 죄 용서를 받았는지 아신다. 그분은 영원한 인구 조사가 시행되어왔음을 아시며, 당신의 이름이 어린 양의 생명책에 영원한 표시와 함께 기록되어 있는지도 아신다.

■ 진리 알기

- 하나님은 각 개인을 돌보신다.
- 하나님은 자기 백성들이 각기 현재 어디에 속해 있는지 정확히 아신다. 그분의 계획은 완벽하며 항상 신뢰하고 따를 수 있다.
- 레위인들은 전쟁에 참여하지 않고 성막에서 특별히 섬겨야 하기 때문에 첫 인구 조사에 포함되지 않았다.
- 하나님의 모든 자녀에게는 섬길 자리가 있다.

■ 적용하기

- 하나님이 당신의 모든 것을 아시고, 당신 가족의 뿌리가 어딘지 아시며, 당신 삶의 기쁨과 슬픔을 아신다는 사실을 묵상하라.
- 당신이 어디서 왔으며 이 시간 이후로 어디로 가기 원하시는지를 보여달라고 하나님께 구하라.
- 거룩하신 하나님은 우리가 존중하는 마음과 경외하는 마음으로 그분의 성물들을 대하기 원하신다.

삶의 적용

영원한 경매

경매는 물건을 사고 파는 중요한 수단이 되었다. 옥션과 같은 인터넷 사이트들은 이전에는 결코 소중하게 생각되지 않았던 물건들을 위한 새로운 세계를 열었다. 우리는 전문가가 한 물건에 가격을 매기면 바로 그 물건의 가치를 확인할 수 있다.

수세기 전 인류는 경매 물건으로 나왔다. 우리는 모두 최고 가격을 부르는 입찰자에게 팔렸다. 사단은 가격을 홍정하고 있었고, 우리는 죄와 수치의 인생을 살아야 할 운명처럼 보였다. 구속의 희망은 완전히 사라져버린 것 같았다. 바로 그때 경매장의 문이 활짝 열리더니 하나님의 아들이 걸어들어왔다. 경매인이 "더 높은 가격을 부르실 분 없습니까?"라고 더 높은 가격을 부추기다가 "팔렸습니다"라고 말하려 했다. 바로 그 순간 예수님이 말씀하셨다. "내가 그들을 사겠소!" 경매인은 이것이 규칙에 위배된다고 말했다. "당신은 입찰 물건이 무엇인지도 모르잖습니까?" 예수님은 "그건 문제가 되지 않소. … 내가 그들을 사겠소"라고 대답했다. 사단은 재빨리 가격을 올려 쾌락을 제안했다. 예수님은 쾌락은 잠시 동안 지속될 뿐이라고 말씀하셨다. 예수님과 함께하면 영원한 기쁨을 주겠다고 말씀하셨다. 사단은 명성을 제안했다. 그러자 예수님은 명성이 얼마나 덧없는 것인지 지적하시고, 성부 하나님의 용납하심과 하나님의 가족으로 입양하겠다는 제안을 하셨다.

그러나 사단은 물러서지 않았다. 그는 입찰 가격으로 재물을 제안했다. 예수님은 재물이 얼마나 일시적인지에 대해 말씀하셨다. 그리고 그분이 주는 재물은 죽음 이후까지 영원하다는 말로 응답하셨다. 그 경매는 예수님이 인류를 위해 자기 목숨을 내놓겠다고 말씀하실 때까지 계속되었다. 사단은 입을 다물고 말았다. 자신이라면 그런 희생을 하지 않을 것이다. 오직 우리 주님만이 그러한 사랑을 가진 분이셨다. 오직 그분만이 인간에게 그러한 가치가 있음을 아셨다. 그분이 자신의 형상과 모양대로 인간을 창조하셨기 때문에 우리 안에 있는 가치를 보셨다. 더욱 더 놀라운 것은, 하나님이 이 모든 것을 이미 영원 전에 아셨다는 것이다. 시간이 시작되기 전, 하나님은 우리가 어떤 존재이며 어디에 소속돼 있는지 아셨다. 당신이 창조되기 전 당신의 이름이 이미 하나님의 마음속에 간직되어 있었다. 당신의 삶에서 그분의 사랑과 인도하심에 대해 의심하는 부분이 있는가?

기도

하늘과 땅의 창조주이시고 모든 민족의 통치자이시며 만물의 주가 되신 하나님, 잠시 동안 멈추어 서서 주님이 저를 얼마나 사랑하시는지 깨닫기를 원합니다. 성막을 중심으로 각 지파들의 위치를 정하셨듯이, 제가 주님을 가장 잘 섬길 수 있는 정확한 지점에 있게 해주소서. 제게 주신 나날들을 결실을 맺는 신실한 삶으로 채워나갈 수 있도록 도와주소서. 아멘.

심층 연구

A. 적절한 인구 조사와 부적절한 인구 조사

인구 조사는 세금 징수에서 징병에 이르는 모든 일에 정부를 돕기 위한 행정적 조치였다. 하나님의 명령에 따라 모세는 백성의 수를 조사하고 성소 세금을 징수하여 성막을 세울 수 있었다(출 30:11-16). 그는 전쟁에 출전할 수 있는 이십 세 이상의 남자들을 계수했다. 후에 바알 사건과 다른 이스라엘의 반역 이후에 또 한 차례 인구 조사가 시행될 것이다(26장을 참고하라). 이 인구 조사는 모두 정상적인 것으로 보였고, 심지어 하나님의 인정을 받았으며, 정당하게 시행되었다.

몇 년 후에 다윗은 인구 조사를 시행했지만 하나님의 무서운 심판을 받았다(삼하 24:1, 대상 21장을 참고하라). 사무엘서의 경우, 하나님이 다윗에게 이스라엘의 인구 조사를 실시하도록 명령하신다. 하지만 역대기의 경우, 사단이 다윗을 부추겨 이스라엘의 인구 조사를 실시하게 한다. 다윗은 인구 조사 후에 후회했다. 그러나 하나님은 무서운 역병을 보내셨고 다윗의 희생 제사를 통한 중재로 겨우 중지되었다. 학자들은 하나님이 다윗의 인구 조사를 악하게 여기신 이유에 대한 찬반의 장점들을 고려해왔다. 대부분의 학자들은 다윗이 교만해서 자신의 군사적 대응력을 조사하고 싶은 생각이 들었다고 결론을 내린다. 하지만 일부 학자들은 하나님이 이미 정해놓으신 인구 조사세를 인정하지 않았기 때문이라고 믿는다. 하나님은 어떤 때는 인구 조사를 명령하셨던 것으로 보인다. 아마 다윗은 백성들에게서 과도한 세금을 징수했을 것이다. 거의 모든 학자들은 인구 조사에 다윗의 교만이 일정한 역할을 했다고 결론을 짓는다.

초기의 인구 조사들에는 다윗의 인구 조사에 포함되지 않았던 몇 가지 요소가 포함되어 있었다. 그로 인해 그 인구 조사가 합법성을 지녔을 것이다. 첫째, 그 인구 조사들은 하나님의 명백한 명령으로 시행되었다. 하나님은 모세에게 해야 할 일과 그것을 시행할 방법을 구체적으로 말씀해주셨다. 성경에는 나오지 않지만, 다윗이 세부적인 내용에서 하나님의 명령에 불순종했을 수도 있다. 둘째, 그 인구 조사들은 명백한 목적이 있었다. 성막을 세우는 일처럼 거룩한 목적을 위한 세금을 거두거나 하나님이 정하신 전쟁에 나갈 젊은이들을 소집하기 위한 것이었다. 셋째, 그 명령은 정확히 하나님이 요구하신 대로 실행되었다. 하나님은 이스라엘의 원수들과 싸우셨지만 그 전쟁에서 이기기 위해 이스라엘 군대를 사용하셨다. 인구 조사는 매우 유익할 수 있다. 우리는 또한 땅이 각 지파의 규모에 따라 분배되었기 때문에, 인구 조사가 여호수아와 엘르아살로 하여금 각 지파에게 땅을 할당할 방식을 결정하는 데 도움이 되었다는 것을 알고 있다.

B. 에브라임과 므낫세에 대한 요셉의 선택과 지파의 수

이스라엘 민족은 야곱의 열두 아들들의 이름을 딴 열두 지파로 구성되었다. 열둘이라는 숫자는 유지되었지만 열두 지파를 구성하는 지파들의 구체적인 구성원에는 변화가 있었다. 요셉이 에브라임과 므낫세를 선택한 것은 하나님의 명령과 하나님의 필요에 의한 것이었다. 레위인들이 땅 분배에서 제외되었기 때문에 땅을 분배받을 수 있는 지파의 수는 열둘이 아니라 열하나였다. 하지만 하나님은 열둘이라는 숫자에 의미를 부여하셨다(마 11:1을 참고하라, 행 1:15-26과 사도들의 수를 열둘로 유지하려 하는 제자들의 의지를 비교하라, 계 21:12-21, 22:2). 그러므로 그는 요셉 지파를 두 지파로 나누어, 필요한 경우에는 지파들 가운데서 차지하는 레위 지파의 합법적 지위를 훼손시키지 않고 공식적 숫자에서 레위 지파를 제외할 수 있었다. 또 다른 한편으로 목적에 부합할 경우에는, 지파들 가운데 레위 지파를 쉽게 끼어넣을 수 있었다. 그런 일이 일어날 경우, 아들인 에브라임과 므낫세 대신 요셉을 기록에 포함시킨다.

야곱은 이스라엘 민족의 미래를 예언할 때 그가 아들로 입양한 에브라임과 므낫세를 요셉으로 통합하여 표현한다(창 49:22-26). 한 가지 사례를 들면, 사도 요한은 레위와 므낫세 지파를 그대로 두는 반면 에브라임 지파를 제외시켰다(계 7:5-8). 그는 에브라임을 배제한 이유를 설명하지 않는다. 그리고 설득력 있는 설명을 제시한 사람도 거의 없었다. 그러나 하나님은 다른 구절에서처럼 그 경우에도 열둘이라는 숫자를 그대로 유지하셨다. 많은 이들이 열둘이라는 수의 의미를 추론했다. 우리는 하나님이 구속의 신적 경륜에 그 수를 매우 중요시하셨음을 알고 있다.

교안

A. 들어가는 글

1. '부모에게 최악의 악몽' 이야기로 시작하라.
2. 배경 설명: 하나님은 자기 백성들이 애굽에서 부르짖을 때 그 소리를 들으셨다. 그래서 모세를 애굽으로 돌아가도록 부르셨고, 그들을 속박에서 이끌어내어 아름다운 땅으로 인도하게 하셨다. 이전에 노예였던 이 공동체는 하나님이 열방을 축복하실 도구로 사용될 백성이 되기 위해 많은 것을 배워야 했다. 민수기의 이 단원에서 우리가 보는 훈련과 질서는 그 교육 과정의 일부이다.
3. 적용: 오늘날 하나님은 죄의 노예 상태에서 그분의 백성이 되는 삶으로 사람들을 계속 부르신다. 그리스도의 희생적인 죽음으로 구속함을 받은 우리는 도무지 계산할 수 없는 값으로 하나님이 사신 백성의 삶을 살아야 한다.

B. 본문 이해

1. 인구 조사(1:1-54)
2. 지파들의 진 배열(2:1-34)
3. 레위 지파의 서열과 직무(3:1-51)
4. 레위 가문의 세 분파와 그들의 직무(4:1-49)

C. 결론: '영원한 경매' 를 읽어주라.

토의 질문

1. 하나님이 이스라엘 백성의 인구 조사를 위해 이 모든 시간을 사용하신 이유는 무엇인가? 이 조사가 히브리 백성들의 미래에 어떤 영향을 미칠 수 있는가?

2. 레위인들은 어떤 사람들인가? 하나님이 그들에게 주신 소명은 무엇인가? 이스라엘 일반 백성에게는 주시지 않고 그들에게만 주신 봉사의 기회는 무엇인가?

3. 성막을 중심으로 한 지파들의 배치가 가진 의미는 무엇이며, 이것이 그들의 여정에 어떻게 도움이 되거나 방해가 될 것인가?

4. 나답과 아비후의 죄가 심각한 이유는 무엇인가? 하나님이 성경에 이 실패를 기꺼이 포함시키신 것에서 어떤 교훈을 배워야 하는가?

5. 이동할 때 성전 기구들이 조심스럽게 다뤄진 이유는 무엇인가? 하나님은 이스라엘 백성에게 무엇을 가르치려 하셨는가?

민수기 5-8장

성결의 준비

"성경을 읽으면 거룩이 (하나님의) 지고한 속성임을 깨닫게 되는 것 같다."

- 빌리 그레이엄(Billy Graham)

하나님의 진군 명령을 받은 이스라엘 백성은 몇 가지 최종 준비를 해야 했다. 부정하게 되었다고 간주된 사람들을 진에서 추방해야 했다. 모든 범죄에는 배상이 요구되었고 특별한 제사가 제정되었다. 나실인의 맹세를 통해 하나님과 더 친밀하고 순종적인 동행을 할 수 있는 제안을 백성들에게 제시하셨다. 그리고 레위인들은 반드시 정결 의식을 치러야 했다. 그들 가운데 하나님의 임재하심과 거룩하심에 대한 준비로서 이 모든 것을 행해야 했다.

들어가는 글

거룩, 거룩, 거룩하다

필라델피아의 제임스 몽고메리 보이스(James Montgomery Boice) 목사님이 어느 제자 훈련 모임에서 하나님의 속성에 대해 강의했다. 그는 하나님의 속성을 중요한 순서대로 열거해보라는 질문으로 모임을 시작했다. 모임의 참석자들은 가장 먼저 사랑을 이야기했다. 이어서 지혜, 권능, 자비, 전지하심, 진리 순으로 이야기했다. 그리고 마지막으로 거룩을 말했다. 후에 보이스 목사님은 〈무디(Moody)〉 지에 실린 기사에서 이렇게 말했다. "그것을 보고 나는 놀라움을 금치 못했다. 성경은 그 어떤 속성보다 하나님의 거룩을 먼저 언급한다. 성경은 하나님을 사랑, 사랑, 사랑이시다 혹은 지혜, 지혜, 지혜로우시다 혹은 전지, 전지, 전지하시다라고 언급하지 않는다. 그러나 우리는 거룩, 거룩, 거룩하다는 천사들의 외침을 성경에서 반복해서 읽을 수 있다."

우리는 거룩하신 하나님, 죄를 용납하실 수 없는 하나님을 섬긴다. 천국이 완전한 장소인 것이 바로 이 때문이다. 그러나 대부분의 신자들은 하나님의 거룩하심을 묵상하는 데 시간을 거의 투자하지 않는다. 루이스 벌코프(Louis Berkhof)는 자신의 저서 「조직 신학(Systematic Theology)」에서 이렇게 말한다. "하나님의 한 가지 속성을 다른 속성들보다 더 핵심적이고 근본적인 것으로 강조하는 것은 적절치 않은 것 같다. 하지만 만약 이것이 허용될 수 있다면, 하나님의 거룩하심에 대한 성경의 강조가 그 선택을 정당화시켜줄 것 같다." 이스라엘 백성은 이제 준비를 해야 할 입장에 있다. 그들은 일시적이지만 진을 정결하게 하고 앞으로의 여행과 하나님의 임재를 위해 진을 거룩하게 하는 데 집중해야 한다.

본문 이해

성결의 준비

Main Idea	이스라엘이 행군을 하기 직전, 하나님은 그들에게 정결에 관한 지침과 특별한 헌신에 대한 규정을 비롯해 마지막으로 몇 가지 준비를 하게 하신다.

A. 지파들의 순결(5:1-31)

Supporting Idea	진의 정결을 위해 하나님은 이스라엘 백성에게 배상에 대한 규정을 제공하시고 특별한 정결 테스트를 하신다.

5:1-4. 하나님은 모세에게 진의 정결을 위협하는 나병(문둥병, 레 13-14장을 참고하라)이나 다른 감염성 부정에 관한 금지 규정과 규례들을 따르라고 당부하신다. 그러한 자들을 공동체에서 격리해야 한다는 말씀을 들은 이스라엘 자손이 그같이 행하여(순종하여) 곧 여호와께서 모세에게 이르신 대로 그들을 진 밖으로 내보냈다.

5:5-10. 하나님은 레위기 6장 1-7절에서 주셨던 배상에 관한 법(남의 물건에 손해를 입힌 죄를 다룬 법)의 요약 내용을 다시 소개하신다. 이 법들은 타인에게 손실을 가한 죄를 하나님에 대한 개인의 신실성과 관련시킨다. 후에 신약의 저자들은 이 원리를 조명할 것이다(마 25:44-46, 막 12:28-34, 눅 10:16, 행 9:4, 살전 4:8). 그러한 잘못들이 무시된 채 간과되거나 적절한 배상이 이루어지지 않으면 하나님이 직접 그들 편이 되어주실 것이다. 이러한 원리가 적용되는 범위는 이웃 사랑의 법을 다시 기억하게 한다(레 19:18).

그러나 하나님은 피해자가 가해자로 인해 사망했을 경우에 대비해 이 법에 새로운 특징을 추가하셨다. 희생자가 배상을 요구할 친지를 남겨두지 않고 사망했다면, 가해자가 벌을 받지 않고 풀려날 수도 있었다. 보완된 새 법은 손해를 본 액수에 20퍼센트를 더해서 제사장에게 줄 것을 요구했다. 가해자는 또한 속건죄로서 규정에 따라 수양을 속죄 제물로 드려야 했다(레 6:6). 그 예물은 성막 유지와 제사장 가족의 생계 유지에 기여했다.

이러한 규례와 더불어 항상 고통스럽고 비싼 결과가 따르는 죄의 흉포성이 지적되고 있다. 그러나 죄악의 물길이 걷잡을 수 없을 정도가 되었기에 이러한 법적 규제들은 영구적인 해결책으로 기여할 수 없었다. 그래서 배상의 행위에서 우리는 고통과 결과들을 보게 된다. 그러나 제사에서 우리는 "이제 자기를 단번에 제사로 드려 죄를 없게 하시려고 세상 끝에"(히 9:26) 나타나실 그분을 기대하며 더 나은 해결책을 엿보게 된다.

5:11-14. 그러면 대부분의 성 범죄의 특징처럼, 은밀하게 범했고 자발적인 목격자가 없는 범죄는 어떻게 해야 하는가? 혹은 정숙한 아내가 의처증이 있는 남편에게 의심을 받고 비방을 당할 때 자신의 명예를 어떻게 지켜야 하는가? 판결하기 어려운 이러한 사건들에 대해 주님은 의심의 법을 소개하신다. 여기서 사용된 표현은 의심하는 남편의 감정이 정당한 것일 수도 있고, 그렇지 않을 수도 있음을 암시한다. 그의 감정이 나중에 사실로 판명되면, 그 문제를 더 깊이 조사하도록 하나님이 이 감정들을 주셨을 가능성을 생각할 수도 있다. 그러나 역시 그 감정이 남편의 과도한 의심이나 남을 믿지 못하는 본성에 기인한 것일 수도 있다. 이 법의 합리적 근거를 찾아내기는 어렵지 않다. 하나님은 공동체에 세우신 관계들이 순수하기를 요구하셨다. 이런 의미에서 현재의 내러티브는 자연적으로 타인에게 가한 잘못에 대해 말한 이전의 논의(1-10절)와 연결된다.

5:15-17. 시험의 방법은 남편이 아내를 데리고 제사장에게로 가서 보리 가루를 제물로 드리는 것이었다. 레위기 6장 20절의 소제는 기름과 함께 드렸지만, 이 제물은 기름도 유향도 요구하지 않는다. 이것은 속죄제와 유사해 보이지만(레 5:11) "이것을 유죄 추정으로 이해하면 안 된다"(Harrison, 108). 이 제사는 주님께 드리는 특수한 경우의 예물로 그 상황에 따라 드린 특이한 제물이다.

제사장은 그 여인을 여호와(유죄인지 무죄인지를 결정한 진정한 판결자) 앞에 세우고 성막 비닥의 흙(분명히 강력한 오염 물질이 든 흙이었을 것이다)을 조금 취해서 거룩한 물이 든 병에 넣을 것이다.

5:18-22. 그 여인은 이어서 머리를 풀어서 내려뜨릴 것이다(이것은 나병이 있는 사람에게도 요구된 의식이다, 레 13:45를 참고하라). 제사장은 제물을 여인의 손에 들려주고 자신의 손에는 물병을 든다. 이 시험 방법에는 제사장이 저주의 말을 암송하는 과정

이 포함되었다. 정죄를 당한 자가 유죄임이 밝혀지면 그 저주는 그대로 실현될 것이다. 여인이 간음죄를 범했다면 그 쓴 물이 그녀의 창자에 들어가서 그녀의 배로 붓게 하고 그녀의 넓적다리로 떨어지게 할 것이다. 여인이 이 내용에 동의하지 않는다 해도, 아멘 아멘이라고 말함으로 이 시험을 승낙한다는 것을 보여주어야 했다.

5:23-31. 그러고나서 제사장은 저주의 내용을 두루마리에 적은 후 그것을 쓴 물에 넣고 휘저어야 한다. 두려움에 질린 피고를 비롯해 그 장면을 지켜보는 사람들은 그 저주가 그 시점에 이루어질 것이라고 생각했을 것이다. 다음으로 그 여인은 그 물을 마시고 그 내용물을 삼켜야 했다. 그러면 제사장이 그녀의 손에서 의심의 소제물을 가져가 기념 제물로 제단에 드리기 전에 여호와 앞에 그것을 흔들었다. 이 행동은 이 사건을 중재하시기 위해 하나님이 개입하심을 상징했다.

그 물이 여인에게 어떤 영향을 미치는지에 따라 유죄 혹은 무죄가 결정되었다. 물을 마셨지만 유죄인 사람에게 선언되는 무서운 현상이 일어나지 않으면, 그녀는 깨끗하다고 선언받고 아기를 임신할 수 있을 것이다. 그러나 그녀가 간음을 행하고 결혼 서약을 어겼다면, 그 물이 저주를 발하고 그녀의 몸에 그 저주가 이루어질 것이다.

아마 유죄인 사람들은 이 의식으로 인해 죽임을 당했을 것이고 어떤 이들은 아기를 낳을 수 없게 됨으로 심각한 육체적 고통을 당했을 것이다. 자녀를 낳을 수 없다는 것은 모성을 칭송하는 문화권에서는 가혹한 형벌이었다.

B. 나실인의 서원(6:1-27)

Supporting Idea	성별의 특별한 서원은 하나님의 규례에 의해 시행된다.

이스라엘 민족은 하나님과의 관계 때문에 세상 나라에서 독특한 지위를 가졌다. 아브라함이나 모세처럼 하나님과 특별한 관계를 누린 개인들이 있었지만 어떤 이스라엘 사람도 공동체를 떠나서는 하나님에 대한 권리를 주장할 수 없었다. 하나님께 전적으로 헌신하기 원하는 사람들은 나실인의 서원을 할 수 있었다.

6:1-8. 서원은 하나님에 대한 헌신 혹은 구별의 표현이었다. 서원에는 오랜 시간과 엄격한 규정이 필요했다. 남자든 여자든 이 서원을 할 수 있지만 그들은 포도의 부산물

인 식초를 비롯해 모든 종류의 발효 음료를 금해야 했다. 후자의 요구는 직무 수행 중인 제사장들에 대한 제한 사항과 유사하다(레 10:8-11). 이 서원은 세부 규정에 대한 면밀한 주의와 모든 규례에 대한 엄중한 관심을 요구했다. 그러므로 그것은 레위기 법령에 따라 이루어진 개인적인 헌신의 몇 가지 행위 중 하나였다.

나실인에게 절대 머리를 깎지 말도록 요구한 규정은 머리를 밀도록 요구한 일부 이방인들의 의식과 달랐다(Harrison, 125). 고유한 상징인 깎지 않은 머리(5-6절)는 아마 케일이 지적한 대로 "강력한 힘이 전체적으로 드러나고 나실인이 여호와를 높이며 입는 장식품"(36)이었을 것이다. 우리는 삼손의 사례에서 서원의 이 특징을 집중적으로 접하게 된다(삿 13-16장).

6:9-12. 서원의 또 다른 요소는 시체와의 접촉을 피하는 것이었다. 이것은 나실인이 언제나 직접 통제할 수 있는 일이 아니었다. 그러나 시체와 접촉할 경우 그 서원은 무효화되었다. 그러한 경우, 나실인은 규례에 따라 정결 의식을 치러야 했다. 나실인은 7일간의 대기 기간을 지낸 후 머리를 완전히 밀고 회막문에서 제사장에게 산비둘기 두 마리나 집비둘기 새끼 두 마리를 드려야 했다. 그 새 한 마리는 속죄 제물로 드려지고 다른 한 마리는 번제물로 드려질 것이다. 나실인은 또한 속건제로 일 년 된 수양을 드렸다.

6:13-21. 서원 기간이 다 차면 나실인은 회막문 앞에 번제물로 일 년 된 수양 한 마리와 속죄 제물로 일 년 된 암양 한 마리를 비롯해 규정된 예물을 가져오고 화목 제물로 흠 없는 수양을 바쳐야 했다. 의식을 마무리하기 위해 나실인은 무교병 한 광주리와 과자들과 기름 바른 무교전병과 소제물과 전제물을 드렸다. 마무리 의식은 그 어조가 축하하는 분위기라는 점에서 서원 자체의 음울한 성격과 대조적이다. 서원 기간이 끝나고 이제 성별된 나실인은 공동체에 하나님의 선하심과 존귀하심을 증언하여 특별한 성별의 서원으로 높임을 받았다. 해리슨은 이 마무리 의식의 모든 요소가 큰 비용이 소요되는 것이라고 지적한다. 이것은 단기적 나실인들이 아마 부유한 가문의 출신이었을 것임을 시사한다.

제사장은 마무리 의식을 여호와 앞에 행했고(규정된 방식으로 제물을 드림으로) 이어 나실인은 공개적으로 머리털을 밀어 화목 제물 밑에 있는 불 아래 버렸다. 마지막으로, 제사장은 삶은 수양의 어깨와 무교병 하나와 무교전병 하나를 나실인의 두 손에 두고 여호와 앞에 흔들었다. 이 의식으로 서원은 끝나고 나실인은 포도주를 비롯해 일반적인 식사를 다시 할 수 있었다.

6:22-27. 이 장은 제사장들이 이스라엘 백성을 축복하는 것으로 끝난다. 하나님은 그분이 원하시는 때에 원하시는 장소에서 이스라엘 백성을 직접 축복하실 수 있지만 중개자인 제사장들의 손을 통해 축복하시는 방법을 택하신다.

C. 봉헌 예물(7:1-89)

Supporting Idea	성막이 특별한 예물과 함께 봉헌된다.

이스라엘 민족이 하나님의 거처 장막에서, 그리고 그 거처를 통해 영광스러운 그분의 임재를 실현할 수 있기에 앞서, 모세는 하나님의 명령을 따라 이 거룩한 장막을 봉헌한다. 후에 솔로몬 왕은 정교한 의식을 통해 성전을 거룩히 구별하여 드렸다(왕상 8-9장, 대하 5-7장을 참고하라). 장막은 그들 중에 거하시는 하나님의 임재를 상징했고 그로 인해 영구적으로 존중되어야 했다. 이스라엘의 후기 역사는 마땅히 표현해야 할 의미를 성소에 부여하지 않았고 이러한 태만으로 인해 그들은 고통을 당했다.

에스겔의 마지막 긴 예언은 이상적인 성소와 그 성소에서 드리는 예배에 대해 길고 자세한 묘사를 담고 있다. 선지자 학개는 이스라엘 백성이 깨어 있는 시간에 자기 집을 짓고 꾸미는 데 사용하지 말고 거룩한 성전에 다시 한 번 관심을 집중하게 함으로써 이스라엘이 하나님께 돌아오게 하려고 노력했다(학 1:2-15). 메시아가 초림하시기 전에, 하나님은 메시아가 그분의 성전에 오실 것임을 이스라엘 백성에게 경고했다(말 3:1). 실제로 그분이 성전에 오셨을 때 그 성전의 상황은 서글프기 짝이 없었다(요 2:12-17). 하나님은 이 봉헌식에서 하나님께 예물과 제사를 드리고 최선을 다하는 태도로 전쟁에 출정하도록 이스라엘 백성을 격려하셨다.

7:1-9. 장막을 세우자 모세가 그것에 기름을 발라 거룩히 구별하고 또 그 모든 기구에 기름을 발라 거룩히 구별했다. 모세의 행위를 본 이스라엘의 여러 지도자들(족장들)이 감동하여 덮개 있는 수레 여섯과 소 열둘을 장막으로 가져왔다. 그 예물의 조직적 성격을 볼 때 "그것이 미리 마음을 모은 계획의 결과임을 암시하지만"(JFB, 114) 그 예물은 하나님이 요구하신 것이 아니었고 매우 자발적인 것 같다. 봉헌식이 임박한 것을 알고

있는 지도자들이 여호와의 사역을 위해 각기 동등한 양의 헌물을 집단적으로 드리자는 데 자발적으로 동의했을 것이다.

여호와가 모세에게 이 예물들을 용납하라고 말씀하신 것을 볼 때, 모세가 처음에는 이 예물을 용납하지 않으려고 했던 것 같다. 모세는 장막 기구와 제사장 직무의 규정에 관해 여호와께 구체적인 지시를 받았다. 그는 하나님의 명령에 따라 모든 예물과 절차를 규정한 원칙을 정해놓았을 것이다. 그러나 하나님은 계속 말씀하시며, 백성들의 예물을 용납하도록 모세에게 지시하셨다.

오늘날 교회는 헌금만이 유일하게 용납될 수 있는 예물이라고 생각하면 안 된다. 사람들은 하나님께 훨씬 더 다양하게 드릴 수 있다. 하나님의 대의는 사람들이 자발적으로 드리려고 하는 모든 은사를 받을 가치가 있다. 느헤미야와 사도 바울을 비롯해 성경의 영웅들은 특별한 것이든 일반적인 것이든 온갖 방식으로 하나님의 백성들이 그분을 섬기는 데 사용되는 것을 결코 주저하지 않았다. 그러나 모세는 수레와 소를 받아 레위인들에게 주었다. 그는 게르손 자손들에게 수레 둘과 소 네 마리를 주었고, 므라리 자손들에게는 수레 넷과 소 여덟 마리를 주었다. 그러나 고핫 자손들에게는 주지 않았다. 그것은 그들이 거룩한 기구들을 어깨로 메는 일을 맡았기 때문이다.

7:10-83. 일단 모세가 단에 기름을 바르자, 지도자들은 단의 봉헌을 위하여 예물을 가져다가 단 앞에 드렸다. 지도자들이 예물을 드릴 날이 지정되었다. 드린 예물은 은반과 은바리 하나로 각 그릇에는 기름을 섞은 고운 가루가 가득 담겼다. 그들은 또한 향을 가득 담은 금 숟가락과 번제물로 수송아지 하나와 수양 하나와 일년 된 어린 수양 하나와 속죄 제물로 수염소 하나를 드렸다. 마지막으로 화목 제물로 소 둘과 수양 다섯과 수염소 다섯과 일년 된 어린 수양 다섯을 드렸다. 여러 지파들이 이런 예물들을 순서대로 드렸고 에난의 아들 아히라가 예물을 드리는 것으로 마무리되었다.

7:84-89. 모세는 이스라엘의 대표 지도자들이 드린 전체 예물을 요약한다. 집계된 총 예물의 내역은 다음과 같다. 각기 백 삼십 세겔에 해당하는 은반 열두 개, 각기 칠십 세겔에 해당하는 은바리 열두 개, 개당 십 세겔인 금 숟가락 열두 개. 번제물과 속죄제와 화목 제물에 사용된 짐승들 역시 각 지파로부터 균등하게 거두어 집계되었다. 예물 자체는 특별히 솔로몬의 엄청나고 화려한 의식과 비교하면 많은 편이 아니지만 하나님은 그 예물을 용납하셨다. 확실히 그것은 백성들의 사정을 잘 고려한 것이었다.

모세의 엄격한 순종은 하나님이 자기 백성들과 함께하시겠다는 약속의 성취로 나타났다. 하나님은 한 지역에 국한될 수 있는 분이 아니지만, 그분의 특별한 구속적/ 언약적 임재는 인간이 용서받을 수 있는 곳, 증거궤를 덮고 있는 속죄소 위에 항상 거했다. 모세만이 하나님과 대화하기 위해 회막으로 들어갈 수 있는 특별한 몫을 받았다. "그와는 내가 대면하여 명백히 말하고 은밀한 말로 아니하며 그는 또 여호와의 형상을 보겠거늘"(12:8)이라고 하나님이 확인해주실 것이다. '대면하여' 라는 표현은 '구강 대 구강' 이란 표현과 동의어인 부사적 어구이며, 결코 하나님의 얼굴을 본다는 것과 동의어는 아니다"(Vos, 105).

D. 그 외의 봉헌 예물(8:1-26)

Supporting Idea	모세는 거룩한 봉사를 위해 등잔과 레위인들을 준비시킨다.

8:1-4. 등대는 제사장들이 어두운 장막 안에서 안전하고 자유롭게 움직일 수 있도록 빛을 밝혀주었다. 등대의 등불은 등대 앞으로 비취도록 불을 켰다. 이 내용들은 출애굽기 25장 37절, 27장 21절에서 이미 주셨던 일반적인 지시들을 보완한 것이다.

8:5-14. 하나님은 이미 장막에서 섬길 제사장들을 성별하셨다(레 8장을 참고하라). 이제 그분은 직무를 위해 그들을 도울 레위인들을 구별하신다. 첫 번째 단계는 아마 뜰의 놋대야에서 가져왔을 것으로 추정되는(Harrison, 152, Kiel, 47) 속죄의 물을 그들에게 뿌리는 것이었다. 그러고나서 레위인들은 몸의 털을 밀고 옷을 빨았다.

레위인들은 소제와 함께 수송아지 한 마리를 번제물로 드리고 이어서 속죄 제물로 다시 수송아지를 드려야 했다. 레위인들은 여호와 앞에(즉 회막 앞에) 모여야 했고, 그곳에서 회중들은 그들에게 안수할 것이다. 레위인들은 이스라엘 자손을 위하여 요제로 여호와 앞에 드려짐으로 봉사의 직무를 위임받게 될 것이다. 요제의 개념은 여호와 앞에서 제사장의 몫을 흔드는 화목 제물에서 비롯되었다(레 7:28-34). 어떤 의미에서 이스라엘 백성은 연중 내내 거룩한 직무로 그들을 섬길 자들로서 레위인들을 여호와 앞에 요제로 드리고 있는 것이다. 하나님은 그분을 섬기는 일에 늘 전념하도록 레위 지파를 자신의 소유로 구별하셨다. 다음으로 레위인들은 수송아지 하나를 속죄 제물로 드리고 또 다른 수송아지 하나는 번제물로 드렸다.

8:15-22. 위임식을 치른 레위인들은 직무를 시작할 수 있었다. 그들은 소명으로 인해 하나님과 친밀한 관계를 유지하고, 그로 인해 하나님이 그들의 유업이 되었다. 하나님은 모든 이스라엘 백성의 모든 초태생을 요구하셨고, 그들 대신 이 레위 지파를 받으셨다(출 13:2, 12, 민 3:12-13을 참고하라). 이 명령을 위반하는 모든 행위는 재앙의 심판을 받을 것이다.

모세와 모든 백성들은 여호와께서 레위인에게 대하여 모세에게 명하신 것을 다 좇아 레위인에게 행했다. 그후에 레위인들은 제사장들인 아론과 그의 아들들의 감독 아래 직무를 시작했다.

8:23-26. 직무를 맡을 수 있는 레위인들의 자격 요건은 이십오 세에서 오십 세 사이의 남자들로 한정되었다. 오십 세 이상이 되면 은퇴해야 했다. 오십 세 이상의 사람들은 회막 봉사를 하는 젊은 형제들을 도울 수 있지만 실제 직무에 직접 참여할 수는 없었다. 앞에서 주님은 이스라엘 백성에게 삼십 세에서 오십 세까지의 레위인들에 대한 인구 조사를 실시하도록 하셨지만 이것은 성막을 옮기는 특정한 임무와 관련한 것으로 보인다(Kiel, 49). 여기서 젊은이들은 아마 회막을 설치하고 접는 일을 돕게 될 것이다. 후에 다윗 왕은 레위인들의 연령을 이십 세로 낮추었다(대상 23:24-25). 이는 성막으로 대표되시는 하나님이 예루살렘에 영원히 거주하시게 되었고, 더 이상 여러 곳으로 이동되시지 않았기 때문이다.

Main Idea 복습	이스라엘이 행군을 하기 직전, 하나님은 그들에게 정결에 관한 지침과 특별한 헌신에 대한 규정을 비롯해 마지막으로 몇 가지 준비를 하게 하신다.

결론

토저가 생각하는 하나님의 거룩

「하나님을 바로 알자(The Knowledge of the Holy, 생명의말씀사)」라는 자신의 저서에서 A. W. 토저(A. W. Tozer)는 이렇게 기록하고 있다.

> 이 내용을 기록한 저자도, 독자도 하나님의 거룩하심을 올바로 알 자격이 없다. 참으로, 진리의 달콤한 물이 흘러들어와서 우리의 심각한 병을 낫게 하려면 우리 마음의 사막에 새로운 수로가 만들어져야 한다. 우리가 참으로 순수한 어떤 사람이나 대상에 대해 생각한 후, 그 개념을 우리가 할 수 있는 최대한의 수준으로 끌어올리는 방식을 사용한다고 해서, 신적 거룩성에 대한 참된 의미가 파악되는 것이 아니다. 하나님의 거룩하심은 단순히 우리가 무한히 향상된 것이라고 알고 있는 최고의 거룩함이 아니다. 우리는 신적 거룩함과 같은 것을 전혀 알지 못한다. 그것은 유일무이하며, 도무지 접근할 수 없고, 이해할 수도 없으며, 도달할 수도 없는 것이다. 자연인은 그것을 알 수 없다. 우리가 하나님의 권능을 두려워하고 그분의 지혜를 찬양할 수는 있지만 그분의 거룩함은 우리가 상상조차 할 수 없는 것이다(11).

히브리 백성의 진에는 정결함이 필요했고, 백성들은 그들의 주권자 되신 하나님과 더 가까워질 수 있는 기회를 얻었다. 하지만 그들은 하나님의 거룩하심의 깊이와 넓이에 대해 배워야 할 것이 여전히 많았다.

▣ 진리 알기

- 사람들이 거룩하신 하나님과 교제하려면 개인적인 성결이 필수적이다.
- 하나님은 결혼 서약의 엄수를 항상 중시하신다.
- 모든 사람은 평생에 걸쳐 하나님께 더 깊이 헌신할 수 있는 기회를 갖는다.
- 하나님은 우리가 드리는 예물을 주시하신다.

- 하나님께 쓰임받는 사람이라면 정결하게 하시는 하나님의 작업을 허락해드려야 한다.
- 하나님에 대한 사랑은 항상 하나님에 대한 섬김으로 증명될 것이다.
- 하나님의 백성에게는 책임이 요구된다.

▣ 적용하기

- 전염될 수 있는 질병들과 관련된 하나님의 명령에서 우리는 하나님의 본성과 관련해 어떤 교훈을 배우는가?
- 당신의 삶에서 회복을 위해 적극적으로 나서도록 하나님이 요구하시는 깨어진 관계는 없는가?
- 당신 삶의 우선순위에 대한 목록을 작성해보라. 하나님은 그 목록의 어디쯤에 계시는가?
- 하나님이 최우선순위가 되시려면 당신의 삶에 어떤 변화가 필요한가?
- 하나님께 어떤 약속을 했는가? 그 약속들을 지키기 위해 어떻게 하고 있는가?
- 하나님의 거룩하심을 깨달은 사람의 삶에는 어떤 변화가 일어나는가?

삶의 적용

거룩한 얼굴 선생님

아도니람 저드슨(Adoniram Judson)은 복음을 전해야겠다는 마음이 간절하여 선교사로 미얀마에 도착했을 때 한 미얀마인에게 다가가 그를 껴안아주었다. 집으로 돌아간 그 남자는 자신이 천사를 보았다고 말했다. 저드슨의 얼굴에 살아 계신 그리스도의 영광이 찬란하게 드러나서 사람들은 그를 '거룩한 얼굴 선생님' 이라 불렀다.

하나님의 임재로 인해 당신의 삶에 변화가 일어난 것을 사람들이 확연히 알 수 있는가? 교회나 가정, 학교에서 당신은 어떻게 비쳐지고 있는가?

우리가 주님께 더 가까이 나아가기 위해 헌신할 때, 여러 가지 추가적인 헌신이 필요하다. 우리 마음을 하나님의 말씀으로 가득 채우겠다는 헌신, 죄 고백과 회개와 배상을 통해 개인적인 정결함을 추구하겠다는 헌신, 하나님과 우리의 친밀성을 더럽히고 방해하는 세상의 일들로부터 '구별되겠다'는 헌신, 그리고 주님과의 친밀한 관계를 유지하기 위해 필요한 것은 무엇이든지 하겠다는 헌신이 이에 해당된다.

기도

주 예수님, 주님과 주님의 부활의 능력을 알기 원합니다. 주님께 더 가까이 가고 싶습니다. 주님의 사랑과 돌보심을 가까이 경험하기 위해 변화가 필요하다면 기꺼이 감당하겠습니다. 제 삶에서 주님께 나아가는 것을 막는 영역들을 깨닫게 해주소서. 아멘.

teaching guide

티칭 가이드

심층 연구

A. 하나님의 질투와 인간의 질투

의심의 제물에 대한 규례는 한 남편이 아내에게 질투심이 생겨 그녀의 정절을 의심할 경우 제사장이 어떻게 대처해야 하는지를 보여준다. 그러나 이 규례는 그러한 의심의 적절성에 대해서는 어떤 언급도 하지 않는다. 이러한 질투가 바람직한지의 여부를 알기 위해 우리는 성경에 나타난 질투의 의미를 살펴볼 필요가 있다. 하나님은 이스라엘에게 이렇게 명령하셨다.

> "너를 위하여 새긴 우상을 만들지 말고 또 위로 하늘에 있는 것이나 아래로 땅에 있는 것이나 땅 아래 물 속에 있는 것의 아무 형상이든지 만들지 말며 그것들에게 절하지 말며 그것들을 섬기지 말라 나 여호와 너의 하나님은 질투하는 하나님인즉 나를 미워하는 자의 죄를 갚되 아비로부터 아들에게로 삼사 대까지 이르게 하거니와 나를 사랑하고 내 계명을 지키는 자에게는 천 대까지 은혜를 베푸느니라"(출 20:4-5).

하나님의 언약 백성이 우상을 만들거나 섬기면 하나님은 질투하신다. 특별히 결혼 관계에서 이 단어는 '부부간의 정열(conjugal zeal)' 을 묘사하기 위해 사용된다(Vos, 136). 여기서 인간은 하나님을 인간이 수용 가능하다고 생각하는 가시적인 상징물로 격하시키고 있다. 그러나 하나님께 거룩하게 예배 드리기 위해서는, 그분의 속성에 따라 그리고 우리의 유일한 사랑과 헌신의 절대적 대상으로서 그분께 다가가야 한다. 마찬가지로 결혼을 통한 연합은 어떤 경쟁자도 허락해서는 안 된다. 남편과 아내가 경쟁적인 구애자에게 자신을 허용한다면 그것은 거룩한 사랑의 토대를 위협하는 것이다. 하나님은 자신과 자기 백성들과의 영적 연합과 인간의 결혼 관계의 밀접한 유사성을 보여주신다.

이러한 친밀하고 밀접한 관계는 소유 의식을 내포하고 있다. 물론 남자들은 자기 아내를 단순한 소유물로 여기면 안 되며, 아내 역시 남편을 그런 식으로 바라보면 안 된다. 그러나 자신의 영적 자녀들이 그리스도를 떠나자 바울도 질투했다(고후 11:2). 야고보는 자신의 서신에서 성령이 시기하실 정도로 그리워하시며(NKJV) 강렬히 부러워하시고, 혹은 하나님 자신이 우리 안에 거하시는 성령을 부러워하신다고(약 4:5 NASB) 지적한다. 하나님은 우리의 삶에 대한 절대적인 권리를 갖고 계신다.

때로 남편이 아무 이유 없이 아내를 시기하게(의심하게) 될 수도 있다. 그러한 경우, 의심의 법에 기록된 절차를 수행하면 아내는 모든 혐의를 벗게 될 것이다. 마찬가지로, 우리는 성경이 질투를 옹호하지 않는다는 것을 알아야 한다. 야고보는 독자들에게 "시기와 다툼이 있는 곳에는 요란과 모든 악한 일이 있음이니라"(약 3:16)고 상기시킨다. 질투는 비방으로 이어진다. 하나님은 우리에게 비방을 없애라고 하셨다(골 3:8). 의심의 제물을 통해 하나님이 재갈 먹이려고 하신 것도 이러한 비방이었다.

남편과 아내들은 결혼 관계의 성실함을 통해 서로에게 헌신해야 하며 의심이 발붙일 수 없도록 신뢰와 정절을 고수해야 한다. 또 다른 한편으로, 우리는 자신들의 결혼의 명예를 보호할 합당한 근거를 가진 사람들을 부정적으로 보아서는 안 되며, 그 배우자들은 건강한 의심일 경우 (자신이 정결하다는) 충분한 이유를 해명해야 한다.

B. 모세와 하나님과의 독특한 관계

구약 기간 동안 하나님은 "선지자들로 여러 부분과 여러 모양으로 우리 조상들에게"(히 1:1) 말씀하셨다. 그분은 모세에게 말씀하셨다. 독특한 방법으로 이스라엘 백성에게 말씀하시기 위해 모세를 사용하셨다. 실제로, 우리는 하나님과 인간 사이에 얼굴을 마주 대하고 특별한 만남을 지속한 예를 이 외에는 보지 못한다. 확실히 때로 하나님은 다른 사람들에게 정도는 다르지만 얼굴을 마주 대하고 말씀하셨다. 하지만 그분이 그런 만남을 하신 경우는 매우 드물며 또한 꿈과 환상과 (적어도 한 번 사무엘과는) 음성을 통해(삼상 3:2-14) 사람들에게 말씀하셨다. 다윗은 때로 하나님과 특별히 친밀한 관계를 공유했던 것 같지만, 에봇이나 선지자와 같이 하나님께 뜻을 구하기 위해 다양한 중재자나 수단을 사용했다. 어떤 경우, 그는 직접 하나님께 말씀드렸을 것이지만 본문은 그 점을 항상 명확히 밝히지는 않는다(삼상 23:1-4를 참고하라. 여기서 다윗이 하나님께 직접 말씀드렸을 수도 있고, 혹은 다른 합법적 매개를 이용했을 수도 있다).

모세의 후계자인 여호수아는 모든 면에서 그를 계승한 것은 아니었다. 하나님은 가나안을 정복하던 저녁에 직접 여호수아에게 말씀하셨다. 하지만 그 이후 평생 동안 그를 인도하시고 어려운 정복 전쟁이 있을 때 올바른 지혜를 주시기 위해 하나님의 성문화된 말씀에 그를 위탁하셨다(수 1:1-8). 사도 바울은 다메섹으로 가는 길에서 영광을 받으신 구세주를 직접 대면했다. 그는 또한 후에 "주의 환상과 계시"(고후 12:1)를 말했다.

학자들과 일반 독자들은 때로 모세를 어떻게 불러야 하는지 망설인다. 그는 선지자였는가? 그가 선지자라면 우리는 "모세가 누렸던 것처럼 여호와께 직접적이고 지속적으로 나아갈 수 있었던 영광을 누린 선지자는 아무도 없었음"(Vos, 105)을 안다. 그가 하나님께 가까이 나아갈 수 있었다 해도 형 아론처럼 제사장이 아니라는 것을 알고 있다. 그는 하나님이 왕정을 세우시기 전에 생존했던 인물이지만 유다 지파 출신이 아니라서 합법적인 왕이 될 수도 없었다. 아마 우리는 모세를 하나님의 특별하고 특권적인 대변인으로서 그리고 독특하게 하나님과 관계를 누린 사람으로서 인정해야 할 것이다.

고안

A. 들어가는 글

1. '거룩, 거룩, 거룩하다' 이야기로 시작하라.
2. 배경 설명: 하나님은 자기 백성들을 노예 상태에서 벗어나 아름다운 땅을 선물로 받도록 준비시키신다. 그들에게 육체적 건강과 갈등을 해결하고, 그분을 위한 특별한 봉사를 위해 사람들을 구별하는 것에 대한 지침을 주셨다.
3. 적용: 매우 다양한 시기와 환경에서 하나님은 자기 백성들을 거룩하도록 부르셨고, 그분을 섬기기 위해 구별되게 하신다.

B. 본문 이해

1. 지파들의 순결(5:1-31)
2. 나실인의 서원(6:1-27)
3. 봉헌 예물(7:1-89)
4. 그 외의 봉헌 예물(8:1-26)

C. 결론: '거룩한 얼굴 선생님' 을 읽어주라.

토의 질문

1. 민수기 5장의 시작 단락은 다소 가혹한 내용인 것 같다. 하나님이 이스라엘 백성에게 무엇을 가르치려 하신다고 생각하는가? 그리고 이 교훈이 그들의 광야 여행에 어떤 영향을 미칠 것인가?

2. 5장 11-29절에 기록된 부정에 대한 시험이 간음죄를 지으려는 사람들에게 어떤 영향을 미칠 것 같은가? 현대를 살아가는 우리의 사고 방식에 적용할 수 있는 원리는 무엇인가?

3. 나실인 서원의 금지 규정이 갖는 의미는 각기 무엇인가?

4. 각 지파가 하나님께 동일한 예물을 바친 이유는 무엇이라고 생각하는가? 이것이 하나 됨을 이루는 데 어떤 도움이 되는가?

5. '구별되다' 는 것은 무엇을 의미하는가? 민수기 8장을 살펴본 후 당신의 생활 방식에 대해 하나님이 지적하시는 것은 무엇인가?

민수기 9-12장

하나님의 인도하심

"하나님은 주로 어떤 방식으로 행동하는 것에 대한 이유들을 깨닫게 하심으로 나를 인도하신다."

- 존 웨슬리(John Wesley)

민수기 9-12장에서 이스라엘 백성은 여행에 대한 준비를 하고 행군을 시작한다. 하나님이 구름 기둥과 불 기둥으로 인도하실 때 그들은 여러 가지 의식을 지켜야 했다. 그들은 유월절 절기를 지켜야 했고(민 9장), 특정한 순서를 따라 행군을 해야 했다(민 10장). 그들은 하나님이 메추라기를 주심으로 그들의 불평에 응답하시는 것을 보았다(민 11장). 그리고 지도자들의 반역을 하나님이 처리하시는 방법을 보았다(민 12장).

들어가는 글

하나님의 GPS

비행기는 일반적으로 비행 시간의 90퍼센트를 항로에서 벗어난다. 그러나 비행기는 항로를 유지하기 위해 위성항법장치(GPS)라는 장비를 갖추고 있다. 모든 비행기 시스템은 항로에서 벗어나지 않도록 바람과 상승 기류, 하강 기류 그리고 비행중인 다른 비행기들과 조정을 하며 끊임없이 항로 수정을 한다.

하나님도 GPS를 갖고 계신다. 가을 밤 우리가 평화롭게 잠자고 있을 때 수백만 마리의 새들은 따뜻한 남쪽을 향해 어둠 속을 조용하게 날아간다. 아메리카 꾀꼬리를 예로 들어보자. 가을이 되면 이 철새들은 짐을 꾸리고 그들의 보금자리를 닫고 남쪽으로 향한다. 계절이 그들에게 떠날 때임을 일러준다. 한 전문가는 이렇게 쓴다. "북미 동부 지역에 걸쳐 한랭 전선이 형성되면 딱새와 다른 새들과 더불어 아메리카 꾀고리들이 겨울을 날 멕시코와 라틴 아메리카로 무리를 이루어 날아가는 것을 볼 수 있다." 한랭 전선이 지나가면 보통 맑은 하늘과 북풍이 따라온다. 이러한 조건들은 철새들이 이동하기에 이상적이다. 새들은 아무런 폭풍의 위험도 없고 등 뒤쪽으로 바람이 밀어주는 상태에서 맑은 하늘의 별 때문에 길을 쉽게 찾아갈 수 있다.

새들은 수천 개의 집과 고속도로와 쇼핑 전문점들과 주차장들 위로 높이 날아 각 주를 건너간다. 아메리카 꾀꼬리가 직접 고향으로 날아가기로 한다면, 단 하룻밤에 멕시코만을 날아 965킬로미터의 바다를 건너갈 수 있다. 하지만 이 새는 자신이 어디로 가는지 정확히 알고 있다. 가야 할 방향과 때와 방법을 정확히 알려주는 완벽한 안내 시스템을 하나님이 그 머리에 심어놓으셨기 때문이다.

이스라엘 백성은 그들 내면의 GPS를 이용할 것이다. 그러나 하나님은 다른 계획을 갖고 계셨다. 하나님은 백성들이 여행 중에 그분을 신뢰하도록 가르치셨다. 하나님은 가나안 땅에 도착하면 그 땅이 요구할 필요들에 대비해 필수 훈련을 시키실 것이다. 그래서 이스라엘 백성을 위한 최초의 GPS의 일부로 민수기 9-12장은 경로를 벗어나 떠돌지 않도록 진군 명령을 준비하고 있다.

본문 이해

하나님의 인도하심

Main Idea	이스라엘을 기적적으로 인도하시는 하나님은 그들이 확정된 절기들을 지키고, 규례에 따라 질서 있게 나팔을 불며, 그분의 공급하심을 믿고, 택함을 받은 지도자들을 존중함으로써 그분께 온전히 순종할 것을 요구하셨다.

A. 유월절에 대한 추가적 규례와 구름의 나타남(9:1-23)

Supporting Idea	백성들은 유월절과 하나님의 임재를 동시에 누렸다.

9:1-5. 첫 유월절은 이스라엘 백성이 추격하는 바로의 군대보다 먼저 애굽에서 탈출할 준비를 할 때 지켜졌다. 그러나 그들이 가나안 땅에 도착하면 영원히 이 의식을 지켜야 할 것이다(출 12:24-25). 그러나 그 땅에 도착하기 전에 유월절이 준수되지 않고 지체되는 것을 막기 위해서 하나님은 시내산에 있는 기간에 그것을 지키라고 명령하신다. 하지만 유월절 절기의 시기는 전혀 변하지 않았다. 그들은 이달(아빕월) 십사 일 해질 때에 유월절 절기를 지켜야 할 것이다. 문설주에 피를 바르는 것(출 12:22-23)을 제외한다면, 그들은 이전의 모든 규례에 따라 엄격하게 그 절기를 지켜야 했다. 문설주에 피를 바르는 의식은 그들이 처한 환경에서 독특하게 필요한 것이었고, 죽음의 천사로부터 보호받을 수 있는 수단이었다.

9:6-14. 그러나 죽은 시체 때문에 부정하게 된 일부 사람들을 위해 특별한 규정을 마련해야 했다. 하나님은 일찍이 시체와 접촉한 모든 사람들을 진에서 추방하도록 이스라엘 백성에게 명하신 적이 있다(민 5:1-3). 그러나 이 부정한 사람들 역시 유월절을 지키기 원했다. 그것은 새롭게 대두된 문제였고 이전에 하나님이 다루신 적이 없는 문제였다. 그래서 모세는 하나님의 지침을 구했고 여호와께서 너희에게 대하여 어떻게 명하

시는지 알 때까지 그들에게 기다리라고 말했다.

하나님은 이스라엘 백성이 그 다음 달에 절기를 지키도록 허락하심으로써 모세의 질문에 응하셨다. 지정된 다음 달까지 남은 한 달은 아마 부정하게 된 사람들이 정결 의식을 치를 시간적 여유를 주었을 것이다. 마지막 당부로, 하나님은 그 공동체가 이유 불문하고 유월절 절기를 지키도록 경고하셨다. 그렇게 하지 않는 사람은 죽음을 면치 못할 것이다. 이방인들도 정해진 때에 절기를 지킬 수 있었다.

9:15-23. 모세는 성막 위를 덮은 구름에 대한 이야기와 "여호와의 영광이 성막에 충만한" 것에 대한 내용으로 출애굽기를 마무리했었다(출 40:34-38). 이제 여기서 그는 구름과 이스라엘 백성을 인도하는 역할에 대해 더 자세한 내용을 제공하고 있다. "하나님이 직접 그들의 진군을 인도하셨다"(Keil, 52). 그 구름은 성막의 "성소와 지성소 위에 집중해 있었을" 것이다(Harrison, 161-162). 밤에는 그 구름이 불 모양처럼 보였다. 그 불 같은 모양은 해리슨이 추측한 것처럼 하나님의 위엄을 숨기는 낮의 구름과 달리 하나님의 주권을 선언한 것이 아니었다. 그것은 단순히 "그분의 은혜로운 임재의 가시적 증거와 수단"으로 역할을 했을 뿐이다(Keil, 52).

따라서, 구름은 행군 중인 그 민족에게 위로를 주었고, 또한 하나님께 순종해야 하는 그들의 의무를 깨닫게 해주었다. 그들의 행로는 너무 단순했다. 구름이 성막에서 떠오르는 때에는 이스라엘 자손이 곧 진행하였고 구름이 머무는 곳에 이스라엘 자손이 진을 쳤다.

이 절들은 이스라엘 백성에게 전적으로 하나님을 의지하고 그분의 직접적인 인도 없이는 진군하려고 하지 말 것을 일깨워준다. 이스라엘 백성은 먼저 그들 앞서 구름이 이동하는 것을 눈으로 보지 않으면 출발할 수 없었다. 때로 그들은 여러 다른 장소에서 여러 차례 짧은 기간 멈추었다가 신속히 이동해야 할 것이다. 또 어떤 때는 같은 장소에서 긴 시간 동안 진을 치고 머물렀을 것이다. 이틀이든지 한 달이든지 일년이든지 이스라엘 백성은 구름이 떠오르는 것을 볼 때까지 한 장소에 머물러야 했다. 구름이 떠오르는 것을 본 뒤에야 출발해야 했다. 레위인들은 아마 구름이 밤 사이에 떠오르는지 확인하기 위해 구름을 감시하는 '파수꾼들'을 임명했을 것이다.

B. 은 나팔과 하나님의 인도하심(10:1-36)

Supporting Idea 이스라엘 백성은 나팔 소리를 듣고 소집하여 시내 광야를 출발한다.

10:1-10. 이스라엘 백성을 신속하게 소집하는 데 도움이 되도록 하나님은 모세에게 은나팔 둘을 쳐서 만들라고 지시하신다. 이 나팔들은 온 회중을 한 곳에 소집하는 것과 진이 출발하도록 알리는 데 사용될 것이다. 이 나팔들은 하나님이 구름을 떠오르게 하셨으므로 곧 출발할 것임을 알리는 신호로 사용될 수 있었다.

두 나팔 소리가 울릴 때마다 온 회중은 회막 문 앞에 모여서 모세에게로 모일 것이다. 그러나 나팔이 하나만 울리면 지도자들만 모세에게 호출받을 것이다. 지파들이 진을 정리하고 이동해야 할 경우, 나팔 소리는 울려 불어야(짧게 불어야) 했다. 이것은 울려 불지 않는 소리를 내어 회중들의 소집을 알리는 것과는 명백히 다른 소리였다. 회중들을 소집할 경우는 아마 더 긴 소리였을 것이다.

아론과 그의 아들들이 나팔을 불어야 할 것이다. 하나님은 그들에게 영원한 율례로서 이 절차를 지키도록 명령하셨다. 또한 나팔의 다른 두 가지 용도를 알려주셨다. 하나는 적에게 공격을 당할 때 소집을 명하는 전투 신호였고, 또 다른 하나는 절기를 지킬 것을 알리는 신호였다. 첫 번째 신호는 이스라엘 백성이 가나안 땅에 정착할 때를 고대하는 소리였다. 그들이 무기를 들기 전에 적군과의 교전에서 하나님의 도우심을 구하기 위해 나팔을 불었을 것이다. 나팔의 나머지 용도는 중요한 절기들을 지킬 때 사용되었다. 제사장들은 번제물과 화목 제물을 드릴 때 나팔을 불어야 할 것이다.

10:11-13. 이스라엘에게 영적인 토대(성막 예배와 관련 절차에 대한 규정)를 마련해 주신 하나님은 이제 그들에게 약속의 땅을 향해 가도록 지시하신다. 그들과 영원히 함께하겠다는 약속을 하시며 하나님은 그들을 목적지로 인도하신다. 그들은 늘 하나님과 동행해야 하며 그분이 명하신 모든 규례에 순종해야 한다. 하나님은 그들과 동행하시겠다는 조건을 그들의 순종에 두었다.

그들의 일차 목적지는 바란 광야였다. 아마 이곳은 팔레스타인 남서쪽에 위치했을 것이다. 이곳은 이스마엘 가문의 고향이었다(창 21:21). 학자들은 이 내러티브에 등장하는 바란과 그 외 다른 장소들의 정확한 위치에 대해 계속 논쟁하고 있다. 하지만 그들은 시내 광야와 바란 광야 사이의 여러 곳에서 짧은 기간 동안 쉬기 위해 멈추었다(민 11:34-35). 구름이 계속 그들을 인도했고, 그들의 다음 목적지에서 멈추었다. 하나님은 모세를 통해 그들을 인도하셨다.

10:14-28. 암미나답의 아들 나손이 지휘하는 유다 지파가 바란으로 향하는 첫 행군을 인도했다. 그 지파 앞에는 유다 지파를 상징하는 깃발이 섰다. 유다 지파를 이어 느다넬이 이끄는 잇사갈 지파가 뒤따랐고, 엘리압이 이끄는 스불론 지파가 그 뒤를 이었다. 성막 일을 위임받은 레위인들 역시 성막을 해체하여 유다 지파 뒤에서 그것을 메고 이동하는 그들의 직무를 시작했다.

다음으로는 엘리술이 이끄는 르우벤 지파, 슬루미엘이 이끄는 시므온 지파, 엘리아삽이 이끄는 갓 지파가 각 지파를 상징하는 깃발을 들고 이동했다. 에브라임, 므낫세, 베냐민 지파가 차례로 그 뒤를 이었다. 제일 뒤는 단, 아셀, 납달리 지파가 행진했다.

10:29-32. 학자들은 이드로의 아들 호밥의 정체를 두고 논쟁을 벌여왔다. 이 논쟁은 일견 보기에 서로 상충하는 듯한 여러 본문들에서 기인한 것이다. 우리 본문은 호밥을 모세의 장인의 아들로 밝히고 있다. KJV, NASB, NJKV, RSV의 사사기 4장 11절과 몇 가지 다른 번역본들은 겐 사람들이 모세의 '장인'인 호밥의 후손임을 암시한다. 그러나 출애굽기 3장 1절은 우리의 현재 본문에서 르우엘(또한 출 2:18의 확실한 언급을 참고하라)이라 소개된 이드로가 모세의 장인이라고 기록한다. 이슬람교에서는 일부 기독교 학자들처럼 호밥을 이드로와 동일시하지만 수용하기 어려운 주장이다. 그들은 르우엘이 여로보암처럼 일종의 한 부족 이름으로, 한 가문 사람들이 계속해서 흔하게 사용하는 이름이라고 주장함으로써 이 주장을 정당화시키려고 시도한다.

NIV는 이 표현을 사사기 4장 11절에서 '처남'이라고 번역한다. 아마 구체적인 어떤 관계보다도 "결혼으로 인한 친족 관계"라는 의미로 그렇게 번역했을 것이다(Winterbotham, 92). 그 경우 사사기 4장 11절은 헤벨이 속한 정확한 겐 족속, 즉 호밥을 확인하려 의도했고, 이 십난이 결혼 관계를 통해 모세와 관련되어 있었음을 밝히려 했다. 그러므로 호밥은 모세의 처남이며 또한 르우엘(이드로)의 아들이다.

모세는 호밥에게 행군을 하는 그와 이스라엘 지파의 안내자가 되어달라고 부탁했다. 처음에 호밥은 자기 땅과 종족에게 돌아가기를 바라고 그 요청을 거부했다. 그러나 모세의 설득으로 이 제안을 받아들이고 시내 광야를 출발했다.

10:33-36. 언약궤가 앞서 행하는 가운데 이스라엘 민족은 3일 동안 행군을 계속했다. 언약궤가 이동하기 시작하면 모세는 하나님이 그의 적들을 무찔러주심으로 그들을 보호해달라는 뜻에서 전쟁 용어를 사용해 기도했다. 그러나 언약궤가 이동을 멈추면 모세는 여호와여 이스라엘 천만인에게로 돌아오소서라고 소리쳤다. 자기 백성들의 중대한 우방이 되신 하나님이 그분의 목적을 반대하는 모든 자들의 간담을 서늘하게 하실 것이다(고후 2:14-16과 비교하라).

C. 불, 메추라기 그리고 시험(11:1-35)

Supporting Idea	이스라엘 백성은 하나님의 풍성한 공급을 신뢰하는 법을 배웠다.

11:1-3. 첫 번째 긴 행진을 한 후 이스라엘 백성은 모세와 하나님 앞에서 악한 말로 원망했다. 우리는 행진과 원망을 연관시켜 육체적 피로 때문에 자제력이 부족했다고 추정할 수 있다. 물론 이것이 여호와 앞에서 원망한 것에 대한 변명이 될 수 없다. 그러자 하나님은 진노하셨다('심층 연구' 를 참고하라). 하나님은 그들의 원망에 대해 불을 보내셔서 진 끝을 사르게 하셨지만, 그 불 때문에 피해를 입은 사람은 없는 것 같다. 불은 백성의 마음속에 두려움을 주었고 많은 이들이 영적인 잠에서 깨어나도록 했다. 백성은 모세에게 울부짖었고 그는 불을 꺼달라고 여호와께 기도했다. 그러자 하나님은 모세의 기도에 응답하셨고 불은 꺼졌다.

다베라라는 이름은 '불타다' 혹은 '불꽃' 이란 뜻이다(NIV의 난외주를 비교하라). 그리고 해리슨(Harrison)이 지적한 대로(182) 민수기 33장의 광야 생활에 대한 요약에는 언급되지 않는다. 하지만 모세는 신명기 9장 22절에서 이 사건을 기록하고 있다.

11:4-9. 다음으로 이스라엘 백성은 애굽에서 먹었던 음식들을 그리워하면서 늘 만나만 먹는 식단에 대해 불평했다. 애굽에서는 신선한 채소와 생선을 먹을 수 있었다.

11:10-15. 모세가 엄청난 무리의 쉼 없는 원망을 어떻게 감당할 수 있겠는가? 여기서 모세는 다소 자기 연민에 빠져 있다. 모세가 애굽에서의 끔찍한 생활을 잊었다는 말인가? 그는 한 애굽인을 죽이고 미디안으로 도망갔던 수십 년 전에 그가 받은 구원을 깨닫지 못하고 있는가? 어떻게 그가 표적과 기사를 통해 애굽에서 건져내신 하나님의 구원

역사를 기억하고 감사하지 않을 수가 있는가? 이어서 모세는 이 백성들이 자기 책임이 아니므로 이들을 돌보는 책임에서 벗어나게 해달라고 구한다. 그는 이 민족을 낳은 것도 아니었고 그들을 인도하고 싶었던 것도 아니었다. 하물며, 자원이 빈약한 광야에서 그들의 요구를 어떻게 채워줄 수 있겠는가? 모세는 자신을 기다리는 개인적인 곤고함만 보았고, 심지어 죽여달라고 청하기까지 했다.

11:16-17. 하나님은 다른 시각에서 이 상황을 바라보시고, 모세에게 지도력의 공유에 대해 가르치시는 기회로 사용하신다. 하나님은 모세에게 임한 신을 이스라엘 노인 칠십인에게도 임하게 하시고, 백성의 짐을 담당하게 하심으로 모세 리더십의 일부를 그들에게 분배하신다.

11:18-25. 하나님은 모세에게 백성들로 하여금 하나님의 다음 역사에 대비하게 하라고 말씀하신다. 그들은 먹을 고기를 얻게 될 것이다. 그러나 하나님은 그들의 불신에 대해 심판하실 것이며 어떤 것이라도 계속 먹으면 질릴 수밖에 없음을 깨닫게 하실 것이다. 모세는 자신이 이 모든 일을 어떻게 감당할 수 있느냐고 하나님께 반문한다. 하나님은 모세에게 한 가지 질문을 하신다. 여호와의 손이 짧아졌느냐? 이 말씀을 들은 모세는 백성에게 하나님의 말씀을 전하고 또한 지도자의 책무를 감당하게 될 칠십 인의 장로들을 소집했다.

11-26-30. 이제 우리는 모세의 참된 성품과 또한 하나님께 쓰임받는 모든 사람에게 요구되는 특질을 엿볼 수 있다. 그것은 겸손이다. 칠십 인의 장로가 하나님의 영적 은사를 받을 때 그 자리에 함께 있지 않았던 두 사람이 동일한 은사를 받고 진에서 예언하고 있었다. 하나님은 그 누구에게도 알리지 않고 그들에게 이 은사를 주셨을 것이다. 이 행위를 보고받은 충직한 여호수아는 놀라 모세에게 그들을 금하소서라고 말한다. 모세는 이 두 종, 엘닷과 메닷을 인정해주었다. 그는 여호와께서 그 신을 그 모든 백성에게 주사 다 선지자가 되게 하여 그와 같은 은사를 소유하게 되었으면 좋겠다고 말한다. 모세는 그들과 같은 선지자들이 더 있다면 하나님의 영향력이 더욱 확대될 것이라고 생각했다.

11:31-35. 하나님은 강한 바람을 불게 하셔서 약속한 메추라기를 그들에게 주신다. 이 새들은 아프리카에서 그쪽 방향으로 이동하고 있었을 것이다(Harrison, 191). 메추라기들은 바람으로 인해 기진한 상태였기 때문에 백성들의 손아귀를 피할 수 없었을 것이다. 그들은 메추라기를 마음껏 모아(적게 모은 자도 십 호멜이라) 진 사방에 펴놓았다.

그러나 그들이 메추라기를 먹는 동안에 하나님은 심각한 역병으로 그들을 치셨다. 모세는 그 장소를 기브롯 핫다아와('탐욕의 무덤')라고 불렀다. 이는 그 고기를 게걸스럽게 먹던 자들만이 멸망당했음을 암시하는 것 같다(JFB, 120).

D. 모세의 지도력에 대한 미리암과 아론의 도전(12:1-16)

Supporting Idea	맹목적인 야심에는 한계가 있고 그에 따르는 결말을 맞게 된다.

12:1-2. 이스라엘이 하세롯에 도착한 지 얼마 안 되어 모세는 개인적인 시련에 직면했다. 자기 혈육이 그의 권위에 도전하며 대항했던 것이다. 미리암과 아론은 모세가 구스 여자를 취하였으므로 그에 대해 비방하기 시작했다. 우리는 여러 가지 이유에서 미리암이 주도적으로 이 도전에 나섰으리라고 추측할 수 있다. 이 구절에서 그녀가 먼저 언급되고 이어 아론이 언급된다. 또한 미리암만이 하나님의 직접적인 심판을 받았다. 마지막으로, 아론은 이미 의지력이 약한 자라고 밝혀졌으므로 아마 우상 숭배자들의 압력에 굴복했듯이 미리암의 압력에 굴복했을 것이다(출 32장을 참고하라).

미리암은 모세가 구스 여자를 아내로 선택한 데 대해 흠을 잡으며 그를 비난했다. 아마 십보라가 이미 사망하여(그녀가 전혀 언급되지 않으므로) 모세가 재혼했을 것으로 보인다. 모세가 광야 여행 중에 어느 곳에서 구스 여인을 만났을 수도 있다. 아니면, 애굽에서부터 계속 이스라엘 백성과 함께했던 여인일 수도 있다. 그러나 미리암의 주장은 근시안적이다. 하나님은 가나안 땅의 이방 여인들과 이스라엘 백성이 통혼하는 것을 금지하셨지만(출 34:15-16) 모든 이방인과의 결혼을 명시적으로 금하지는 않으셨다. 미리암은 모세가 구스 여인과 결혼한 것을 그의 지도력을 신뢰할 수 없는 이유로 지적했다.

미리암과 아론은 넘지 말아야 할 선을 넘기 시작했다. 여호와께서 모세와만 말씀하셨느냐 우리와도 말씀하지 아니하셨느냐? 그들의 말을 듣고 계셨던 하나님은 즉시 반응하셨다. 아론과 미리암은 이미 이스라엘 백성에게 높임을 받고 있지 않았는가? 아론은 레위 가문의 수장일 뿐 아니라 제사장 가문의 우두머리이기도 했다. 그와 그의 후손만이 하나님의 제사를 드릴 것이다. 그리고 미리암 역시 여선지자의 칭호를 갖고 있었다. 그녀가 모세와의 관계로 인해 이스라엘에서 가장 칭송을 받는 사람이었음은 의심할 여지가 없다(출 15:20-21).

12:3. 모세는 이러한 비난을 받을 정도로, 자신을 대단한 존재로 생각해본 적이 없었다. 모세조차 그 말이 옳다고 생각했을지도 모른다. 이런 태도는 그의 인품에서 나온다. 그는 매우 겸손한 사람이었고 온유함이 지면의 모든 사람보다 승하였다. 모세는 "하나님과 동등됨을 취할 것으로 여기지 아니하시고"(빌 2:6) 종의 형체를 가지신 그리스도의 영을 반영한 사람이었다. 모세는 자신의 지위와 서열에 집착하지 않고 침묵을 지켰다.

12:4-9. 하나님은 곧바로 당사자들을 회막으로 나아오라 하시고 그 문제를 해결하려 하셨다. 그곳에서 하나님은 구름 기둥 가운데로 강림하셨다. 말씀하시는 이가 바로 자신임을 그 누구도 의심하지 않도록 명확하게 보여주셨다. 그분은 일반 선지자들에게 이상이나 꿈과 같은 여러 매개를 통해 말씀하셨다. 하지만 모세만이 대면하여 말하는 특별한 관계를 누렸다. 실제로 하나님이 모세에게 말씀하신 모든 사례들이 이것을 입증한다. 그분은 모세에게 한 사람이 다른 사람에게 말하듯이 말씀하셨다. 더욱이 모세는 여호와의 형상(하나님이 모세와 이야기하실 때 그에게 보이신 가시적인 현상들을 가리킨다)을 보았다. "하나님은 영"(요 4:24)이시므로 육체를 갖지 않으시기 때문에 우리는 모세가 이사야의 경험(사 6:1-5)과 비슷한 하나님의 임재라는 가시적 현현을 목격했을 것이라고 생각한다. 하나님은 이제 모세의 두 남매에게 진노로 반응하신다.

12:10-16. 미리암이 경험한 것처럼 하나님의 임재가 항상 구원을 위한 것은 아니다. 구름이 장막 위를 떠나자 미리암은 문둥병에 들려 눈과 같이 희어졌다. 미리암을 바라본 아론은 하나님이 심판을 내리신 것을 깨닫고 그들이 저지른 죄의 결과임을 깨달았다. 그는 모세에게 미리암을 위해 뭔가 해줄 것을 요구했다. 모세는 하나님께 그녀의 나병을 낫게 해달라고 기도했다.

하나님은 당혹스러운 말씀으로 응답하셨다. 그의 아비가 그의 얼굴에 침을 뱉았을찌라도 그가 칠일간 부끄러워하지 않겠느냐? 미리암이 실제로 그러한 일을 당했다면 굴욕스러웠을 것이다. 하나님은 그 가족적 수치와 연관된 벌 외에는 더 이상 벌을 내리지 않으실 것을 알리셨다. 미리암은 정결을 위해 진 밖에 7일 동안 갇혀 있다가 진으로 돌아올 수 있었다. 그 일 후에 그들은 다시 계속 이동하여 바란에서 멈추었다.

Main Idea 복습

이스라엘을 기적적으로 인도하시는 하나님은 그들이 확정된 절기들을 지키고, 질서 있게 규례에 따라 나팔을 불며, 그분의 공급하심을 믿고, 택함을 받은 지도자들을 존중함으로써 그분께 온전히 순종할 것을 요구하셨다.

결론

하나님이 원하시는 곳에 있으라

우리 계획이 바라는 대로 이루어지지 않을 때가 있다. 그것은 하나님이 거대한 섭리로 우리를 우회하게 하시고 다른 곳으로 인도하시기 때문이다. 로버트 J. 모건(Robert J. Morgan)은 자신의 저서 「오늘의 역사 보기 365(On this day, 은성)」에서 1777년 급속히 성장 중이었던 감리교 운동의 존 웨슬리를 돕기 위해 영국 국교회 사역을 포기한 토마스 코크(Thomas Coke)에 대해 이야기한다. 토마스 코크는 지적인 옥스퍼드 대학 졸업생이며 웨일즈인이다. 1785년 9월 24일, 코크는 그와 함께하는 선교 단체가 안정적으로 자리잡기 원하는 곳인 노바 스코샤(Nova Scotia)로 가기 위해 책과 가방을 챙겨 영국을 떠났다. 영국 해협을 따라 항해하다가 대서양으로 들어섰다. 그러나 그 항해는 운이 나빴고 날이 갈수록 더욱 더 위험해졌다. 배는 산만 한 파도를 만났고 돛대가 박살 날 정도로 강풍에 부딪혔다. 선장은 코크와 그의 일행인 선교사들이 요나처럼 자신의 배에 불운을 가져왔다고 생각하고 그들을 배 밖으로 던져버릴 궁리를 했다. 그는 코크의 논문 몇 개를 가져가 미칠듯이 날뛰는 바닷속으로 던져버렸다. 항해는 당초 예상과 달리 3개월이 걸렸다. 심하게 상한 배는 노바 스코샤에 상륙하지 못하고 결국 카리브해로 가서 크리스마스에 안티구아(Antigua) 섬의 성 요한 항구에 겨우 정박했다.

코크는 안티구아의 어느 곳에 적어도 한 명의 감리교도가 살고 있음을 알았다. 그는 존 백스터(John Baxter)라고 하는 선교사였다. 그를 만나기 바라면서 코크와 세 명의 선교사들은 동이 트기 전에 보트로 해안까지 데려다달라고 부탁했다. 그들은 성 요한 항구의 거리를 걸어 내려가다가 백스터에 대해 물으려고 처음 마주친 한 사람을 불러 세웠다. 그 사람은 어두운 거리를 손전등으로 비추며 걷고 있었다.

그런데 그가 바로 백스터였다! 그는 안티구아를 위해 오랫동안 계획해온 특별한 크리스마스 오전 예배를 드리기 위해 가는 도중이었다. 코크와 그의 선교사들이 어둠 속에서 갑자기 나타나자 그는 믿기지 않을 정도로 기뻤다. 그날 몰려든 군중들이 모두 예배를 드리기 위해 세 번에 걸쳐 예배를 드려야 했다. 그후에 코크와 세 명의 선교사는 노바 스코샤에 가기로 한 계획을 완전히 포기했다. 그들은 안티구아와 이웃 섬들을 위해 선교 팀을 조직했다. 1814년 코크가 사망할 당시 그곳의 감리교 신자들은 17,000명이 넘었다.

이스라엘의 광야 여행에 대한 이야기가 항상 축복과 즉각적인 구원의 내용으로만 가득하지는 않다. 그 여행의 목적은 항상 하나님의 백성이 믿음과 인내로 성장하는 데 있었다. 그렇게 해야 하나님이 원하시는 백성이 되고 하나님이 원하시는 곳에 가게 될 것이다. 하나님의 뜻 안에서는 '항로 이탈' 이 없다.

■ 진리 알기

- 하나님은 성경을 통해 당신의 의사 결정 과정을 인도하기 원하신다.
- 하나님은 질서의 하나님이시다.
- 하나님은 자기 백성을 소집하고 비전과 방향을 창출하시기 위해 자신이 선택한 지도자들을 사용하신다.
- 비판과 원망을 제어하지 않고 방치하면 온 회중으로 번진다.
- 지도자들은 추종자들 못지않게 원망에 빠질 수 있다.
- 우리가 우리 뜻대로 이루어지지 않는다고 원망해도, 하나님은 인내하신다.
- 하나님은 능력을 주지 않고서 누군가에게 어떤 일을 하도록 요구하시는 분이 아니시다.

■ 적용하기

- 모든 일에 대해 성경에 호소하라. 하나님의 말씀은 무오하고 정확하므로 절대 당신을 실망시키지 않는다.

- 당신의 삶에 대한 하나님의 인도하심을 알기 위해 날마다 시간을 드리라.
- 모든 신자는 하나님의 돌보심과 인도하심의 증거인 성령의 임재를 누린다.
- 하나님을 위한 지도자의 책무를 질 때마다 하나님이 당신보다 앞서 가실 것을 믿으라.
- 비난에 부딪힐 때 당신을 악하게 대하는 사람들을 위해 기도하라. 하나님이 당신의 자비와 친절과 용서함을 인정해주실 것이다.

삶의 적용

지혜로운 선장

배가 육지에 가까워지고 있었다. 유명한 성경 교사인 F. B. 마이어(F. B. Meyer)는 선장과 선원들이 안전한 선착장까지 어떻게 배를 조종해 갈 것인지 궁금해하며 서늘한 바람을 맞고 서 있었다. 폭풍이 치는 밤이었고 시계(視界)는 좋지 않았다. 마이어는 선장에게 다가가서 물었다. "이 배를 저 좁은 항구로 돌려야 할 때가 언제인지 어떻게 아십니까?"

"해안에 비치는 세 가지 붉은 빛이 보이시지요?" 선장이 대답했다. "그 불빛들이 모두 일직선이 되면 바로 안으로 돌립니다."

후에 마이어는 이렇게 말했다. "우리가 하나님의 뜻을 알기 원할 때 항상 나타나는 세 가지가 있다. 내적인 충동, 하나님의 말씀, 그리고 환경의 변화 … 이 세 가지가 하나로 맞춰지지 않으면 결코 행동하지 말라."

이것은 지혜로운 선장과 지혜로운 그리스도인이 한 말이다. 하나님의 주권성에 비추어 이해해볼 때, 인생의 사건은 항상 한 가지 이유 때문에 일어난다. 이스라엘 백성은 신뢰하고 순종하는 법을 배워야 했다. 말씀의 빛, 하나님의 고요한 음성의 빛, 당신 앞에 열리고 닫히는 문의 빛이 하나로 일치되도록 애쓰라. 그리고 바로 안으로 들어가라!

기도

주님, 지금보다 더 선명하게 저를 인도해주시기를 원합니다. 주님의 GPS에 맞추어 항로를 벗어나지 않도록 도와주소서. 가는 도중에 갈림길이 나오면 지혜를 주셔서 주님의 길을 선택하게 하소서. 저와 여정을 함께할 사람들과 연합할 수 있는 지혜를 주소서. 길이 내 생각과 다른 방향으로 나 있는 것 같을 때 주님을 신뢰할 수 있는 용기를 주소서. 아멘.

심층 연구

A. 하나님은 오늘날 우리를 어떻게 인도하시는가? 인도하심의 신학

구름 기둥과 불 기둥은 40년 광야 생활 동안 이스라엘 백성을 인도하며 하나님의 보호하심을 가시적으로 상기시키는 역할을 했다. 우리는 우림과 둠밈을 사용하거나 제비뽑기를 하는 것과 같이 하나님의 인도하심에 대한 여러 예들을 살펴보았다. 그러나 오늘날에도 우리가 그러한 인도하심을 기대해야 하는가? 우리 인생의 결정에 대해 하나님의 뜻을 구할 때 그와 유사한 수단들에 의지해야 하는가?

이러한 방법들은 이스라엘 역사의 특정한 한 시기에 사용되었다. 그러므로 우리는 오늘날 그 방법들이 우리에게 표준적인 것이라고 인식해서는 안 된다. 그럼에도 불구하고, 하나님은 그들을 인도하신 것처럼 오늘날 우리를 인도하실 수 있다. 우리는 하나님의 뜻을 어떻게 결정하고 있는가? 첫째, 우리는 우리가 하는 모든 일에 하나님의 주권적인 뜻을 인정해야 한다. 우리 하나님이 전능하신 하나님이심을 단순히 인정하는 것에 그쳐서는 안 된다. 우리 삶에 대한 그분의 지배적인 뜻(우리의 성결)에 우리 자신을 내어맡겨야 한다(살전 4:3). 참으로 "하나님의 영광은 그리스도인의 삶을 이루는 결정적 요소이며 혹은 결정적 요소가 되어야 한다"(Ferguson, 20).

그리스도인들은 삶에서 하나님의 말씀을 따라야 한다. 때로 우리는 이것을 하나님의 도덕적 뜻이라고 부른다. 하나님의 말씀은 우리에게 삶에 대한 하나님의 목적과 우리가 따라야 할 명령을 알려준다. 오직 성경의 렌즈로 볼 때만 우리의 영적 시야를 흐리게 하는 죄에서 벗어날 수 있다. 여기서 우리는 일생 동안 우리 길을 인도할 몇 가지 일반적 경계들을 발견할 것이다. 그러나 그리스도인들은 하나님의 말씀에 면밀한 주의를 기울이며 그 교훈을 묵상해야 한다.

하나님은 자신이 택하신 대로 우리를 인도하실 것이며, 우리에게 그 인도하심을 따를 방법에 대한 지침을 주실 것이다. 예를 들어, 인생의 소명을 생각할 때 우리는 하나님이 각자에게 주신 영적 은사를 고려해야 한다(롬 12:4-8, 고전 12:1-31). 하나님은 우리에게 능력을 주시지 않은 일로 우리를 절대 인도하시지 않을 것이다. 우리는 현재와 미래의 기회들을 점검해보아야 한다. 바울은 데살로니가 교인들을 다시 한 번 방문하기를 간절히 원했다. 하지만 "사단이 우리를 막았도다"(살전 2:18)라고 고백한다. 우리의 가능성을 생각할 때, 우리의 게으름으로 인해 가능성이 제한될 수 있음을 유의해야 한다(잠 6:6-11). 가령, 우리가 의학 공부를 하고 싶지만 의사로서 자격을 갖추기 위해 필수적인 교육에는 무관심하다고 생각해보자. 우리가 자격을 우선적으로 갖추지 않으면 본질적으로 가능한 기회에서 스스로를 차단시키게 된다. 그러나 무엇보다 중요한 것은 우리가 우리 삶에 대한 하나님의 뜻을 발견할 수 있도록 하나님이 필요한 문을 열어주실 것이라는 점이다.

B. 모든 원망이 죄인가?

이스라엘 백성은 반복해서 하나님을 시험했고, 매사에 그칠 줄 모르는 원망으로 모세를 지치게 했다. 그들은 광야 생활의 형편에 대해 심하게 불평하며 만나밖에 없는 지겨운 음식에 대해 모세를 원망했다. 하나님은 놀라운 인내로 그들의 불평을 참아주셨지만 도를 넘어서자 그들을 심판하셨다.

그러나 하나님은 원망을 용납하시고 심지어 그것을 기뻐하실 수 있는가? 시편 기자와 다른 성경 저자들은 모든 원망이 다 부정적인 것은 아니라고 증명하는 것 같다. 시편 77편과 88편의 저자는 자신을 구원하실 하나님의 능력을 확신하면서 자신의 수많은 비통과 고통에 대해 하나님께 자기 영혼을 쏟아놓는다. 한나는 쓰라린 한탄으로 마음을 쏟아놓으며 심지어 자식을 낳지 못하는 자신의 처지로 인한 무거운 부담으로 식음을 전폐하기까지 한다. 그러나 하나님은 그녀의 원망에 응답하셨고 아들 사무엘을 주셨다. 욥은 욥기의 대부분에서 원망하는 모습을 보였고, 하나님은 불신앙에 대해 잠시 그를 책망하셨다. 그러나 하나님은 또한 엄청난 축복을 그에게 베푸셨고, 어떤 이들에게는 원망으로 들릴 수도 있는 기도에 부분적으로 응답하기도 하셨다.

우리가 하나님께 원망을 털어놓을 때, 우리의 삶에서 일어난 일에 대해 그분을 원망하지 않도록 해야 한다. 그분은 우리의 삶에 일어난 일을 분명히 허용하셨다. 우리는 하나님 앞에 우리의 비탄을 쏟아내고 마음을 토로할 수 있다. 하지만 그분의 뜻에 우리의 삶을 맡기면, 우리의 원망은 하나님의 은혜의 보좌 앞에서 기도로 바뀔 것이다.

교안

A. 들어가는 글

1. '하나님의 GPS' 이야기로 시작하라.
2. 배경 설명: 하나님의 백성이 된다는 것은 삶에서 하나님의 인도하심에 민감하다는 뜻을 지닌다. 이스라엘 백성은 애굽의 노예 생활에서 해방되었지만, 죄와 반역의 노예가 될 것인지 혹은 하나님의 음성을 듣고 따를 것인지에 대한 선택에 매일 직면했다.
3. 적용: 사도행전을 읽으면 하나님이 자기 백성을 인도하기 원하신다는 것과 순종에 놀라운 결과가 따른다는 것을 알 수 있다. 현대에서 하나님이 인도하시는 방식은 이스라엘 백성에게 적용된 방식과 다르지만 하나님의 인도하심이라는 본질은 변하지 않았다.

B. 본문 이해

1. 유월절에 대한 추가적 규례와 구름의 나타남(9:1-23)
2. 은 나팔과 하나님의 인도하심(10:1-36)
3. 불, 메추라기 그리고 시험(11:1-35)
4. 모세의 지도력에 대한 미리암과 아론의 도전(12:1-16)

C. 결론: '지혜로운 선장' 을 읽어주라.

토의 질문

1. 배척은 무서운 형벌이다. 그러나 어떤 사람들은 별로 중요하지 않은 듯한 이유로 유월절에서 배제되었다. 하나님이 유월절을 준수하는 것에 대한 조건을 엄격하게 하신 이유는 무엇인가? 유월절이 중요한 이유는 무엇인가?

2. 이 본문 외에 성경의 어느 부분에서 나팔에 대한 기사를 읽을 수 있는가? 나팔 소리가 어떤 의미를 가졌다고 생각하는가?

3. 시간을 내어 민수기 9장 15-23절을 묵상해보라. 그러한 짧은 시간에 히브리인들의 시각에 어떤 변화가 일어났는가? 백성들의 사기가 급속히 저하된 원인이 무엇이라고 생각하는가?

4. 낙심해본 적이 있는가? 낙담과 좌절감과 싸워야 할 가장 최근의 환경에 대해 이야기해보라. 당신이 받았던 고통의 원인은 무엇이었는가? 당신의 상황과 모세의 상황을 비교해보고, 당신과 모세가 배워야 할 교훈들에 어떤 유사성이 있는지 확인해보라.

5. 민수기 12장에서 자신의 가족과 관계된 상황에 대처하는 모세의 리더십을 설명해보라. 모세와 하나님의 기대를 통해 우리는 어떤 교훈을 배울 수 있는가?

민수기 13-14장

믿음의 시험을 받을 시간

"당길수록 약해지는 고무줄과 달리 믿음은 사용할수록 더욱 더 강해지는 근육과 같다."

- J. O. 프레이저(J. O. Fraser)

여행의 목적지가 가까워진 이스라엘 백성은 믿음을 시험받게 될 장소인 가데스 바네아에 이르렀다. 지도자들은 약속의 땅을 정찰하기 위해 열두 명의 정탐꾼을 보내기로 결정한다. 하나님이 약속하신 땅에 들어가기를 이스라엘이 거부하자 하나님은 진노하신다. 모세의 간청에도 불구하고, 믿음 때문이 아닌 백성들의 개인적 욕심 때문에 아말렉 족속과 가나안 족속과 전쟁을 하게 되고 결국 패배하고 만다.

들어가는 글

천하무적

노틀담 대학의 전설적 인물인 누트 로크니(Knute Rockne)에 대한 수많은 이야기들이 오랫동안 회자되어오고 있다. 그 중 한 이야기는 민수기를 연구하는 우리와 특별히 관련이 있을 것 같다. 누트 로크니는 USC 축구 팀과 일전을 앞두고 있었다. 그는 USC가 자기 팀보다 훨씬 우수한 팀이라는 것을 알았고, 그들과 싸워 이길 수 있는 방법이 과연 있을지 의문스러웠다. 그러던 중 한 가지 묘안이 떠올랐다. 그는 인디애나 주 북부의 사우스벤드 시에서 가장 체구가 육중한 사람들을 찾아다녔다. 적어도 198센티미터 이상의 키에 136킬로그램 이상 몸무게가 나가는 사람들을 100명 찾아냈다. 그리고 그들에게 노틀담 대학 유니폼을 입혔다. 어깨 패드와 헬멧을 착용한 이 '신참' 들은 거대해 보였고 천하무적 같았다.

경기 시간이 다가오자 로크니는 경기장에서 제일 먼저 이 사람들을 내보냈다. USC 팀이 지켜보는 가운데 그들은 계속 쏟아져나왔고 결국 USC 팀은 100명 모두를 보게 되었다. USC 팀 코치는 자기 선수들에게 "아무리 그래도 한 경기에 열한 명만 참가할 수 있다" 라고 계속 타일렀다. 하지만 로크니가 의도한 효과는 적중했다. USC는 이 '거인' 들을 보고 위축된 나머지 형편없는 경기를 했고, 결국 노틀담 대학이 그 경기에서 이겼다.

이 이야기와 동일한 내용이 구약에 등장한다. 어느 날 열두 명의 신참이 낯선 경기장으로 파견되어 그곳의 형편과 상대 선수의 전력을 조사하게 된다. 그곳은 아름다웠다. '약속의 땅' 에 대해 그들이 꿈꾸어왔던 모든 것이 그곳에 있었다. 그런데 한 가지 문제가 있었다. 이 땅에는 천하무적 거인들로 보이는 어마어마한 상대 팀이 버티고 있었던 것이다. 성경의 이 단원은 사람들이 적에게 집중하고 하나님을 향한 시선을 잃어버릴 때 무슨 일이 일어나는지에 대한 통찰을 제공한다.

본문 이해

믿음의 시험을 받을 시간

Main Idea	하나님은 이스라엘을 인도하셔서 그 땅을 보고 차지하게 하신다. 하지만 그들의 믿음은 두려움으로 변하고, 그들의 마음은 두려움에 사로잡힌다.

A. 약속의 땅을 정탐함(13:1-33)

Supporting Idea	하나님은 그 땅을 살필 정탐꾼들을 보내신다. 하지만 그들은 부정적인 소식을 갖고 돌아온다.

13:1-16. 이스라엘의 여정은 약속된 유업에 대한 더 분명한 목표를 취하게 된다. 하나님은 그들 앞에 기다리고 있는 아름다운 땅을 보고 관찰하고 심지어 맛보게 함으로써 이스라엘 군대에게 확신을 북돋아주려고 하신다. 신명기 1장 22절은 백성들이 모세에게 그 땅을 정찰하게 해달라고 요청했음을 암시하고 있다. 분명히 하나님은 백성들이 그런 요청을 하도록 마음을 감동시키셨다. 모세는 몇 사람을 뽑아 그 땅을 정찰하고 백성들에게 보고할 내용을 가져오도록 했다. 모세는 하나님이 명하신 대로 각 지파에서 사람들을 뽑았다. 실제 명단은 민수기 1장에 나오는 장로들의 명단과 일치하지 않는다.

13:17-25. 모세는 정탐꾼들에게 가나안으로 가서 지형을 살펴보라고 지시한다. 그는 특별히 남부 가나안의 산지인 남방(네게브)에 관심이 있었다. 그는 또한 그곳의 사람들의 수와 그들이 저항할 경우 어떻게 대항할 것인지에 대해 그 땅의 사람들을 관찰하도록 지시했다. 그 성들은 성벽 도시인가? 아니면 성벽이 없는 장막촌인가? 그 땅은 비옥한가? 모세는 그들에게 그 땅에서 나는 과일을 견본으로 가져오라고 지시했다. 여호와의 지시는 이스라엘 지파들에게 동기를 부여하는 동시에 도전하는 역할을 했다. 그 땅의 아름다움과 비옥함은 그들이 더욱 진군하도록 동기를 부여하겠지만, 그들이 대적하게 될 적들의 힘과 세력은 그들의 믿음을 시험할 것이다. 그러나 홍해의 무시무

시한 해안과 시시각각 다가오던 애굽 군대만 기억한다면 그들의 마음은 흔들리지 않을 것이다.

정탐꾼들은 헤브론 방향을 향해 줄곧 북쪽으로 올라갔다. 에스골 골짜기에서 모세의 지시대로 포도가 달린 가지를 잘라 막대에 끼워 두 사람이 어깨에 메고 왔다. 그들은 또한 석류와 무화과를 조금 가지고 왔다. 40일 동안 그 땅을 정찰한 후에 그들은 이스라엘 백성에게로 돌아왔다.

13:26-33. 가데스에 이르른 정탐꾼들은 그 땅이 정말로 아름답다고 보고했고, 그 증거로 그들이 채집해온 견본품들을 내어놓았다. 그들은 젖과 꿀이 흐르는 땅이라는 여호와의 말씀을 눈으로 직접 확인했다. 또한 그 땅을 공격할 경우 만날 수 있는 저항에 대해 보고했다. 그 땅 거민은 강하고 아주 넓은 성에서 살고 있었다. 그곳에서 그들은 아낙 자손('아낙 자손들'에 대해서는 '심층 연구'를 참고하라)을 보았다. 이스라엘은 가나안인 외에도 아말렉인, 헷인, 여부스인, 아모리인과 같은 호전적인 민족들과 싸워야만 할 것이다. 가나안 족속은 요단강뿐 아니라 지중해 해안 지역에도 살고 있었다.

그들의 보고는 이스라엘 백성이 두려움으로 마비될 정도로 충격적이었을 것이다. 두려움이 그들을 엄습했고 갈렙이 그 상황을 재빨리 간파했다. 그는 자신의 주장을 입증하는 데 시간을 들이지 않고 신속한 결론으로 대답했다. 그는 우리가 곧 올라가서 그 땅을 취하자 능히 이기리라고 말했다. 갈렙은 믿음의 반응을 보였다. 하나님의 말씀이 그의 마음에 확실한 믿음을 자극했고, 그가 직접 그 땅을 살펴보고 얻은 경험적 증거가 이 결론을 뒷받침했다.

믿음과 두려움은 증오심이 아니면 결코 공존할 수 없기 때문에 열띤 논쟁이 벌어졌을 것이라고 상상할 수 있다. 이스라엘 백성 앞에는 차지할 가치가 있는 비옥하고 풍요로운 땅이 놓여 있었다. 하지만 그들은 강렬한 저항을 만날 것이다. 그들이 가나안에서 직면할 반대에 비하면 애굽에서의 경험은 아무것도 아니었다. 그러나 나머지 족장들이 보고한 두려운 내용은 후퇴를 찬성하는 방향으로 여론의 흐름을 바꿀 정도로 충분한 심리적 요인을 제공했다. 지금은 아이디어를 내고 '틀에 박히지 않은 진짜 생각'을 할 때가 아니었다. 지금은 믿음으로 행동할 때였다.

B. 민족적 반역(14:1-45)

Supporting Idea	전 세대가 믿음의 시험에 실패하고 약속의 땅을 보지 못할 것이다.

14:1-4. 내레이터가 '악평(bad report)' 이라 부른 다수의 보고서(13:32)는 백성의 마음을 동요하게 했고, 곧 전체적인 반역으로 바뀌었다. 두려움은 절망과 비관으로 바뀌었다. 이스라엘 백성은 소리를 높여 부르짖으며 밤새도록 곡하였다. 그들은 모세와 아론을 원망했다. 그리고 그들을 다시 애굽으로 인도할 새 지도자를 뽑자는 말까지 했다.

14:5-9. 모세와 아론은 여호와께서 악화되는 반역에 반응하실 것을 알고 수치심과 모멸감으로 땅에 엎드렸다. 여호수아와 갈렙이 그들과 함께하며 심지어 그들의 옷을 찢고 백성들에게 싸우러 가도록 소집하려고 했다. 그들의 주된 주장은 여호와께서 그들과 함께하신다는 것과 그 땅이 여호와께서 약속하셨던 대로 아름답다는 것이었다. 그들은 위축된 민족에게 여호와를 거역하지 말라고, 혹은 그 땅 거민들을 두려워하지 말라고 경계했다. 두 전사는 그들 중에 계신 여호와와 승리의 확실성을 다시 강조했다. 가나안에 사는 사람들은 이스라엘처럼 하나님의 보호를 받지 않는다. 그러므로 그들은 이스라엘을 이길 수 없다.

14:10-12. 그러나 백성들은 갈렙과 여호수아의 말을 들으려고 하지 않았다. 모세와 아론은 한동안 침묵하고 있었던 것 같다. 그들의 어린 제자들이 이미 그 땅에 들어가야 할 훌륭한 변론을 제시했기 때문이다. 그러나 백성들은 그들을 돌로 치려고 했다. 그들이 다시 선동을 하기 전에 여호와의 영광이 회막에서 나타나 그 상황을 통제하셨다. 그분은 백성들을 책망하시고 그들이 경멸하고 불신하는 진정한 대상이 바로 하나님 자신이라고 밝히셨다. 그리고 애굽에서 그들을 위해 행하셨던 기적들을 상기시키셨다. 그분은 전염병으로 그들을 쳐서 멸하고 남은 믿음의 사람들로 하여금 위대한 민족을 이루게 하겠다고 선언하셨다.

14:13-19. 모세는 여호와께서 다른 방침을 택하시도록 기도하면서 하나님의 긍휼하심과 열정에 호소했다. 또한 하나님의 영광에 호소했다. 하나님이 이스라엘 백성을 멸망시키신 일을 애굽인들이 듣는다면, 그들은 그것을 이용해 주변 민족들에게 잘못된 결론을 퍼뜨릴 것이다. 실제로 온 세상이 그 소식을 듣고 하나님이 이 백성에게 주기로 맹

세한 땅에 인도할 능이 없다고 단정할 것이다. 그것은 신들의 시합이 될 것이며 그 위험 부담은 매우 높다.

모세는 실수한 이스라엘 백성을 용서하시고 엄중한 형벌을 감해주실 원동력이 되는 하나님의 영광에 호소한다. 백성들의 업적에 호소하지 않았다. 그럴 만한 업적이 전혀 없었기 때문이다. 그러한 심판이 하나님의 이름에 어떤 영향을 끼치겠는가? 이방 민족들은 하나님의 본성, 특히 그분의 전능하심에 대해 거짓된 신학적 결론에 도달할 것이다. 어떤 것도 능치 못할 것이 없으신 하나님(창 18:14)은 낮에는 구름 기둥 가운데서, 밤에는 불 기둥 가운데서 이스라엘을 인도하셨다. 이스라엘은 하나님이 자신과 이 백성을 동일시하신다는 것을 이미 알고 있다. 적어도 이 백성들이 보기에 하나님의 약속이 실패하면 어떻게 되겠는가? 모세의 기도는 적들에게도 하나님의 이름이 영화롭게 되고 그분의 이미지를 강화시키기 위한 것이었다.

모세는 또한 하나님의 은혜로우시고 자비로우신 본성을 언급한다. 그분은 사랑이시지만 또한 정의를 타협하시지 않는다. 악인들은 삼사 대까지, 그들의 자녀들의 귀에 선포될 심판으로 형벌을 받을 것이다('하나님은 조상들의 죄 때문에 그 후손을 심판하시는가?'에 대해서는 '심층 연구'를 참고하라). 모세는 하나님께 애굽에서 그들이 떠나온 뒤로 여러 차례 그러셨듯이 이 백성을 사해달라고 구한다.

14:20-25. 하나님은 이스라엘 백성을 용서하시지만 결과를 철회하지는 않으시는 것으로 그 기도에 응답하신다. 유한한 자들의 눈에는 보이지 않지만, 열방들과 영적 실체들이 세상에서 하나님의 영향력을 축소시키려고 시도함에도 불구하고 그분의 영광이 온 세계에 충만하다. 여호와의 영광은 구원뿐 아니라 심판을 통해서도 나타난다. 이스라엘 민족이 불신앙과 두려움으로 약속의 땅에 들어가지 못하게 했던 반역자들은 결코 그 땅을 보지 못할 것이다. 반면, 담대하게 서서 하나님의 약속에 대한 믿음을 선언하고 공포에 질린 반역자들과 맞섰던 갈렙은 그 땅에 들어갈 것이다. 그의 후손들 역시 조상의 담대한 믿음으로 인해 유업을 이어받게 될 것이다. 그러나 나머지 사람들은 그 땅을 보지 못할 것이다. 이후로 하나님은 가나안에 들어가려는 그들의 어떤 시도도 도와주지 않으실 것이다. 그분은 그들에게 길을 돌이켜 홍해 길로 하여 광야를 향해 출발하라고 명령하신다.

14:26-35. 하나님의 심판으로 그 백성의 원망이 그쳤던 것은 아닌 것 같다. 그들은

광야에서 차라리 죽고 싶다고 원망했던 적이 있다(민 14:2). 이제 주님은 그들의 소원을 허락하실 것이다. 그들은 약속의 땅에 발을 들여놓지 못하고 광야에서 죽을 것이다. 갈렙과 여호수아를 제외한 이십 세 이상인 모든 사람들이 그 운명을 맞을 것이다. 이 반역한 세대의 자녀들은 그 땅을 소유하겠지만 광야에서 40년을 방황한 후에야 가능할 것이다. 그들이 그 땅을 정탐한 40일을 각 1년으로 계산한 것이다. 그 정탐 기간은 두려움이 아니라 믿음을 고취시키기 위한 것이었다. 이제 하나님의 말씀에 대한 백성들의 멸시가 그들 대부분에게 치명적인 것으로 증명될 것이다.

14:36-45. 실제 장본인들은 역병으로 죽었다. 정확히 그 역병이 무엇인지 확실치 않다. 그것은 번개나 불이었을 수도 있다(Harrison, 218).

그 역병에 죽임을 당하지 않은 이스라엘 백성은 그들이 처한 곤궁에 대해 충격을 받았다. 그러나 다시 가나안을 향해 나아가며 그것을 정복하려는 시도로 그들의 상황을 개선하려 했다. 그러나 하나님은 그들과 함께하지 않으셨다. 모세는 그들을 막으며 그러한 어리석은 행위를 시도하지 말라고 경고했다. 그들은 여호와의 명령(광야에서 방황하라는 그분의 새로운 명령)을 범하게 될 것이다. 하지만 그들은 그 경고를 듣지 않고 산꼭대기로 올라갔고, 아말렉인과 가나안인에게 패배를 당했다.

Main Idea 복습	하나님은 이스라엘을 인도하셔서 그 땅을 보고 차지하게 하신다. 하지만 그들의 믿음은 두려움으로 변하고, 그들의 마음은 두려움에 사로잡힌다.

결론

하나님이 믿음에 반응하시는 이유

존 비사그노(John Bisango) 목사는 자신의 저서 「긍정적인 기도의 힘(The Power

of Positive Praying)」에서 자기 딸 멜로디(Melodye)가 다섯 살 때 인형의 집을 만들어 달라고 졸랐던 이야기를 들려준다. 존은 딸에게 인형의 집을 만들어주겠다고 약속하고는 읽던 책을 다시 읽기 시작했다. 잠시 후 그는 서재 창문으로 밖을 보다가, 딸이 장난감들과 인형을 잔뜩 안고 나르더니 뜰에 쌓아놓는 것을 보았다. 그는 아내에게 아이가 무엇을 하고 있는 것인지 물었다. "당신이 인형의 집을 만들어주기로 약속했잖아요. 저 아이는 당신을 믿는 거예요. 그래서 그 준비를 하고 있는 거죠."

존은 이렇게 말했다. "나는 원자 폭탄을 맞은 것 같은 느낌이었다. 곧바로 책을 내던지고 목재상으로 달려갔다. 그리고 어린 딸에게 인형의 집을 만들어주었다. 내가 왜 그렇게 반응했는가? 내가 원했기 때문에? 아니다. 딸에게 그럴 자격이 있었기 때문에? 그것도 아니다. 아빠는 약속을 했고 딸은 그것을 믿고 행동했다. 딸의 믿음을 보았을 때, 나는 약속을 지키지 않을 수 없었다."

이스라엘 백성의 삶에 일어난 사건을 계속 지켜보았다면, 그들을 인도하시고 축복하시겠다는 자신의 약속에 기초한 하나님의 인도하심을 보았을 것이다. 애굽인들의 속박에서 구원하시고 홍해를 가르신 하나님이 이제 그들을 젖과 꿀이 흐르는 땅 바로 앞까지 인도해오셨다. 그들이 할 일은 믿음으로 그 땅에 들어가는 것이었다. 하지만 그들은 믿음의 시험을 통과하지 못했고 그 결과를 감당해야 했다.

■ 진리 알기

- 하나님은 자기 백성들이 믿음과 그분의 말씀에 대한 순종으로 행하기를 원하신다.
- 하나님은 우리가 상상할 수 있는 그 이상의 것을 제공하신다.
- 불신앙 때문에 우리는 우리 삶에 대한 하나님의 축복을 누리지 못한다.
- 하나님은 우리의 불신앙이나 믿음의 부족에 대한 우리의 변명을 눈감아주실 수 있다.

■ 적용하기

- 수집된 정보들은 항상 성경의 권위로 확인하라.
- 다수가 항상 옳은 것은 아니다. 당신의 신념을 따르며 하나님의 계시에 근거해 선택하라.
- 하나님은 객관적인 자료에도 불구하고 믿음으로 행하기를 원하신다. 그분은 당신의 가장 큰 문제보다 위대하신 분이며, 당신의 가장 큰 실패보다 더 크신 분이다.

삶의 적용

오래된 것이 좋다

대부분의 목회자들의 자료에 있는 가장 오래된 설교 예화 중 하나가 수많은 신자들의 삶에 관한 강력한 그림을 제공한다. 유명한 줄타기 곡예사가 캐나다와 미국에 걸쳐 있는 엄청난 나이아가라 폭포 위로 줄을 걸었다. 숨을 죽이고 지켜보는 관중들 앞에서 그는 폭포 위에 걸친 줄 위를 걷다가 달리기도 했다. 북소리가 울리는 가운데 그는 눈을 가리고 그 위를 건너는 곡예도 선보였다. 그리고 여전히 눈을 가린 채 외바퀴 손수레를 밀고 폭포 위를 건넜다. 군중들은 흥분을 참지 못했다. 곡예사가 소리쳤다. "제가 이 자전거에 사람을 태우고 이 폭포를 건널 수 있다고 믿는 분 계십니까?" 앞 줄에 있는 한 신사가 손을 흔들며 "믿소, 난 믿소!"라고 외쳤다. 그러자 곡예사가 "그럼 오셔서 이 자전거를 타시지요"라고 말했다. 그 남자는 지적으로는 승낙했다. 하지만 그것이 개인적인 확신으로 이어지지는 못했다.

하나님은 우리에게 마지막 눈을 감는 순간, 그 즉시 주 예수 그리스도의 임재 속에서 우리가 그 눈을 뜨게 된다고 말씀하신다. 당신은 정말로 그것을 믿는가? 그러면 그 외줄 자전거에 올라타보라.

당신의 가족을 주님께 맡겨드리고 그분의 인도하심을 받아들이라. 당신을 괴롭히는 습관들을 하나님께 내어드리라. 그분이 당신의 죄를 용서해주시고 모든 불의에서 당신을 깨끗케 해주실 것이다(요일 1:9). 그분만이 당신에게 최선이 무엇인지 아시고, 장차 당신을 쓰기 원하신다는 사실을 신뢰하며 당신의 인생을 예수님의 주권에 내어맡기라. 자, 어서 외줄 자전거에 올라앉으라!

기도

주님, 주님의 약속을 주장할 용기를 주소서. 주님이 인도하시는 방향으로 나아갈 힘을 주소서. 날마다 제 삶에서 성취되는 약속들을 감사하며 한 번에 한 발걸음씩 내디딜 믿음을 허락하소서. 아멘.

심층 연구

A. 아낙 자손들

이스라엘 백성은 정탐꾼들로부터 가나안 땅에 살고 있는 호전적 민족인 아낙 자손들에 대해 들었다. 아랍어로는 '목' 이라는 의미가 있으며 가장 근접한 히브리어 단어는 '목걸이' 와 유사하다. 이 단어는 '목이 긴 사람들' 혹은 키가 큰 사람들이라는 의미를 지닐 수도 있다. 아낙은 아나킴(아낙 자손)을 가리키는 일반적 명칭이다. 아마 그들은 아르바의 후손들일 것이다(수 14:15). 정관사와 함께 가장 자주 사용되는 것으로 보아 아낙은 아마 독자적인 한 민족의 이름이었을 것이다. 그들은 헤브론과 인근 산지의 다른 이웃 성에 정착했다. 후에 여호수아는 팔레스타인 정복 전쟁 때 그들을 대부분 멸망시키게 될 것이다(수 10:36-39, 11:21). 소수의 생존자들은 유명한 블레셋의 성들인 가자, 아스돗, 가드와 그 인근에 머물렀다. 유명한 골리앗은 가드 출신이었다. 혹자는 골리앗이 실제로 아나킴 혈통의 후손이라고 결론지었다.

유대인들은 아낙 자손들을 무서운 전사들이라고 인식했다(신 2:10, 21, 9:2). 그들은 아마 네피림의 후손이었을 수도 있다(창 6:4). 일부 18세기 이집트 문서들은 셈 계열 이름을 가진 아낙이라고 불리는 한 종족을 언급한다. 그러나 그 이름은 성경 외의 문헌에는 전혀 등장하지 않는다.

B. 하나님은 조상들의 죄 때문에 그 후손을 심판하시는가?

때로 성경은 자녀들이 아버지(그리고 어머니)의 죗값을 치른다는 암시를 준다. 그러나 성경은 아버지의 죄 때문에 특별히 자녀들을 벌해서는 안 된다고 권세자들에게 교훈했다(겔 18:14-20을 참고하라). 그렇다면 우리는 이 뚜렷한 모순적 진술들을 어떻게 조화시킬 수 있는가? 우리는 함의 죄로 인하여 그의 후손 가나안을 저주하는 노아의 기사를 읽을 때(창 9:20-27) 이와 비슷한 어려움에 봉착한다. 가나안이 함의 죄에 어떤 역할을 했으며, 그런 적이 전혀 없다면 왜 그가 저주를 받았는가? 사울은 이스라엘이 죽이지 않기로 맹세한 기브온 사람들을 죽였다. 하지만 하나님은 사울이 아닌 사울의 아들들에게 그 대가를 치르게 하셨다(삼하 21:1-14). 우리는 그러한 저주와 형벌에 대한 이유를 다 아는 척할 수 없지만, 한 가지 가능성에 대해 간략히 살펴볼 수 있다.

아마 죄와 형벌은 세대에서 세대로 전달되었고, 또 순서대로 전달되었을 것이다. 또한 죄와 그에 수반하는 벌은 반드시 다른 세대로 이어지지 않았다. 그럴 경우, 후손 세대는 벌을 받지 않았다. 우리는 민족적 특성이 거의 중단되지 않고 세대로 계속 전달될 수 있음을 알고 있다. 어떤 죄와 악한 특성은 한 민족의 특성이 되었고 그들을 상징할 수 있다. 예를 들어, 어떤 집단들은 세세손손 공격적인 전쟁을 도발했다. 어떤 이들은 후손들까지 알코올 중독의 오명을 쓰는 경우가 있다. 그런 의미에서 그들은 바람을 뿌리고 광풍을 거두는 것이 당연할 수 있다. 죄는 한 민족의 경제적 구조 속으로 침투하여 쉽사리 다음 세대로 전달될 수 있다. 그런 의미에서 자녀들이 아버지의 죄를 유업으로 이어받는다. 새로운 세대들이 거대한 결심을 할 때만 그 틀을 깰 수 있다.

우리는 하나님이 공의로우시며 오직 의롭고 거룩한 일만 행하신다는 사실을 알고 있다. 이러한 심판들 중 많은 심판들에 대한 해답을 모두 알 수는 없다. 우리가 이러한 퍼즐의 일부에 대해 정확한 답을 얻으려면 그분이 영광으로 임하실 때까지 기다려야 할 것이다. 그 퍼즐의 일부 조각은 우리 시각으로는 결코 맞추지 못할 수도 있다. 그러나 하나님은 하나님이시다. 그분은 항상 옳고 적합한 일을 행하신다.

고안

A. 들어가는 글

1. '천하무적' 이야기로 시작하라.
2. 배경 설명: 준비와 교육은 한 가지 목적 때문에 존재한다. 사용하기 위해서이다.

하나님은 자기 백성들을 애굽의 속박에서 해방시키셨다. 시내산에서 그들에게 율법을 주셨고 약속하신 아름다운 땅을 소유하도록 그들을 준비시키셨다. 그분이 그들을 그 땅으로 보내기 앞서 열두 명의 정탐꾼을 먼저 보내셨다. 그 정탐꾼 중 열 명은 잔이 절반밖에 안 찼다고 생각했다. 하지만 여호수아와 갈렙 두 사람은 잔이 절반이나 차 있다고 생각했다. 이스라엘이 보인 불신앙의 결과는 참혹했다.

3. 적용: 3천 년 전에 그러하셨던 것처럼 오늘날에도 하나님은 사람들을 통해 일하신다. 사람들은 하나님을 신뢰할 것인지 혹은 두려움이 믿음을 압도하도록 허용할 것인지 선택해야 한다. 이러한 선택의 결과는, 이스라엘이 가나안으로 나아가 그 땅을 차지하기를 거부했을 때 맞은 것과 유사하다.

B. 본문 이해

1. 약속의 땅을 정탐함(13:1-33)
2. 민족적 반역(14:1-45)

C. 결론: '오래된 것이 좋다' 를 읽어주라.

토의 질문

1. 세계사 수업 시간에 당신이 가장 좋아했던 탐험가는 누구였는가? 그 탐험가에게 관심을 갖게 만든 점은 무엇이었고, 그가 발견하려고 애썼던 것은 무엇이었는가?

2. 이스라엘 백성이 약속의 땅에 정탐꾼을 보낸 이유는 무엇인가? 그들이 반드시 필요했는가? 신명기 1장 20-23절을 읽으라. 정탐의 목적은 무엇이었는가?

3. 정탐꾼들이 돌아오자 이스라엘 백성은 무엇을 기대했는가? 그들은 나쁜 소식에 어떻게 반응했는가? 당신은 나쁜 소식에 어떻게 반응하는가?

4. 백성들의 두려움은 정상적이었는가? 민수기 14장에서 하나님은 백성들에게 왜 자신의 영광을 보이셨는가? 민수기 14장 18절이 자주 인용되는 이유는 무엇이며, 이 절이 당신에게 왜 중요한가?

5. 믿음과 교만의 차이는 무엇인가? 삶에서 이 두 가지를 다 드러냈던 몇 가지 방식들을 이야기해보라.

민수기 15-18장

하나님은 자신이 하시는 일을 아신다

"우리가 최고의 복지를 누리기 원하시는 하나님의 선하심, 그것을 계획하시는 하나님의 지혜, 그리고 그것을 성취하시는 하나님의 능력이 있는데 우리에게 무엇이 부족한가?"

-A. W. 토저(A. W. Tozer)

가데스 바네아에서 히브리인들은 하나님의 축복을 외면하기로 선택하고 다시 광야로 되돌아가게 된다. 이스라엘 백성은 하나님의 뜻이 결코 좌절될 수 없음을 배우게 될 것이다. 그래서 하나님은 그들이 마침내 약속의 땅에 들어갈 때 어떤 삶을 살 것인지에 대해 몇 가지 지침을 제시하신다(민 15장). 하나님은 그분의 권위를 무너뜨리려고 시도하는 자들을 어떻게 다루는지 보여주신다(민 16장). 하나님은 싹 난 지팡이로 아론의 제사장직의 정당성을 확인해주신다(민 17장). 하나님은 제사장 제도를 확증해주신다(민 18장).

들어가는 글

하나님이 교통의 흐름을 통제하신다

제임스 L. 헨더셰트(James L. Henderschedt)는 자신의 저서 「손전등 불빛(The Light in the Lantern)」에서 마이클 토마스(Michael Thomas)라는 사람이 경험한 일에 대해 이야기한다. 어느 날 업무상 급한 일로 서둘러 차를 운전해가던 그는 교통 때문에 짜증이 났다. 그는 막히는 신호등이 막 빨간색으로 바뀐 번잡한 교차로에서 차를 멈추었다. 마이클은 '괜찮아, 앞에 있는 저 차량들보다 앞서 나가면 다음 신호등이 켜지기 전에 지나갈 수 있어' 라고 생각했다. 신호등이 초록색으로 바뀌는 즉시 앞으로 달려나갈 준비를 하고 있었다. 그런데 젊은 맹인 부부가 거리를 건너는 것이 보였다. 아내는 팔에 아기를 안고 있었다. 남편과 아내는 번잡한 교차로를 흰색 지팡이로 더듬으며 건너가고 있었다. 마이클은 두 사람이 횡단보도로 건너지 않고 대각선 쪽으로 방향을 틀어 교차로로 직접 들어서더니 차량 쪽으로 향해 오는 것을 알아차리고 놀랐다. 부부는 다가오는 자동차들 속으로 곧장 걸어들어왔다.

마이클은 이렇게 회상한다. "나는 눈 앞에서 기적을 목격했다. 사방에서 달려오던 모든 차들이 일제히 자발적으로 멈추었다." 그는 브레이크를 밟는 날카로운 소리도, 심지어 차 경적 소리도 듣지 못했다. 심지어 "빨리 나가"라고 외치는 사람도 없었다. 모든 차량이 그냥 멈춘 것이다. 이 가족이 번잡한 교차로를 안전하게 건널 수 있도록 시간이 정지해버린 것만 같았다. 마치 하나님이 마이클에게 주위를 둘러보고 세상 속에서 하나님의 임재를 인식하라고 말씀하시는 듯했다.

민수기의 다음 열 장은 믿음이 부족하고, 잘못된 선택을 하며, 자신의 처지를 불평하는 하나님의 백성들의 예로 가득 차 있다. 그들은 광야로 되돌아가게 되었고, 목적지를 생각하는 그들의 마음은 낙담으로 변했다. 그러나 하나님의 뜻은 여전히 그 백성이 약속의 땅에 들어가는 것이다. 하나님은 여전히 자기 백성을 축복하기 원하신다. 그들은 하나님의 인도하심을 지연시킬 수 있었지만, 그들의 행동은 하나님의 계획을 결코 막지 못할 것이다. 아마 그분은 자신의 뜻이 성취되는 것을 보시기 위해 '차량을 멈추게' 하서야만 할 것이다.

본문 이해

하나님은 자신이 하시는 일을 아신다

Main Idea	하나님은 합법적인 권위의 수단을 통해 일하신다.

A. 제사에 대한 추가적 규례(15:1-41)

Supporting Idea	하나님은 예물에 대해 또 다른 지침을 제시하시고 순종에 대한 시험을 주신다.

내러티브는 이제 처음으로 가나안 땅에 들어가기를 거부했던 사건과 가데스에 도달한 시기(20:1), 곧 거의 40년 동안 일어난 사건들을 기록한다. 기록된 가장 중요한 사건은 고라의 반역과 아론의 제사장직에 대한 신적 보증이다(16-18장). 애굽에서 나온 이스라엘 백성은 이제 가나안 땅에 들어가기를 거부하는 죄를 지음으로 인해 그 정체성을 상실하기 시작할 것이다. 간단히 말해, 하나님은 그들을 거룩한 역사에서 탈락시키셨다(Keil, 99-100). 독자의 관점에서 볼 때 그들의 목적은 죽는 것이었다! 역사는 다음 세대(하나님이 그 땅으로 인도하실 자들)와 함께 다시 시작될 것이다. 그 전에 하나님은 이스라엘이 그 땅에 도착했을 때, 그들에게 도움이 될 추가적인 규례로 이전의 일부 율법을 보완하실 것이다.

15:1-16. 누구라도 번제를 드릴 때마다, 그 사람은 반드시 고운 가루 에바 십분지 일에 기름 한 힌의 사분지 일을 섞어 드려야만 한다. 이것은 레위기 1장에 기록된 번제물에 대한 기존의 규례를 보완한 것이다. 이것은 또한 화목 제물(레 3:1-17)에도 필요한 보

완 규정이다. 소제의 성분들인 곡식과 기름을 광야에서는 구하기 힘들기에 하나님은 가나안 땅에 들어갔을 때 이렇게 행하도록 이스라엘 백성에게 요구하셨다.

어린 양을 제물로 바칠 때는 전제로 포도주 한 힌의 사분의 일을 반드시 함께 드려야 한다. 수양의 예물은 덩치가 더 크므로 더 많은 양을 드려야 했다(Harrison, 222). 또한 수송아지일 경우 그 양은 더욱 많아졌다. 하나님은 본국 이스라엘 백성과 이방인에 차이를 두지 않으셨다. 이것은 아마 두 가지 이유 때문일 것이다.

첫째, 이방 종교의 영향이 이스라엘 제사 제도에 유입되는 것을 방지하기 위해서였다. 제사장들과 레위인이 정해진 규례를 지키고 모든 위반 사항에 대해 형벌을 시행한다면 이방인의 영향에 대해 염려하지 않아도 될 것이다. 시간이 증명해주겠지만, 말보다 행하는 것이 더 어렵다. 둘째, 유대인이나 이방인 혹은 남자나 여자 혹은 노예나 자유인 사이에 어떤 차이도 존재하지 않을 때(갈 3:28)를 예고하기 위한 것이다. 이것은 아주 명백한 이유이다.

15:17-21. 하나님은 또한 가나안에 들어가면 특별한 '토지'의 제물을 드려야 한다고 가르치신다. 그들은 그 땅에서 얻은 음식의 일부를 가져다가 여호와께 거제를 드려야 할 것이다. 이 제물은 가루 떡의 형태로 여호와께 들어 드려야 한다. 들어 드리는 제물(거제)은 흔들어 드리는 제물(요제)과 약간 달랐고 상징적 의미를 지녔다. 이 상징은 백성들에게 그 땅이 여호와의 것이며 그들에게 주신 선물임을 상기시켜줄 것이다.

15:22-26. 속죄 제물에 대한 이 보완적 규례들(레 4:13-21을 참고하라)에 새로운 특징이 추가된다. 그것은 마땅히 지켜야 할 명령을 태만히 한 죄에 대한 조항이 추가된 것이다. 여기에 죄의 내용은 기술되어 있지 않지만, 여호와가 모세로 너희에게 명한 모든 것 중 어떤 것이라도 지키지 못한 경우와 관련이 있었다. 지시된 명령에 대한 무지는 제사장이나 개인 혹은 공동체에게 어떤 변명거리도 되지 않았다. 이제 공동체는 서로 합심하여 하나 되어 노력해야 할 것이다. 제사장들은 백성들을 가르쳐야 할 것이며, 백성들은 돌이켜 따라야만 할 것이다. 이스라엘 이후의 역사는 이 민족이 이 점에서 실패했음을 증명했다.

15:27-31. 모세는 속죄 제물에 대한 규례(레 5장)를 다시 소개한다. 하지만 이번에는 이방인들에 대한 내용이 포함된다. 그러나 짐짓('손을 들고') 범죄한 자에 대해서 율법은 어떤 규정도 만들지 않는다(히 10:26-27). 그러한 태도는 하나님의 계시된 뜻을 교만

하게 무시하는 것이므로 오직 죽음만 있을 뿐이다. 당국은 본토인과 이방인 간에 어떤 구분도 하지 말아야 한다.

15:32-36. 모세는 예화와 한 본보기로서 고의적으로 범죄한 한 사례를 소개한다. 우리는 이 사건이 언제 일어난 것인지 모른다. 하지만 안식일에 나무하는 한 남자와 관련된 것이었다. 하나님은 예전에 중요한 명령으로 안식일에 대한 율법을 주셨다(출 20:8-11). 이 율법을 어긴 자들에게는 죽음의 형벌을 규정하였다(출 31:14-15). 하지만 사형 방식은 전혀 규정하지 않으셨다. 그래서 모세는 하나님의 지시를 구해야 했다. 하나님은 온 회중이 진 밖에서 돌로 그를 치라고 말씀하셨다. 하나님은 왜 온 백성에게 이 행위에 가담하라고 요구하셨는가? 이는 그분이 분명하게 명시하신 문제들에 대해서 소수의 의견을 허용하지 않기 위해서였다. 온 민족이 여호와의 명령을 지키고 시행해야 했다.

15:37-41. 이 장은 다음 세대에 이스라엘을 지배할 언약적 율법들을 상기시키는 것으로 마무리한다. 하나님은 모세에게 이스라엘 백성의 옷단 귀에 술을 만들어 달도록 지시하라고 명령하셨다(신 22:12도 참고하라). 술은 평생 동안 하나님의 계명을 지키고 여호와의 말씀을 기억하도록 백성들에게 상기시키는 것이었다. 너희를 애굽 땅에서 인도하여 낸 여호와 너희 하나님이니라.

B. 고라의 반역(16:1-50)

Supporting Idea	하나님의 권위를 짓밟으려는 시도들은 하나님의 심판을 면치 못할 것이다.

다음 단원(16-18장)은 광야에서 방랑했던 기간 동안 일어난 비중 있는 사건들 중 상세하게 기록된 유일한 기사이다. 16장은 합법적 제사장직에 대한 중대한 반역 사건을 기술하고, 이어서 이스라엘의 유일한 제사장직으로서 아론의 제사장직을 하나님이 인정하시는 내용을 기술하고 있다. 반역자들에게 심판이 임한 것으로 보아 모세와 아론을 끌어내리려고 한 시도는 기록된 것 중 가장 심각한 것이었다.

16:1-3. 반역의 주범은 레위 지파의 고핫 자손 이스할의 아들 고라였다. 유명한 어떤 족장 이백 오십인 외에, 르우벤 지파인 다단과 아비람 두 사람도 그에 가세했다. 이스라엘 자손 총회는 아마 모세가 백성들을 다스리는 일에 그를 돕도록 세운 조직이었을 것

이다. 그들은 모세와 아론에게 다가와 그들의 권위에 대해 의문을 제기했다. 분명히 그들은 하나님이 모세를 이 특별한 지위에 임명하신 것을 인정하지 않았고 모든 레위인들에게 동일하게 적용되는 인류 평등주의적 시각을 채택했다. 아마 주모자들은 제사장직에서 자신들이 배제된 것으로 인해 시기심이 생겼거나, 혹은 방랑 생활이 지겨워졌을 수도 있다. 해리슨은 르우벤 자손들이 그들의 장자권을 박탈당했다고 생각했기 때문에 그 반역에 가담했다고 주장한다(창 49:3-4, 대상 5:1-2과 비교하라).

16:4-17. 모세는 여호와께서 이 공개적 반역에 어떻게 반응하실지 알고 두려움으로 땅에 엎드렸다. 그는 그 집단의 모든 불평에 대해 귀 기울이기를 거부한 채 여호와께서 그 다음 날 그 문제를 판결하실 것이라고 알린다. 하나님은 그들로 향로를 취하고 그 다음 날에 불로 그 향로들을 밝혀주심으로 하나님이 인정하신 사람이 누구인지 결정하는 시험을 치르실 것이다.

모세는 주모자인 고라에게 말했다. 모세는 반역을 주도한 것뿐 아니라 성막에서 섬기는 그의 특권적 지위를 인정하지 않는 것에 대해서도 고라를 책망했다. 분명히 문제들 중 하나는 제사장직이 핵심이었고, 단순히 모세와 아론의 고유한 권위에 대한 것만은 아니었다. 그들 중 다단과 아비람은 모세의 호출에 응하지 않았다. 오히려 그들은 거짓 약속으로 자신들을 황무지로 인도했다고 모세를 비난했다.

그러자 모세가 심히 노하여 하나님께 그들의 제물을 용납해주시지 말라고 간청했다. 적어도 그들의 비난 가운데 모세가 자신의 지위를 이용해 이익을 얻고자 했다는 내용이 있었던 것 같다. 어떤 경우이든, 모세는 독재적 지위와 검소한 생활을 모두 감당하는 모순을 보여주고 있었다. 사실 모세는 그들이 지적한 것에 해당 사항이 없었고 고의적으로 누군가에게 해를 입힌 적도 없었다. 그는 고라와 그 무리들에게 다음 날 회막 앞으로 여호와 앞에 향로를 가져오라고 요구했다.

16:18-35. 그 다음 날 그들은 모세의 지시대로 했고, 하나님의 영광이 온 회중에게 나타났다. 하나님은 그들의 반복되는 원망에 진노하셨고, 또다시 그들에게 심판을 선언하셨다. 그러나 모세와 아론은 땅에 엎드려 온 회중을 다 멸하지 마시라고 하나님께 기도했다. 그들은 그 반란에 가담한 자들은 소수의 지도자들일 뿐이라고 주장했다. 그런데 왜 모든 회중이 심판을 받아야 하는가? 하나님은 그들의 기도에 응답하셔서 백성들을 고라와 다단과 아비람의 장막에서 떠나게 하라고 모세에게 지시하셨다. 회중은 순종했

고, 세 명의 주모자가 그 아내와 자녀들과 함께 장막 밖에 섰다.

그러고나서 모세는 그 반역자들의 권위보다 자신의 권위가 우선함을 확인하는 예언을 했다. 재앙이 일어나 이 사람들을 멸하지 않는다면, 하나님이 모세를 통해 말씀해오신 것이 아니라는 것이다. 하지만 유례없는 심판을 받는다면, 이 반역자들이 하나님을 대변한 것이 아님을 알게 될 것이다. 모세의 말에 그들 아래의 땅들이 갈라져 그 반역자들을 삼키고 그 가족과 고라에게 속한 모든 사람과 그 물건을 삼켜버렸다. 그렇게 해서 반역자들은 모든 회중이 보는 가운데 그들의 죄로 멸망했다. 그러나 하나님은 그것으로 끝내지 않으셨다. 불이 나와서 그 반역에 가담했다가 분향을 하고 있던 이백 오십인을 불살라버렸다.

16:36-40. 그러나 향로는 여전히 거룩한 것이었으므로 회수되어야 했다. 정해진 불을 피우지 않은 나답과 아비후에게 임한 것과 같은 재앙(레 10장)을 막기 위해서 모세의 명령을 따라 엘르아살이 그 불에서 향로를 꺼내고 뜨거운 불을 쏟았다. 그는 향로들을 망치로 쳐서 얇게 만들어 제단을 씌웠다. 이 제단 덮개는 단순히 장식물이 아니라, 이스라엘의 유일한 합법적 제사장직으로서 아론의 제사장직을 세웠음을 기억하게 하는 기념물이었다. 반역자들은 이 권위에 도전하는 것에 대해 마땅한 경고를 받고 있다고 생각해야 할 것이다.

16:41-50. 그러나 다음 날 백성들은 이 사람들의 죽음을 모세와 아론의 탓으로 돌렸다. 다시 반란의 기운이 조짐을 보이자 구름이 회막을 덮었고 여호와의 영광이 나타났다. 하나님은 또다시 모세와 아론에게 이 회중을 멸할 것이니 그들을 떠나라고 말씀하셨다. 그러자 모세는 아론에게 향로를 가져와 향을 피워 회중을 위해 속죄하라고 말했다. 이때쯤 이미 발발하기 시작했던 염병이 멈추었지만 염병에 죽은 자가 일만 사천 칠백 명이나 되었다.

C. 아론의 제사장직이 확증됨(17:1-13)

Supporting Idea	아론의 가문이 진정한 제사장으로 입증되다.

하나님은 아론의 향과 기도를 받으시고 염병을 멈추게 하심으로, 이미 제사장직에 대

한 아론의 권리와 그 후손들의 권리를 확증해주셨다. 나아가 회중들의 이의를 잠재울 추가적인 표증을 주심으로 이 제사장직을 인증해주셨다.

17:1-5. 하나님은 모세에게 이스라엘 백성에게 고하고 각 지파 족장에게서 지팡이를 하나씩 가져와 지팡이 열둘을 모으라고 지시하셨다. 지팡이는 가정과 지파 내의 지도력을 나타내는 것이었다. 각 사람은 그 지팡이에 자기 이름을 써야 했다. 여기에는 아론도 포함되었고 그는 레위 지파의 지팡이에 자기 이름을 쓰게 될 것이다. 각 지팡이는 회막 안의 거룩한 증거궤 앞에 밤새 놓아둘 것이다. 나무에서 분리된 가지는 생명과의 연결선을 잃고 죽게 된다. 그러나 하나님은 제사장직을 통해 이스라엘을 대표하기로 선택하신 지팡이에 영양분을 공급하실 것이다.

17:6-9. 그 다음 날 아론의 지팡이에 싹이 났을 뿐 아니라 움이 돋고 순이 나고 꽃이 피어서 살구 열매가 열렸다. 하나님은 신적인 전능하심으로 이 기적을 행하셨고 반대자들을 잠잠하게 하셨다. 싹난 지팡이는 또한 하나님께 임명받은 제사장직, 결실을 맺는 제사장직을 상징한다. 후에 하나님은 또 다른 제사장직, 즉 멜기세덱의 제사장직을 임명하실 것이다('아론의 제사장직과 멜기세덱의 제사장직'에 대해서는 '심층 연구'를 참고하라). 살구나무는 이스라엘의 나무들 중에서 가장 일찍 열매를 맺는다(Keil, 114를 참고하라). 백성들은 한 마디도 대답할 수 없었다. 이 기적적 표증을 통해 하나님이 모든 것을 말씀하셨기 때문이다.

17:10-13. 하나님은 이스라엘 백성에게 아론의 지팡이를 패역을 상기하는 표징으로 증거궤 앞에 두라고 명령하셨다. 고라의 반역과 관련된 일련의 사건들은 이제 백성들의 마음속 깊이 새겨진다. 그들은 지금까지 일어난 일로 인해 괴로웠고, 심지어 그들 자신의 목숨에 대해 절망적인 기분이 들었다. 하지만 그들은 중요한 교훈을 배웠다. 그들이 다른 형태의 반역에 가담하더라도 결코 아론의 제사장직에 대해서는 의문을 제기하지 않을 것이다.

D. 제사장과 레위인들의 직무(18:1-32)

Supporting Idea	하나님은 다시 레위인들의 일차적인 직무를 확증하신다.

18:1-7. 제사장직의 책임을 아론에게 맡기셨기 때문에 하나님은 그에게 말씀하신다. 하나님은 아론 가문의 제사장직을 통해 이스라엘 민족과 각 개인들의 죄 용서함을 전하실 것이다. 앞으로 이 직무를 탐내는 사람들이 있다면, 그들은 고라와 그의 동조자들처럼 가혹한 심판을 당할 것이다. 하나님이 고귀한 지위를 허락하신 아론의 형제 레위 지파는 성막 봉사 직무로 아론과 그의 아들들을 섬기게 되었다. 그러나 레위인들은 거룩한 제단 근처에 다가갈 수 없었다. 예배와 제사 제도가 이스라엘의 존재의 핵심을 차지했다. 레위인들이 이 법을 어기면 자기 목숨이 위태로웠다.

18:8-19. 하나님은 백성들이 드리는 제물로 제사장들의 생계를 잇게 하실 것이다. 백성들이 일정한 제물을 드리면 제사장들은 그들의 영영한 음식으로(몫으로) 이 제물의 정해진 일부를 먹을 수 있었다. 남자 제사장들은 소제와 속죄제와 속건제 제물을 먹을 수 있었다(레 2:1-16, 4:1-5:19를 참고하라). 또한 제사장 집의 정결한 자마다 요제를 먹을 수 있었다. 백성들이 와서 첫 열매, 즉 제일 좋은 기름과 제일 좋은 포도주와 곡식을 드린다면 제사장들은 이 제물들을 통해 생계를 이을 수 있었다. 이스라엘이 이러한 규례들을 이행한다면, 제사장들은 항상 적절하게 생계를 유지할 것이고, 가족들을 부양하기 위해 과외의 일에 의지하지 않아도 될 것이다.

정규 제물 외에 제사장들은 또한 백성들이 여호와께 드리는 것들, 즉 '(매매가) 금지'된 것들(레 27:28)을 통해 지원을 받았다. 모든 처음 난 것들은 제사장의 것이었지만, 백성들은 모든 장자와 먹을 수 없는 모든 부정한 짐승들을 대속해야 했다. 그러나 소, 양, 염소처럼 의식적으로 정결한 짐승들은 희생 제물로 드려야 하므로 대속하면 안 되었다. 이 짐승들은 제사장과 그 가족들의 식량으로 이용되었다.

18:20-24. 제사장과 레위인들은 땅을 소유하는 것이 금지되었다. 따라서 그들은 약속의 땅에 들어가도 여호수아에게서 땅을 배분받지 않았다. 그들은 거주할 성을 받았지만 영속적인 땅은 받지 않았다. 하나님이 그들의 기업이 되실 것이고 그들은 그분만 섬겨야 한다. 백성들은 레위인들을 부양하기 위해 산물과 가축의 십일조를 드렸다. 하나님은 또다시 레위인들이 회막으로 가까이 오면 안 된다고 경고하신다. 그러면 그들은 죽을 것이다.

18:25-32. 레위인들은 백성들에게서 직접 지원을 받았기 때문에 우리는 그들이 십일조를 드리지 않았다고 생각할 수도 있다. 하지만 그들도 십일조를 드렸다. 그들은 하

나님께 지원을 받았고 그것을 잊으면 안 되었다. 그들은 백성들이 드린 십일조를 받아서 마치 자신들이 직접 생산한 것처럼 가장 좋은 부분을 드렸고, 그것을 아론과 그 아들들에게 주었다.

Main Idea 복습 하나님은 합법적인 권위의 수단을 통해 일하신다.

결론

엉뚱한 말이 이기다

헨리 밀러(Herb Miller)는 자신의 저서 「행동이 말보다 더 소리가 크다(Actions speak louder than verbs)」에서 흥미로운 이야기를 들려준다. 경주용 말들을 가진 두 명의 농부가 있었다. 이들은 서로에 대해 심한 경쟁 의식이 있었다. 어느 봄날, 그들은 지역 장애물 경주에 자기 말들을 출전시켰다. 친구 농부를 이기려고 한 농부가 우승 기록이 있는 프로 기수를 고용했다. 두 말은 마지막 울타리에서 경주를 하고 있었다. 하지만 마지막 관문은 그들에게 너무 어려웠다. 두 말 모두 넘어져서 기수들이 등에서 떨어지게 되었다. 하지만 그러한 돌발 사태에도 프로 기수는 포기하지 않았다. 그는 재빨리 말에 다시 올라탔고 그 경기에서 우승했다. 의기양양하게 대기실로 돌아온 기수는 자신을 고용한 농부가 화가 나서 씩씩거리고 있는 것을 보았다.

"뭐가 잘못 되었습니까?" 프로 기수가 물었다. "제기 이겼어요. 안 그래요?"

"그렇소!" 그 농부가 소리를 질렀다. "당신이 이겼소. 하지만 당신은 아직 모르는구먼. 그렇지?"

"뭘 모른다는 겁니까?" 그가 물었다.

"당신이 엉뚱한 말을 타고 경기를 이겼단 말이오."

하나님은 항상 이기신다. 이스라엘 백성은 믿음이 부족했다. 그러나 하나님은 더 강화된 훈련을 주고 이기셨다. 백성들이 반역했다. 그러나 하나님은 모세의 리더십을 인정하시고 모세를 시기하는 경쟁자들을 심판하심으로 이기셨다. 이스라엘 백성이 가나안에 들어가면 온전하게 헌신된 제사장직이 필요했다. 하나님은 아론과 제사장직을 인증하심으로 다시 이기셨다. 사단은 말을 넘어뜨리려고 온갖 노력을 하지만, 하나님은 항상 그분이 세우신 지도자를 다시 회복시키셔서 경주를 완주하게 하신다.

■ 진리 알기

- 믿음이 항상 경험에 근거하지는 않는다.
- 하나님의 뜻이 지체될 수는 있지만 좌절되지는 않는다.
- 지도자들은 반대에 직면할 것이다.
- 시기심과 교만으로 인해 많은 사람들이 하나님의 인도하심을 무시하고 지도력에 반항한다.
- 하나님은 자신이 세우신 지도자들을 보호하신다.
- 지도자들은 갈등을 조정하는 기술을 배워야 한다.
- 하나님의 지도자들에 대한 반역은 실제로 하나님에 대한 반역이다.

■ 적용하기

- 지도자를 따를 것인지, 아니면 시기할 것인지에 직면하면 당신의 인생에 그 권위를 세우신 분이 누구신지 기억하라.
- 혹시 지도자라면, 인내하며 하나님이 당신을 위해 싸우시도록 하라.
- 하나님의 말씀은 하나님의 백성들의 책임을 선명하게 밝히신다.
- 하나님의 축복을 원하면 믿음으로 사는 법을 배워야 한다.

삶의 적용

산불의 나이테

해마다 많은 방문객들은 요세미티 국립공원 근처의 세쿼이아 나무의 횡단면 앞에 서서 나이테를 센다. 나이테 하나는 1년을 의미한다. 종종 이 나무들은 수백 년 동안 생존하기도 한다. 물이 풍부한 해의 나이테는 더 두껍고, 강우량이 많지 않았던 해의 나이테들은 더 얇다. 때로 어떤 나이테는 그 해 숲을 휩쓸고 간 산불 때문에 어두운 색을 띄거나 심지어 손상되어 있는 것처럼 보인다. 화재 이후로 나무의 성장은 수년 동안 영향을 받았을 수도 있다. 이처럼 '불의 시련' 을 당한 기간들은 나무에게 고통스럽지만, 건강한 성장과 발전을 보여주는 수많은 나이테들에 비하면 사소한 문제에 지나지 않는다.

당신 인생의 횡단면 역시 동일하게 도식화될 수 있다. 빈약한 세월들은 말씀의 자양분의 결핍에 그 원인이 있다. 풍성한 성장이 이루어진 해들은 기도와 하나님 나라를 위한 섬김에 성장이 있었음을 증거해준다. 그러나 이스라엘 백성을 위한 하나님의 목적처럼, 하나님의 뜻이 지연될 수는 있지만 결코 좌절되지는 않는다. 당신은 '불 같은 시련' 의 시간을 보내고 있을 수도 있다. 하지만 이러한 사건들은 하나님이 당신에게 갖고 계신 인생의 나이테에 들어맞는 것이다. 늘 순종하며 믿음 안에서 성장하라. 하나님은 아직 당신을 완성하지 않으셨다.

기도

하늘에 계신 아버지, 제 인생을 뒤돌아보면 아름답고 나쁘고 심지어 추한 여러 모습 속에서도 주님이 사랑으로 내내 인도하셨음을 깨닫게 됩니다. 제가 반항할 때 저를 위해 교통의 흐름을 멈추어주셨습니다. 제가 순종할 때 성장의 나이테가 생기게 해주셨습니다. 그러나 저는 믿음으로 성장하기 원합니다. 주님의 축복과 인도하심을 위해 올바르게 결단하는 법을 배우고 싶습니다. 불평하는 마음이 들 때 주님의 신실하심을 기억하게 하시고, 하루하루가 주님을 사랑하며 섬기는 또 다른 기회임을 알게 하소서. 아멘.

심층 연구

아론의 제사장직과 멜기세덱의 제사장직

이 단원에 기록된 사건들은, 유일하게 합법적인 제사장직은 하나님이 세우신 제사장임을 이스라엘 백성에게 상기시킨다. 하지만 그것이 아론의 제사장직 외에 모든 제사장직을 배제하는 것은 아니다. 단순히 제사장직에 대한 불법적인 요구를 금하는 것이다. 성경은 아론 외에 다른 제사장직에 대해 말한다. 그것은 멜기세덱의 제사장직이다. 아브라함이 왕들을 죽이고 돌아오자 "지극히 높으신 하나님의 제사장"이라는 호칭을 가진 살렘 왕의 축복을 받았다(창 14:18-20). 오랜 시간이 지난 후 시편 기자가 그의 이름을 짧게 언급한다(시 110:4). 하지만 이 사람이 누군지 만족할 정도의 대답을 얻으려면 히브리서 저자가 멜기세덱에 대한 주제를 본격적으로 다룰 때까지 기다려야 한다. 히브리서는 멜기세덱의 제사장직이 아론의 제사장직보다 더 우월하다고 결론내린다(히 6:20-7:28).

멜기세덱의 제사장직에 대한 히브리서의 교훈은 다음과 같이 요약할 수 있다. 예수님은 "멜기세덱의 반차를 좇은" 제사장이었다. 멜기세덱이라는 이름에는 "평강의 왕"(7:2)이라는 뜻도 있다. 그는 전혀 기록된 족보가 없으므로 예표론적으로 "하나님의 아들"과 유사하다. 우리는 그가 "단순한 한 인간으로서 그리스도의 완전성의 예표"(242)이기는 하지만 일부 사람들이 주장하듯, 그리스도는 아니라는 휴즈(Hughes)의 결론에 동의한다. 결국 "멜기세덱이 하나님의 아들과 유사하다 해도 그는 하나님의 아들과 같을 수는 없다"(243). 동일한 멜기세덱이 "그 약속 얻은 자를 위해 복을 빌었"(히 7:6)다. 이것은 그가 아브라함보다 크다는 것을 암시한다(히 7:7).

사실상, 아직 태어나지는 않았지만 아브라함의 후손인 레위는 그런 의미에서 "아직 자기 조상의 허리에 있었"(히 7:10)다. 그 시대에는 반드시 필요했던 아론 계열의 제사장직은 "제사장 직분의 변역"과 "율법의 변역"(히 7:12)을 모두 포함하는 변혁의 시대를 예고한다. 그리스도 안에서 하나님은 왕, 제사장, 선지자의 직분을 모두 하나로 통합하셨다.

고안

A. 들어가는 글

1. '하나님이 교통의 흐름을 통제하신다' 이야기로 시작하라.
2. 배경 설명: 이스라엘은 가데스 바네아에서 진군하여 약속의 땅을 정복하기를 거부함으로써 하나님께 불순종했다. 여호수아와 갈렙을 제외한 이십 세 이상의 사람들은 단 한 명도 약속의 땅에 들어가지 못할 것이다. 구시대가 다 죽기까지 이 대기 기간 동안 고라와 그의 동조자들이 모세와 아론의 지도력에 도전했다. 하나님은 자신이 지도자로 세운 자가 누구인지 의심할 수 없는 방식으로 보여주셨다. 고라와 그의 동조자들에 대한 이 심판은 하나님의 말씀의 신실성에 대한 생생한 교훈이었다.
3. 적용: 고대 이스라엘과는 매우 다르지만 우리 현대 문화에서도 하나님은 여전히 지도자들을 선택하신다. 하나님은 자신이 세운 지도자들이 그분을 의지하며 그들의 행위에 대해 결산하기를 기대하신다. 하나님은 신자들이 모든 권위가 하나님께로부터 온 것임을 인정하고 지도자로 선택된 사람들을 존중하기를 기대하신다.

B. 본문 이해

1. 제사에 대한 추가적 규례(15:1-41)
2. 고라의 반역(16:1-50)
3. 아론의 제사장직이 확증됨(17:1-13)
4. 제사장과 레위인들의 직무(18:1-32)

C. 결론: '산불의 나이테' 를 읽어주라.

토의 질문

1. 민수기 15장 14-16절이 교회에 어떤 의미를 지니는가? 하나님이 이스라엘 사람과 이방인들을 전혀 구분하지 않으신 이유가 무엇이라고 생각하는가?

2. 고의적인 죄와 비고의적인 죄의 차이를 설명해보라. 하나님의 말씀은 일반적인 죄에 대한 하나님의 시각에 대해 무엇이라 하시는가?

3. 백성들은 모세에게 어떤 불만이 있었는가? 이 불만에 어떤 근거가 있다고 생각하는가? 누군가가 다른 사람들에게 이런 원망을 갖게 하는 것은 무엇인가?

4. 이스라엘이 마침내 가나안에 들어가면 지도자의 결단이 그들의 성공과 안전에 필수적일 것이다. 하나님이 이 시점에 일어난 고라의 반역에 대해 말씀하신 이유는 무엇인가? 그러한 무서운 심판의 이유는 무엇인가?

5. 이스라엘의 영적 건강에 대해 레위인들은 어떤 책임을 갖고 있었는가? 당신이 영향을 미치는 사람들의 삶에 당신은 어떤 책임을 갖고 있는가?

민수기 19-21장

여행길에 하나님이 공급해주심

"순종하지 않은 명령은 실제로 당신이 안다고 할 수 없다. … 교회는 오늘날 행하지 않고 지적으로 알기만 하는 그리스도인들로 인해 고민하고 있다."

- 반스 해브너(Vance Havner)

민수기 14-20장은 이스라엘이 광야에서 경험한 사건들을 스냅 사진처럼 제공하고 있다. 광야 생활을 하는 하나님의 백성들의 죄가 어떻게 다루어지고 있는가? 특별한 제사가 요구되었다. 그리고 그 제사는 민수기 19장에 기록되어 있다. 이어서 38년 후 이스라엘 백성은 가데스 바네아에 다시 도착한다. 하나님은 동일한 불순종을 다루어야 하시지만 이번에는 모세의 불순종이었다. 첫 전쟁을 치를 때가 온다. 또 다른 원망과 놋뱀을 통해 큰 교훈을 얻게 된다.

들어가는 글

이 40년 동안

폴란드계 유대인인 솔로몬 긴즈버그(Solomon Ginsberg)는 유럽과 남아메리카에서 열정적인 전도 활동을 했다. 휴식이 필요했던 그는 1911년에 휴가차 미국으로 가기로 결정했다. 그는 리스본을 경유해야 했고, 그곳에서 비스케이 만(Bay of Biscay)을 건너 런던으로 간 후 다시 미국으로 건너갈 계획을 했다. 리스본에 도착한 긴즈버그는 비스케이 만에 큰 폭풍이 올 것을 경고하는 기상 전보를 붙인 게시판을 보았다. 위험한 항해이므로 한 주간 여행을 늦추라는 충고를 받았다. 티켓으로도 그렇게 할 만한 시간적 여유가 있었다. 그는 그 문제를 두고 간절히 기도했다.

기도하던 중 그가 자신의 WMU 기도 달력을 보니 그날 말씀이 신명기 2장 7절이었다. "네 하나님 여호와가 너의 하는 모든 일에 네게 복을 주고 네가 이 큰 광야에 두루 행함을 알고 네 하나님 여호와가 이 사십 년 동안을 너와 함께하였으므로 네게 부족함이 없었느니라 하셨다 하라 하시기로." 그의 긴 세계 여행이 하나님의 보호 아래 있다는 확신을 주시는 것 같았다. 긴즈버그는 즉시 배를 탔고 아무 사고 없이 항해하여 런던에서 머제스틱 호에 승선했다. 대서양을 횡단하는 그의 항해는 순조롭고 평안했다.

미국에 도착하고나서야 솔로몬은 리스본으로 가는 일정을 늦추었다면, 런던에 도착해서 타이타닉 호에 승선했을 것임을 알게 되었다.

정말 애석하게도, 이스라엘 백성은 긴즈버그의 기도 달력을 몸에 지니고 다니지 않았다. 하나님은 광야 생활을 하는 그들의 모든 걸음을 신실하고 전능하며 자비롭게 인도하셨다. 하나님이 히브리 백성들의 모든 필요를 채우신 또 다른 여러 방법들을 계속 알려주시기 위해 우리에게 이스라엘의 축복과 하나님의 영광에 집중적으로 할애된 세 장을 더 공부하도록 하신다.

본문 이해

여행길에 하나님이 공급해주심

Main Idea	하나님은 자기 백성들을 가나안으로 더욱 가까이 인도하시며 그들에게 믿음과 갈등에 대한 교훈을 가르치셨다.

A. 정결하게 하는 물(19:1-22)

Supporting Idea	붉은 암송아지 의식을 통해 이스라엘 백성은 의식적 부정에서 정결하게 되었다.

19:1-10. 하나님이 이스라엘 백성을 부정에서 정결하게 하시기 위해 사용하실 정결의 도구는 붉은 암송아지로 시작된다. 암송아지는 어린 암소로 송아지와 성인 암소의 중간 단계다. 아마 피와 유사한 색깔 때문에 붉은 암송아지를 선택했을 것이다. 그들은 아론의 아들 엘르아살에게 그 송아지를 드렸고 그는 진 밖에서 그 송아지를 잡도록 했다. 그러고나서 엘르아살은 그 피의 일부를 취해 회막 앞을 향해 일곱 번 뿌려야 한다. 그들은 엘르아살이 보는 가운데 그 송아지를 불사르고 이어서 그는 백향목과 우슬초와 홍색실을 그 불 속으로 던져야 한다.

우리는 그가 왜 백향목을 사용했는지 정확히 모른다. 아마 향을 방출했을 것이다(Harrison, 256). 홍색실은 아마 붉은 암송아지처럼 피를 상징했을 수 있다. 혹은 일종의 우슬초를 담는 용기 역할을 했을 수도 있다(Harrison, 256). 케일은 우슬초가 죽음으로부터의 정결함을 상징했다고 지적한다(124). 일반적인 우슬초는 민트 과의 식물로 향기가 달콤하다(Packer, 252). 그것은 일반적으로 30센티미터보다 약간 더 자라며 잎은 뾰족하고 꽃이 피었다. 이집트와 팔레스타인에서 많이 자랐으며, 여러 유대 의식에 사용되었다(레 14:4, 6, 히 9:19도 참고하라).

그러고나서 제사장은 옷을 빨고 물로 몸을 씻었다. 송아지를 불사른 사람도 마찬가지였다. 이어서 의식적으로 정결한 사람이 송아지의 재를 모아 진 밖의 정결한 장소에 두었다. 그 재는 부정을 깨끗케 하는 물(시체를 만져 부정하게 된 사람들에게 사용될 것)을 만드는 데 쓰도록 보관될 것이다.

19:11-22. 시체를 만진 사람은 누구든지 7일 동안 부정할 것이다. 제 삼일과 칠일에 그는 깨끗케 하는 물(송아지 재로 만든 물)로 자신을 정결하게 해야 정결해질 것이다. 그렇지 않으면 그는 여전히 부정할 것이다. 성막은 그 민족의 생명을 상징했다. 그리고 백성을 정결하도록 하는 의식들이 있었기 때문에 누구든지 스스로 정결케 아니하면 여호와의 성막을 더럽히는 것이다. 그러한 죄는 생명을 대가로 치러야 했고 그는 죽게 될 것이다.

장막에서 누군가가 죽었을 경우, 그 사람이 죽을 때 그 장막에 있던 사람이나 시체가 장막에 있는데 그 안에 들어간 사람은 누구나 7일 동안 부정했다. 살해당한 경우이든, 자연사한 경우이든, 들판에서 죽은 사람을 만진 사람이든 누구든지 부정했고, 이 정결 의식을 치루어야 했다.

정결의 과정은 송아지 재의 일부를 병에 넣고 물로 섞는 과정이 포함되었다. 이어서 의식적으로 정결한 사람이 우슬초를 그 물에 담갔다가 장막과 모든 기구와 장막 안에 있는 모든 사람에게 뿌려야 했다. 그리고 의식적으로 정결한 이 사람은 규례에 따라 제 삼일과 칠일에 정결케 하는 물을 부정하게 된 사람에게 뿌려야 했다. 부정한 사람을 정하게 한 사람 역시 옷을 빨아야 했다. 누구든지 이 정결케 하는 물과 닿았다면 저녁까지 부정할 것이다.

B. 기적의 물, 다툼 그리고 아론의 죽음(20:1-29)

Supporting Idea	이스라엘은 그들이 의지하던 지도자를 잃었음에도 불구하고 하나님의 공급하심을 신뢰하는 법을 배우며 계속 힘든 시간을 보냈다.

20:1-8. 이스라엘의 여행은 이제 막바지에 이르고 있었다. 애굽을 나온 지 약 40년째 되던 해 정월에 이스라엘 백성은 신 광야에 이르러서 가데스에 진을 쳤다. 여기서 미리암이 죽으매 장사하였다. 미리암은 연수를 다했고, 백성들은 관습대로 그녀를 위한 긴 애도 기간을 지켰을 것이다.

가데스에 도착하고 얼마 후에 마실 물이 떨어졌다. 이로 인해 백성은 또다시 모세를 비방하면서 애굽을 떠나지 않고 광야에서 죽었으면 좋았을 것이라고 원망했다. 모세가 말했던 비옥하고 풍요로운 토양이 있는 아름다운 땅은 어디에 있단 말인가? 약속한 곡식이나 무화과나 포도나 석류가 어디 있는가? 모세는 백성들이 과거의 고통스러운 교훈에서 배웠으리라고 생각했을 것이다. 하나님이 반역의 무리를 잠잠케 하시고자 무서운 역병을 보내시지 않았던가? 그래서 모세는 감정이 울컥해 거의 폭발 직전이 되었을 것이다.

그는 또한 하나님의 인내하심이 한계에 도달해 또 다른 재앙이 올 것을 알았다. 그러므로 모세와 아론은 회막 문에 이르러 엎드렸다. 그러자 하나님의 영광이 나타났다. 하나님은 모세에게 지팡이를 취해 그 반석에게 명하여 물을 내라 하고 목마른 회중과 가축들에게 물을 마시우게 하라고 말씀하셨다.

20:9-13. 하나님이 지시하신 대로 반석에게 명하는 대신 모세는 지팡이로 반석을 두 번 쳤다. 그는 비난한 백성들에게 호통을 쳤다. 패역한 너희여 들으라 우리가 너희를 위하여 이 반석에서 물을 내랴? 그는 지금까지와는 달리 하나님의 명백한 지시대로 순종하지 않았다. 모세는 원망하는 무리들로 인해 하나님보다 더 화가 났던 것 같다. 물이 반석에서 흘러나와 사람들이 마셨지만 그에 대한 대가가 따랐다. 하나님은 모세에게 형을 선도하셨다. 그가 백성들과 함께 그 땅에 들어가지 못할 것이라고 말씀하셨다. 그리하여 그곳은 '싸우다' 라는 뜻의 므리바라 불리게 되었다. 이것을 호렙산 근처의 이전 므리바(출 17:7)와 혼동해서는 안 된다. 모세와 동조한 아론에게도 동일한 죄가 있었고 마찬가지로 형을 받았다(민 20:24를 참고하라).

20:14-21. 한없이 보이던 유랑 생활의 기간이 거의 끝났다. 강렬한 결의로 무장되어 있을 이스라엘은 가나안을 취할 목적으로 가나안의 동부 지역으로 곧장 향했다. 이 목적을 성취하려면 고대의 형제인 에돔의 땅을 통과해야 했다. 모세는 외교적 의전을 존중하여 에돔의 통치자들에게 사자를 보내어 그 땅을 통과하도록 허가해줄 것을 요청했다. 그들은 왕의 대로를 이용해 에돔을 통과할 것이다. 왕의 대로는 아라비아를 암몬과 다메섹과 이어주던 고대의 도로였다(Harrison, 270).

그러나 에돔은 통행을 거부했다. 그 땅을 통과하려는 모든 시도에 대해 칼로 치겠다며 엄중히 경고했다. 모세는 그들에게 물값을 지불하겠다고 제안하지만 에돔 사람들은 거부했다. 후에 이스라엘은 그들에게서 물 혹은 어쩌면 이스라엘이 팔 작은 우물에서 물을 길을 그릇을 사게 될 것이다(신 2:6, Keil, Deut., 292를 참고하라). 에돔이 곧 무력을 과시하며 나와 이스라엘을 강제로 떠나도록 했다.

20:22-29. 이스라엘은 가데스를 떠나 호르산으로 이동했다. 그곳에서 하나님은 아론에게 그가 죽을 것이라고 알리셨다. 므리바에서 지은 아론과 모세의 죄와 아론이 지은 수많은 죄로 인해 이제 그는 영원히 눈을 감게 될 것이다. 하나님은 모세에게 아론과 그 아들 엘르아살을 데리고 호르산에 가서 아론의 제사장 예복을 벗겨 엘르아살에게 입히라고 지시하셨다. 모세는 여호와의 명령대로 순종했고 아론은 하나님이 명령하신 대로 죽었다. 모세와 엘르아살이 산에서 내려오자 온 회중은 30일 동안 아론을 위해 애곡했다.

C. 모압으로 가는 도중의 정복 전쟁(21:1-35)

Supporting Idea	하나님은 옥과 시혼과 교전하게 하심으로 미래의 전쟁에 이스라엘이 대비하게 하신다.

21:1-3. 이스라엘이 가나안 정복 전쟁이라는 중요한 군사적 목표에 착수하기 앞서, 하나님은 가나안으로 가는 도중에 몇 가지 소규모 전투로 그들을 준비시키신다. 이스라엘이 가까이 다가오고 있음을 들은 아랏의 왕은 이스라엘을 쳐서 그들 중 몇 사람을 잡았다. 아랏은 유다 광야 근방의 네게브에 있는 성이었다. 하지만 이스라엘 백성은 하나님이 승리를 주신다면 그 성들을 멸망시키겠다고 맹세한다. 여호와께서 이스라엘의 소리를 들으시고 그들이 가나안인들로 물리치게 해주셨다. 이스라엘은 그들의 성과 백성들을 철저히 멸망시켰다. 그래서 그 장소는 호르마 혹은 '파멸에 바쳐진' 이라는 이름을 갖게 되었다.

21:4-9. 이스라엘은 에돔 족속이 차지한 땅을 피해 가기 위해 신 광야로 이동했다. 그들은 남서쪽으로 나아갔고 아마 또 다른 군사적 충돌을 피했을 것이다(Harrison, 275). 그러나 그 도중에 백성의 마음이 상하였다. 그들은 또다시 하나님의 대변자로서 백성들에게 하나님을 대표하는 모세를 원망했다. 그러므로 그들은 하나님을 향하여 원망한 것이었다. 그들은 다시 적어도 상대적으로 안전했던 애굽 땅을 떠났다는 오랜 불평으로 대적했다. 그들은 만나에 대해, 또 물과 다른 음식이 부족한 것에 대해 원망했다. 하나

님은 불뱀들을 백성 중에 보내셔서 많은 이스라엘 백성이 죽게 하셨다.

백성들은 구원을 요청했다. 모세에게 그들의 죄를 고백하며 뱀을 물리쳐주시도록 기도해줄 것을 부탁했다. 모세는 그들을 위해 기도했다. 하나님은 모세에게 불뱀을 만들어 장대 위에 달라고 지시하셨다. 장대를 보는 자는 누구든지 뱀에게 물린 상처에서 회복될 것이다. 하나님은 "숭배할 형상이 아니라 치유의 상징"으로서 놋뱀을 만들게 하셨다(Harrison, 278). 그러나 후에 이스라엘 백성은 아마 가나안 종교의 영향으로 이 놋뱀을 숭배하고 분향했다. 후대에 경건한 왕 히스기야가 그 놋뱀을 없앨 것이다(왕하 18:4).

예수님은 성경에서 중요한 구원의 구절 중 하나에서 이 놋뱀의 적절한 상징성을 제시하셨다. "모세가 광야에서 뱀을 든 것같이 인자도 들려야 하리니 이는 저를 믿는 자마다 영생을 얻게 하려 하심이니라"(요 3:14-15). 놋뱀은 독사에게 물린 상처에서 물리적 회복을 얻게 해주었다. 하지만 고난당하신 메시아는 영적 본성에 대해 영구적으로 치유해주셨다. "그가 채찍에 맞음으로 우리가 나음을 입었도다"(사 53:5).

21:10-20. 이스라엘은 다음으로 모압으로 가는 도중에 있는 오봇 성으로 이동했다. 그 이름은 '물 담는 가죽 부대(water skins)'라는 뜻이었다. 그들은 아마 그 지역에서 우물이나 샘을 찾았을 것이다. 그곳에서 그들은 모압의 남동부 지역에 위치한 이예아바림으로 갔다. 느보산(모세가 후에 가나안 땅을 바라볼 곳)이 여기에 위치해 있었다. 그들은 모압과 아모리 사이에 있는 아르논으로 이동했다. 전쟁기('심층 연구'를 참고하라)라 하는 고대의 한 이야기는 골짜기의 비탈이 있는 그 지역의 지형 일부를 묘사해놓았다. 그들이 브엘('우물')에 도착하자 하나님은 은혜를 베푸셔서 그들에게 물을 주셨다. 이스라엘은 감사하는 마음으로 감사와 기쁨의 노래를 불렀다. 물이 지하의 수원에서 나왔고, 하나님은 그들로 샘을 파게 하셨다.

모압에 도착하기 직전, 그들은 확실한 위치를 알 수 없는 여러 지역을 통과했다. 비스가산 꼭대기는 느보산이 위치한 산줄기에 위치했을 것이다.

21:21-35. 이스라엘은 아모리 족속의 시혼 왕에게 다음과 같은 전갈을 보냈다. 우리로 당신의 땅을 통과하게 하소서. 아모리의 수도가 되는 성은 헤스본이었다. 시혼은 자기 동족 외에 미디안의 다섯 부족을 통치했다(수 13:21). 혹은 그들과 연합했을 수도 있다. 시혼이 모세의 통과를 거부하자 이스라엘은 요단강으로 향하는 모든 길에서 그들을 쳐부수었다. 이스라엘은 이 모든 땅을 수중에 넣었고, 이 땅은 후에 르우벤과 갓 지

파의 소유가 될 것이다(민 32:1-4, 33-38).

이스라엘은 야셀에서 아모리 거민들을 몰아냈다. 이 땅은 후에 갓 지파(수 13:25)와 레위 계열의 므라리 자손들(수 21:39)에게 할당될 것이다. 그들이 바산 근처로 다가가자 옥 왕이 그들을 대적하러 나왔다. 하나님은 모세에게 그 땅의 소유를 포함해 최종적으로 승리하리라는 확신을 주셨다. 이것으로 모세는 그들의 군대를 궤멸시켰고 단 한 명의 생존자도 남기지 않았다. 이스라엘은 이제 연속적으로 승리를 경험했고 주변 민족들에게 점점 더 명성을 얻게 되었다.

Main Idea 복습	하나님은 자기 백성들을 가나안으로 더욱 가까이 인도하시며 그들에게 믿음과 갈등에 대한 교훈을 가르치셨다.

결론

불 위의 거미

조나단 에드워즈(Jonathan Edwards)는 미국의 가장 탁월한 신학자 중 한 사람이다. 그는 여섯 살에 라틴어를 배웠다. 열세 살이 안 되어 예일 대학을 입학해서 열다섯 살 무렵에 졸업했다. 그리고 열아홉 살에 목사로 임명받고 스무 살까지 예일 대학에서 가르쳤다. 후에 프린스턴 대학의 학장이 되었다. 하버드 대학교는 같은 날에 그에게 학사와 석사 학위를 수여했다.

그러나 에드워즈는 '진노한 하나님의 손에 붙들린 죄인들' 이라는 설교로 가장 유명하다. 그는 코네티컷의 엔필드에서 사역하던 중 1741년 7월 8일 주일에 이 설교를 했다. 여자들이 그 전날 밤 부흥을 위해 기도하며 철야를 했다. 에드워즈는 설교하려고 자리에서 일어나서 오늘 본문이 신명기 32장 35절 "그들의 실족할 그때에 갚으리로다"라는 내용이라고 조용히 알렸다. 이 '지옥불의 형벌' 식의 접근은 에드워즈의 초창기 방식이었다. 천 개나 되는 그의 기록 설교 중 이런 유형의 설교는 열두 개 미만이다.

에드워즈는 그 설교를 할 때 결코 어떤 몸짓을 하거나 목소리를 높이지 않았다. 조용하고 단순하게 말했고, 회심하지 않은 자들은 불 위의 거미처럼 지옥 위에 매달려 있다고 경고했다. "오 죄인들이여! 그 두려운 위험을 생각해보십시오. 회심하지 않은 자들은 지금 썩은 가리개로 덮힌 지옥 구덩이 위를 걷고 있습니다. 이 가리개는 너무 허술한 곳이 많아서 그들의 무게를 견디지 못할 것입니다. 하지만 이 허술한 곳들이 눈에는 보이지 않습니다."

회중들의 울음 소리와 소동으로 에드워즈의 목소리는 갑자기 묻히고 말았다. 그는 자제를 요구하며 잠시 침묵했다. 그후 이렇게 결론지었다. "지금 그리스도 밖에 있는 사람은 모두 잠을 깨고 이제 다가올 그 진노를 피하도록 합시다. 전능하신 하나님의 진노가 이 회중의 많은 사람들에게 분명히 드리우고 있습니다. 모두 소돔에서 도망하도록 합시다."

건장한 남자들이 지옥으로 떨어지고 있는 것 같은 공포심에 의자와 기둥을 붙잡았다. 어떤 이들은 몸을 떨며 바닥을 굴렀다. 밤새 온 마을에서 남자들과 여자들의 울음소리가 들렸고, 하나님께 구원해달라고 간구했다. 그날 밤 5백 명의 사람들이 회심했고, 수천 명을 하나님 나라로 휩쓸듯 인도한 부흥의 불길이 시작되었다. 대각성 운동이 일어난 것이다(Morgan, On This Day).

이제까지 이스라엘 백성은 기적을 연이어 보았고, 표적과 하나님의 인도하심과 하나님의 심판을 눈으로 목격했다. 당신은 '대각성 운동'이 이스라엘 백성 가운데 일어날 것이라고 생각하겠지만 그들은 아직 배울 것이 있었다. 그들은 원망을 멈추고 하나님을 신뢰하는 법을 배워야 했다. 그들은 길을 이탈하는 것을 중단하고 줄 서서 기다리는 법을 배워야 했다. 반역과 불순종에는 대가가 따른다는 것을 배워야 했다. 그들의 믿음에는 허약한 곳이 '너무 많아' 그들의 무게를 감당하지 못할 것이다.

■ **진리 알기**

- 당신의 죄악에도 불구하고, 하나님은 당신이 계속 믿음으로 행하기를 원하신다.
- 하나님께 불순종하면 그 대가를 치르게 될 것이다.
- 사람들은 결코 만족함을 모르며 너무 쉽게 망각한다.

▣ 적용하기

- 하나님은 우리의 죄에 대해 즉각적인 인정과 고백을 기대하신다.
- 하나님이 당신의 삶에 허락하신 축복을 자신의 공로라고 생각하지 말라.
- 놋뱀은 우리의 죄를 위해 달리실 그리스도에 대한 놀라운 그림이다. 당신은 그리스도를 바라보든지, 혹은 그분을 외면함으로 영원히 멸망하게 될 것이다.

삶의 적용

잘못 맞춘 시계

1991년 9월, 소비에트 연방 정부 관리들은 거의 60년간 부인해왔던 사실을 인정했다. 스탈린 통치기에 서머 타임제를 변경할 때 전국의 시계를 한 시간 뒤로 맞추는 것을 잊어버렸다. 그 실수가 너무 당혹스러워서 소련 정부는 잘못된 그대로를 유지했고, 거의 60년간 그 모든 사실을 부인했다.

사람들은 하나님의 인도하심을 보지 못할 때 동일한 실수를 저지른다. 그들은 하나님의 인도하심을 받아들이는 대신, 오히려 광야의 경험에 매몰된 채 불평하고 원망한다. 당신은 히브리인의 진 중에 나타난 뱀에 대한 반응을 살펴보아야 한다. "우리가 범죄하였사오니"(민 21:6-7). 이 백성들은 마침내 그들이 잘못된 시계에 맞추어 살고 있었다는 것을 인정했고, 하나님이 그들에게 믿음으로 살기 원하신다는 사실을 인정했다. 그리고 수천 년 후에 우리는 니고데모와 예수님의 대화를 접하게 된다. 요한복음 3장 14-16절은 "모세가 광야에서 뱀을 든 것같이 인자도 들려야 하리니 이는 저를 믿는 자마다 영생을 얻게 하려 하심이니라 하나님이 세상을 이처럼 사랑하사 독생자를 주셨으니 이는 저를 믿는 자마다 멸망치 않고 영생을 얻게 하려 하심이니라"고 말한다. 더 이상 부인도, 더 이상 당혹스러움도 갖지 말라. 더 이상 자신과 자기 능력과 의를 바라보지 말라. 당신에게 구세주가 필요하는 사실을 인정하라!

기도

주님, 주님의 인도하심을 받아들이고 제 길을 고집하지 않도록 도와주소서. 믿음이 없던 이스라엘 백성을 보면서, 제가 주님을 의지하고 순종할 수 있는 교훈을 배우게 도와주소서. 아멘.

심층 연구

A. 모세가 받은 가혹한 심판

모세는 하나님이 명하신 대로 바위에 명령하지 않고, 두 번이나 바위를 침으로써 하나님의 명령에 불순종했다. 모세는 바위를 침으로써 하나님의 직접적인 공급을 인간의 행위로 대체했다(Harrison, 267). 하지만 모세의 일생을 돌이켜볼 때, 이것이 그의 첫 불순종이 아님을 알 수 있다. 그러나 여기서 그가 받은 형벌은 상당히 가혹한 것 같다.

모세는 길고 빛나는 생애를 끝내가고 있었고, 확실히 이스라엘을 축복하는 하나님의 도구였다. 하나님이 이 시기에 그분의 거룩한 이름을 드러내지 못하고 불순종한 모세를 정죄하시지만 그의 종을 거부한 것은 나이였다. 모세가 그의 수명을 다하고 더 젊은 여호수아가 모세의 의무를 감당할 때가 되었던 것이다.

고안

A. 들어가는 글

1. '이 40년 동안' 이야기로 시작하라.
2. 배경 설명: 하나님은 이스라엘을 가나안으로 인도하시며 구세대가 사라지고 새 세대가 그 땅을 차지할 때를 기다리셨다. 수없이 훈계를 받았지만 이스라엘은 원망을 그치지 않았다. 그들은 하나님이 물을 공급하실지 의심했다. 모세는 백성들에게 크게 좌절감을 느끼고 하나님이 명령하신 대로 행하지 않았다. 그 결과, 그는 약

속의 땅에 들어가지 못할 것이다.

3. 적용: 오늘날 하나님의 백성들은 가나안 땅을 향해 가는 이스라엘의 여러 태도를 그대로 따라하고 있다. 하나님은 여전히 징계하신다. 그리고 완악한 자기 백성들이 믿음으로 그분을 바라보면 치료책을 공급하신다.

B. 본문 이해

1. 정결하게 하는 물(19:1-22)
2. 기적의 물, 다툼 그리고 아론의 죽음(20:1-29)
3. 모압으로 가는 도중의 정복 전쟁(21:1-35)

C. 결론: '잘못 맞춘 시계' 를 읽어주라.

토의 질문

1. 붉은 암송아지 제물은 구약에서 독특한 것이다. 그 이유는 무엇인가?

2. 죄와 무관하게 당신의 문화권에서 살 수 있는가? 당신을 죄로부터 정결케 하시기 위해 하나님은 어떤 과정을 사용하시는가?

3. 모세의 좌절에 대해 설명할 수 있는가? 모세가 그동안 견뎌온 모든 일을 생각하면 하나님이 모세에게 가혹하게 대하신다는 생각이 들지 않는가?

4. 뱀에 물린 이스라엘 백성을 낫게 하기 위해 하나님이 사용하신 과정을 설명해보

라. 요한복음 3장 14-15절, 6장 32-35절을 읽으라. 당신이 그리스도를 통해 받은 구원에 비추어볼 때 이 구절들은 당신의 삶과 어떤 관계가 있는가?

민수기 22-25장

발람 이야기

"부자가 되면 근심이 생기고, 부를 지키려고 하면 불화가 생긴다. 부를 남용하면 죄를 짓게 되고, 부를 잃으면 슬픔이 따른다. 우리가 그토록 많은 부를 쌓는 것은 중대한 실수이다."

- D. L. 무디(D. L. Moody)

우리는 구약에서 가장 신비하고 강렬한 인물 가운데 한 사람을 만나게 된다. 발람은 모압 왕 발락에게 이스라엘을 저주해달라는 요청을 받은 선지자다. 하나님은 발람에게 발락과 만나지 말라고 말씀하신다. 하지만 발람은 결국 발락을 만나고 세 가지 예언을 하게 된다. 그 예언들은 저주가 아니라 하나님의 백성들에 대한 축복이다. 발락은 크게 노한다. 결국 발람은 발락에게 우상 숭배를 통해 이스라엘을 파멸시키는 법을 가르쳐줌으로써 인격적인 성실함의 결여를 드러낸다. 이 기간은 이스라엘에게 암울한 날이고, 하나님의 심판이 임한다.

들어가는 글

값싼 말

수년 전에 배우 아돌프 멘주(Adolph Menjou)가 심야 텔레비전 프로인 잭 파르 쇼(Jack Paar Show)에 출연했다. 유쾌하고 대담한 역할을 연기하는 것으로 유명하며 훌륭한 호텔 지배인이 된 배우가 등장했다. 멘주는 옷을 잘 입는 것으로도 유명했다. 이 특별한 밤에, 파르는 예의에 맞게 옷 입는 법과 다섯 시 이후에 무엇을 입어야 하는지에 대한 주제로 논의를 이끌었다. 멘주는 자신이 올바른 복장법에 대해 정통하며 멋진 신사임을 보여주었다. 심지어 그는 옷 입는 자기의 '취향'을 과시하려고 자리에서 일어나기까지 했다. 그러자 파르는 멘주에게 바지의 지퍼가 열려 있다고 말해주었다.

아는 것과 실천하는 것은 별개의 문제이다. 멘주의 실수는 우리가 자신의 상황, 교만, 죄를 자각하지 못한다고 해서 다른 사람들도 그것들을 알아차리지 못하는 것은 아님을 보여준다.

고용된 선지자 발람을 보자. 비유적인 표현인 황금만능주의(almighty dollar)에 대한 그의 관심은 하나님도 아시고 모압 왕 발락도 안다. 발람은 부를 얻기 위해 원칙을 저버릴 것인가? 발람의 양심은 자신의 출세를 위해 하나님의 백성을 팔아버릴 정도로 마비되었는가? 하나님은 이 모든 것을 어떻게 생각하실까? 발람의 이야기는 욕망과 하나님에 대한 믿음 사이에 사로잡힌 이 세상 많은 사람들의 그림이다.

본문 이해

발람 이야기

Main Idea	종교적인 말을 한다고 해서 모든 선지자가 다 하나님의 선지자는 아니다.

A. 예언자 발람(22:1-41)

Supporting Idea	하나님은 이스라엘을 시험하시며 거짓 선지자를 적대하신다.

22:1-6. 이스라엘 백성이 모압 평지에 이르자, 모압 왕 발락은 수많은 이스라엘 백성이 자기 영토로 다가오고 있다는 사실에 두려움을 갖는다. 모압 백성 역시 무슨 일이 일어날지 두려워하며 지도자들에게 무슨 조치를 취하도록 요청했다. 발락은 브돌에 살고 있는 브올의 아들 발람을 호출했다. 그는 애굽에서 온 한 민족이 발락의 왕국을 위협하고 있다고 말했다. 발락은 자기 힘으로는 그들을 정벌할 가능성이 없었기 때문에 발람에게 그들을 저주해달라고 요청한다. 시혼과 옥을 이긴 이스라엘의 최근 승리에 대한 소문이 두려움에 떠는 그 왕의 귀에 들렸을 것이고, 그는 이제 위기에 처하게 되었다.

자신을 예언자로 자처했을 것이 분명하다는 것 외에, 발락이 이스라엘 민족을 저주하기 위해 발람을 선택한 이유가 무엇인지 알려져 있지 않다. 23장 21절에 따르면, 야훼를 이스라엘의 하나님으로 명백히 인정하는(자신은 야훼 하나님께 충성하지 않음) 이 예언자는 하나님이 특별한 심판을 내리겠다고 선정하신 인물로 성경 전반의 여러 구절에 언급되어 있다(신 23:4-5, 수 24:9-10, 느 13:2, 미 6:5, 유 1:11, 계 2:14). 이 내러티브의 일부 표현은 발람이 하나님의 참된 선지자라고 단정하도록 독자를 호도할 수 있다. 하지만 그는 참된 선지자가 아니다. 발람에 대한 판결은 이미 내려져 있다('하나님과 발람의 관계'에 대해서는 '심층 연구'를 참고하라). 하나님이 그와 대화하기는 하셨지만 성경은 그에게 거짓 선지자라는 딱지를 붙이고 있다.

22:7-20. 모압의 장로들은 복술의 예물(분명히 관습이었을 것이다)을 가지고 발람을 찾아갔다. 이것은 우리에게 발람의 동기와 인물됨에 대한 단서를 제공한다. 장로들은 발람에게 거듭 건의했고, 그는 하나님의 음성을 들을 때까지 기다려달라고 요청했다. 하나님은 발람에게 나타나셔서 이 모든 일이 무슨 일이냐고 물으셨다. 발람은 이스라엘을 저주해달라는 발락의 요청을 그대로 말씀드렸다. 하지만 그러한 저주가 해도 되는 일인지에 대한 자신의 의견은 전혀 말하지 않았다. 하나님은 발람에게 이 백성들이 복을 받은 자라고 말씀하셨다. 이 말씀을 듣고 발람은 기다리는 장로들에게 돌아가서 여호와께서 그러한 요청을 허락하지 않으신다고 말하고 그들을 돌려보냈다.

그러나 발락은 발람의 반응을 듣고도 물러서지 않았다. 그는 발람을 설득하기 위해 다시 그들보다 더 높은 귀족들을 더 많이 보냈다. 그리고 자신들을 위해 이스라엘을 저주해달라고 다시 발람에게 부탁한다. 발람은 하나님이 그들을 저주하실 의향이 없으시다면 아무리 많은 돈을 쓰더라도 하나님의 손을 되돌릴 수 없다고 말한다. 귀족들은 아마 뇌물로 줄 많은 돈을 가져갔을 것이고, 발람이 그 유혹에 흔들리지 않은 것은 아니라고 결론을 내려야 한다(유 1:11). 그러나 그는 그들을 대신해 하나님께 구할 동안 기다려달라고 다시 요청한다. 하나님은 발람에게 그 사람들과 함께 가도록 허락하시는 것으로 응답하신다. 그러나 하나님이 그에게 말씀하신 것만 할 수 있었다. 이 마지막 지시는 전체 내러티브를 해석할 수 있는 단서를 제공하며 발람의 불순종의 본질에 대한 통찰을 제공한다. 그는 하나님이 말씀하신 것만 말하고 행하게 될 것이다. 그 이상은 허용되지 않을 것이다.

22:21-35. 발람은 다음 날 잠에서 깨자 나귀에 안장을 지우고 모압 귀족들과 함께 행했다. 그러나 하나님은 이에 대해 진노하셨다. 여호와의 사자가 그를 막기 위해 길 가운데 섰다. 이 절을 이해하기 위해서 우리는 기록된 그대로 읽고 더 이상 우리의 생각을 개입시키면 안 된다. 본문은 발람이 그들과 함께 가는 것으로 죄를 지었다고 말하지 않고 오직 그가 길 때 하나님이 진노하셨다고 되어 있다. 분명히 발람은 가는 도중에 하나님이 허락하시지 않은 말을 했을 것이다. 그렇게 해서 하나님이 시키는 것만 하라는 명령에 불순종했을 것이다.

하나님은 사자를 보내셔서 그를 막으려고 길에 서게 하셨다. 하나님은 발람이 볼 수 없는 것을 볼 능력을 나귀에게 주셨다. 나귀는 길에서 칼을 빼들고 서 있는 여호와의 사자를 보고서 길에서 떠나 인근 밭으로 들어갔다. 발람은 나귀를 다시 길로 되돌아가게 하려고 채찍으로 때렸다. 그가 나귀를 타고 계속 길을 가자 여호와의 사자가 포도원 사이의 좁은 길에 섰는데 좌우에는 담이 있었다. 사자를 본 나귀는 담에 부딪혔고 발람의 발을 그 담에 비비어 상하게 했다. 나귀의 고집에 화가 난 발람은 다시 나귀를 때렸다. 둘은 계속 앞으로 나아갔지만 또다시 여호와의 사자와 만났다. 여호와의 사자는 그들이 지나갈 수 없도록 좁은 장소에 서 있었다.

나귀는 갑자기 발람의 밑에 엎드렸다. 또다시 채찍질을 당했기 때문이다. 그러나 여호와께서 나귀 입을 여시니 발람의 잔인한 처사에 항의하며 말을 할 수 있게 되었다. 신기하게도 나귀의 반응에 대해 발람은 놀라지 않았다.

마침내, 하나님은 발람의 눈을 여셔서 나귀를 세 번이나 때리고 거리낌없이 하나님께 불순종한 것에 대해 그를 책망하셨다. 또한 발람에게 그의 죄로 인해 목숨을 잃을 뻔하였다고 말씀하셨다. 그러고나서 여호와의 사자는 기다리고 있는 모압 왕에게 그대로 가도록 허락했다. 하지만 오직 하나님이 그에게 하신 말만 해야 한다는 단서를 붙였다.

22:36-41. 발락은 그 선지자를 맞이하려고 밖으로 나갔고 더 빨리 오지 않은 것을 꾸짖었다. 발락은 하나님의 백성들을 저주하면 상당한 보상을 받을 것임을 발람에게 상기시켰다. 그러나 하나님의 징계를 받은 예언자는 앞으로 하나님이 명령하신 것만 말할 것이라고 대답할 뿐이었다. 그런 후에 두 사람은 기럇후솟에 가서 제사를 드렸다. 그 다음 날 발락은 느보산 남쪽 4킬로미터 거리에 있는 바알의 산당으로 발람을 데리고 올라갔다. 그곳에서 그들은 이스라엘 백성의 진 끝까지 보았다.

B. 발람의 예언(23:1-30)

Supporting Idea	발람은 마지못해 이스라엘에 대해 큰 축복을 예언한다.

23:1-12. 발람은 발락에게 그를 위해 일곱 단을 쌓고 수송아지 일곱과 수양 일곱을 준비해달라고 했다. 그들은 각 제단에서 수송아지 한 마리와 수양 한 마리씩을 제물로 바쳤다. 이어서 발람은 자신이 하나님께 묻기 위해 다른 곳에 가 있을 동안 발락에게 제단 곁에 그대로 있으라고 말했다. 하나님은 그에게 신탁을 주셨고, 기다리고 있는 왕에게

로 가서 신탁을 전하라고 하셨다.

발람은 신탁을 통해 이스라엘을 꾸짖으라 하는 발락의 소원을 재진술한다. 하지만 그는 하나님이 저주치 않으신 자를 저주할 수 없다고 분명히 밝힌다. 발락은 자기 의지로 축복하고 저주할 능력이 발람에게 있다고 생각했다. 하지만 발람은 그 능력은 오직 하나님께만 있다고 말한다. 발람은 이스라엘의 무수한 무리를 바라보며 하나님이 바다의 모래같이 태어나게 하시고 많게 하셨음을 깨닫는다. 발람은 심지어 자신에게도 그 축복이 있기를 빌며 하나님이 의인이라고 선언하신 그 민족을 인정한다. 그러나 "이스라엘에게서 난 그들이 다 이스라엘이 아니요"(롬 9:6). 발람은 아마 아브라함의 믿음이나 하나님의 은혜를 입은 유대인들에 대해 말하고 있을 것이다. 내러티브는 막 인용한 사도 바울의 말을 반복해 확증한다. 한 민족으로서 이스라엘은 하나님과 계속해 다투었고 여러 차례 불순종했다. 그러나 하나님은 항상 "은혜로 택하심을 따라 남은 자"(롬 11:5)를 보호하셨다.

발락은 이스라엘을 저주하지 않는 발람을 꾸짖는다. 발락은 이스라엘에게 저주를 빌어 모압이 그 민족과의 불가피한 싸움을 하지 않도록 발람을 이용하려고 했다. 하지만 발람은 하나님이 넣어주시는 것만 말할 수밖에 없다고 대답한다.

23:13-26. 발락은 발람을 이스라엘 민족의 일부만 볼 수 있는 다른 곳으로 데려간다. 그는 발람이 그들의 수를 보고 이스라엘을 저주하기 꺼렸다고 생각했을지도 모른다. 그래서 그는 그 민족의 일부만 그에게 보여주었다. 그들은 소빔 들로 가서 비스가산에 올라 다시 일곱 제단을 쌓고 이전처럼 제사를 드렸다. 발람은 앞에서 발락에게 했던 예언을 되풀이하며 하나님의 말씀을 듣기 위해 멀리 자리를 잡았다. 다시 하나님은 그에게 말씀을 주신다. 하지만 동일한 내용의 말씀을 주시고 다시 발락에게로 돌려보내신다.

발락은 사람들이 마음을 바꾸도록 설득하는 데 매우 능숙했을 것이다. 왕으로서 그는 자신의 죄악된 목표를 이루기 위해 뇌물이나 무력과 같은 모든 수단을 동원할 수 있었다. 하지만 이제 그는 하나님의 손을 움직이려고 한다. 그러나 어떤 인간의 설득도 "변함도 없으시고"(약 1:17) "거짓이 없으신"(딛 1:2) 하나님의 손을 움직이게 강제할 수 없다. 그리고 하나님은 발람에게 그에 따라 말하고 행동하도록 하셨다. 애굽과 같은 다른 나라들이 이스라엘을 공격했지만 아무 소용이 없었다. 나아가 야곱을 해할 사술이 성공할 수 없었다. 발람은 이스라엘을 용기와 힘을 상징하는 사자에 비유했다. 그는 하나님의 보호하시는 손길이 이스라엘 민족에게 있음을 알았다.

23:27-30. 그러나 발락은 이스라엘 민족을 무너뜨리려는 시도를 포기하지 않고 아바림 산지의 정상인 브올산 꼭대기로 발람을 데려갔다. 발람은 발락에게 그곳에 일곱 제단을 쌓고 각 제단에 수송아지와 수양을 준비해달라고 말했다.

C. 발람의 마지막 신탁(24:1-25)

Supporting Idea	발람은 결국 이스라엘을 저주하지 못한다.

24:1-4. 발람은 하나님이 이스라엘을 저주하지 않으실 것을 알자 발락의 계획에 협조할 시도를 완전히 포기한다. 대신 그는 눈을 광야로 향하여 지파대로 대열을 형성하고 있는 하나님의 백성을 보았다. 그리고 이어서 하나님의 신의 감동으로 또 다른 신탁을 말한다. 하나님의 신은 그 예언자에게 일종의 영적 통찰을 허락하신다. 발람은 하나님이 그로 말하게 하시는 것을 말했지만, 그 내용을 자기 것으로 내재화시키지는 않았다. 하나님은 그에게 사실을 알려주셨고 발람은 그것들을 되풀이했다.

24:5-9. 아래에 있는 이스라엘 진지를 본 발람은 그들의 거처를 찬양하고 그들의 장막에 하나님의 축복이 임했음을 인정했다. 그는 하나님의 은혜에 싸여 하나님의 풍성함을 누릴 이 백성들의 미래를 내다보았다. 발람은 이스라엘을 강가의 동산에 비유한다. 이것은 예레미야가 여호와를 의지하는 자를 비유할 때 사용한 그림이다(렘 17:7-8).

나아가 이스라엘은 강력한 나라가 될 것이며 강국들을 굴복시킬 것이다. 발람은 아각(아마 이 글을 쓸 당시에 사람들에게 유명한 왕이었을 것이다)보다 높은 왕을 상상한다. 물론 이스라엘은 애굽에서 그들을 인도해주신 하나님의 전능하신 은혜에서 힘을 얻는다. 이스라엘은 다른 나라들을 뒤쫓을 것이며 그들을 이길 것이다. 발람이 사용한 언어는 이스라엘이 그 적국들에게 가할 고통스러운 패배와 그들의 궤멸을 말하고 있다. 휴식 중인 사자처럼 이스라엘에게 누구도 넘보지 못할 명성이 있으므로 그 누구도 일으킬 자가 없을 것이라며 발람은 이스라엘에 대한 처음의 생각을 되풀이한다(23:24를 참고하라). 이스라엘을 축복하는 자들은 복을 받을 것이며 이스라엘을 저주하는 자는 저주를 받을 것이다. (이 조건적 약속에 대해서는 '심층 연구' 를 참고하라.)

24:10-14. 이스라엘을 저주하지 않는 발람의 태도에 좌절한 발락은 그를 책망하고 자기 앞을 떠나라고 말한다. 발락은 발람이 예언의 대가를 받지 못한 것은 그가 찬송하는 하나님 탓이라고 말한다. 발람은 처음부터 하나님이 허락하시는 한도 내에서만 말할 수 있을 뿐이라고 하지 않았느냐고 대답한다. 하나님은 그가 자신의 기업을 저주하도록 허락하지 않으셨다. 그리고 축복 외에는 발람이 이스라엘을 향해 어떤 말도 하지 못하도록 하실 것이다. 그러나 자기 동족에게로 돌아가기 앞서, 발람은 자포자기한 왕에게 또 다른 경고의 예언을 한다.

24:15-19. 발람의 다음 신탁은 나머지 신탁들보다 상당히 짧다. 그는 공통된 서론을 반복한다. 발람은 이스라엘을 대적한 모압과 에돔의 불길한 운명을 묘사한다. 야곱에게서 한 별과 한 홀이 나올 것이다. 이사야가 한때 바벨론 왕을 묘사하며 사용했던(혹자는 사단을 상징한다고 말한) 별(히, Kokab)은 또한 "다윗의 뿌리요 자손"(계 22:16)으로 묘사된다. 그러한 "통치자가 야곱에게서 나올 것이며" 그 "원수 중에서 다스"릴 것이다(시 110:2).

24:20-25. 아말렉의 운명은 이미 오래전 하나님에 의해 결정되어 있었다. 아말렉 족속은 하나님의 뜻에 따라 하나님의 궁정에 들어가지 못할 것이며 이스라엘이 결국 그들을 멸망시킬 것이다. 아말렉은 이스라엘을 대적한 최초의 이방 민족이었고(출 17:8-16) 그때 하나님은 그 민족의 운명을 알려주셨다. 후에 사울 왕이 그들에게 심각한 타격을 가하지만 시므온 자손들이 히스기야 왕 시대에 그들을 몰아낼 때까지 겨우 명맥만 유지할 것이다(대상 4:43).

그러고나서 발람은 고대의 한 지파인 겐 족속(가인 족속)을 향하여 그들의 거처가 안전하다고 말한다. 하지만 아브라함의 후손으로서 그 정체가 확실하지 않은 북부 아라비아인의 무리(Harrison, 326)인 앗수르가 그들을 사로잡고 멸망시킬 것이다. 앗수르는 셈의 자손 에벨의 후손인 또 다른 유목 민족, 에벨(창 10:1, 24-25절과 비교하라)처럼 바다를 통해 쳐들어온 침략군에게 멸망당할 것이다.

D. 모압이 이스라엘을 유혹하다(25:1-18)

Supporting Idea	이스라엘 민족을 저주할 수 없었던 발람은 그들이 우상 숭배에 빠지도록 유혹한다.

25:1-3. 하나님은 발람이 이스라엘을 저주하지 못하게 막으심으로 모압의 직접적인 공격에서 보호하셨다. 하지만 이스라엘 백성은 이방 민족의 더러운 영향에 대해서는 저항하지 않았다. 싯딤에 있을 때 이스라엘 남자들이 모압 여자들과 성적 부도덕에 탐닉하기 시작했다. 이 여인들은 우상을 숭배하는 제사에 그들을 동참시켰고, 이스라엘은 곧 그들 앞에 굴복했다. 이스라엘은 다산의 신 바알브올에게 제물을 바쳤다. 바알브올은 "인간에게 알려진 가장 음탕하고 난잡한 의식을 통해 숭배받는" 신이었다(Harrison, 336). 모압 사람들은 그들의 신 그모스를 온갖 타락한 표현 방식으로 섬겼다. 역사는 음행과 거짓 종교가 밀접한 관련이 있었음을 알려준다. 모압이 이스라엘을 유혹한 것은 아마 포기할 줄 모르는 끈질긴 발락의 전략적 계책이었을 것이다. 발락의 눈 밖에 나버렸지만, 그 왕이 자기 눈앞에서 흔들어 보이던 상금이 탐났음이 분명한 발람은 모압에게 이 같은 계책을 조언해주었다(31:16). 이 우상 숭배로 하나님은 진노하셨다. 하나님은 이스라엘 백성에게 그 진노를 불태우셨다.

25:4-9. 하나님은 모세에게 이 우상 숭배에 동참한 모든 지도자들을 죽이고 태양을 향하여 여호와 앞에 목매어 달라고 지시하셨다. 모세는 동족을 잘 단속해야 했을 사사들에게 우상 숭배에 동참한 자들을 죽여 공개적으로 매달아 놓으라고 말한다.

그때 모세와 이스라엘이 보고 있는 가운데 한 이스라엘 사람이 미디안 여인을 자신의 장막으로 데리고 갔다. 그러자 그러한 교만과 율법에 대한 무시, 그리고 이스라엘의 범죄로 인한 비극적 결과를 목격한 엘르아살의 아들 비느하스가 즉각적으로 반응했다. 그는 그 이스라엘 남자를 따라 장막으로 들어가 창으로 두 사람의 배를 꿰뚫어 죽였다. 그 남자와 여자는 죽었고 하나님은 범죄한 자들에게 발발한 역병을 멈추셨다. 정확한 성격이 알려지지 않은 그 전염병으로 이스라엘 백성 이만 사천 명이 죽었다.

25:10-18. 하나님은 신속한 행동으로 죄악을 저지른 자를 죽이고 역병을 멈추게 한 비느하스를 칭찬하셨다. 그리고 비느하스와 그 후손들에게 영원한 제사장직을 보장하는 평화의 언약을 맺으셨다. 실제로 대제사장직은 엘리 시대의 짧은 시기(삼상 1-3장)를

제외하면 엘르아살에서 비느하스에게로 이어졌다(삿 20:27-28).

모세는 두 죄인의 이름, 스므리(살루의 아들)와 고스비(미디안 족장 수르의 딸)를 언급한다. 수르는 고스비에게 명망가 출신인 시므리를 유혹해 더 큰 상급에 대한 약속을 영적으로 타협하게 하라고 설득했을 수도 있다. 하나님은 미디안 민족에게 자비를 베풀지 않으셨고 모세에게 그들을 대적해 죽이라고 명하셨다. 때로 하나님은 자기 백성들의 원수를 처벌하신다. 그러나 오직 하나님만이 타락한 자들을 응징할 권리를 갖고 계신다(살후 1:6-7).

Main Idea 복습	종교적인 말을 한다고 해서 모든 선지자가 다 하나님의 선지자는 아니다.

결론

무기력감

1999년 10월, 프로 골프 선수 페인 스튜어트(Payne Stewart)는 토너먼트 대회에 참가하기 위해 작은 전세기를 타고 있었다. 하지만 정상적으로 이륙한 후에, 어떤 이유인지 모르지만 비행사들이 의식을 잃고 말았다. 그 비행기는 방향을 돌려 달라스로 회항하지 못했고 항공 교통 관제사는 비행기와 연락을 시도했지만 아무런 응답을 받지 못했다. 두 대의 공군 비행기가 호출을 받고 사라진 비행기를 찾아 나섰지만, 비행기 조종석에는 아무도 앉아 있지 않다는 사실만 발견했을 뿐이었다. 조종실 창은 안개로 뿌옇게 흐려져 있었다. 이것은 그 비행기가 45,000피트에서 기압 감압으로 모든 승객들이 사망했음을 의미하는 것이었다. 비행기를 떠 있게 해주는 유일한 방법은 자동조종장치였다. 한 공군 비행사는 이렇게 말했다. "다른 비행기를 나란히 끌고가면서 비행기 안의 사람들이 의식을 잃었거나 그들을 위해 아무것도 할 수 없다는 것을 깨달을 때 무기력

함을 느낀다. 50-100피트 거리에 있음에도 불구하고 내 비행기에서는 그들을 위해 할 수 있는 일이 아무것도 없었다. 그들을 도울 길이 전혀 없었다." 우리는 그 이야기의 결말을 알고 있다. 엔진 하나의 연료가 떨어져서 그 비행기는 추락하고 말았다. 수많은 뉴스거리가 뒤따랐다. 교통 관제사들이 인터뷰에 나왔고, 골프 선수들이 동료 선수의 죽음을 애석해했으며, 조종사들은 기압 감압시 탑승객들이 받는 고통에 대해 공부했다.

산소와 압력 감소는 인간에게 기억상실증을 유발할 수 있다. 당신은 모든 일이 잘되고 있다고 생각하겠지만 사실은 인생의 마지막이 다가오고 있을 수도 있다. 다행히 페인 스튜어트는 그리스도인이었고 모든 이들에게 사랑과 존경을 받았다. 하지만 이 사건은 아주 중요한 사실들을 암시한다. 발람이나 발락, 그리고 그 외 하나님을 믿고 따르지 않는 인간은 충돌이 일어날 길로 가고 있음에도 불구하고 안전한 비행을 하고 있다고 생각한다. 우리는 자신의 쾌락과 계획에 완전히 몰두해 우리 인생의 방향에 대한 어떤 위기감도 갖지 못한다. 발람의 길(벧후 2:15)은 많은 사람들이 가는 길이다. 앞에는 심판밖에 없는데 자기 처지를 깨닫지 못하고 속도를 내어 앞으로 달려가고 있다.

▣ 진리 알기

- 명성은 경건이나 순종과 같은 등급이 아니다.
- 탐욕은 반드시 당신을 어려움에 빠뜨린다.
- 죄는 한 개인의 삶 속에 있는 악의 증거다.
- 타협하면 하나님의 진노를 정면으로 만날 수 있다.

▣ 적용하기

- 당신이 조언을 구하는 사람을 잘 살피라.
- 하나님은 좋은 것이든 나쁜 것이든, 결정을 내릴 자유를 우리에게 주신다.
- 그리스도인이 죄에 빠질 때 하나님의 징계는 당연한 대가이다.

삶의 적용

보이지 않는 울타리

집에서 키우는 개가 뜰에서 마음껏 뛰놀기를 원하면, 집에 울타리를 세워야 했다. 그러나 이제 우리는 보이지 않는 울타리로 동일한 효과를 낼 수 있다. 집 둘레의 표토 바로 아래 전선을 묻으면 된다. 특수 전자 목걸이를 찬 개가 전선에 가까이 다가가면 전기 충격으로 멈추게 된다.

하나님은 우리 각자에게 보이지 않는 울타리를 주셨다. 금지된 영역에 접근할 때 경고등을 켜는 양심이라는 내적 음성을 경험할 특권을 우리에게 주셨다. 이 경계를 넘으면 심적 고통과 슬픔이 야기될 것이다. 그래서 하나님은 우리에게 많은 경고를 주신다. 그러나 발람과 같이 우리는 하나님의 음성을 전혀 자각하지 못하고 그분의 경고와 인도하심을 무시한다. 심지어 이따금 경험했던 그분의 징계라는 사랑의 충격도 더 이상 못 느낄 정도로 마비되기도 한다.

양심이 심각할 정도로 둔감해지고 무감각해져서 하나님의 음성을 듣지 못하는 지경이 되게 하지 말라. 주님의 자녀라면 J. 오스왈드 샌더스(J. Osward Sanders)가 자신의 저서 「영적 클리닉(A spiritual clinic)」에서 쓴 내용을 기억하라. "모든 양심은 교훈이 필요하다. 양심의 정교한 메카니즘은 타락으로 내동댕이쳐졌다. 총알이 과녁의 중심을 맞추려면 두 가늠쇠가 정확히 일직선이 되어야 하듯이, 오직 양심이 말씀과 정확하게 맞춰질 때만 올바른 도덕적 판단을 할 수 있다."

기도

주님, 당신의 부르심에 늘 신실하게 하시고 타협에 저항하도록 도와주십시오. 사단의 기만에 저항하도록 도와주십시오. 세상이 결코 알 수 없는 만족을 이생에서 허락해주십시오. 주님이 제게 축복해주신 모든 것에 대해 감사하기 원합니다. 심판의 불과 발람의 길에 너무 가까이 다가가면 회개하고 뒤돌아서서 즉시 주님께 용서를 구하도록 일깨워주옵소서. 아멘.

심층 연구

A. 하나님과 발람의 관계

발람 내러티브의 일부 내용은 독자로 하여금 발람이 하나님과 어떤 식으로든 관계를 누렸다고 믿도록 오도할 여지가 있다. 초대 교부들 가운데 터툴리안(Tertullian)과 제롬(Jerome)은 발람을 진정한 히브리 선지자의 대열에 포함시키는 일부 현대 사상가들과 의견이 같았다. 그러나 독자들은 발람이 주술가이며 거짓 선지자라는 이 주석에서 취한 입장에 또한 유의해야 할 것이다. 성경은 모든 해석의 지배적 근거가 되어야 한다. 즉, 성경이 명확한 결론을 제공하면 우리는 그것을 수용해야 한다. 어떤 해석가들은 발람의 진정한 성격을 단순하게 결정할 수 없다고 결론을 지었다(House, 164를 참고하라). 하지만 성경은 다른 결론을 내린다.

발람은 분명히 이스라엘 백성에게 하나님을 배반할 방법을 조언했다(민 31:16). 그 불순종의 행위는 이스라엘을 옭아매었다. 그래서 전 민족을 완전히 멸망시킬 무서운 전염병이 덮쳤다. 발람의 행동에 대한 민수기 22-24장의 이야기가 이스라엘을 저주하기를 꺼리는 선지자의 모습을 묘사하는 것 같지만 위에 언급한 지적들은 다른 사실을 제공한다. 사실 그는 이스라엘을 저주하기 간절히 바랐지만 하나님이 그것을 허용하지 않으셨다.

발람은 실상 "불의한 삯을 사랑하다가"(벧후 2:15) 그의 행위가 드러날까 두려워 빛으로 오려 하지 않았나(요 3:20). 그는 철저히 이익을 좇았기 때문에 탐욕을 추종하는 자들은 "발람의 어그러진 길"(유 1:11)이라는 꼬리표를 달게 된다. 그러나 불의와 불의한 이득을 사랑하는 것으로 그치지 않고 발람은 "발락을 가르쳐 이스라엘 앞에 올무를 놓아 우상의 제물을 먹게 하였고 또 행음하게 하였"(계 2:14)다. 여호수아는 노골적으로 발람을 "술사"(수 13:22)라고 평가했다.

그렇다면 발람이 하나님과 대화한 것을 어떻게 설명할 수 있는가? 하나님은 발람이 어떤 부분에서는 원하는 대로 하도록 허락하셨지만 이스라엘을 저주하려는 발람의 욕심을 막으심으로 그분의 주권을 증명하셨다. 해리슨은 일종의 다신론자였던 발람이 선견자로 사람들에게 인정을 받기 위해서는 지역 신들의 이름과 역사를 알아야 했을 것이라고 지적한다(329-330). 틀림없이 그는 애굽에서 있었던 하나님의 역사와 속박의 집에서 자기 백성을 인도해내실 때 행하셨던 놀라운 기적들에 대해 들었을 것이다. 하나님은 발람과 이야기는 하셨지만, 그의 마음을 변화시켜 범죄하는 그 선지자가 자기와 언약 관계를 맺도록 하지는 않으셨다. 발람은 결국 보상을 대가로 이스라엘을 저주하기 위해 고용된 예언자이다. 그러나 하나님은 "발람을 듣기를 원치 아니" (수 24:10)하셨다.

분명히 저주는 이루어지고 있었다(혹은 발람의 의식적이고 의도적인 계획이었다). 그러나 하나님은 "그 저주를 돌이켜 복이 되게 하셨다" (느 13:2). 그는 하나님께 굴복했다. 이는 그가 하나님의 실체를 깨달았고 그분의 능력을 이길 수 없었기 때문이었다. 그는 자신의 안전을 위해 복종할 수밖에 없었다. 발람이 하나님을 "여호와 나의 하나님"으로 지칭한 것은 유다가 예수님의 뺨에 키스한 것과 동일한 의도로 이해해야 한다.

해리슨의 다음과 같은 결론이 옳다고 생각한다. "하나님의 뜻을 계시하기 위해 이스라엘의 하나님의 쓰임을 받은 발람은 순수한 히브리 선지자가 아니었고 메소포타미안 바루(baru, 예언자)의 기능을 행사한 자였다" (331). 그가 때로 하나님의 선지자처럼 보이기도 하지만 하나님의 참된 선지자와 조금도 유사성이 없다.

B. 발람의 당나귀

비평가와 회의론자들은 발람의 당나귀 사건은 우리가 성경을 진지하게 받아들일 수 없는 이유를 보여주는 명백한 예라고 지적한다. 보수적인 기독교인들은 말씀으로 6일 동안 천지를 창조하신 분이라면 발람의 당나귀를 통해 분명히 말씀하실 수 있다고 반박한다. 이 기적은 요나가 큰 물고기 뱃속으로 들어간 것 이상의 상상력을 요구하지는 않는다. 케일은 "이성에 따라 행동하지 않는 동물은 오감을 가진 사람보다 지진이나 폭풍 등과 같은 자연 현상에 대해 더 예리한 육감을 가진다" (170)고 지적한다. 게다가 동물들은 고도의 직관을 갖고 있으며 인간보다 훨씬 더 빨리 사물을 탐지할 수 있다. 가장 큰 문제는 이성적이지 못한 동물이 아주 이성적으로 말한다는 데 있다. 발람은 분명히 나귀가 "사람의 소리로 말"(벧후 2:16)하는 것을 들었다.

C. 이스라엘을 향한 축복과 저주

발람은 이스라엘을 축복하기보다 저주하기를 원했음에도 불구하고 하나님의 섭리와 뜻에 따라 그 민족을 축복했다. 속박의 집에서 값을 주고 사온 이스라엘 민족은 하나님의 특별한 백성이 된 언약 민족이었다. 하나님은 레위기 26장과 신명기 28장에서 이스라엘에게 복을 받을 수 있는 조건을 제시하셨다. 이스라엘은 하나님의 말씀에 어떻게 반응하느냐에 따라 복을 받을 수도 있고 저주를 받을 수도 있었다. 다른 민족들도 이스라엘을 축복하고 존경과 친절로 대해야 했다. 그렇게 함으로써 그들도 하나님의 복을 받을 것이다(창 12:3).

그러나 현대의 이스라엘을 우리는 어떻게 대해야 하는가? 우리는 하나님이 옛 민족들에게 이스라엘을 축복하라고 명하신 대로 그들을 축복해야 하는가? 아니면 다른 어느 국가들처럼 대해야 하는가? 성경은 이스라엘에 대한 태도를 확립할 수 있도록 몇 가지 원리를 제공하고 있다.

무엇보다도 이스라엘은 하나님이 선택하신 언약 민족이었고, 열방들에게 하나님의 이름을 대표하도록 부르심을 받았다. "저희는 이스라엘 사람이라 저희에게는 양자 됨과 영광과 언약들과 율법을 세우신 것과 예배와 약속들이 있고 조상들도 저희 것이요 육신으로 하면 그리스도가 저희에게서 나셨으니 저는 만물 위에 계셔 세세에 찬양을 받으실 하나님이시니라"(롬 9:4-5). 이처럼 하나님은 이스라엘에게 이러한 특권들을 위임하셨고 이스라엘을 통해 메시아를 세상에 주셨다.

또한 우리는 이스라엘이 언약 백성으로서 하나님의 말씀에 순종하고 그 율례를 따라야 함을 기억해야 한다. 그들은 이 일에 실패했고 하나님은 그들을 포로로 이방인들에게 넘기셨다. 하나님이 70년 후에 그들에게 귀환을 허락하셨다. 하지만 한 민족으로서의 운명이 위험에 처하는 일이 계속되었고, 그들은 결국 로마에 의해 멸망했다. 20세기는 두 번의 세계 대전으로 세상에 초래된 무서운 변화를 목격했다. 대학살의 공포를 목격한 수많은 사람들은 현대 이스라엘의 곤경에 대해 점점 더 연민을 갖게 되었다. 곧 현대적인 이스라엘 국가가 다시 태동했다. 일부 그리스도인들은 이것을 성경의 예언이 성취된 것으로 보지만 어떤 이들은 이러한 시각에 동의하지 않는다.

바울은 로마서 11장에서 이스라엘의 곤경을 추적하며 이스라엘에 대한 하나님의 시각을 우리에게 보여주었다. 이스라엘이 메시아로서 그리스도를 거부했지만, 이스라엘의 많은 이들이 이제 "은혜로 택하심을 따라 남은 자"(5절)를 이루고 있다. 하지만 이스라엘 민족은 넘어지기까지 실족한 것은 아니었다(11절). 그들에게는 실제로 영광스러운 미래가 기다리고 있다. 하지만 지금은 이방인들의 많은 수가 그리스도께 돌아올 동안 어둠 속에서 기다리고 있다(25절). 그러나 언젠가 "온 이스라엘이 구원을 얻으리라"(26절). 학자들은 그 구절을 다르게 해석하고 있다. 어느 시각이 옳은지는 시간과 전개될 하나님의 섭리로만 밝혀질 것이다. 하지만 우리는 유대 민족에 대해 현재 우리가 가져야 할 태도에 대한 몇 가지 원리를 도출할 수 있다.

우리는 이스라엘의 구원을 위해 기도해야 한다. 이것은 하나님 마음의 소리였고, 바울은 이로 인해 그들의 구원을 위해 눈물로 기도할 수밖에 없었다(롬 9:1-4). 성경은 그리스도가 재림하시기 전에 하나님이 많은 유대인들을 구원하실 것이며, 교회는 그것을 위해 기도해야 할 것을 암시하고 있다.

우리는 하나님의 말씀에서 발견된 원리들에 따라 이스라엘에 대해 책임을 져야 할 것이다. 많은 예언자적 선생들은 이스라엘이 하나님에 대한 현재의 태도가 어떻든 간에 무엇이든 무조건적으로 자격이 있다고 가르치는 것 같다. 확실히 그리스도의 재림에 대한 소망 때문에 그들은 이런 결론에 이른다. 하지만 많은 이들은 그러한 믿음 때문에 성경을 오해했다. 이스라엘에 대한 하나님의 축복은 항상 하나님의 명령에 대한 그들의 순종을 조건으로 내세운다(신 28장과 비교하라). 오늘날 이스라엘은 그리스도를 메시아로 인정하지 않으며, 때로 이스라엘에서 기독교 선교사의 활동을 허락하지 않으려는 태도를 보인다. 이스라엘과 우리가 우정어린 관계를 추구하는 것이 마땅하지만 잘못된 그들의 행동을 묵인해서는 안 된다.

이방 교회들은 그들이 현재 가진 특권을 자랑해서는 안 된다. 그들은 하나님의 구속적 축복의 역사적 순서에 따라 이스라엘이 그들을 지탱해주고 있음을 명심해야 한다(롬 11:18). 그리스도인들은 메시아에 대해 현재 이스라엘이 보이고 있는 태도 때문에 그들을 매도해서는 안 되며, 오히려 이스라엘의 구원을 위해 간절히 기도해야 한다. 언젠가 하나님은 다시 한 번 놀라운 축복을 이스라엘에게 베푸실 것이며, 교회는 이스라엘에 대한 하나님의 마음을 인정할 필요가 있다. 그때까지 유대인과 이방인 모두 마음으로 그리스도의 빛을 발산하며 세상에서 그분의 원리를 삶으로 실천해야 한다.

교안

A. 들어가는 글

1. '값싼 말' 이야기로 시작하라.
2. 배경 설명: 이스라엘이 가나안을 향해 오자 모압 왕 발락은 두려웠다. 그는 이스라엘로부터 자기 왕국을 지킬 힘이 없음을 알았다. 그래서 발람 선지자를 의지했고 그에게 이스라엘을 저주해달라고 요청했다. 하나님은 발람의 불성실과 불순종에도 불구하고 그를 사용하셔서 이스라엘에 대한 세 가지 축복의 예언을 하게 하신다. 발람은 이스라엘을 저주할 수 없었다. 하지만 이스라엘을 무너뜨릴 수 있는 방법을 발락에게 가르쳐주었다.
3. 적용: 오늘날 많은 목소리들이 하나님을 대변한다고 스스로 주장한다. 발람과 발락으로부터 자기 백성을 보호하신 하나님은 여전히 그분을 대변한다고 주장하는 자들의 마음을 감찰하시고 그들의 말을 시험하신다. 하나님은 자신의 메시지를 전달하기 위해 깨끗한 그릇을 쓰기 원하신다. 그러나 때로 속담처럼 "하나님은 직선을 긋기 위해 굽은 막대기를 사용하기도 하신다."

B. 본문 이해

1. 예언자 발람(22:1-41)
2. 발람의 예언(23:1-30)
3. 발람의 마지막 신탁(24:1-25)
4. 모압이 이스라엘을 유혹하다(25:1-18)

C. 결론: '보이지 않는 울타리' 를 읽어주라.

토의 질문

1. 발락이 이스라엘을 두려워하는 데 주변 환경이 어떤 식으로 일조했다고 생각하는가? 그는 왜 발람을 선택했는가?

2. 발람의 첫 신탁은 자기 백성들에 대한 하나님의 기대와 하나님의 뜻에 대한 발락의 반응에 많은 내용을 할애한다. 발람은 왜 이스라엘을 저주할 수 없었는가?

3. 발락은 발람이 이스라엘을 저주하도록 두 번째 시도를 했다. 발람의 두 번째 신탁에서 어떤 교훈을 배울 수 있는가?

4. 세 번째 신탁을 읽을 때 발람의 시각에 변화가 일어난 것이 보이는가? 이 세 번째 예언에 대해 발락은 어떻게 반응했는가? 발락의 입장이 되어 그의 동기를 찾아내 보라.

5. 오늘의 문화와 민수기 24장의 우상 숭배에서 어떤 유사성을 볼 수 있는가? 자기 백성들을 위한 하나님의 이상이 세월이 흐르면서 변하였는가? 삶의 순결성을 유지하기 위해 당신은 어떤 걸음을 내딛고 있는가?

민수기 26-29장

이스라엘의 다음 세대

"성공은 그것이 최종이 아니며, 실패는 결코 치명적이지 않다. 중요한 것은 계속 하고자 하는 용기다."

- 윈스턴 처칠(Winston Churchill)

애굽의 노예 생활을 벗어나 약속의 땅을 향해가는 1세대 이스라엘 백성은 몇 명만 제외하고 거의 모두 사망했다. 이제 가나안에 들어갈 때가 왔고 새로운 세대는 적극적인 태도로 하나님을 신뢰해야 한다. 먼저, 앞으로의 전투에 대비해 인구 조사를 실시해야 한다(민 26장). 그리고 이스라엘 여성들과 관련된 법적 문제를 해결해야 한다(민 27장). 백성들의 영적 차원은 제사(민 28장)와 하나님이 보시는 절기 제사의 중요성(민 29장)에 대한 또 다른 논의를 통해 정교하게 조절되어야 한다.

들어가는 글

더 이상의 것을 원하다

실리콘 밸리의 한 컴퓨터 소프트웨어 기술자는 54세가 되어서야 그가 60년대에 찾았던 것을 마침내 발견했다고 말한다. "나는 늘 뭔가를 탐구했습니다. 온갖 것을 다 시도해보았죠. 나는 유대인입니다. 인도에서 시크교를 공부했고 힌두 사원에도 들어갔습니다. 히피 작가이자 그룹인 메리 프랭크스터와 킨 키지의 앞 뜰에 있는 나무에서 살아보기도 했습니다. 물론 마약도 흡입해보았죠. 아무것도 효과가 없었습니다." 그는 웨이비 그레이비가 이끄는 이동 돼지 농장 공동체(Hog Farm Commune)에 참여하기도 했다. 포스터(Foster)는 뉴 멕시코의 웨이비 지부에서 그 단체의 의식에 따라 아내 로라(Laura)와 결혼했다. 신랑은 스케이트화를 신었고, 행복한 부부는 결혼 서약을 위해 돼지고기를 서로 교환했다. 우드스탁 페스티벌의 시설을 설치하고 안전을 관리하기 위해 호그 파머즈(Hog Famers)들이 고용되었을 때 포스터도 그 중 한 사람이었다. 그는 마약 여행 중인 사람들을 '환각 파티'가 벌어지는 우리로 가도록 도우며 대부분의 시간을 보냈다. 호그 파머즈와 여전히 접촉을 하고 있지만 포스터는 더 이상 그들의 일원이 아니다. 이제 결혼한 지 22년이 지난 그는 세 명의 자녀를 두었고, 교회에서 장로와 청소년 상담가로서 섬기고 있다. 그는 이렇게 말한다. "제가 어렸을 적의 아이들은 부모들이 제공해주는 것에 만족하지 않았습니다. 저는 더 많은 것을 원했지요. 저는 그것을 그리스도에 대한 믿음 안에서 찾았습니다."

민수기의 마지막에 다가가면, 새로운 세대는 뭔가 더 많은 것을 구하고 있다. 이 새 세대는 그들의 조부모와 부모들이 평생 말로만 해오던 약속의 땅을 구하고 있다. 하지만 이들을 기다리는 것은 새로운 어려움들과 새로운 전쟁이다. 그러므로 이들이 그 땅을 차지하기 전에 가장 먼저 해야 할 일은 또 다른 인구 조사이다.

본문 이해

이스라엘의 다음 세대

Main Idea 백성들이 약속의 땅에 들어가기 앞서 인구 조사, 율법 문제, 영적 문제들을 비롯해 여러 가지 문제들을 해결해야 했다.

A. 새로운 인구 조사(26:1-65)

Supporting Idea 모세는 새로운 세대의 전사들에 대한 인구 조사를 실시한다.

26:1-4. 이스라엘 백성은 첫째로는 미디안 지파(31장을 참고하라), 그리고 궁극적으로는 가나안 거민들과의 전쟁에 대비했다. 그러므로 백성들을 소집하여 무장시키려면, 새로운 인구 조사가 필요했다. 갈렙과 여호수아를 제외한 구세대는 모두 죽었다. 또한 인구 조사는 여호수아와 엘르아살이 땅을 분배할 때 도움이 될 것이다. 인구 수가 많은 지파는 넓은 땅을 유업으로 받을 것이며 수가 작은 지파는 좁은 땅을 받게 될 것이다. 인구 조사를 통해 각 지파의 필요를 결정하는 데 도움을 받을 수 있었다. 정확한 인구 조사는 지파들에게 땅을 분배할 때 편파성에 대한 모든 시비와 의심을 예방해줄 것이다.

인구 조사의 대상은 이십 세 이상의 남자들로, 군대로 편성되어 싸울 수 있는 자들이었다. 그래서 모세와 제사장 엘르아살은 그들(아마 이스라엘의 족장들이나 대표들일 것, 백성들의 실제적인 계수를 담당할 사람들)에게 고했다.

26:5-11. 첫 인구 조사의 대상은 르우벤 지파였다. 그 지파의 일부 사람들은 제사장으로서 아론의 권위를 의심한 고라와 반역을 시도한 적이 있었다. 계수된 르우벤 지파는 사만 삼천 칠백 삼십 명이었다. 르우벤은 아버지의 첩과 부정한 관계를 가진 죄로 장자 지파로서의 지위에 대한 권리를 박탈당했다(창 35:22, 49:4). 여기에 언급된 르우벤의 후손들은 애굽에서 르우벤에게 태어난 자식들이었다. 르우벤의 인구 수는 이전의 46,500명보다 줄어들었다. 아마 르우벤 지파에 속했던 다단과 아비람의 반역으로 죽은

이들이 많았기 때문일 것이다.

26:12-18. 시므온 지파의 유력한 가문은 느무엘, 야민, 야긴, 세라, 사울 가문이었다. 창세기 46장 10절에 언급된 오핫은 아마 어린 시절에 죽었거나 혹은 후사를 전혀 남기지 못했을 것이다. 59,300명으로서 세 번째로 가장 많은 인구를 기록했던 그들의 전체 합계는 이만 이천 이백 명으로 그 수가 크게 줄었다. 야곱의 일곱째 아들(실바가 낳은 아들)은 갓으로 그 역시 일곱 아들을 두었다. 그들의 전체 수는 첫 인구 조사 때보다 약간 줄어든 사만 오백 명이었다.

26:19-22. 유다는 야곱의 넷째 아들이며, 에르를 낳았다. 에르는 하나님께 죽임을 당했다. 그 이유는 구체적으로 밝혀지지 않았다. 그리고 유다는 수아를 통해 오난을 낳았고, 이어서 셀라를 낳았다. 오난은 죽은 형의 대를 잇기 위해 자손을 낳아야 한다는 명령에 따르지 않았다. 그로 인해 하나님은 그를 죽이셨다. 그러므로 유다의 가계는 셀라를 통해 추적해야 한다. 유다는 후에 며느리 다말을 통해 베레스와 세라를 낳았고, 이들이 유다의 2대 후손을 형성했다. 다윗과 예수님은 베레스의 가문에서 나실 것이다. 유다의 가계에 대한 기원을 상세하게 알고 싶다면 창세기 38장을 참고하라. 가나안 정복 직전에 그들의 수는 이전의 74,600명보다 많은 칠만 육천 오백 명이었다.

26:23-37. 야곱의 아홉째 아들인 잇사갈은 네 명의 아들을 두었고 그들 역시 다산한 가문을 형성했다. 그들은 돌라, 부와, 야숩, 시므론 가문이다. 육만 사천 삼백 명에 달하는 강력한 지파였다. 야곱의 열째 아들은 스불론(레아의 아들, 창 30:19-20)이었다. 그의 아들은 세렛, 엘론, 얄르엘이었다. 그들의 수는 1차 인구 조사 때보다 약간 증가한 육만 오백 명이었다.

요셉의 장자인 므낫세는 족장 야곱의 축복을 받은 에브라임에게 장자권을 잃었다(창 48:12-20). 레위 지파가 땅의 유업을 전혀 받지 못하기 때문에 므낫세는 동생 에브라임과 더불어 야곱에게 입양되어 이스라엘 지파의 수가 항상 열둘을 유지하도록 했다. 그의 가계에는 아들을 두지 못한 슬로브핫으로 인해 강한 여성 대표가 포함되었다. 이 인구 조사에서 므낫세 지파의 수는 오만 이천 칠백 명으로 계수되었다. 므낫세의 동생인 에브라임 지파는 삼만 이천 오백 명에 불과했다.

26:38-41. 야곱의 가장 어린 아들인 베냐민은 그의 행적과, 사울 왕과 후대의 바울 사도와 같은 유명한 후손들로 인해 유명해질 것이다. 그러나 베냐민 지파는 그 지파의 일

부 사람들이 말로 형언하기 어려운 악행을 저지르고 모든 책임을 거부함으로 인해 거의 멸문지화의 위기에 직면하게 될 것이다(삿 19-21장을 참고하라). 야곱은 그의 사랑하는 아들을 굶주린 이리에 비유했다(창 49:27). 야곱의 그 예언은 실현되었다. 베냐민 지파는 미래에 심각한 위기에 직면하겠지만, 현재 그들의 수는 사만 오천 육백 명에 달했다.

26:42-51. 야곱의 다섯째 아들 단(라헬의 여종 빌하의 자식, 창 30:4-6)은 육만 사천 사백 명으로 증가한 반면, 아셀(실바의 아들, 창 30:12-13) 지파는 오만 삼천 사백 명이었다. 납달리 지파는 사만 오천 사백 명이었다. 전쟁에 나가 싸울 수 있는 전사들의 총 합계는 육십만 천 칠백 삼십 명이었다.

26:52-65. 하나님은 규모가 큰 지파에게 작은 지파들보다 더 많은 땅을 주시지만, 여호수아에게 제비 뽑아 땅을 분배하도록 명령하시기도 했다. 제비 뽑기는 특정한 조건에서 하나님의 뜻을 결정하는 한 가지 방법이었다. 예를 들어, 대속죄일에 어느 염소를 놓아줄 것인지 제비 뽑기로 결정했다(레 16장). 그러므로 각 지파가 정착할 땅을 결정한 분은 오직 하나님이셨다.

레위인들은 하나님의 지성물을 관리해야 했으므로 병역의 의무를 지지 않았다. 그들은 거주할 성을 할당받을 것이다. 이 성에서 그들은 하나님의 길을 지역 사람들에게 가르칠 것이다. 레위 지파의 세 가문은 게르손, 고핫, 므라리의 가문들이 포함되었다(그들의 구체적인 직무에 대한 요약 내용을 보려면 민 3:21-37을 참고하라). 고핫에게서 아론과 모세의 아버지인 아므람이 태어났다. 아론의 제사장직은 그의 두 아들 나답과 아비후가 하나님이 정하지 않은 불을 피워 죽음으로 인해(레 10:1-2) 나머지 두 아들인 엘르아살과 이다말에게 계승되었다. 계수된 레위인들은 이만 삼천 명이었다. 하지만 그들은 땅을 유업으로 받지 않기 때문에 역시 나머지 이스라엘 백성의 수에 합산되지 않았다.

광야에서 반역한 모든 자들은 하나님의 말씀대로 모두 죽었다(사실 마지막 한 사람까지). 담대하게 대중들의 정서와 맞선 갈렙과 여호수아는 요단강을 건너 하나님이 이스라엘에게 주신 땅으로 들어가서 그들의 믿음에 대한 보상을 받았다(수 15:13-19, 19:49-50).

B. 슬로브핫의 딸들과 모세의 후계자(27:1-23)

Supporting Idea	하나님은 아들을 두지 못하고 딸만 남긴 가정을 배려하시고 모세의 후계자를 준비하신다.

27:1-4. 땅 분배는 각 지파의 크기에 의해 결정되었다. 그러나 슬로브핫의 딸들이 모세와 이스라엘 지도자들에게 특별한 요구를 하러 공개적인 자리에 섰다. 그들의 아버지는 광야에서 고라와 그 무리의 반역에 가담하지 않았다. 하지만 자기 죄에 죽었고 아들이 없었다. 그래서 남자 상속자를 한 명도 남기지 못했다. 그의 딸들은 그의 이름이 지파에서 끊어지면 그들의 기업도 잃게 될 것을 두려워했다. 딸들이 유업을 상속받을 수 있고 또한 결혼을 하게 된다면, 그들은 부친의 이름을 계속 이어갈 수 있다. 케일은 그러한 요청이 아내들이 재산을 상속받는 일반적인 고대의 결혼 풍습과 일치한다고 지적한다. 그녀들이 낳은 아들들은 모친을 통해 할아버지의 상속자로 인정받을 것이다(213).

27:5-11. 모세는 이 까다로운 문제를 여호와께 가져갔고 하나님은 그 딸들의 불만을 인정하셨다. 어떤 남자가 아들을 남기지 않고 사망하면, 그 유산은 살아 있는 딸들의 몫이 될 것이다. 만약, 딸이 없다면 그 유산을 형제들에게 주어야 할 것이다. 살아 있는 형제가 한 명도 없다면, 그 유산을 친척들에게 주어야 할 것이다. 그것도 안 될 경우, 그 다음 친족에게 주어야 한다. 그 땅에 있는 한 영구적으로 분배된 땅의 소유주가 바뀌면 안 되기 때문에 그들은 이것을 판결의 율례로 명기했다. 후에 하나님은 상속법과 관련해서 제기된 특별한 문제들로 인해 이 규례를 보완하실 것이다(36:1-12).

27:12-14. 하나님은 모세에게 그가 곧 죽게 될 것이라고 갑작스럽게 통보하신다. 모세는 먼저 가나안 땅을 볼 수 있도록 아바림 산맥에 속한 한 산(느보산)에 올라갈 것이다. 하지만 신 광야의 물 가에서 지은 죄로 인해 그 땅에 들어가지 못할 것이다. 성경은 후에 모세의 마지막 나날과 죽음을 좀 더 자세하게 기술하고 있다(신 32:48-52, 34:1-6).

27:15-23. 모세는 자기 목숨을 살려달라고 구하지 않고 한 사람을 이 회중 위에 세워달라고 하나님께 요청한다. 그는 이 백성들의 안녕이 염려되었고 그의 유고시 그들을 인도할 지도자를 주시도록 하나님께 구한다.

하나님은 모세의 최측근인 눈의 아들 여호수아를 그의 후계자로 선택하신다. 여호수아는 지도자의 신을 품은 사람이었다. 이 신은 단순히 지혜를 의미하기보다 "하나님이 그의 영혼 안에 불어넣어주신 더 고귀한 능력을 의미한다. 그리고 도덕적이고 종교적인 생명을 소생시키며 그 생명의 성장을 결정한다. 그러므로 이 신은 그가 감당하도록 부르심을 받은 직책에 필수적인 영적 은사였다"(Keil, 215).

모세는 백성들이 권위가 이양되는 것을 직접 볼 수 있도록 공개적으로 여호수아를 임명했다. 여호수아는 이 시간 이후로 제사장 엘르아살과 함께 사역할 것이다. 하나님은 모세가 가진 특권을 여호수아가 모두 승계하는 것은 아님을 분명히 하셨다(특별히 하나님께 직접 나아갈 수 있는 특권).

C. 일상적인 제사와 특별한 제사의 규례(28:1-31)

Supporting Idea	모세는 이스라엘의 일상적인 제사와 특별한 제사를 요약해 정리한다.

28:1-8. 민수기 전반에 걸쳐 모세는 제사에 대한 규례가 간간히 포함된 역사적 사건들을 기록해놓았다(Harrison, 361). 레위기는 제사에 대한 개인의 의무에 초점을 맞춘 반면, 민수기는 희생 제사와 관련된 제사장의 직무에 집중하고 있다. 이스라엘 민족이 약속의 땅에 일단 들어갔을 때, 그들은 하나님과의 관계를 유지하는 법을 알고 있어야만 한다.

제사장들은 한 어린 양은 아침에 드리고 한 어린 양은 해질 때에 드리도록 준비하는 것으로 하루를 시작하며 그와 함께 소제를 드려야 할 것이다. 그들은 또한 빻아낸 기름 힌 사분지 일도 함께 드려야 한다. 이 번제물에 그들은 어린 양 하나에 힌 사분지 일의 발효 음료로 된 전제를 추가했다. 그들은 이 제사를 저녁에 그대로 반복해 드릴 것이다.

28:9-10. 매주 안식일마다 제사장들은 일년 된 양 두 마리를 소제와 전제와 함께 드렸다. 이 안식일에 이스라엘 민족은 하나님의 백성으로서 "그들의 총체적 삶"을 성별할 수 있었다(Harrison, 363). 그러나 제사장들은 또한 매일 드리는 정기 제사도 드릴 것이다.

28:11-15. 히브리 월력은 한 달이 월삭과 더불어 시작했다. 매달 첫날에 제사장들은 매일 드린 제사나 안식일 제사보다 더 규모가 큰 번제를 드렸다. 제물은 수송아지 둘과 수양 하나와 일년 되고 흠 없는 수양 일곱이었다. 번제는 규례대로 소제를 함께 드려야 했다. 수송아지 제물은 전제를 함께 드려야 했다. 매월 드리는 제물은 공동체적 속죄 제

사로 마무리되었다. 번제를 통해 자기 포기와 참되신 하나님 한 분을 사랑하고 섬기겠다는 전 민족적 헌신에 대한 사상이 표현되었다.

28:16-25. 대속죄일을 제외하면 유월절은 "히브리인들의 삶에 가장 중요한 종교 절기였고 히브리인들의 생활 속에서 최초의 절기를 재현하는 것이다"(365)라는 해리슨의 주장은 정말 옳다. 이상하게도 구약에는 유월절 준수에 대한 내용이 거의 기록되어 있지 않다. 유월절이 거의 지켜지지 않았음을 믿을 충분한 이유가 있다. 기록된 다음 유월절은 여호수아가 지킨 유월절이었다(수 5:10). 히스기야와 요시야는 유월절을 지켰다(대하 30:1-27, 35:1-19). 이 유월절 제물 역시 매일의 일상적 제사를 대체한 것이 아니라 보완한 것이다. 그렇게 해서 하나님은 이스라엘 민족이 일상에서 그분과 지속적인 교제를 누려야 함을 상기시켜주셨다.

28:26-31. 처음 익은 열매를 드리는 날의 이 첫날은 밀 추수가 시작된 칠칠절의 시작을 알렸다. 그것은 무교절이 끝난 후 50일이 되는 날에 시작되므로 '오순절'이라 불리기도 했다. 때로 기자들은 추수절이라고 기록하기도 한다. 이 날에 특별한 안식일을 지켰고, 사람들은 전혀 일을 하면 안 되었다. 제사장들은 무교절에 드렸던 것과 동일한 제사를 드릴 것이다. 이 특별한 절기를 지킴으로써 이스라엘 백성은 야훼가 추수의 하나님이시며 그들의 모든 필요를 채우시는 진정한 공급자임을 깨달았다.

D. 이스라엘의 절기 제물(29:1-40)

Supporting Idea	이스라엘의 절기 축제의 가장 중요한 것은 특별한 제사와 규례이다.

29:1-6. 일곱 번째 달(티쉬리, Tishri)에는 세 개의 유대 절기가 있었다. 나팔절, 대속죄일, 초막절. 이 절기들은 이스라엘이 약속의 땅에서 땅을 경작하며 살게 될 때를 예고한다. 하나님은 이스라엘에게 이 특별한 달(모든 곡식들의 추수가 마무리된 달)을 구별하고 아무 노동도 하지 말라고 명하셨다. 이 달 전체는 육체적 노동에서 안식하고 용서와 교제를 위해 하나님께 나아가던 시간이었다.

이 달의 첫날 그들은 나팔을 불어 이스라엘 민족으로 일곱 번째 달의 특별한 성격을 명심하고 자신을 준비하도록 했다. 모세는 민수기 10장 10절에서 이 명령을 기록해놓았다. 그들은 수송아지 하나와 수양 하나와 일년 되고 흠 없는 수양 일곱을 번제로 드릴 것이다. 그러면 제사장들은 대속을 위해(즉, 이스라엘 회중을 위한) 수염소 하나로 속죄제를 드릴 것이다. 그리고 일곱째 날의 첫날 제사장들은 정기 일별 오전 제사, 정기 월별 제사, 일곱째 달의 제사, 그리고 마지막으로 정기 저녁 제사를 드렸다. 이번에도 역시 백성들은 특별한 절기 기간이라고 해서 정기 제사들을 중지하면 안 되었다.

29:7-11. 대속죄일은 칠월 십일에 시작되었고(레 16장을 참고하라) 이스라엘 백성은 엄숙한 금식일로 지키며 아무 일도 하지 말아야 했다. 이 날에 그들은 마음을 괴롭게 해야 할 것이다(레 16:29를 참고하라). 이것은 금식을 가리킬 가능성이 매우 크다. 이 날의 가장 중요한 일은 이스라엘의 죄를 대속할 희생 제사를 드리는 것이었다. 오직 이 날에만 대제사장이 지성소에 들어가 하나님이 이스라엘의 죄를 용서하시기를 기도하며 속죄소에 피를 뿌렸다. 이 날에 드린 희생 제사와 규례에 대해 요약한 내용은 레위기 16장을 참고하라.

29:12-40. 이스라엘은 이 달 15일에 또다시 성회(즉, 장막절 혹은 초막절)를 열었다. 그들이 드릴 제물은 수송아지 열셋과 수양 둘과 일년 된 수양 열넷을 포함했다. 이 제물들은 규례대로 소제와 전제와 함께 드렸다. 대속죄일과 대조적으로 이 절기의 분위기는 축제 분위기였고 추수와 수확을 축하했다. 또한 그 날은 그들에게 광야의 경험을 특별히 기념하는 날이었다. 가나안 땅에 사는 그들의 후손들은 하나님이 어떻게 이스라엘을 애굽에서 인도해내시고 광야에서 그들을 붙들어주셨는지 회상할 것이다.

둘째 날은 수송아지 한 마리를 빼고 희생 제물을 드리고, 셋째 날에도 다시 한 마리를 빼서 열한 마리를 드릴 것이다. 그렇게 해서 일곱째 날까지 제사를 드릴 것이다. 여덟째 날 하나님은 그들을 거룩한 대회로 소집하셨고 아무 일도 하지 말라고 하셨다. 그들은 수양 한 마리와 어린 수양 일곱 마리 외에, 수송아지 한 마리를 번제로 드렸다. 규례에 따라 각기 소제와 전제가 추가되었다. 그들은 속죄제로 수염소 한 마리를 드리는 것으로 이 절기를 마무리했다.

Main Idea 복 습	사람들이 약속의 땅에 들어가기 앞서 인구 조사, 율법 문제, 영적 문제들을 비롯해 여러 가지 문제들이 해결되어야 했다.

결론

누가 볼 수 있는가?

로널드 앨런(Ronald Allen)과 고든 보러(Gorden Borror)는 그들의 저서 「예배: 잃어버린 보석의 재발견(Worship : Rediscovering the Missing Jewel)」에서, 미국에서 유럽으로 건너가 웅대한 예배당의 세부 장식에 전념한 한 장인에 대해 이야기한다. 어느 날 한 관광객이 그 예배당을 둘러보고 있었다. 그는 한 장인이 높은 천장 가까이에 있는 상징물, 마루에서는 거의 눈에 보이지 않는 상징물에 대한 작업을 하고 있는 것을 보았다. 그는 아무리 관찰력이 뛰어난 신자의 눈에도 보이기 힘든 천장 꼭대기의 세부 장식물 작업에 몰두하고 있는 것 같았다. 그 관광객은 물었다. "왜 그렇게 꼼꼼히 작업하십니까? 이 정도의 거리에서는 당신이 만들고 있는 조각을 아무도 볼 수 없습니다." 일에 완전히 빠진 그 예술가는 대답했다. "하나님이 보십니다."

한 명의 관객을 위해 자신의 일을 하고, 가장 사소한 부분까지 정성을 당하는 종에 대한 멋진 그림이 아닌가! 우리가 민수기에서 배운 한 가지는 하나님은 세밀한 분이시라는 것이다. 우리는 이스라엘 백성의 행군 명령과 세부적인 제사와 규례에 이르기까지 모든 면에서 하나님의 세밀한 면을 본다. 하나님이 이렇게 세밀하게 우리 삶을 보고 계시다면, 우리 삶의 세밀한 부분까지 그분께 영광을 돌리며 사는 것이 마땅하다.

■ 진리 알기

- 하나님은 약속하신 것을 지키신다.
- 하나님은 조상들의 죄를 이후의 세대들이 책임지게 하지 않으신다.
- 하나님은 여성의 권리에 대해 관심을 가지신다.
- 죄는 하나님의 방식대로 처리되어야 한다.
- 하나님의 말씀에 불순종할 때 우리는 그 대가를 치르게 될 것이다.
- 하나님은 항상 공백이 된 지도력을 채워줄 은사를 갖춘 지도자를 예비해놓으신다.
- 하나님은 한 개인에게서 아무도 볼 수 없는 잠재력을 보실 수 있다.

■ 적용하기

- 새 세대는 각기 믿음을 가져야 하며 하나님을 의지하는 법을 배워야 한다.
- 하나님께 모든 필요를 아뢰라. 그분은 자기 자녀를 돌보신다.
- 하나님이 특정한 때에 특정한 방법으로 뭔가를 하라고 말씀하신다면 그대로 순종하라.
- 구약의 제사를 살펴보면서 예수님의 신비를 찾아보라.
- 예배는 하나님께 드리는 향기로운 예물이며 희생 제사의 행위이다.

삶의 적용

혼자가 아니다

베트남의 전쟁 포로였던 레어드 군네르트 대령(Col. Laird Gunnert)은 무자비하게 구타당하고 고문을 당했다. 어느 날 그는 한 번도 본 적이 없는 취조실로 끌려갔다. 이번에 그가 당한 매질은 특별히 가혹했다. 그는 극심한 고통 속에서 감방으로 고꾸라지듯 처박혔다. 너무 기진했고 몸이 상하여 더러운 바닥에서 고개를 들 힘도 없었다.

겨우 눈을 뜬 군네르트는 그의 정면에 있던 벽에 뭔가가 써 있는 것을 보았다. 누군가가 더러운 벽에 "믿음을 잃지 마세요"라는 글귀를 휘갈기듯 써놓았다. 그 순간 그는 혼자가 아니라는 것을 깨달았다. 그가 그 절망적인 상황에 굴복해서는 안 된다는 것을 누군가가 알고 있었던 것이다. 그는 익명의 은인이 준 격려 덕분에 절망적인 상황을 딛고 승리할 수 있었다.

우리가 어떤 상황에 처하든, 우리는 예수 그리스도가 그곳에, 바로 우리 앞에 계시다는 사실에서 격려를 얻을 수 있다. 예수님이 그곳에 계시면서 직접 승리하셨을 뿐 아니라, 또한 우리에게 힘의 원천을 남겨주신 것이다. 그 안에서 우리는 약속의 땅을 향한 여정에 필요한 힘을 얻을 수 있다.

기도

하나님 아버지, 말씀에 기록된 모든 글자가 제게 중요합니다. 주님은 모든 세대에 신실하셨음을 알게 해주시려고 어떤 인구 조사의 상세한 내용을 알려주셨습니다. 주님이 항상 보좌에 앉아 계심을 알게 해주시려고 지도력의 이양에 관한 세부적 내용을 알게 해주셨습니다. 하나님의 아들을 보내셔서 그의 피와 용서로 저의 죄를 덮어주셨음을 알게 하시려고 주님이 규정하신 수많은 제사들에 대해 자세히 알려주셨습니다. 제 삶의 세세한 영역까지 주님을 위해 사용하게 해주소서. 주님, 사랑합니다. 아멘.

심층 연구

A. 여호수아의 자격

여호수아는 지도자 가문에서 출생했다. 분명히 그는 이스라엘 전 역사를 통해 하나님의 구원과 인도하심에 대한 수많은 이야기를 들었을 것이다. 이제 그는 이스라엘의 가장 위대한 지도자를 계승해야 한다. 그리고 일부 사람들은 그가 지도자로서의 자격 요건을 갖추었는지 의문을 제기할 것이다.

애굽에서 출생한 여호수아는 노예 생활을 뼛속 깊이 알고 있었다. 그는 가문의 장자였고(대상 7:27), 하나님이 모든 이스라엘 장자들의 목숨을 살려주셨던 첫 유월절의 무시무시한 밤을 알고 있었을 것이다. 여호수아는 자신이 하나님을 위해 중요한 일을 감당해야 한다는 것을 알았을 수도 있다. 게다가 그에게는 훌륭한 스승 모세가 있었다. 그는 바다가 갈라지는 것과 하나님이 풍성하게 공급해주심을 보았다. 그리고 르비딤에서 아말렉 군대와 싸워서 승리한 전력이 있다(출 17:8-16). 또한 십계명을 받기 위해 모세와 함께 시내산에 올라갔다(출 24:12-13). 여호수아는 실상 모세의 오른팔이었다. 그래서 가나안 땅을 정탐할 정찰대가 조직되었을 때 여호수아가 그 열두 명에 속했다는 사실은 전혀 놀랄 일이 아니다(민 13-14장). 그가 모세의 뒤를 이어 약속의 땅으로 이스라엘 백성을 인도할 때부터 하나님의 손이 그와 함께 있었다.

B. 정기적인 예배의 중요성

하나님은 이스라엘과 관계를 맺으시던 처음부터 자기 백성과의 정기적이고 지속적인 교제를 계획하셨다. 심지어 그들이 애굽을 떠날 때도 하나님은 그들에게 올바른 예배에 대해 가르치셨고, 이스라엘의 영적 건강에 절대적으로 필요한 성막 건축에 대해 세세한 부분까지 치밀하게 가르치셨다. 후에 솔로몬이 예루살렘에 성전을 건축할 것이다. 솔로몬은 정교한 건축물을 짓고 야훼의 이름으로 수많은 제사를 드렸다(대하 7:1-5). 하나님이 이스라엘을 포로로 잡혀가게 하셨을 때 그들은 유업을 상실했다(왕하 17, 25장). 예수아와 스룹바벨은 남은 자들을 이끌고 포로 생활에서 돌아오자 즉시 "이스라엘의 하나님의 단을 만들"(스 3:1-3)었다. 후에 그들은 여호와의 성전을 재건한다. 그들은 최우선순위가 정기적인 제사와 예배의 회복임을 인정했다.

신약의 초대 교회는 정기적으로 모여서 하나님과 교제하고 성도 간에 교제하기를 간절히 원했다(행 2:42). 교회는 함께 성장해갔다. 그것은 하나님이 교회 성장을 위해 의도하신 길이었기 때문이다(엡 4:13-16). 신약은 주님이 공동체로 모인 백성에게 자신을 계시하신다는 암시를 주면서 "일곱 금 촛대(혹은 교회) 사이에 다니시는" 분의 엄중한 경고로 마무리한다(계 1:20, 2:1). 하나님의 자녀인 우리는 마음과 뜻과 힘을 다해 하나님을 예배하는 데 헌신해야 한다.

고안

A. 들어가는 글

1. '더 이상의 것을 원하다' 이야기로 시작하라.
2. 배경 설명: 이스라엘이 약속의 땅에 가까이 이르자 하나님은 그 땅을 차지할 세대를 준비시키신다. 앞으로의 전투에 대비해 싸울 수 있는 남자들의 수를 알도록 새 인구 조사를 실시했다. 여성들의 상속에 대한 몇 가지 법적 문제들을 해결해야 했다. 마지막으로 제물과 절기에 대한 주제들을 상세하게 다룬다.
3. 적용: 하나님은 세세한 부분에 대해서도 관심을 갖고 계신다. 세부적인 것에 대한 하나님의 관심은, 우리가 다른 사람들의 이목 속에서 사는 것뿐 아니라 하나님 앞에서 사는 것에도 관심을 가져야 함을 알려주신다. 하나님은 모든 행동과 생각과 동기를 중요하게 여기신다.

B. 본문 이해

1. 새로운 인구 조사(26:1-65)
2. 슬로브핫의 딸들과 모세의 후계자(27:1-23)
3. 일상적인 제사와 특별한 제사의 규례(28:1-31)
4. 이스라엘의 절기 제물(29:1-40)

C. 결론: '혼자가 아니다' 를 읽어주라.

토의 질문

1. 두 번째 인구 조사의 목적이 무엇이라고 생각하는가? 이 새 세대가 이전 세대로부터 무엇을 배웠을 것이라고 생각하는가?

2. 슬로브핫의 딸들의 이야기는 다른 모든 여성들에게 어떤 의미를 지니는가? 이 여성들이 이의를 제기함으로 이길 수 있었던 것은 무엇 때문이었는가?

3. 이스라엘 백성에게 월별 제사가 중요했던 이유는 무엇이라고 생각하는가? 유월절 준수가 약속의 땅에 들어가기 전 적절한 행사였다고 믿는 이유는 무엇인가?

4. 초막절은 유대의 어떤 역사적 기초에 근거하고 있는가? 당신이 하나님 앞에서, 집 밖에 초막을 지어야만 한다면 어떻게 생각하겠는가? 하나님은 이스라엘 백성이 이 절기를 통해 무엇을 기억하기 원하셨는가?

민수기 30-32장

지속적으로 배우는 다음 세대

"그분은 모든 것을 아시되 미리 아신다. 그분의 미리 아심은 인간의 운명에 영향을 미친다. 그러므로 그분은 세상 역사뿐 아니라 모든 인간의 운명에 대한 최종적인 결정권을 가지고 계시다."

- J. I. 패커(J. I. Packer)

새로운 세대는 하나님의 것에 대해 배우고 있다. 이 단원은 여성의 권리라는 시각에서 서원을 바라본 내용으로 시작한다. 이어서 발람과 함께 이스라엘을 저주하려고 시도한 미디안 족속들의 불순종에 대해 하나님의 심판이 임한다. 르우벤 지파와 갓 지파가 요단강을 건너 가나안으로 들어가지 않고 약속의 땅 동편에 머물겠다고 간청하자, 모세는 이스라엘의 하나 됨과 군사적 동원과 관련된 중요한 결정을 내린다.

들어가는 글

반드시 칼을 가지고 있으라!

아마존 정글에서 일하기 원하는 자원봉사단을 위한 미 정부의 평화 봉사단 지침 매뉴얼은 아나콘다가 공격할 경우 다음과 같이 대응하도록 권고한다.

1. 도망가지 말라. 아나콘다는 당신보다 더 빠르다.
2. 땅에 완전히 엎드리라. 옆구리에 팔을 바싹 갖다 붙이고 양 다리도 서로 꼭 붙이라.
3. 턱을 목 아래로 바짝 잡아당기라.
4. 뱀이 와서 당신의 몸을 슬슬 건드린 후 기어오르기 시작할 것이다.
5. 공포심으로 당황하지 말라.
6. 뱀이 당신을 이리저리 살피다가 당신의 발끝부터 삼키기 시작할 것이다(반드시 발끝부터 삼킨다). 뱀이 당신의 발과 발목을 삼키도록 가만히 두라. 절대 두려워 놀라지 말라.
7. 뱀은 이제 당신의 다리를 몸 안으로 빨아들이기 시작할 것이다. 당신은 꼼짝하지 않고 가만히 있어야 한다. 뱀이 당신을 삼키는 데는 시간이 오래 걸릴 것이다.
8. 뱀이 당신의 무릎까지 삼키게 되면 천천히 가능한 거의 움직이지 않고 손으로 칼을 꺼내어 아주 부드럽게 뱀의 입 안으로 밀어넣으라. 뱀의 입가와 당신의 무릎 사이에 밀어넣으라. 그러고나서 일시에 위쪽으로 찢어 뱀의 머리를 자르라.
9. 반드시 칼을 휴대하라.
10. 칼은 늘 예리하게 갈아놓으라.

민수기 30-32장을 읽을 때, 이들이 새로운 세대이며 이들에게는 단순화된 단계별 교훈이 필요하다는 것을 반드시 기억하라. 그들은 부모들이 하나님께 수많은 약속을 드리는 것을 보아왔을 것이다. 이제 그들이 이 약속들의 중요성을 배워야 할 때가 되었다. 이스라엘이 '발람의 논쟁'을 경험했을 때 그들은 어렸다. 그러나 이제 미디안의 영향력이 끼치는 의미를 이해하고 있을 것이다. 그들은 아마 부모들이 광야에서 계속 떠돌고 있는 이유를 이해하지 못했을 것이다. 모세는 그들과 함께 이 자료를 되살펴볼 필요가 있었다.

본문 이해

지속적으로 배우는 다음 세대

Main Idea	하나님은 자신이 약속한 땅을 자기 백성들이 차지하도록 계속 준비시키신다.

A. 서원에 대한 규례(30:1-16)

Supporting Idea	모세는 이스라엘 백성에게 개인적인 헌신을 표현할 수 있는 길을 제공해준다.

30:1-2. 서원은 자유의사로 선택한 하나님에 대한 헌신이다. 서원은 가족적 의미를 지니기 때문에 모세는 이 규례를 이스라엘 자손 지파의 두령들에게 하달했다. 서원에 적용된 지배적 원칙은 매우 단순하다. 무언가를 서원했다면 확실하게 이행하라는 것이다. 민족적 특성은 백성들의 개인적 특성에 의해 결정되었다. 그리고 성실성과 정직성이 그러한 특성을 이루었다. 서약은 아마 음식이든 술이든, 어떤 종류의 금욕과 관련되었을 것이다. 물론 나실인의 서원에는 부분적으로 특정한 음식에 대한 금욕이 포함되었다(6장을 참고하라). 이 규례는 4가지 특별한 사례를 다루고 있다.

30:3-16. 첫 번째 사례는 결혼하지 않은 채 아버지의 집에 살고 있는 젊은 여성과 관련이 있다. 그녀가 서원을 통해 자신을 제한하려 하고 그녀의 부친이 이 서약을 알고 아무 말도 하지 않는다면, 그녀는 그 서약을 완전히 이행할 의무가 있다. 하지만 그녀의

부친이 그 서약에 대해 동의하지 않는다면, 그는 전 서약을 철회할 권리가 있다. 결혼 전에 유사한 서약이나 맹세를 한 유부녀에게도 동일한 공식이 적용된다. 그녀가 결혼을 했을 때 남편이 그것에 동의하지 않으면, 그 서약을 취소할 수 있었다. 하지만 (그것을 듣게 되었을 때) 즉시 그러한 의사 표시를 하지 않았다면, 그 서약은 그대로 이행되어야 했다.

과부나 이혼 당한 여자가 서원을 한 경우에는, 반드시 그대로 이행해야 한다. 이는 그녀가 아버지나 남편의 권위 아래 있지 않기 때문이다. 마지막으로, 아내가 서원을 하고 그녀의 남편이 그 사실을 알았지만 아무 말도 하지 않았을 경우 그녀는 그 서원을 지켜야 한다. 남편이 침묵으로 그것을 허락했기 때문에 그 서약은 유효하다. 하지만 남편이 그 사실을 알고 서원의 어떤 면에 동의하지 않거나 경솔한 서약이라고 판단한다면 그것을 취소할 수 있었다. 하지만 그것에 대해 알게 된 즉시 철회해야 한다. 그렇지 않으면 그 서원은 그대로 지켜야 했다.

이런 방식으로 하나님은 결혼한 여성의 서원의 한계에 대해 합리적인 규례를 마련해 주셨다. 아내가 자신의 서원을 배신하면 남편은 그 아내에 대한 책임을 지게 될 것이다.

B. 미디안 족속에 대한 보복(31:1-54)

Supporting Idea	이스라엘은 어떤 적에 대한 보복을 단행한다.

31:1-12. 하나님은 이스라엘에게 "미디안인들을 박해하며 그들을 치라"(민 25:17)고 명령하신 적이 있다. 이제 인구 조사를 통해 군대가 소집되었고 전투에 나갈 준비가 갖추어졌다. 이 전쟁의 지휘는 모세가 이스라엘의 지도자로서 행한 마지막 공식 활동 가운데 하나가 될 것이다. 미디안 족속은 발람의 사악한 흉계를 통해 바알 숭배에 빠지도록 이스라엘을 유혹했다. 하나님은 이 전쟁을 여호와의 원수를 미디인에게 갚되라고 묘사하셨다. 그러한 구분은 이 전쟁에 관한 모든 신학적 결론을 도출할 때 명확히 지켜져야 할 것이다. 국가와 개인은 전쟁에 나갈 때 가장 상위의 기준과 동기를 존중해야 한다. 그리고 모든 보복은 하나님이 직접 허락하신 것이거나 성경의 원리에 부합되어야 한다. 이 경우는 미디안 사람들이 이스라엘을 유혹해서 "여호와의 신성과 명예가 침범

당한 것이었다"(Keil, 225).

하나님은 이스라엘 모든 전사를 이 전쟁에 소환하시지 않고 오직 일부만 출정시키셨다. 그래서 모세는 각 지파당 천 명씩 만 이천 명을 미디안과의 전쟁에 내보냈다. 제사장 비느하스가 신호를 알리는 나팔을 가지고 전쟁에 함께 나갔다. 이스라엘이 바알 숭배로 타락하자 비느하스는 여호와의 명예를 지켰고, 하나님은 이스라엘에 대한 역병을 멎게 하셨다(민 25:6-13).

이스라엘은 미디안을 신속히 처치하고 처절하게 그들을 응징했다. 그들은 미디안의 다섯 왕을 비롯해 모든 남자를 죽였다. 또한 그 전쟁에서 브올의 아들 발람을 죽였다. 그들은 미디안의 성읍과 촌락들을 태운 다음 큰 전리품을 가지고 모세와 엘르아살에게 돌아왔다.

31:13-24. 모세와 제사장 엘르아살과 회중의 모든 지도자가 진 밖에 나가 그들을 영접했다. 하지만 모세는 전사들이 미디안 여인들을 살려둔 것 때문에 진노했다. 그는 그 여인들이 바알을 숭배하도록 유혹해 역병이 하나님의 백성들을 쳤던 사건을 상기시켰다. 그래서 모든 소년들과 남자와 동침하여 사내를 안 여자는 다 죽이라고 명했다. 그는 아직 남자를 모르는 처녀들의 목숨은 살려주도록 허용했다.

일부 해석가들은 이 명령과, 여자와 아이들을 죽이라는 다른 유사한 명령들을 당혹스럽게 받아들인다. 그러나 하나님은 그분의 율법이 모든 삶에 영향을 미치는 신정 국가에 살 거룩한 백성으로 이스라엘을 세우셨다. 중요한 우선순위는 민족의 명확한 순수성과 거룩함을 지키는 것이었다. 기혼녀나 창녀를 살려두었다면, 우상을 섬기는 그들의 의식을 들여와 이스라엘 민족의 영적 순결성을 위기에 빠뜨렸을 것이다. 하지만 처녀들은 이스라엘 백성에게 긍정적인 영향을 받을 수 있으므로 살려둘 수 있었다. 하나님의 명령은 공의로운 동시에 자비로우시다. 모세는 전쟁에 가담한 남자들에게 칠일 동안 진 밖에 주둔하여 시체와 접촉한 자들을 위한 일반적인 정결 의식을 지키라고 명령했다.

전리품을 의식적으로 정결하게 하기 위해 제사장 엘르아살은 병사들에게 불에 녹지 않는 모든 금속으로 된 물건은 불로 정결하게 하라고 지시했다. 그런 후에 그 물건들은 정결케 하는 물로 깨끗케 해야 했다. 불에 견디지 못하는 것 역시 정결하게 하는 물을 지나게 해야 할 것이다.

31:25-47. 하나님은 모세에게 엘르아살과 지파의 족장들로 하여금 전리품으로 가져

온 포로와 짐승들의 수를 세게 하라고 지시하셨다. 포로들(즉, 처녀들)과 짐승들은 전사들과 회중이 나눠 갖게 될 것이다. 나아가 하나님은 사람이든, 가축이나 나귀 혹은 염소나 양이든 군인들의 전리품에서 오백분지 일을 예물로 받으실 것이다. 이스라엘 백성의 몫에서는 오십분지 일 혹은 2퍼센트를 레위인에게로 돌렸다. 삼만 이천 명의 여자를 포함해 약탈물이 엄청났다.

31:48-54. 군인들은 너무 엄청난 승리를 거두었기 때문에 그들의 감사를 표현하는 특별한 예물을 드리기 원했다. 그들은 전리품 가운데서 여러 보석들을 가져왔다. 그들은 속죄하려고 이 보석들을 드렸다. 해리슨은 군인들이 자신들은 전투에서 단 한 명의 인명 손실도 없었던 데 반해 너무 엄청난 미디안 사람들을 죽인 것에 죄책감을 느꼈을 수 있다고 지적한다(390-391). 그러나 그들은 놀라운 승리를 안겨주신 하나님의 은혜를 받을 자격이 없다고 생각했을 수도 있다(Keil, 229). 모세와 엘르아살은 그 예물을 받았다. 그 예물의 무게는 일만 육천 칠백 오십 세겔이었다.

C. 트랜스 요단 지파들의 정착(32:1-42)

Supporting Idea	모세는 요단 동편에 정착하기를 희망하는 지파들의 요청을 받아들인다.

32:1-5. 르우벤과 갓 지파는 심히 많은 가축의 떼를 소유했다. 그래서 길르앗의 비옥한 땅에 매료되었다. 그 땅은 원래 하나님이 말씀하신 약속의 땅에 속하지 않았지만, 하나님은 그들을 위해 특별한 예외를 마련하셨다. 이 비옥한 땅은 가축 떼들의 우수한 목초지가 될 수 있었다. 이 지파들은 요단강 동편 이 지역에 정착할 수 있는지 물어보기 위해 모세와 엘르아살을 찾아왔다.

32:6-15. 처음에 모세는 그 제안을 받아들이기 망설였고 그들의 동기에 의문을 가졌다. 너희 형제들은 싸우러 가거늘 너희는 여기 앉았고자 하느냐. 모세가 보기에 그러한 행동은 앞으로 가나안 족속들과의 전쟁을 앞두고 형제 지파들의 사기를 저하시킬 것이 분명했다. 모세는 40년 전 이 땅을 정찰했던 그들의 조상들이 한 불신앙적인 보고가 그 땅을 정복하려고 했던 백성들의 정신적 결단을 무너뜨린 부정적인 예를 상기시켰다. 모세는 믿지 않는 사람들에게 하나님의 심판이 임한다는 것과, 르우벤과 갓이 그들의 불

신앙을 본받고 있다고 지적하는 것으로 자신의 주장을 마무리한다.

32:16-27. 그러한 요청을 한 지파들은 모세를 안심시키며 다시 요청한다. 그들은 가축들을 위해 우리를 짓고 여자들과 아이들을 위해 성읍을 짓고 싶어 했다. 하지만 나머지 부족들과 함께 강을 건너 그 땅을 완전히 정복할 때까지 가나안 족속들과의 전쟁에 동참할 것이다. 그러나 그들은 자신들의 유업을 요단 이편 곧 동편에서 얻게 해달라는 주장을 반복한다.

모세는 그들의 제안에 긍정적으로 반응한다. 하지만 그는 형제들을 도와 가나안과 싸우겠다는 그들의 결단을 번복하지 않도록 그들을 경계한다. 그들이 형제들을 돕지 않는다면 그들의 죄가 반드시 그들을 찾아내고 말 것이다. 갓 자손과 르우벤 자손은 길르앗에 그들의 아내와 자식들과 가축을 정착시킨 후에, 나머지 지파들과 함께 요단강을 건너 여호와 앞에서 싸우겠다며 자신들의 의지를 다시 확인한다.

32:28-32. 모세는 땅을 분배할 책임을 맡을 여호수아와 엘르아살에게 갓과 르우벤 지파가 강을 건너 싸우지만 요단강 동편으로 돌아와 그들의 가족들과 정착하게 해주라고 지시한다. 하지만 그들이 가나안 정복 전쟁에 동족 이스라엘을 돕지 않는다면, 나머지 지파들과 마찬가지로 가나안에서 그들의 기업을 받아야 할 것이다. 나중에 알게 되겠지만 르우벤 지파와 갓 지파는 그들의 약속을 충실히 지켰다(수 4:12-13, 22:1-4).

32:33-42. 그러고나서 모세는 그들에게 시혼과 옥에 대한 승리로 얻게 된 요단강 동편 땅을 그들에게 주었다. 르우벤 지파와 갓 지파와 함께 므낫세 반 지파가 여기서 처음으로 언급된다. 그들은 르우벤 지파와 갓 지파와 동일한 주장을 했겠지만, 나머지 두 지파가 자신들을 대변하도록 했을 것이다. 어떤 시점에 므낫세 지파는 지파의 규모와 차지한 땅의 차이 때문에 분열되었을 것이다(Harrison, 399). 반 지파는 그들이 정착하기 원했던 땅의 원주민들을 몰아냈다(39절, 또한 Calvin, 289를 참고하라).

Main Idea 복 습	하나님은 자신이 약속한 땅을 자기 백성들이 차지하도록 계속 준비시키신다.

결론

"알았어요, 러빙"

위클리프 선교사 아레타 러빙(Aretta Loving)은 〈디시즌(Decision)〉이라는 잡지의 한 기사에서 다섯 살짜리 이웃 소년과의 만남에 대해 이야기한다. 아침 식사를 마치고 설거지를 하던 그녀는 지미(Jimmy)가 뒤쪽 현관을 향해 곧장 다가오고 있는 것을 보았다. 그녀는 그 현관 계단의 난간을 막 페인트칠 해놓은 상태였다. 그리고 자신이 그 일을 해냈다는 것이 무척 뿌듯했다. 그녀는 "지미, 돌아서 앞문으로 오너라. 난간에 칠해 놓은 페인트가 아직 마르지 않았어"라고 소리쳤다. "조심할게요." 지미가 대답했다. "안 돼, 지미! 계단을 올라가지 마." 엉망으로 어지럽히는 지미의 버릇을 알고 있는 아레타가 소리쳤다. "조심할게요." 지미는 계단에 가까이 다가오며 또다시 말했다. "지미, 멈춰! 조심하겠다는 말을 듣고 싶은 게 아니야. 네가 내 말대로 하기를 바란다구." 아레타는 소리쳤다. 자신의 입에서 그 말이 튀어나오자 그녀는 갑자기 사울 왕에 대한 사무엘의 반응이 기억났다. "순종이 제사보다 낫다."

'지미는 어떻게 반응할까?' 아레타는 궁금했다. 다행히도 지미는 "알았어요, 러빙. 돌아서 앞문으로 갈게요"라고 대답했다. 지미는 그녀를 이름으로 부른 유일한 사람이었다. 그 때문에 처음부터 그녀는 지미를 귀여워했다. 지미가 집을 돌아 앞문으로 오는 동안 아레타는 자문했다. '내 맘대로 가기를 고집하는 나는 사울과 같을 때가 많을까? 아니면 지미 같을 때가 많을까? 주님, 조심해서 내 계획대로 밀고 나갈게요라고 나는 합리화한다.' 하지만 그분은 조심하기를 원하시는 것이 아니라 순종을 원하신다.

민수기의 이 단원은 르우벤 지파와 갓 지파가 '앞문을 올라가' 하나님이 이스라엘의 유업으로 작정하셨던 땅 반대편인 요단상 동편에 살기를 원하는 내용으로 막을 내리고 있다. 역사는 하나님의 백성이 순종하는 대신 말로만 조심하는 길을 선택할 때마다 "너희 죄가 정녕 너희를 찾아낼 줄"(민 32:23)을 명심하라고 기록한다.

■ 진리 알기

- 약속과 서원은 하나님 보시기에 중요하다. 그러므로 결코 불성실하게 헌신적인 태도 없이 약속과 서원을 해서는 안 된다.
- 세상과 신자의 삶은 영적인 분리가 이루어져야 한다.
- 죄는 장기적인 영향을 미칠 수 있다.

■ 적용하기

- 당신이 내려야 할 가장 중요한 결단은 그리스도를 구세주로 고백하는 것이다.
- 신자는 자신의 말을 실천하고 자신의 의무를 끝까지 행해야 한다.
- 모든 싸움을 영적 전쟁으로 대하고 하나님이 그 싸움을 인도하시도록 맡길 때 승리할 것이다.
- 우리는 광야에 남아 목적 없이 방황하든지, 아니면 약속의 땅을 향해 나아가서 하나님의 축복을 발견하든지 선택해야 한다.

삶의 적용

변화의 필요성에 대한 전달

태국 텔라콘 족의 선교사인 에밀 발라드(Emile Ballard)는 하나님이 우리 구주 예수 그리스도를 통해 표현하신 사랑에 대한 좋은 소식인 복음을 전하는 과정에 대해 이렇게 썼다.

> 이 사람들은 비유를 사용해 이야기를 한다. 그들의 지도자들과 토론을 하던 도중 한 사람이 우리에게 말했다. "우리는 마치 땅 속 깊이 판 구멍 속에 빠져 있는

> 것 같습니다. 위를 올려다보면 빛이 보이지만 밖으로 나갈 수가 없습니다. 이제 당신들이 와서 우리를 밖으로 건져내기 위해 손을 내밀지만 우리 손이 당신들의 손에 닿지 않습니다. 하지만 우리를 포기하지 마십시오. 아마 우리 후손들은 당신들의 손을 꽉 잡을 수 있을 만큼 높이 뛰어오를 수 있을 것입니다."
>
> 이것을 해석하면, 기성세대들은 쉽사리 자신들의 방식을 바꾸고 우리가 내미는 도움을 받아들일 수 없지만, 아마 그들의 자손들은 적응할 수 있는 길을 찾아낼 것이라는 의미다.
>
> 또 다른 비유를 사용해 그들은 이렇게 말하기도 했다. "우리는 대나무 잎 밑에 숨어 있는 작은 올챙이와 같습니다. 물기가 점점 증발하고 태양이 점점 더 뜨거워지고 있습니다. 어떻게 해야 합니까?"
>
> 선교사들은 이렇게 대답했다. "올챙이의 목표가 개구리가 되는 것이라는 사실을 아실 겁니다. 개구리가 되지 않는 올챙이는 죽습니다. 하지만 개구리가 되면 반드시 적응을 해야 합니다. 또 다른 웅덩이를 찾아야 할지 모르겠지만 올챙이로서의 본질을 잃은 것은 아닙니다. 개구리 속에 여전히 그 모습이 남아 있습니다."

이 예화에는 몇 가지 놀라운 진리들이 담겨 있다. 변화는 신앙 생활의 정상적인 부분이다. 성화는 한 그리스도인의 삶에서 시간이 흐르는 동안 경험하는 변화와 성장의 지속적인 과정이다. 이스라엘 백성의 다음 세대는 변화하고 적응하며 순종하는 법을 배워야 했다. 당신 역시 마찬가지일 것이다! 당신은 더 높이 뛰어오르거나 더 열심히 노력할 필요 없이 그냥 더 신뢰하기만 하면 된다. 하나님은 미쁘신 분이다. 그분은 처음부터 마지막을 알고 계신다. 그렇다. 조심하라. 하지만 더 중요한 것은 순종하는 것이다.

기도

주님, 제가 이 삶을 살면서 때때로 지킬 수 없는 약속들을 하고 이기적인 동기로 결정들을 내리리라는 사실을 압니다. 그러한 모습들을 보실 때, 민수기에서 배웠던 교훈들을 깨닫게 해주시기를 간구합니다. 주님의 지혜와 인도하심이 제 삶에 함께 하여주시기를 구합니다. 또한 주님의 따스한 가르침으로 약속의 땅으로 가는 제 여정을 잘 마칠 수 있게 도와주십시오. 아멘.

심층 연구

A. 성경과 서원

서원은 한 개인이 하나님께 자발적으로 맹세나 약속을 하는 것을 말한다. 일반적으로 서원은 병에서 회복되거나 적에게서 구원받은 것처럼 하나님의 특별한 은혜를 입었을 때와 관련이 있었다. 길르앗의 전사 입다는 "누구든지 내 집 문에서 나와서 나를 영접하는 그는 여호와께 돌릴 것이니 내가 그를 번제로 드리겠나이다"(삿 11:31)라고 서원했다. 그런데 그의 딸이 그를 맞으러 나왔다(11:34). 야곱은 하나님이 그와 함께하시고 그를 지켜주시기만 한다면 하나님께 십일조를 드리겠다고 서원했다(창 28:20-22). 한나는 하나님이 그녀의 잉태치 못하는 태를 열어주시기만 하면 하나님을 섬기도록 그 아들을 드리겠다고 서원했다(삼상 1:11). 입다의 경우에 분명히 드러난 것처럼 서원이 하나님의 계시된 뜻과 반대되어서는 안 된다. 서원을 하는 사람은 반드시 그 서원을 지킬 수 있을 만큼 능력이 있고 성숙해야 한다. 그리고 그 서원을 지켜야 한다.

바울은 예루살렘의 가난한 그리스도인들에게 "연보"(고후 9:5)를 하겠다는 약속을 지키며 "행하기를 성취"(고후 8:11)하라고 아가야 성도들을 재촉했다. 서원을 한 사람들은 그 서원을 성취할 수단이나 마음이 있는지 신중하게 살펴보아야 할 것이다. 서원은 억지로 하거나 강제로 하는 것이 아니다. 그것은 철저히 자발적이어야 하고 그런 만큼 즐겁게 감당해야 한다.

교안

A. 들어가는 글

1. '반드시 칼을 가지고 있으라!' 이야기로 시작하라.
2. 배경 설명: 하나님은 모세에게 숨을 거두기 전 그리고 이스라엘이 가나안 땅에 들어가기 전에 한 번 더 전투를 이끌라고 명하셨다. 그는 이스라엘이 브엘에서 하나님께 범죄하도록 공헌한 미디안 족속에게 보복을 해야 할 것이다. 모세가 이스라엘의 지도자로서 내린 최종 결정 가운데 하나는 요단강 동편에 정착하게 해달라는 르우벤과 갓과 므낫세 반 지파의 요청에 관한 것이었다. 모세는 이 요구를 허락하기 전에 한 가지 조건을 제시한다.
3. 적용: 하나님에 대한 순종과 그분께 한 서원은 밀접하게 관련되어 있다. 우리의 환경은 이스라엘이 처한 환경과 다르다. 하지만 이스라엘에게 순종을 요구하신 하나님은 지금도 자신의 백성들에게 이것을 요구하신다.

B. 본문 이해

1. 서원에 대한 규례(30:1-16)
2. 미디안 족속에 대한 보복(31:1-54)
3. 트랜스 요단 지파들의 정착(32:1-42)

C. 결론: '변화의 필요성' 을 읽어주라.

토의 질문

1. 민수기 30장을 통해, 여성의 역할과 관련하여 유대 문화에 대해 무엇을 배웠는가?

2. 서원과 약속이 하나님께 중요한 이유는 무엇인가? 이 질문에 대한 당신의 대답이 이스라엘에 대한 하나님의 약속을 바라보는 당신의 시각에 어떤 영향을 미치는가? 당신에 대한 하나님의 약속에는 어떤 영향을 미치는가?

3. 미디안 족속이 이스라엘에게 왜 큰 위협이 되었는가? 전쟁이 끝난 후 전리품의 일정 부분이 엘르아살과 레위 지파에게 돌아간 이유는 무엇인가? 이스라엘 군대의 승리와 관련해 이것은 무엇을 시사하는가?

4. 길르앗과 야셀 땅 사이에는 수많은 장애물이 있었다. 요단강 반대편에 사는 지파들에게 의사소통에서 어떤 어려움이 생길 것인가? 당신의 교회에는 의사소통과 관련하여 어떤 어려움이 존재하는가? 이 문제들을 극복하기 위해 당신은 무엇을 해야 하는가?

민수기 33-36장

드디어 본향에

"독재자들은 계획을 하고 군대는 행진을 하고 국가들의 의회는 세상의 모든 일을 자신들이 조정하고 있다고 생각할지 모른다. 그러나 이 땅의 아무리 강한 권력자도 하나님의 섭리하는 수레바퀴에 끼인 먼지에 불과하다."

- 드위트 탈미지(Dewitt Talmage)

이스라엘이 약속의 땅에 이르고, 하나님은 약속하신 땅을 분배하실 때가 되다(민 34장). 하나님은 땅을 전혀 분배받지 못하는 레위인들에게 성읍을 할당하시고(35장), 이스라엘에게 약속의 땅에서 맞이할 미래에 대해 마지막 한 가지 확신을 주신다(36장).

들어가는 글

아버지의 얼굴

한 어린 소년이 어머니를 잃었다. 소년은 아버지와 함께 장례식을 치렀다. 하지만 어린 소년은 도대체 무슨 일이 일어난 것인지 이해할 수 없었다. 엄마는 어디 계시는가? 왜 엄마는 하늘나라로 가셔야만 하는가? "아빠, 엄마한테 가볼 수 있어요?" 소년은 물었다.

장례식을 마치고 아버지와 아들은 집으로 돌아왔다. 하지만 잠자리에 들어서도 그 질문은 계속되었다. 아버지는 아들이 진정되어 잠이 들기를 바라며 상처입은 아들의 질문에 대답해주려고 성심을 다했다. 잠시 후 아버지는 일어나 불을 끄고 아래층으로 내려가 자기 방으로 갔다.

채 몇 분이 지나지 않아 소년이 아버지를 찾아 울기 시작했다. 아버지는 아들을 달래주려고 자기 방으로 데려왔다. 하지만 상심한 아이는 불을 끈 후에도 계속 아버지에게 대답해달라고 졸랐다. 마침내 소년은 어둠 속에서 손을 뻗으며 물었다. "아빠, 내 쪽으로 얼굴을 보고 있어요?" 아들이 그의 얼굴을 만지고 안심할 수 있도록 그는 아들 쪽으로 몸을 기울이며 대답했다. "그래, 얘야." 소년은 말했다. "아빠 얼굴이 내 쪽으로 향하고 있으면 이제 잠을 잘 수 있을 것 같아요."

사람들은 사랑하는 아버지의 얼굴이 그들을 향해 있기를 간절히 바란다. 포로 생활에서 해방되어 율법과 제사에 대한 규례를 받고 약속의 땅에 이르는 이스라엘 백성의 이야기는 자기 백성들을 향한 하나님의 얼굴을 그린 그림이다. 이제 민수기 끝부분에서 하나님의 백성들은 하나님이 약속하셨던 땅의 유업을 받고 사랑 많으신 아버지의 신실하심에 대한 더 놀라운 통찰을 얻기 위해 손을 내민다.

본문 이해

드디어 본향에

Main Idea	이스라엘은 자신의 역사를 회고하고 최종 준비를 함으로써 가나안을 고대한다.

A. 이스라엘의 과거에 대한 회상(33:1-56)

Supporting Idea	모세는 이스라엘이 지나온 여정과 진을 쳤던 핵심 장소들을 요약한다.

33:1-2. 이스라엘이 여리고의 건너편에 있는 요단강가에 서자, 광야에서 보낸 그들의 역사가 방랑 생활에 대한 요약과 함께 마무리된다. 그들이 거쳐 온 장소에 대한 목록은 하나님의 붙드시는 은혜와 능력을 다시 떠올리게 한다. 이스라엘 백성은 마땅히 드려야 할 감사로 반응한 적이 거의 없었고, 오히려 광야 생활에 대해 자주 원망했다. "그러나 그들은 자신들의 필요를 해결받기 위해 하나님께 간구하며 배웠어야 할 겸손함에 대해 생각이 처음부터 없었기 때문에 오히려 모세에게 반역했다" (Calvin, 298).

33:3-9. 이스라엘은 첫 유월절 다음 날 애굽 모든 사람의 목전에서 출애굽했다. 그때에도 이스라엘은 그 목적지가 다른 곳에 있는 정복 국가였다. 하나님은 또한 애굽의 신들에게도 벌을 주셨다(출 12:12를 참고하라). 하나님은 애굽을 보호한다고 하는 신들을 수치스럽게 만드셨다.

홍해에 이르기까지 진을 친 주요 장소는 숙곳, 에담, 믹돌, 마라, 엘림이었다. 엘림에는 샘물 열둘과 종려 칠십 주가 있었다. 하나님은 이스라엘을 구름 기둥과 불 기둥으로 인도하셨고, 각 진지는 하나님의 명확한 계획에 의한 것이었다.

33:10-49. 홍해에서 진을 친 일은 출애굽기에 언급되어 있지 않지만 "그것은 단순히 집결지였을 수도 있다" (Harrison, 405). 모세는 빠르게 연속해서 여러 성들을 언급하고, 사건은 중요한 두 가지만 언급한다. 르비딤에서 백성들은 물을 얻지 못했고, 호르산에

서는 아론이 죽었다. 이 시기에 가나안 왕 아랏이 이스라엘 백성이 다가오고 있다는 소문을 들었고 처음에는 그가 승리를 거두었다. 하지만 이스라엘은 여호와께 맹세하며 전열을 가다듬고 호르마에서 가나안 사람들을 격퇴했다(21:1-3을 참고하라). 마침내 그들은 여리고의 요단강 건너편 모압 평지에 이르렀다.

33:50-56. 하나님은 모세에게 약속의 땅을 정복하게 될 할 전쟁에서 이스라엘 백성은 타락한 가나안 족속을 파멸시키게 하라고 모세에게 지시하셨다. 가나안 사람들은 그들의 모든 신상들과 성적인 의식으로 여호와에 대한 거룩한 예배를 위협했다. 그러므로 그 땅에서 가나안 사람들을 몰아내야 했다. 하나님은 특별히 모든 신상들이나 우상을 쳐부수고 가나안 종교의 모든 흔적을 다 제거하라고 명령하셨다.

그 땅은 체계적으로 그리고 계획에 따라 분배될 것이다. 큰 지파는 더 많은 땅을 받을 것이며, 작은 지파는 적은 땅을 받을 것이다. 하지만 일단 그 땅에 정착하면 지파의 경계를 그대로 유지해야 할 것이다.

마지막 경고로, 하나님은 그들이 그 땅의 거민들을 몰아내지 않을 때 일어날 일을 예언하셨다. 가나안 족속들은 이교도로서 이스라엘의 영적 고유성을 확실히 잠식시킬 것이고 궁극적으로 파괴시킬 것이다. 이스라엘이 후에 그들의 영향력에 굴복하자 하나님은 가나안 족속들이 맞이해야 할 운명을 그들이 당하게 하셨다.

B. 가나안의 경계(34:1-29)

Supporting Idea	모세는 가나안의 전체 경계를 진술하고 땅을 분배할 지도자들을 지정한다.

34:1-2. 각 지파들에게 할당된 땅은 정확한 경계가 있었다. 누군가가 다른 사람이나 다른 지파의 토지 권리에 의문을 표시한다면 그들은 오직 이 원래의 경계에 호소해야 했다.

34:3-12. 이스라엘의 남쪽 경계는 신 광야를 포함해 에돔 국경과 경계를 이루었고, 동쪽 경계는 염해('사해')로 이어졌다. 위쪽으로는 아그랍빔 언덕에서 신을 지나 가데스까지 이르렀다. 다음으로 하살아달을 지나 아스몬으로 이어지며, 북서쪽 방향으로 애굽 시내에 이른다. 서쪽으로는 자연적 경계의 역할을 하는 거대한 수역인 지중해까지

이어진다.

지중해에서 호르산(아론이 죽은 곳으로, 상당히 먼 곳에 위치한 산을 가리키지 않는다. 아마 헐몬산을 가리킬 것이다. Harrison, 413)까지는 북쪽 경계를 이루었다. 그 경계는 하맛 어귀까지 이르렀고, 그곳에서 스닷(현재의 사다드)으로 이어져 하살에난에서 끝났다.

마지막으로, 하나님은 동편 경계는 하살에난에서 스밤을 지나 긴네렛 바다(높은 곳에서 보면 바다가 수금의 모양을 닮았기 때문에 '수금' 이라는 의미를 가진 히브리어를 본따 만든 이름, Harrison, 414)를 따라 리블라로 이어졌다. 후에 긴네렛은 '게네사렛' 이 되었다. 오늘날 우리가 갈릴리 바다로 알고 있는 장소이다.

34:13-29. 그렇게 해서 하나님은 이 땅을 아직 유업으로 받지 못한 아홉 지파와 반 지파에게 할당하셨다. 하나님은 요단강 동편에 있는 땅을 할당받은 두 지파와 반 지파의 권리를 확인해주셨다.

제비뽑기로 구체적인 땅 분배를 결정하게 될 것이다. 그러나 하나님은 이 문제에 대한 그분의 뜻을 집행하시기 위해 제사장 엘르아살과 눈의 아들 여호수아를 임명하셨다. 제비뽑기를 관장하고 사소한 분쟁을 해결할 누군가가 있어야 했다. 또한 백성들은 그들의 유업이 운이 아니라 하나님의 뜻에 의해 결정된다는 확신을 원했다. 여호수아와 엘르아살은 거짓 정죄나 편견에서 보호되어야 할 것이다. 여호수아와 엘르아살을 도와 기업의 땅을 분배하고 또한 극소수의 사람들이 그 거대한 일을 관장한다는 모든 비난을 불식시키기 위해 하나님은 매 지파에 한 족장씩 택하셨다. 갈렙을 제외하고는 이 사람들 가운데 존경받을 인물로 거론된 사람은 아무도 없다. 하지만 그들은 지파 대표들 가운데 가장 충성스러운 자들로 선택되었음이 분명하다.

C. 레위인들의 성과 도피성(35:1-34)

Supporting Idea	모세는 레위인들에게 특별한 성을 할당한다. 그들은 그곳에서 공의를 지키고 무고한 자를 보호할 것이다.

35:1-5. 레위인들은 가나안에서 영구적인 유업(땅)을 받지 말라는 하나님의 명령에 따랐다. 하나님은 그들에게 독자적인 땅을 할당하지 않으셨다. 그러나 그들에게 거주

할 성들을 제공해주셨다. 나머지 지파들은 레위인들이 거주할 성들을 마련하기 위해 그들이 할당받은 땅의 일부를 챙겨주어야 했다. 케일은 레위인들이 본질적으로 독자적인 유업으로 이 성들을 받은 것이 아니라 생활할 수 있는 충분한 집을 받은 것이라고 지적한다(258-259). 지파들은 또한 가축을 방목할 공간을 제공해야 했다. 하나님은 분쟁을 미리 방지하기 위해 그러한 목초지의 정확한 크기를 정해주셨다.

35:6-8. 레위인들에게 준 성들 가운데 여섯 성은 도피성이 될 것이다. 도피성은 살인으로 정죄받은 사람이 복수를 하려고 하는 희생자의 친척을 피해 도망갈 수 있는 곳이었다. 레위인들에게 할당될 성읍은 모두 사십팔 성일 것이다. 하나님은 이 성들을 그 규모에 맞게 각 지파들에게 할당하셨다. 그리고 성을 많이 얻은 자에게서는 많이 취하여 주고 적게 얻은 자에게서는 적게 취하여 줄 것이라고 말씀하셨다.

35:9-34. 어떤 사람이 일급 살인으로 혹은 다른 죄목으로 재판을 받을 것인지는 동기에 의해 결정되었다. 예를 들어, 어떤 사람이 철 연장으로 누군가를 쳐서 죽이면 그는 살인자로 간주되었다. 이럴 경우, 그 살인자가 그 희생자를 살해할 의도가 있었다는 것은 조금도 의심할 여지가 없다. 하지만 우연히 사람을 죽였다면, 그는 살인자로 판단받아서는 안 된다. 레위인들을 위해 구별된 성들은 재판관이 사건을 판결할 동안 살인 혐의를 받는 자가 생명을 유지할 수 있도록 도피성으로 사용될 것이다. 이 성 중 여섯 성은 요단강 서편에 위치했고, 나머지 여섯 성은 동편에 위치했다.

피를 보수하는 자가 형 집행관의 역할을 했다. 그는 아마 죽임을 당한 희생자의 가까운 친척일 것이다. 하지만 그는 유죄가 확정되지 않은 사람을 처형할 수 없었다. 유죄는 그가 살인 이전에 그 희생자를 미워했는지 혹은 그에게 악감정을 보였었는지 확인하는 방식으로 결정되었다. 조사관들이 그 사건을 조사한 후, 용의자가 원한을 가졌거나 그 희생자에게 증오심을 품었었다는 결정을 내리면 피를 보수하는 자가 그 용의자에게 복수를 하고 그의 생명을 빼앗을 수 있었다. 하지만 그 범죄가 사고라면 사람들은 피를 보수하는 자를 제지하고 용의자의 생명을 보존해주어야 했다. 해당 당국은 가장 가까운 도피성으로 피하도록 안전 조치를 해주고, 대제사장의 죽기까지 그 희생자를 보호해야 했다. 어떤 이들은 대제사장의 죽음을 상징적 희생 제사로 해석한다. 당국이 그 범죄에 대해 용의자를 기소할 수 없었다 하더라도 (그것이 사형에 해당하는 범죄이기 때문에) 죽음에 대한 속죄를 했다는 것이다.

아마 고발을 당한 자는 불안해서 도피성 밖에서 방황하거나 집으로 돌아가려고 할 것이다. 사람이 좁은 장소에 갇히면, 게다가 그 성이 자신의 고향과 멀다면 특별한 고통에 시달렸을 것이다. 또한 그는 대제사장이 죽을 때까지 도피성에서 계속 보호 관리를 받아야 한다. 대제사장이 죽으면 그는 자기 땅으로 돌아갈 수 있다. 하지만 그때까지 그에게 허락된 장소에 머물러야 한다. 그가 밖으로 나갔다가 피를 보수하는 자에게 적발되어 죽임을 당한다면 그 도피성은 아무 책임을 지지 않을 것이다. 또한 그가 도피성에서 벗어났기 때문에 당국은 피를 보수하는 자를 처벌할 수 없었다.

이스라엘은 오직 증인들의 말을 따라서 유죄를 결정할 수 있었다. 하지만 한 사람의 증거만으로는 효력이 없었다. 고발을 당한 자는 뇌물을 주어서는 안 되었고, 당국은 돈을 낸 사람에게 '보석' 을 허락할 수도 없었다. 정식 판결을 받아 올바로 대속함을 입지 않은 피흘림은 반드시 땅을 더럽힐 것이다. 그러한 저주를 땅에서 제할 수 있는 것은 아무것도 없다.

D. 여성 상속자를 위한 결혼 규정(36:1-13)

Supporting Idea	모세는 지파의 땅 지분을 유지할 수 있도록 특별한 규정과 조건을 명시한다.

슬로브핫이 사망하자 그의 세 딸은 그들의 가정에 남자 상속자가 없다 하더라도 그들의 유업을 보장해달라고 모세에게 호소한 바 있다. 하나님은 그들의 주장을 수용하기로 동의하시고 그들에게 영구적인 유업을 보장해주심으로 그들의 요청에 응답하셨다(27:1-11을 참고하라). 하지만 이전의 판결로 해결될 수 없는 문제들이 곧 생겼다.

36:1-4. 므낫세 지파 가족의 두령들과 일부 지도자들이 특별한 용건을 가지고 모세를 찾아왔다. 이들은 슬로브핫의 가문은 그 이름을 계승할 아들이 전혀 없었음에도 불구하고 슬로브핫의 딸들에게 영구적인 땅의 상속이 허용된 이전의 판결을 알고 있었다. 슬로브핫의 이름은 딸들이 낳은 아들을 통해 이어질 것이다. 하지만 슬로브핫의 딸들이 다른 지파 사람들과 결혼한다면 어떻게 되겠는가? 그들의 땅이 다른 지파 출신인 남편에게 돌아갈 것이고, 그렇게 되면 이미 결정된 땅의 경계에 혼란이 생길 것이다. 그들은 시간이 흐르면서 그러한 결혼 사례가 수백 건씩 이뤄진다면 어떻게 될 것인지 생각

해보았을 것이다. 분배된 전체 땅의 구조에 큰 변동이 일어날 것이다. 나아가, 다른 지파의 남자와 결혼한 여자들에게 그 땅이 돌아가기 때문에 새로운 상속자가 그 땅을 잃으면 희년에도 원래 지파에게로 반환되지 않을 것이다. 그럴 경우, 희년이 되면 그 땅은 새로운 지파에게로 이전될 것이다.

36:5-13. 모세는 므낫세 지파 사람들의 우려를 인정하고 슬로브핫의 딸들은 부친의 지파인 므낫세 지파 사람과만 결혼하도록 요구했다('고대 이스라엘의 구혼' 에 대해서는 '심층 연구' 를 참고하라). 모세는 다시 한 번 이스라엘 자손이 다 각기 조상 지파의 기업을 지킬 것을 강조한다. 슬로브핫의 딸들은 하나님이 모세를 통해 하신 명령에 순종하여 아버지 형제들의 아들인 사촌들과 결혼했다.

처음부터 하나님은 약자와 과부들의 곤경에 관심을 가지셨고, 그들을 위한 특별한 규정을 마련하셨다. 그분은 남성들의 부당한 압력에서 여성들을 보호하셨고, 이러한 규례들을 거룩한 법으로 규정하셨다.

이러한 최종적인 당부로 하나님은 민수기를 마무리하신다. 하나님은 마지막 책인 신명기에서 율법을 보완하실 것이다. 이스라엘은 이제 그들 앞에 놓인 가나안 땅을 바라보며 운명의 갈림길에 서 있다. 한 세대 동안 하나님은 위험과 시련과 어려움에서 구원으로 그들을 인도하셨다. 이제 조상들처럼 하나님의 명령에 반역하지 않는 새로운 세대가 서 있다. 그러므로 민수기의 많은 부분은 가나안 땅에서 견지해야 할 삶을 다루고 있다. 이제 그들은 하나님이 인도하신 역사로 무장한 채 그들과 언약을 맺으신 하나님의 지속적 인도하심을 확신하며 조금씩 전진할 것이다. 그리고 아마 요단 건너편이 보이는 곳으로 더 가까이 나아가 여리고를 향해 눈을 돌릴 것이다.

그들은 하나님이 시내산과 여러 노정에서 주셨던 명령을 충실히 지킬 것인가? 과거의 잘못을 되풀이하지 않고 그들을 기다리는 정복 전쟁을 회피하지 않을 것인가? 이스라엘의 미래는 어떤 의미에서 미약하지만, 또 다른 의미에서 궁극적일 것이라는 사실에 증명될 것이다. "이스라엘에게서 난 그들이 다 이스라엘이 아니요"(롬 9:6).

Main Idea 복습	이스라엘은 자신의 역사를 회고하고 최종 준비를 함으로써 가나안을 고대한다.

결론

변화에 대비하라

기차가 처음 발명되었을 때 여러 '전문가들' 은 기차가 시속 24킬로미터의 공포스러운 속도로 달리면 승객들은 코피를 흘릴 것이고, 터널을 지날 때는 숨이 막힐 것이라는 데 의견을 같이했다. 1881년 뉴욕 YMCA는 여성들을 위한 타이핑 교육을 하겠다고 발표했다. 그러자 타이핑할 때의 긴장감 때문에 여성들의 체질에 문제가 생길 것이라는 이유로 항의가 빗발쳤다. 전화가 처음으로 발명되자 조슈아 코퍼스미스(Joshua Coppersmith)는 그것들을 만드는 회사의 주식을 팔려고 하다가 보스톤에서 체포되었다. 전문가들은 지식인이라면 누구나 전선으로 인간의 목소리를 전달하는 것이 불가능함을 알 것이라고 말했다.

작은 땅덩어리의 이스라엘은 주변 적국들에 맞서 싸울 기회조차 갖지 못할 것이라고 얼마나 많은 역사가들이 말했는가? 이스라엘이 1948년에 국가가 될 것이라고 생각하는 것조차 대부분의 사람들에게는 급진적인 생각이었다. 유대인들이 그들의 본국으로 돌아가기 시작할 것이라는 생각에 대해 사람들은 "절대 그런 일은 불가능하다" 고 반응했다. 그러나 두 가지 일이 모두 일어났다. 그것이 어떻게 가능했을까? 하나님이 그렇게 말씀하셨다. 그것으로 되는 것이다.

▣ 진리 알기

- 하나님은 우상 숭배를 철저하게 다루신다.
- 하나님의 자비는 때로 심판으로 표현된다.
- 이스라엘 땅은 하나님의 목적 안에서 여전히 중요하다.
- 레위 지파는 하나님의 소유이며 하나님의 종이었다.

▣ 적용하기

- 이스라엘의 평화를 위해 기도하라.

• 당신의 과거가 어떠하든, 당신은 하나님의 돌보심 안에 피할 수 있다.
• 하나님은 광야 생활을 하는 우리 곁에 함께 계신다.

삶의 적용

결국 우리가 이긴다

여정은 끝났다. 길고 고된 여정이었다. 역사는 이스라엘 백성이 순종과 미래의 믿음에 대해 많은 것을 배워야 했다고 밝힌다. 그러나 결국에는 우리가 이긴다는 것을 알 때 우리는 큰 위안을 얻는다.

하와이에서 중요한 스포츠 행사는 주로 녹화 방송으로 보여준다. 사람들이 퇴근 후 집에 가서 그 경기들을 볼 수 있도록 배려하는 것이다. 그러나 라디오 방송은 항상 생방송으로 진행된다. 그래서 라디오를 들으면, 그날 저녁 텔레비전으로 경기를 보기 전에 결과를 미리 알 수 있다. 이것은 경기를 시청할 때 훨씬 스트레스를 줄여주고 스트라이크 아웃과 실수도 관대하게 받아들이게 한다. 결국 누가 이겼는지 알기 때문이다.

예수님은 우리에게 말씀하신다. "이것을 너희에게 이름은 너희로 내 안에서 평안을 누리게 하려 함이라 세상에서는 너희가 환난을 당하나 담대하라 내가 세상을 이기었노라"(요 16:33). 우리 주님은 이렇게 말씀하고 계신 것이다. "나는 경기의 결과를 알고 있다. 광야에서의 실수들을 보았고 순종의 징후가 보인다는 것도 알고 있다. 내 자녀인 너희들은 이길 것이다. 내가 너희를 위해 준비한 상을 얻으려고 포기하지 않고 나갈 것이고 결국 승리할 것이다. 낙심하지 마라. 경기는 9회까지 가봐야 한다. 아직 끝나지 않았다. 그리고 결코 잊지 말아야 할 것이 있다. 그것은 내가 처음부터 그 결과를 알고 있다는 것이다. 너희들은 이미 이긴 경기를 하고 있는 것이다."

기도

주님, 이스라엘 민족에 대한 신문 기사와 텔레비전 뉴스를 보면 이스라엘 땅을 갈등의 한가운데 두신 것 같습니다. 그 땅이 오래전에 주님의 백성들을 위해 예정되어 있었음을 깨닫고 이스라엘의 평화를 위해 기도합니다. 주님, 유대 지도자들에게 지혜를 주셔서 현명한 결정을 내리게 도와주소서. 하지만 무엇보다도 유대 백성들의 마음이 예수 그리스도이신 메시아께 열리기를 간절히 소원합니다. 예수님의 이름으로 기도합니다. 아멘.

심층 연구

고대 이스라엘의 구혼

하나님은 슬로브핫의 딸들에게 므낫세 지파 중에 원하는 사람이 있다면 누구와도 결혼할 수 있도록 허락하셨다. 이것은 그들이 어떤 식으로 구애를 하고 그들이 지켜야 할 조건은 무엇인지에 대해 엿보게 해준다. 히브리 문화는 가족을 기반으로 형성되었고, 그 가족은 결혼이라는 단위로 엮였다(Knapp, ISBE, III, 262). 결혼을 하게 되면 남자가 가정을 이끌었다. 약혼하다(betroth)에 해당하는 단어는 '맹세하다' 혹은 '지정하다'라는 뜻을 가진다. 보통 열두 달 정도의 약혼 기간 동안 남자와 여자는 거의 결혼만큼 구속력을 지닌 관계에 들어가게 되었다. 때로 정혼한 연인은 남편과 아내로 언급되기도 했다(창 29:21, 마 1:18-20). 이 기간 동안 한 사람이 정조를 지키지 못하면 간음죄를 저지른 것으로 간주되어 죽음의 형벌을 받을 수 있었다(신 22:23-25).

약혼 기간 동안 남자는 여자의 가족에게 돈이나 야곱의 경우처럼 노동력의 형태로 선물을 주었다. 삼손은 옷을 일종의 결혼 선물로 주었다(삿 14:8-20). 그러한 신부 값이 아내가 재산에 불과하다는 암시는 절대 아니었다. 그러한 대가는 신부에 대한 가치를 의미했다. 신부의 아버지는 두 사람에게 돈이나 땅, 혹은 종과 같은 지참금을 주었다.

약혼 전에 그리고 두 사람이 얼굴을 대면하기 전에 보통 남자의 가족에게 아들을 위한 신부감을 찾아내는 일종의 주도권이 있었다. 하갈은 아들 이스마엘을 위해 애굽에서 아내를 데려왔다(창 21:21). 이삭은 나혼이 되어 혼자 힘으로 얼마든지 아내를 얻을 수 있었다. 하지만 아브라함은 종을 보내어 하란에서 이삭을 위한 적절한 배필을 찾아오게 했다(창 24장). 그러나 리브가의 아버지는 먼저 그녀에게 갈 마음이 있는지 의사를 물었다(24:57-58). 하지만 야곱은 자신이 직접 라헬을 아내로 골랐고 허락을 받았다. 그러나 라헬의 아버지는 먼저 레아를 야곱의 아내로 취하게 했다. 그후에야 야곱은 라헬을 얻을 수 있었다. 에서 역시 스스로 아내를 골랐다.

그러므로 신랑과 그의 가족의 직접적인 개입 사이에는 일종의 긴장과 융통성이 동시에 존재했다. 슬로브핫의 딸들의 경우, 그들에게는 남편을 고를 수 있는 자유가 허용되었다(상대방 가족들만 아니라 신랑과 신부 사이에 상호 동의가 있었음을 암시한다). 하지만 주님은 그들에게 명확한 한계를 주셨다. 오늘날 어떤 이들은 결혼에 대해 일종의 구애 기간을 갖는 방식을 부활시켰다. 하지만 모든 행복한 결혼의 기준은 주님 안에서 연합하는 것에 있음을 명심하고(고전 7:39) 두 사람은 단순히 말이 아닌 약혼의 정신을 이해하려고 애써야 한다.

고안

A. 들어가는 글

1. '아버지의 얼굴' 이야기로 시작하라.
2. 배경 설명: 이스라엘은 하나님이 오래전에 그들에게 주기로 약속하신 땅에 들어가려고 한다. 모세는 준비 작업으로 그들의 최근 역사에 대해 짧게 요약한다. 그러고 나서 그 땅의 경계에 대해 기술한다. 모세는 지파들의 땅을 분배할 책임을 맡을 지도자를 각 지파에서 한 사람씩 정한다.
3. 적용: 우리는 미래를 준비할 때 하나님이 지금까지 우리를 어떻게 인도해오셨는지 기억해야 한다. 우리는 앞으로 그분이 인도해주실 것을 마음을 열고 받아들여야 한다.

B. 본문 이해

1. 이스라엘의 과거에 대한 회상(33:1-56)
2. 가나안의 경계(34:1-29)
3. 레위인들의 성과 도피성(35:1-34)

4. 여성 상속자를 위한 결혼 규정(36:1-13)

C. 결론: '결국 우리가 이긴다' 를 읽어주라.

토의 질문

1. 민수기 30장의 서원으로 인해 생길 수 있는 갈등에는 어떤 것이 있을 수 있는가? 이 장에 이스라엘의 문화와 여성에 대해 알 수 있는 암시는 없는가?

2. 모든 세대, 모든 문화를 통해 하나님의 백성들은 적들의 반대에 부딪혀왔다. 하나님이 미디안 족속을 그렇게 대하신 이유가 무엇이라고 생각하는가?

3. 약속의 땅에 들어갈 때가 되자, 출애굽 1세대 중 몇 명이 흥분 가운데 이 일을 맞았는가? 가나안으로 가는 주요한 과도기에는 많은 도전이 따랐다. 지도자들이 직면하게 될 필연적인 문제 중 몇 가지만 말해보라.

4. 레위인들에 대해 이 단원에서 어떤 추가적인 사실을 알게 되었는가? 도피성이 필요했넌 이유는 무엇인가?

■ **용어 해설**

1. **대속**(atonement) - 신자가 하나님과 올바른 관계를 회복하도록 그리스도의 순종과 죽음을 통해 죄를 이기시는 하나님의 방법.
2. **성별**(consecration) - 하나님의 쓰임을 받기 위해 구별됨.
3. **언약**(covenant) - 하나님이 자기 백성들에게 주신 은혜로운 약속과 그로 인한 하나님과 그들의 관계를 표현한 계약이나 협정.
4. **선택**(election) - 하나님을 따르고 그분의 계명에 순종하도록 사람들을 선택하시는 하나님의 은혜로운 행위.
5. **출애굽**(exodus, the) - 구약에서 민족 구원에 대한 가장 중요한 역사로 하나님이 이스라엘 백성을 애굽에서 탈출시키신 사건.
6. **속죄**(expiation) - 인간과 하나님의 관계를 파괴하는 죄의 효력을 무효화하기 위한 행위. 죄로 인한 형벌이나 처벌보다는 그리스도의 대속의 구원 사건을 강조함.
7. **금식**(fasting) - 하나님께 회개와 슬픔 혹은 헌신의 표시로 음식을 굶는 것. 종종 집중적인 기도와 함께 실시됨.
8. **장자**(firstborn) - 유대 가문의 가장 맏아들이나 가축들의 초태생. 장자는 특별한 의미에서 하나님께 드려짐.
9. **대제사장**(high priest) - 이스라엘과 유대교의 가장 주된 종교 관리로서 대속죄일에 지성소에 들어가 제사를 드릴 수 있는 유일한 사람.
10. **거룩**(holy) - 모든 피조물과 하나님을 구별해주는 하나님의 성품. 그리스도인들이 그리스도 예수 안에서 계시된 하나님의 성품을 반영하기 위해 애쓰는 도덕적 이상.
11. **지성소**(holy of holies) - 성막과 성전의 가장 내부에 있는 가장 거룩한 곳. 하나님이 이곳에 계셨고 대속죄일에 대제사장이 이곳에서 희생 제사를 드렸음.
12. **우상 숭배**(idolatry) - 하나님이 아닌 존재에 대한 숭배.
13. **유업**(inheritance) - 사후 재물을 후손에게 남기는 인간적이고 법적인 행위. 신학적으로는 하나님이 예수 그리스도를 통해 구원받은 자녀들에게 주시는 상급.
14. **율법**(law) - 하나님과 이웃을 사랑하는 법에 대해 자기 백성들에게 하나님이 주신 교훈. 정관사 the와 함께 사용되면 율법은 전체 구약 성경을 지칭할 수도 있지만, 보통 오경(창

세기에서 신명기)을 가리킴.

15. **유일신론**(monotheism) - 유일하신 한 분 하나님에 대한 믿음.

16. **유월절**(Passover) - 출애굽을 기념하는 유대인의 절기(출 12장). 예수님과 제자들이 최후의 만찬에서 기념하신 것.

17. **오경**(Pentateuch) - 히브리 성경의 첫 다섯 권. 창세기, 출애굽기, 레위기, 민수기, 신명기. 사마리인들과 사두개인들이 인정한 성경.

18. **의**(righteousness) - 하나님과 올바른 관계를 맺을 수 있는 자질이나 조건. 하나님과의 관계를 다른 사람들과의 올바른 관계로 실천하는 것.

19. **의식**(ritual) - 영적 진리를 반영한 상징적 행위.

20. **안식일**(Sabbath) - 창조 칠 일째에 해당하는 한 주의 일곱 번째 날. 구약의 백성들은 이 날에 일을 쉬고 하나님을 반영하도록 부름을 받았음.

21. **희생 제물**(sacrifice) - 모세 율법에 따라 죄를 회개하거나 감사의 표현으로 하나님께 드리는 제물. 죄를 위한 궁극적 희생 제물로서 그리스도.

22. **죄**(sin) - 인간이 하나님께 반역하며 인생에 대한 그분의 뜻을 간과하고 하나님보다는 악의 권세에 복종하는 행위.

23. **십일조**(tithe) - 교회를 통해 하나님께 드리는 것으로 수입과 소유의 십분의 일을 말함.

24. **야훼**(Yahweh) - 모세에게 계시한 하나님의 개인적 이름. 유대인들은 이 이름이 너무 거룩해서 입으로 소리내어 발음할 수 없다고 생각함. 종종 주나 여호와로 번역됨.

■ 참고 도서

Archer, Gleason, L. *A Survey of Old Testament Introduction*. Chicago, Ill.: Moody Press, 1974.

Archer, Gleason, L. "The Chronology of the Old Testament." *Expositor's Bible Commentary*, Vol. 1. Edited by Frank E. Gaebelein. Grand Rapids, Mich.: Zondervan Publishing House, 1979.

Berkhof, L. *Systematic Theology*. Grand Rapids, Mich.: Wm. B. Eerdmans Publishing Co., 1941.

Bromiley, Geoffrey W. *The International Standard Bible Encyclopedia*. Vols. 1–4. Grand Rapids, Mich.: William B. Eerdmans Publishing Company, 1979–1985.

Calvin, John. *Commentaries on the Last Four Books of Moses*. Vols. 1–4. Grand Rapids, Mich., Baker Book House, 1981.

Durham, John I. *Exodus*. Word Biblical Commentary. Vol. 3. Waco, Tex.: Word Books, Publisher, 1987.

Gehman, Henry Snyder. *The New Westminster Dictionary of the Bible*. Philadelphia, Pa.: Westminster, 1970.

Hannah, John D. *Exodus*. The Bible Knowledge Commentary, Old Testament. Wheaton, Ill.: SP Publications, Inc. (Victor Books), 1985.

Harrison, R. K. *Exodus*. The Wycliffe Exegetical Commentary. Chicago, Ill.: Moody Press, 1990.

House, Paul R. *Old Testament Theology*. Downers Grove, Ill.: InterVarsity Press, 1998.

Hughes, Philip Edgcumbe. *A Commentary on the Epistle to the Hebrews*. Grand Rapids, Mich.: William B. Eerdmans Publishing Company, 1977.

Jamison, Fausett, and Brown. *Commentary on the Whole Bible*. Grand Rapids, Mich.: Zondervan Publishing House, 1961.

Keil, C. F. *The Pentateuch*. Commentary on the Old Testament in Ten Volumes. Vol. 1. Grand Rapids, Mich.: William B. Eerdmans Publishing Company, 1980.

Leupold, H. C. *Exposition of Genesis*. Vols. 1–2. Grand Rapids, Mich.: Baker Book House, 1942.

Lindsey, F. Duane. *Leviticus*. The Bible Knowledge Commentary, Old Testament. Wheaton, Ill.: SP Publications, Inc. (Victor Books), 1985.

Motyer, J. A. "Old Testament History." *Expositor's Bible Commentary*. Vol. 1. Edited by Frank E. Gaebelein. Grand Rapids, Mich.: Zondervan Publishing House, 1979.

Packer, James I. *The Bible Almanac*. Nashville, Tenn.: Thomas Nelson Publishers, 1980.
Poythress, Vern S. *The Shadow of Christ in the Law of Moses*. Phillipsburg, N.J.: P & R Publishing, 1991.
Rawlinson, George. *Exodus*. The Pulpit Commentary. Vol. I. Peabody, Mass.: Hendrickson Publishers. Reprint.
Reymond, Robert L. *A New Systematic Theology of the Christian Faith*. Nashville, Tenn.: Thomas Nelson Publishers, 1998.
Shedd, William G. T. *Dogmatic Theology*. Vols. I–III. Nashville, Tenn.: Thomas Nelson Publishers, 1980.
Soltau, Henry W. *The Holy Vessels and Furniture of the Tabernacle*. Grand Rapids, Mich.: Kregel Publications, 1971.
Unger, Merrill F. *Nelson's Expository Dictionary of the Old Testament*. Nashville, Tenn.: Thomas Nelson Publishers, 1980.
Vos, Geerhardus, *Biblical Theology*. Carlisle, Penn.: The Banner of Truth Trust, 1975.
Wenham, Gordon J. "The Book of Leviticus." *The New International Commentary on the Old Testament*. Grand Rapids, Mich.: William B. Eerdmans Publishing Company, 1979.

Main Idea 로 푸는

출애굽기·레위기·민수기

1쇄 인쇄 | 2010년 4월 10일

2쇄 발행 | 2016년 4월 17일

책임 편집 | 맥스 앤더스(Max Anders)

지은이 | 글렌 S. 마틴(Glen S. Martin)

옮긴이 | 김진선

펴낸이 | 고종율

펴낸곳 | 주)도서출판 디모데〈파이디온선교회 출판 사역 기관〉

등록 | 2005년 6월 16일 제 319-2005-24호

주소 | 서울특별시 서초구 서초대로 141-25(방배동, 세일빌딩)

전화 | 마케팅실 070) 4018-4141

팩스 | 마케팅실 031) 902-7795

홈페이지 | www.timothybook.com

값 26,000원

ISBN 978-89-388-1478-4 03230